REVISTA TRIMESTRAL DE DIREITO PÚBLICO

18/1997

MALHEIROS EDITORES

Revista Trimestral de Direito Público

Órgão do

INSTITUTO GERALDO ATALIBA —
IDEPE — INSTITUTO INTERNACIONAL
DE DIREITO PÚBLICO E EMPRESARIAL

INSTITUTO DE DIREITO ADMINISTRATIVO PAULISTA
IDAP

RTDP
publicação trimestral de
MALHEIROS EDITORES LTDA.
Rua Paes de Araújo, 29, cj. 171
CEP 04531-940 - São Paulo, SP - Brasil
Tel. 822-9205 - Fax: 829-2495
Diretor Responsável: Álvaro Malheiros
Diretora: Suzana Fleury Malheiros

Assinaturas e comercialização:
CATAVENTO DISTRIBUIDORA DE
LIVROS S.A.
Rua Conselheiro Ramalho, 928
CEP 01325-000 - São Paulo, SP - Brasil
Tel. 289-0811 - Fax: 251-3756
Supervisão Gráfica: Vânia Lúcia Amato
Composição: PC Editorial Ltda.

SUMÁRIO

DOUTRINA

DESINCOMPATIBILIZAÇÃO E INELEGIBILIDADE DE CHEFES DE EXECUTIVO
Celso Antônio Bandeira de Mello 5
SOBRE O ESTADO BRASILEIRO E AS REFORMAS PROPOSTAS
Cármen Lúcia Antunes Rocha 15
O MERCOSUL E A IMPORTÂNCIA DO DIREITO COMUNITÁRIO EMERGENTE
Romeu Felipe Bacellar Filho 28
DEVIDO PROCESSO LEGAL E O PROCEDIMENTO ADMINISTRATIVO
Dinorá Adelaide Musetti Grotti 34
PRINCÍPIOS RETORES DA DESAPROPRIAÇÃO
Edilson Pereira Nobre Júnior 44
MEDIDA PROVISÓRIA: RELEVÂNCIA E URGÊNCIA COMO SEUS PRESSUPOSTOS
Carlos David Santos Aarão Reis 61
MEDIDA PROVISÓRIA E SEGURANÇA JURÍDICA
Antônio Souza Prudente 69

PARECERES

LICITAÇÃO: LICITANTE QUE É SOCIEDADE CONTROLADA POR OUTRA LICITANTE. PERSONALIDADE JURÍDICA E PRINCÍPIOS DA COMPETITIVIDADE E DA IGUALDADE
Eros Roberto Grau 82
MODALIDADES DE INTERVENÇÃO DO ESTADO NA ORDEM ECONÔMICA. REGIME JURÍDICO DAS SOCIEDADES DE ECONOMIA MISTA. INOCORRÊNCIA DE ABUSO DE PODER ECONÔMICO
Luís Roberto Barroso 88
LEGALIDADE DE CONTRATO DE OBRA PÚBLICA FIRMADO SEM LICITAÇÃO POR FORÇA DE ACORDO INTERNACIONAL
Adílson Abreu Dallari 110

ESTUDOS E COMENTÁRIOS

AINDA O EFEITO VINCULANTE
Sérgio Sérvulo da Cunha 124
REFORMA ADMINISTRATIVA E DIREITO ADQUIRIDO
Paulo Modesto 165
A ADMINISTRAÇÃO MUNICIPAL E A IMPOSIÇÃO CONSTITUCIONAL DE EXPEDIR CERTIDÕES
Ana Rita Tavares Teixeira 179
A CONSTITUIÇÃO E A PRISÃO PENAL CAUTELAR
Fernando Luiz Ximenes Rocha 186

A EMENDA CONSTITUCIONAL 19/98 E O DIREITO DO SERVIDOR PÚBLICO ESTÁVEL À DISPONIBILIDADE REMUNERADA
Luciano de Araújo Ferraz 203
O ATO ADMINISTRATIVO E SEUS REQUISITOS PROCEDIMENTAIS
Mônica Martins Toscano 210
PROBIDADE E RAZOABILIDADE COMO LIMITAÇÕES À DISCRICIONARIEDADE ADMINISTRATIVA
Daniel Ferreira 233

JURISPRUDÊNCIA 240

DOUTRINA

DESINCOMPATIBILIZAÇÃO E INELEGIBILIDADE DE CHEFES DE EXECUTIVO

CELSO ANTÔNIO BANDEIRA DE MELLO
Professor Titular da Faculdade de Direito da PUC/SP

1. Antes da sobrevinda da EC 16, de 4.6.97, o § 5º do art. 14 da Lei Maior dispunha: "São inelegíveis para os mesmos cargos, no período subseqüente, o Presidente da República, os Governadores de Estado e do Distrito Federal, os Prefeitos e quem os houver sucedido ou substituído, nos 6 (seis) meses anteriores ao pleito".

O parágrafo imediatamente sucessivo – isto é, o 6º –, que *não foi tocado* pela Emenda referida, estabelece: "Para concorrerem a outros cargos, o Presidente da República, os Governadores de Estado e do Distrito Federal e os Prefeitos *devem renunciar aos respectivos mandatos 6 (seis) meses antes do pleito*".

De seu turno, o § 7º – *também ele intocado pela Emenda em apreço* – prescreve: "São inelegíveis, no território de jurisdição do titular, o cônjuge, os parentes consangüíneos ou afins, até o segundo grau ou por adoção, do Presidente da República, do Governador de Estado ou Território, do Distrito Federal, de Prefeito ou de quem os haja substituído dentro dos 6 (seis) meses anteriores ao pleito, salvo se já titular de mandato eletivo e candidato à reeleição".

2. Assim, a Constituição – *ontem como hoje* – proíbe, não quer, não admite, *por força do intocado* § 7º, que a esposa do presidente, que os irmãos do presidente, que os filhos do presidente, que o genro ou nora do presidente, que os netos do presidente, que o pai, a mãe ou os avós do presidente, que o sogro e a sogra do presidente, que os cunhados do presidente, possam ser candidatos a presidente da República. Idem, *mutatis mutandis*, com relação aos outros chefes de Executivo.

Considera-os inelegíveis. E porque assim os qualifica?

Pela razão simples e óbvia de que o presidente – tanto como governadores e prefeitos –, graças aos poderes inerentes ao cargo, poderia manejá-los em prol de tais parentes e de que estes mesmos, por força do parentesco, desfrutam de posição privilegiada que lhes permitiria cooptar ou aliciar adeptos favorecidos por tal circunstância. Dita circunstância os colocaria *em posição de vantagem em relação a quaisquer outros candidatos*, irrompendo, então, uma *violação ao princípio constitucional da igualdade*, isto é, à isonomia que tem que existir entre todos os cidadãos, maiormente quando esteja em causa o direito político de aspiração à disputa da presidência.

3. Em razão do precitado § 6º, também é certo – e da mais inquestionável certeza –que, segundo as regras constitucionais ora vigentes, o presidente, para concorrer aos cargos de governador de Estado, de Território, do Distrito Federal ou prefeito de qualquer Município, a senador, a deputado federal ou estadual ou, mesmo, a um simples cargo de vereador, teria que renunciar à Presidência seis meses antes do pleito. É que a Constituição inadmite, não quer, proíbe, que alguém que haja ocupado a Presidência nos seis meses anteriores ao pleito se candidate a tais cargos.

E qual a razão desta drástica vedação?

É igualmente óbvia. É porque concorrem razões ainda mais poderosas dos que as determinantes da inelegibilidade de seus parentes próximos para o cargo em apreço.

É porque o detentor de tal cargo, pela simples circunstancia de ocupá-lo, se dele não se desligasse com a antecipação imposta pela Constituição, desfrutaria de evidente posição privilegiada em relação a quaisquer outros candidatos, o que tisnaria a *igualdade* entre todos e, pois, a *própria lisura da expressão da vontade eleitoral*. Isto porque – como é claro a todas as luzes – ele próprio tal como seu séquito de subordinados (e ainda que à sua revelia) poderiam valer-se dos gigantescos poderes da máquina político-administrativa para aliciar o eleitorado (igual consideração vale, por razões idênticas, em relação a governadores e prefeitos nos territórios das respectivas jurisdições).

Mesmo que não o fizessem e – sobremais – conseguissem impedir que outros o fizessem em seu proveito (eventos admiráveis e só críveis pela "velhinha de Taubaté"), de toda sorte persistiriam favorecidos por situação manifestamente privilegiada, geradora dos mesmos resultados vitandos (comprometimento da igualdade entre os candidatos e da lisura da expressão da vontade eleitoral).

É que, de toda sorte, a simples exposição à "mídia", inerente ao cargo, a noticiada presença em eventos relevantes, já seriam de per si suficientes para conferir-lhes incomensurável vantagem em relação a quaisquer outros candidatos. Tanto isto é exato que os políticos em geral despendem esforços enormes ou gastam fortunas simplesmente para "aparecer" – isto é, para que seus nomes, sua imagem, sua figura, despontem nos noticiários de jornal ou, preferentemente, para que surjam nas telas de televisão ou sejam mencionados nas programações de rádio.

Dita exposição à "mídia" – sobretudo em país subdesenvolvido, no qual o simples soar de um nome como "conhecido" é um *handicap* eleitoral –, como o comprovam as pesquisas e a freqüente eleição de radialistas, de jogadores de futebol ou de "artistas" quando se candidatam –, representa ponderável vantagem que desequilibraria a disputa, maiormente no caso de quem seja "presidente", dados a respeitabilidade e o temor reverencial que o cargo (quase divinizado em países atrasados politicamente como o nosso) inspira nos segmentos mais modestos da população.

Assim, é certo – e da mais incontendível certeza – que o texto constitucional se esmera em prevenir que se estabeleçam situações de desequilíbrio entre os candidatos em decorrência de um deles exercer o cargo de presidente da República, governador ou prefeito ou de ser seu parente até o segundo grau.

4. De fora parte os preceptivos citados, a Constituição expressamente enuncia valores que pretende colocar a bom recato com as inelegibilidades e restrições em matéria eleitoral, ao impor diretrizes à lei complementar prevista para este fim. E o faz no § 9º do mesmo art. 14, determinando que deverão ser estabelecidos "outros casos de inelegibilidade, a fim de proteger a probidade administrativa, a moralidade para o exercício do mandato, considerada a vida pregressa do candidato, e a *normalidade* e *legitimidade das eleições* contra a influência do poder econômico ou o *abuso do exercício de função, cargo* ou emprego na Administração direta e indireta".

Dita lei complementar – que é a de n. 64, de 18.5.90 –, em seu art. 1º, II, arrola amplíssima relação de casos de inelegibilidade por ocupação de cargo, emprego ou função pública capazes de ensejar vantagens na disputa eleitoral para presidente e vice-presidente da República a quem os tenha exercido nos períodos ali indicados. Portanto, nela vai estabelecida como presunção *juris et de jure* a de que *para ferir os valores que se propõe a colocar a sob proteção* ***basta a mera ocupação daqueles postos no período indicado***. Não se trata, pois, de sobrevir inelegibilidade a quem tenha deles abusado.

Outrossim, a Lei 9.504, de 30.9.97, que estabelece normas para as eleições em geral, em seu art. 45, § 1º, interdita que em ano de eleição, a partir de 1º de agosto, seja transmitido por emissoras de radio ou televisão programa cujo apresentador ou comentador seja candidato, *no que se exibe a consciência de que a exposição nestes meios de comunicação outorga situação de vantagem proibida*.

Vê-se, destarte, que também os textos infraconstitucionais, em perfeito afinamento com a Lei Magna, *revelam esta mesmíssima intelecção: é inconvivente com a normalidade, com a lisura das eleições, com a igualdade entre os candidatos, a ocupação de cargo, função ou emprego em período pré-eleitoral ou o desfrute de condições mais favoráveis de exposição à "mídia" do que a dos demais disputantes*.

5. A EC 16, de 4.6.97, entre outras alterações (irrelevantes para o assunto versado), atribuiu a seguinte redação para o § 5º do art. 14 da Lei Magna: "O Presidente da República, os Governadores de Estado e do Distrito Federal, os Prefeitos e quem os houver sucedido ou substituído no curso dos mandatos poderão ser reeleitos para um único período subseqüente".

O dispositivo em questão limitou-se estritamente a admitir reelegibilidade. É dizer: na alteração constitucional efetuada não foi manifestado propósito algum de que o reelegível continuasse no exercício do cargo.

Ocorreu, simplesmente, que o § 6º, redigido que estava ao tempo em que a irreelegibilidade do presidente e dos outros chefes de Executivo era vetada, cifrava-se a exigir-lhes renúncia ao mandato seis meses antes do pleito para concorrerem a *outros* cargos, *já que ao mesmos cargos que ocupavam não podiam concorrer*.

6. Restaria ver se com o advento da sobredita EC 16 e alteração do anterior § 5º pode-se entender que, por meio dela, foi estabelecido *mais que a simples possibilidade de reeleição*.

Isto é, que, demais disso, houve também *uma radical mudança de diretriz*, para *renegar – em tal caso, isto é, no de candidatura de chefes de Poder Executivo a reeleição – a firme orientação constitucional de impedir que um candidato levasse vantagem sobre os demais graças ao exercício do cargo*. Em suma: o que resta saber é se, em inversão absoluta do critério precedente, pretendeu consagrar também o *princípio da desigualdade entre os candidatos à Presidência, Governo de Estado ou Prefeitura*, sufragando, portanto, uma claríssima ofensa ao valor constitucional da isonomia, inobstante este persista assinalado em outros dispositivos, a começar pelo art. 5º, que abre o título "Dos Direitos e Garantias Fundamentais".

É o que se examina no tópico seguinte.

7. É princípio tranqüilo e assente em tema de interpretação que não se sufraga exegese que conduza a ilogismos, a absurdos, a irracionalidades. Com efeito, não é dado ao intérprete inculcar imbecilidade à norma jurídica, maiormente quando de nível constitucional. Esta noção corriqueira foi expressada de maneira simples – mas lapidar – pelo príncipe de nossos mestres de hermenêutica, o eminentíssimo ex-Ministro do STF Carlos Maximiliano, nos seguintes termos: "*Deve o Direito ser interpretado inteligentemente*, não de modo a que a ordem legal envolva um absurdo, prescreva inconveniências, vá ter a conclusões inconsistentes ou impossíveis" (*Interpretação e Aplicação do Direito*, 2ª ed., Ed. da Livraria do Globo, 1933, p. 183 – destaque do autor).

Ora, qualquer pessoa com capacidade de intelecção normal percebe que, se o texto constitucional proíbe que o presidente possa se candidatar até mesmo a vereador se não renunciar seis meses antes do pleito; se impede até o cunhado ou o genro do presidente de disputarem a Presidência, para impedir desigualdade entre os candidatos, isto é, para obstar a que o desfrute do cargo de presidente lhe proporcione vantagem nas eleições ou a proporcione a parentes seus (idem no que concerne ao Governo de Estado e Prefeitura), *seria o mais rematado absurdo, a mais completa inconsistência, a mais radical estultice, a mais cabal incongruência da Lei Magna, **permitir-lhe, entretanto, disputar justamente sua continuidade no cargo sem ter que dele se afastar seis meses antes das eleições***.

8. Nem se diga, todavia – para escapar da irrefragável conclusão interpretativa de que o presidente e demais chefes de Executivo são inelegíveis se não renunciarem seis meses antes da correspondente eleição –, que, ao recusá-la, o intérprete não estará irrogando imbecilidade absoluta à norma interpretanda (o que é inteiramente defeso ao exegeta). Estaria inculcando-a ao constituinte derivado, que teria incorrido – ele, sim – na sobredita modelar irracionalidade, e que, pois, diante disto, nada mais restaria ao intérprete senão conformar-se com este disparate. Duas razões opor-se-iam a isto.

Uma, que o intérprete também não poderia fazer tão desatada inculca a legisladores. É que, como observou Black, o sumo mestre de exegese, em palavras tão precisas que reclamam ser colacionadas no original: "The presumption against absurd consequences of the legislation is therefore no more than the presumption that the legislators are gifted whit ordinary good sense" (Edward Campbel Black, *Handbook on the Construction and Interpretation of the Laws*, St. Paul, Minn., West Publishing Co., 1896, p. 104).

Aliás, à mesma página, já averbara pouco antes: "It is presumed that legislature does not intend an absurdity, or that absurd consequences shall flow from its enactments. Such a result will therefore be avoided, if the terms of the act admit of it, by a reasonable construction of the statute".

A outra razão é a de que já não mais se interpreta buscando o pensamento do legislador, mas o sentido objetivo da regra. Ou seja: de há muito está superada a concepção dita *subjetivista*. Bem o disse o citado Carlos Maximiliano: "Procura-se, hoje, o sentido *objetivo*, e não se indaga do processo da respectiva formação, quer individual, no caso do absolutismo, quer coletiva, em havendo assembléia deliberante – como fundamento de *todo* o labor do hermeneuta" (ob. cit., p. 42 – destaques do autor).

Luís Roberto Barroso, constitucionalista exímio, em seu *Interpretação e Aplicação da Constituição*, também preleciona: "Cuida-se de saber se deve prevalecer na interpretação a vontade do legislador histórico ou a vontade objetiva e autônoma da lei. O debate, de certa forma, encontra-se superado pela convergência da quase-totalidade da doutrina para a linha objetiva. Para esse entendimento também se orientou o Tribunal Constitucional Federal alemão (...)".

Após registrar que esta é orientação reiterada daquela Corte e transcrever passagem que assenta tal entendimento, anotou: "De fato, uma vez posta em vigor, a lei se desprende do complexo de pensamentos e tendências de seus autores. Isto é tanto mais verdade quanto mais se distancie no tempo o início da vigência da lei. O intérprete, ensinou Ferrara, deve buscar não aquilo que o legislador quis, mas aquilo que na lei aparece objetivamente querido: a *mens legis* e não a *mens legislatoris*" (ed. Saraiva, 1996, p. 107).

9. De toda forma, se se cuidara de buscar a *intenção do legislador*, ainda por aí se confirmaria que não foi sua intenção permitir que os chefes de Executivo disputassem reeleição sem antes abandonarem o cargo na dilação constitucionalmente prevista. Deveras, o projeto inicial de emenda – que, por fim, modificado, resultou no texto ora vigente – expressamente previa que todos eles poderiam disputar a reeleição sem se afastarem do cargo, *mas foi repelido pelo constituinte derivado*. O texto original, de autoria do deputado Mendonça Filho (doc. 4) rezava:

"Art. 1º. O § 5º do art. 14 da Constituição Federal passa a vigorar com a seguinte redução:

'§ 5º. O Presidente da República, os Governadores de Estado e do Distrito Federal, os Prefeitos e quem os houver sucedido ou substituído nos cursos do mandato poderão ser reeleitos por um período imediatamente subseqüente e concorrer no exercício do cargo'.

"Art. 2º. Fica suprimida a expressão 'vedada a reeleição para o período subseqüente', constante do art. 82."

Dito texto não foi acolhido, mas modificado, de maneira a excluir o favorecimento nele suposto. Nisto se confirma que, sobre inexistir o intento de ensejar-lhe disputa em desigualdade com os demais candidatos, demais disto, tal possibilidade foi *rechaçada* quando da aprovação da Emenda, *mantendo-se, portanto, no que a isto respeita, o princípio fundamental e tradicional, que, de resto, permanece estampado tanto no § 7º do art. 14 como no próprio § 6º, de evitar vantagens oriundas da ocupação da chefia de Executivo, em seu próprio benefício ou que redundasse em favor de parentes seus.*

10. A tudo quanto foi dito vale acrescentar que não se interpreta regulação normativa superveniente supondo que veio elidir princípios fundamenteis sem declarada e inequívoca comprovação de tal propósito normativo.

A respeito são numerosas as advertências feitas pelo precitado e insuperável Black: "*É improvável, no mais alto grau, que a legislatura tivesse subvertido princípios fundamentais, infringido direitos ou se afastado do sistema geral da lei, sem que haja expressado suas intenções com irresistível clareza*; e atribuir quaisquer destes efeitos a expressões gerais simplesmente porque em seu sentido estreito e talvez natural possuam tal significado seria atribuir-lhes um sentido no qual não foram efetivamente utilizados" (ob. cit., p. 110 – destaques nossos).

Em abono e suplementação deste entendimento colaciona a seguinte passagem jurisprudencial: "E a produção de uma legislatura não deve ser aligeiradamente (*lightly*) presumida como havendo tido a intenção de infirmar o estatuído pelos predecessores ou (a intenção) de *introduzir mudança fundamental em princípios legais por longo tempo estabelecidos*" (idem, ibidem – destaques nossos).

Assim o fato de ter havido alteração, estampada no atual § 5º do art. 14, no anterior princípio da irreelegibilidade do presidente de modo algum autoriza extrair disto, sem inequívoca manifestação por parte da norma alteradora do precedente § 5º, *outra alteração*, e já agora em *princípio diverso* e igualmente *relevantíssimo*: o da *vedação da desigualdade que o exercício da chefia do Executivo proporcionaria ao candidato que nela permanecesse*.

Exegese que trilhasse este caminho censurado seria particularmente inaceitável se o seu acolhimento conduzisse, como conduz no caso concreto (conforme visto), a um evidentíssimo absurdo, por discrepar flagrantemente do sistema geral que a Constituição impõe no respeitante à matéria.

Com efeito, são ainda de Black estes inobjetáveis comentos residentes em seu vetusto e monumental estudo sobre a *Interpretação das Leis*, obra justamente merecedora da consagração que recebeu e recebe: "Uma lei deve ser interpretada em consonância com seu espírito e razão; as Cortes têm poder para declarar que um caso conformado à letra da lei não é por ela alcançado *quando não esteja conformado ao espírito e à razão da lei e da plena intenção legislativa*" (ob. cit., p. 48).

Citando decisão da Suprema Corte americana, o referido jurista, à mesma página, transcreve-lhe as seguintes considerações: "É uma regra cediça a de que *algo pode estar conforme à letra de uma lei e, entretanto, não com a própria lei, porque não está conforme ao seu espírito nem com o de seus fautores*. Isto tem sido freqüentemente afirmado e os repertórios estão repletos de casos ilustrativos de sua aplicação. Isto não é a substituição da intenção do juiz pela do legislador; pois freqüentemente palavras de sentido geral são usadas em uma lei, palavras amplas o bastante para abarcar o ato em questão, e, todavia, a consideração da legislação em sua totalidade, *ou das circunstâncias que envolvem sua produção ou dos resultados absurdos que promanariam* de se atribuir tal sentido amplo às palavras, faz com que seja descabido admitir que o legislador pretendeu nelas abranger o caso específico" ("Rector of Holy Trinity Cherch *vs.* U.S." – destaque nosso).

11. Como se vê, interpretação sistemática e teleológica não apenas concorre irrestritamente em prol da exegese indicada, mas interdita – e de modo radical – intelecção diversa, seja porque ofenderia os mais comezinhos princípios hermenêuticos, seja porque incorreria no extremismo de inculcar incoerência absoluta – e que tocaria as raias da estultice – à Constituição e aos que buliram nela, *coisa que não é dado ao intérprete fazer*.

Não é de estranhar, pois, que, tratando da necessidade ou não de o presidente da República e o governador do Estado e do Distrito Federal renunciarem ao mandato seis meses antes do pleito para desvencilhar-se de inelegibilidade, estudiosos que versaram o assunto ressaltam enfaticamente que a interpretação sistemática impõe a conclusão de que é obrigatória a desincompatibilização no referido prazo. Assim, a professora Maria Elizabeth Teixeira Rocha, em artigo de mão e sobremão, após socorrer-se de doutrinadores de máxima suposição no que concerne à hermenêutica constitucional, averbou: "Entendimento adverso importará em violação à intangibilidade normativa do art. 14, §§ 6º e 9º, que impõem, respectivamente, a obrigatoriedade da renúncia para habilitação a outros cargos e o resguardo aos princípios da moralidade e isonomia. Isso porque o trabalho exegético pressupõe unidade sistemática. Inadmissível ato gnosiológico de artigo isolado da Constituição, desvinculando-o do complexo orgânico normativo, pois conduziria à perplexidade jurídica de um conflito de normas constitucionais" ("A reelegibilidade dos vices e a desincompatibilização à luz da Emenda Constitucional n. 16/97", in *Revista de Informação Legislativa* 137/24, jan.-mar./98).

E, pouco além, com lógica irrefutável: "Uma vez irrecusável ao aplicador a determinação imperativa da renúncia ao mandato pelos candidatos que intentam concorrer a cargos diferenciados, quanto mais se diga em relação àqueles que pretendam disputar reeleição. Do contrário, como conciliar a determinação constitucional mencionada, de objetiva evidência, e o princípio da permanência nos cargos de candidatos à reeleição sem a conspurcação do sentido indeclinável de unidade e integração da Constituição, a que aludiria Klaus Stern? Pior, prevalecendo a desobrigatoriedade da desincompatibilização, como não conculcar valores axiológicos que emanam do cerne da Constituição, como a isonomia, a moralidade administrativa e a legitimidade das eleições?" (ob. cit., p. 25).

De seu turno, José Bispo Sobrinho e Valéria A. Souza, tratando do mesmo tema após o advento da EC 16, aportaram substanciosos argumentos em prol de suas conclusões sobre a necessidade de desincompatibilização dos chefes de Executivo. Colacionando as diretrizes constitucionais residentes no § 9º do art. 14, teceram as seguintes inadversáveis considerações:

"Ora, como proteger a probidade administrativa, a moralidade, como preservar os direitos e garantias individuais, se, num pleito eleitoral, existem duas classes de candidatos, uma concorrendo no poder e outra concorrendo fora do poder?

"Se o presidente da República, governador de Estado ou do Distrito Federal e prefeito municipal permanecerem nos cargos sem se desincompatibilizar para concorrer à reeleição no período subseqüente, que legitimidade terá esse pleito?

"Dificilmente uma pessoa, por mais isenta que seja, no exercício de um dos cargos em comento, deixará de praticar abuso do exercício do mesmo durante uma campanha eleitoral. Não há como impedir. Portanto, a solução é o afastamento.

"Como garantir aos demais candidatos o direito à igualdade, tão bem acentuado na Lei Fundamental?

"Não se pode afirmar que um candidato, no exercício de um dos referidos cargos, por mais probo que seja, não pratique atos abusivos, ou não utilize a máquina administrativa em seu benefício durante a campanha eleitoral em que concorra.

"E, ainda que não cometa abuso algum, não se pode controlar toda uma equipe de governo para que não o faça.

"Por outro lado, só o fato de manter-se no poder é motivo de suma relevância para tornar um candidato distinto dos demais durante uma campanha eleitoral. O poder da máquina pode não estar expresso ou não ser utilizado de forma acintosa, mas estará ínsito na imagem do postulante. Não se pode desvincular, em uma campanha eleitoral, a pessoa do governante do governante em si (...).

"A permanência dos governantes nos respectivos cargos para concorrer sem que haja a desincompatibilização torna as eleições ilegítimas e fere o *princípio constitucional da igualdade*, tão duramente conquistado pelo Estado Democrático de Direito moderno e consagrado por nós brasileiros" (*Roteiro Básico para as Eleições*, ed. Oliveira Mendes, 1998, pp. 20 e 21).

12. Finalmente, há uma razão inconfutável pela qual não se pode interpretar o texto constitucional – e notadamente o § 6º do art. 14 – dele extraindo liberação do presidente, governador ou prefeito, para não renunciarem ao mandato seis meses antes de candidatura à reeleição.

É que, se fora adotado tal entendimento, abraçar-se-ia a tese de que a emenda de reeleição foi inconstitucional, por ofender cláusula pétrea.

Com efeito, nos termos do § 4º do art. 60: "Não será objeto de deliberação a proposta de emenda tendente a abolir: (...) IV – os direitos e garantias individuais".

Ora, o princípio da igualdade é, sabidamente, o *primeiro dos direitos e garantias individuais*. É da própria essência do Estado Democrático de Direito. Geraldo Ataliba bem o disse: "A igualdade é, assim, a primeira base de todos os princípios constitucionais (...)" (*República e Constituição*, Ed. RT, 1985, p. 134).

Relembre-se que nenhum cidadão é menos cidadão que as autoridades mencionadas. No que a isto concerne, são todos iguais. Os direitos de cidadania de qualquer brasileiro são os mesmos do presidente, dos governadores, dos prefeitos. Os direitos políticos efluentes da cidadania também são iguais. O próprio presidente não é um monarca. Não é alguém que se encontre em situação suprajurídica. É da essência da República a igualdade de todos no que respeita ao direito de acesso aos cargos políticos. Logo, jamais seria possível estabelecer em prol do ocupante da chefia do Executivo uma situação de evidente vantagem – como excelentemente exposto no texto acima transcrito –, isto é, de óbvio desequilíbrio para a disputa dos cargos em apreço, sem ofender à escala vista o princípio fundamental da isonomia.

13. Logo, se se admite que após a emenda da reeleição o presidente da República, governadores e prefeitos podem candidatar-se sem renunciarem seis meses antes, está-se admitindo que dita emenda trouxe consigo uma *violação à cláusula pétrea da isonomia* no que concerne ao direito de todos os cidadãos de disputarem a chefia do Executivo Nacional em condições de igualdade, *considerada esta segundo a compostura que tem no direito constitucional brasileiro*.

É que, em face da Constituição brasileira, como o atestam de maneira irrefutável os §§ 6º e 7º do art. 14, qualificam-se como ofensivos à igualdade entre os candidatos tanto o fato de o presidente, governadores e prefeitos estarem em situação de se beneficiarem do cargo, por não renunciarem tempestivamente a ele, quanto a simples perspectiva de que seus parentes (mesmo por afinidade) até o segundo grau disputem cargos eletivos, salvo se já titulares de mandato eletivo e postulantes de reeleição. Portanto, seria impertinente e descabido alegar que em outros países isto é admitido, sem que nele se considere haver quebra do preceito isonômico.

14. Ora bem, não se interpreta norma jurídica alguma irrogando-lhe inconstitucionalidade. Sem embargo, a admitir-se que, por força da emenda de reeleição, as autoridades em questão poderiam candidatar-se sem renunciar ao cargo seis meses antes do pleito, estar-se-ia atribuindo-lhe a *inconstitucionalidade* de violar a cláusula pétrea da igualdade – no caso, igualdade entre os candidatos. Nesta hipótese, então, a emenda seria *nula*, donde *inaplicável* – e, conseqüentemente, o presidente da República e os demais chefes de Poder Executivo jamais poderiam candidatar-se à reeleição.

Dita interpretação, pois, não poderia ser tolerada. É que, consoante advertem os mestres de hermenêutica, sempre que possível tem-se de evitar tal rumo exegético. Relembrem-se, a respeito, lições das já citadas autoridades na matéria.

Carlos Maximiliano, reportando-se a lições de Willoughby, anota: "Sempre que for possível sem fazer demasiada violência às palavras, interprete-se a linguagem da lei com reservas tais que se torne constitucional a medida que ela institui ou disciplina" (*Hermenêutica e Aplicação do Direito*, 2ª ed., Livraria do Globo, 1933, p. 317).

Assim também, Black preleciona que entre duas possíveis interpretações de uma lei não se deve adotar aquela da qual resultaria sua incursão no vício de inconstitucionalidade, mas, pelo contrário, tem-se de assumir aqueloutra que lhe atribui conformação aos ditames da Lei Maior. Expressou insistentemente este cânone exegético em passagens que merecem ser transcritas no original: "Unconstitutionality will be avoided, if possible, by putting such a construction on the statute as will make it conform to the Constitution".

A seguir desenvolve tal orientação nestes termos: "Hence it follows that the Courts will not so construe the laws as to make it conflict with the Constitution, but will rather put such an interpretation upon it as will avoid conflict with the Constitution and give it full force and effect, if this can be done without extravagance. If there is doubt or uncertainty as to the meaning of the legislature, if the words or provisions of the statute are obscure, or if the enactement is fairly susceptible of two or more constructions, that interpretation will be adopted which will avoid the effect of unconstitutionality, even though it may be necessary, for this purpose, to disregar the more usual or apparent import of the language employed".

O autor invoca, em confirmação disto, as decisões nos casos "Parsons *vs.* Bedford", 3 Pet. 433; "Grenada Co. *vs.* Brogden", 112 U. S. 261, 5 Sup. Ct. 125; "Inkster *vs.* Carver", 16 Mich. 484; "Newland *vs.* Marsh", III, 176; "Roosevelt *vs.* Godard", 52 Barb 533; "Singer Manuf. Co. *vs.* McCollock", 24 Fed. 667, e inúmeras outras.

15. Não se diga que, à falta de declaração explícita da Constituição sobre a necessidade de o presidente, governadores e prefeitos se desincompatibilizarem para concorrer à reeleição, seria vedado impor-lhes tal limitação com base no princípio de que restrição de direitos não se presume. Tal princípio certamente é verdadeiro. Falsa seria – isto, sim – sua aplicação ao caso concreto. Quando menos *duas razões* seriam suficientes para demonstrá-lo. A saber:

Cumpre não confundir declaração expressa com declaração explícita. Renato Alessi aclara esta distinção largamente conhecida no direito privado. Diz o notável publicista: "Na doutrina do direito privado distinguem-se as *declarações expressas* (ou seja, feitas através de meios sensíveis usados habitualmente para manifestar a vontade) das *declarações tácitas*, deduzíveis através dos *facta concludentia*, ou seja, fatos que, por si, não estão destinados a exteriorizar uma vontade, porém, sim, são capazes de permitir presumi-la. Esta distinção não coincide com a que se estabelece entre declarações *explícitas* e declarações *implícitas*, já que, conquanto seja certo que as declarações explícitas são sempre expressas, também é certo que as declarações implícitas podem ser também expressas, designando-se como tais as declarações que podem, implicitamente, deduzir-se de outras declarações expressas que, sem embargo, possuem objeto distinto" (*Sistema Istituzionale del Diritto Amministrativo Italiano*, 3ª ed., Giuffrè Editore, 1960, p. 283).

Uma declaração implicitamente deduzida de *declarações expressas* que a ela não se reportam diretamente, mas o fazem por inferência lógica, obviamente pode autorizar o entendimento de que dado direito está limitado ou restringido. Assim, já em fins do século passado Black fazia a inobjetável afirmação de que: "It's a rule of construction that which is implied in a statute is as much a part of it as what is expressed" (ob. cit., p. 62).

Ora, no caso vertente, tanto o § 5º, como o 6º, como o § 9º do art. 14 da CF, *todos declarações expressas*, *conduzem implicitamente* à inelegibilidade do presidente que não se desincompatibilize seis meses antes do pleito.

16. A segunda razão – quiçá ainda mais poderosa que a primeira – consiste em que o que entra em causa na questão exegética *sub examine* não é simplesmente a restrição de direito de presidente, governador ou prefeito candidato à reeleição. Muito pelo contrário. É a de saber-se qual o direito a ser restringido: *um, o de todo e qualquer cidadão concorrer em igualdade de condições com estas autoridades*, e outro, o suposto direito do cidadão que se encontra na Presidência, em Governo de Estado ou na qualidade de prefeito concorrer com vantagem sobre todos os demais, graças ao desfrute do cargo.

Note-se, pois, que o que estaria em causa seria um entrechoque de direitos e a indeclinável necessidade de restringir *um deles*: o direito político de todos os cidadãos ou o direito de uns poucos cidadãos – o daqueles que estejam ocupando ditos cargos. Em rigor, nem mesmo isto. Pois o que se restringiria não seriam seus *direitos de concorrerem em igualdade com os demais*, mas o de concorrerem *com vantagem* sobre os outros candidatos.

Mais ainda: o entrechoque dar-se-ia, de um lado, entre um *interesse público* – a saber, o da lisura das eleições, o de sua normalidade, o da livre expressão da vontade popular, sem o risco de influências derivadas do cargo (quer as indevidas, quer as resultantes da exposição à "mídia", quer a da identificação entre as figuras do governante e do candidato) – e, de outro, o *interesse privado, pessoal*, de dados cidadãos de disputarem uma eleição ataviados com as benesses que o cargo lhes proporciona.

Alguém duvida de que em direito público é princípio curial, elementar, o da supremacia do interesse público sobre o interesse privado?

Donde, qual a interpretação que deve prevalecer: a que confere preponderância a um interesse estritamente privado, de um punhado de indivíduos, ou a que faz predominar o interesse público? Não há sequer necessidade de responder a tal questão ...

DOUTRINA

SOBRE O ESTADO BRASILEIRO E AS REFORMAS PROPOSTAS

CÁRMEN LÚCIA ANTUNES ROCHA
Professora Titular de Direito Constitucional
da Faculdade Mineira de Direito da PUC/MG

Introdução

O tema proposto sugere-me três abordagens, ou a abordagem de três tópicos, para se chegar a algumas questões que se põem, atualmente, a exame. O primeiro, relativo ao Estado Contemporâneo: crise, mudança e revolução; o segundo, referente ao Estado Brasileiro e as propostas de reformas constitucionais que tangenciam a reforma do próprio Estado; o terceiro, um conjunto de questões e algumas propostas de alternativas a serem pensadas para o momento brasileiro – tudo, evidentemente, segundo uma visão jurídica.

Note-se que a temática não é exclusiva ou sequer prioritariamente jurídica, pois o sistema de Direito adotado por determinada sociedade estatal mais não é que a estratificação normativa de um modelo político acolhido e aceito, legitimamente, como próprio pelo povo. Não se tenha que o "político", tal como aqui considerado, exclua o "econômico", pois o paradigma para esse acolhido é realizado pelo elemento "político" ou nele transformado para os efeitos do tratamento jurídico.

Quando, pois, se enfatiza o aspecto jurídico é apenas para se ter o cuidado de sublinhar que a abordagem jurídica da questão e a forma de pensamento que predominará no estudo elaborado compõem-se dos fundamentos e dos efeitos que o Direito produzirá e no Direito serão produzidos.

O Estado contemporâneo é constitucionalizado, pelo quê a Constituição do Estado é tida como lei que fundamenta e impulsiona o Estado em determinada direção, e o sentido da busca de seus objetivos é definido previamente aos governos, que não podem, na perspectiva democrática, excepcionar-se de tais finalidades.

No sistema jurídico-constitucional brasileiro a Constituição de 1988 estabeleceu, em seu art. 3º, que: "Constituem objetivos fundamentais da República Federativa do Brasil: I – construir uma sociedade livre, justa e solidária; II – garantir o desenvolvimento nacional; III – erradicar a pobreza e a marginalização e reduzir as desigualdades sociais e regionais; IV – promover o bem de todos, sem preconceitos de origem, raça, sexo, cor, idade e quaisquer outras formas de discriminação".

E em seu art. 4º reza a Lei Fundamental da República que: "A República Federativa do Brasil rege-se nas suas relações internacionais pelos seguintes princípios: I – independência nacional".

Toda e qualquer análise que se fizer das propostas de "reforma do Estado Brasileiro", basicamente das "reformas" que hoje se promovem ou propõem na Constituição brasileira, tem que passar pelo cuidado de se atentar se se tem uma modificação ou um desfazimento do sistema nela dotado e se se pretende é um Estado mudado (reformado) ou um outro Estado no Brasil e do Brasil.

É nesse passo que se deve, antes de se examinar a "reforma do Estado brasileiro", passear pela Teoria do Estado e pela condição jurídica do Estado contemporâneo.

I. Estado contemporâneo: crise, mudança e revolução

1.1 A "crise do Estado" no anual momento histórico

a) Há que se indagar, inicialmente, a que crise se refere aquele que a ela aqui se remete, vez que poucas palavras são mais freqüentemente utilizadas que essa.

É que há duas definições que poderiam ser adotadas para a palavra "crise", e com conseqüências bem diferentes no raciocínio a ser desenvolvido a partir dela.

A lição é de Nicos Poulantzas, que, discorrendo sobre a "crise do Estado e da sociedade" há mais de 20 anos atrás, esclarece haver dois conceitos possíveis de serem utilizados para a denominada "crise do Estado". Segundo aquele autor, há que se evitar uma "dupla armadilha", qual seja: "a concepção da economia e da sociologia burguesas da crise, que corre atualmente as ruas, a saber, finalmente, a crise como momento ou instante 'disfuncional' que rompe, de modo súbito, senão por um golpe do destino, o funcionamento de outro modo harmonioso do sistema, momento forçosamente sempre passageiro ('um mal momento que passará') até o restabelecimento necessário do 'equilíbrio'. (...) a concepção mecanicista, evolucionista e economicista da crise que, ao final de uma certa época, foi dominante, com algumas exceções (...) chega assim a estender o conceito de crise a ponto de fazê-lo recobrir todo um estágio, ou uma fase de reprodução do capitalismo (...) crise que é desta vez (...) a verdadeira crise geral, a crise final e apocalíptica, quando deveria ser evidente que o capitalismo pode sempre (...) reabsorver suas crises e prolongar sua reprodução (...)" (*O Estado em Crise*, p. 4).

Significa dizer que a crise pode ser conceituada, na ciência política, como uma separação (da origem grega da palavra) precária de um momento, que precisa ser restabelecido para se retornar ao "equilíbrio anterior", ou uma etapa de transformação, em que ela é a demonstração do momento instável da passagem de um a outro momento, de um a outro modelo, em razão da superação de etapa passada.

A denominada "crise do Estado", que vem sendo decantada há pelo menos cinco décadas com trabalhos específicos de ciência política, direito constitucional, sociologia política, economia política, dentre outros ramos do conhecimento, foi mostrada como uma manifestação do embate entre o socialismo e o capitalismo, como uma fase do capitalismo e, agora, como "o fim da história", no sentido de que sem a dialética "capitalismo/socialismo" não haveria a construção de um campo de idéias em debate a propiciar visões consensuais e alternativas compostas ou opostas dos problemas.

Talvez fosse, contudo, o caso de se pensar se, nessa época em que dogmas antes adotados sucumbem, ou temporariamente submergem, sob os escombros de tijolos dos muros que separavam pessoas, idéias e ideologias, o que está em crise não é, mais uma vez e conforme proclama Poulantzas, o próprio capitalismo, que se vê a braços com novos problemas que a busca de lucros e mercados que o movimenta determina nesse hora.

b) A "crise do Estado" sugeriria, segundo os arautos da "nova ordem internacional", um "Estado Mínimo". Esse faria face ao "Estado Intervencionista", que cresceu para realizar o "bem-estar de todos", sem conseguir promover esse bem-ser, nem conseguir manter-se na mesma linha com "eficiência", outra palavra de ordem da atualidade.

Esse Estado minimizar-se-ia em sua atuação, em sua feição burocrática (ou "gerencial", como agora pretendido) e em seus fins.

Na base desse "Estado Mínimo" está um retorno (talvez fosse melhor dizer um retrocesso) aos paradigmas do liberalismo, que dominou a configuração e a atuação – ou a não-ação – do Estado Moderno, nos primórdios do modelo de Estado Nacional, dos séculos XVII e XVIII.

O liberalismo político fundamentava-se no *laissez-faire, laissez-passer, que le monde va de lui même.* O Estado não deveria manter-se que à espreita em sua função básica de evitar que alguém atuasse, franca e fragorosamente, contra outrem. Era o *État Gendarme*, aquele de atuação singela e neutra, longe da sociedade, porque a ele competia apenas deixar que as próprias forças nela atuantes realizassem os fins determinados, de resto, por elas mesmas.

Falou-se, até agora e desde o final da década de 70, em "neoliberalismo", a significar o retorno àquele modelo com novidades próprias da fase do capitalismo vivida presentemente, inclusive quanto à tecnologia, que modifica não apenas a relação capital/trabalho, mas capital/capital e se há e como há e deve haver a relação de trabalho. No momento presente crava-se mais fundo nesse retorno e proclama-se o hiperliberalismo.

A questão é, então, posta no sentido de se perquirir, inicialmente, se se trata de uma "crise", no sentido de instabilidade momentânea, do momento, e que "passará" com o retorno ao modelo sistêmico político, econômico e jurídico antes adotado, ou se se tem uma "crise" no segundo sentido antes argüido, a saber, se é uma passagem para um novo sistema em razão do exaurimento do modelo antes acolhido.

Se for o segundo conceito o que se aceita, então há que se conhecer se se está diante de uma mudança (reforma) para "retocar" o que antes se tivera como próprio, mas que o que se está a procurar é uma "revolução", a ser buscada para a superação daquele paradigma anterior e a entronização de um novo modelo político, econômico e jurídico.

A revolução, para o seu aproveitamento pelo Direito, representa, exatamente, o fim de um processo evolutivo, pelo qual se encaminha à mudança de uma idéia de Direito, por haver modificado, em sua raiz, o ideal de Justiça. O sistema tem que ser, então, substituído por outro, ou, como afirmava Campos Salles, quando ministro do Governo Provisório da República, o objetivo "então não é reformar, mas transformar".

A questão que se põe sobre o significado da "crise" do Estado é exatamente para se conhecer de sua conseqüência, a saber, se se busca uma reforma ou uma transformação do modelo de Estado e de Direito nele adotado.

c) O Liberalismo não tem nada de novo. Dele se conhecem os fins, os meios e a prática política, econômica e jurídica. O epíteto "neo" adotado até aqui e que agora se substitui pelo "hiper" – e que nem os mais abusados ou complacentes adeptos aceitam, por nele encontrar qualquer coisa de perverso ou mesmo de funesto em seus resultados historicamente demonstrados – também não traduz melhor sentido ou algo figurativamente novo.

Mas o neoliberalismo, e, pior ainda, o hiperliberalismo, como pregado em suas propostas ou aquelas feitas em seu nome, tem de novo, primeiramente, a circunstância histórica inédita de uma nova condição social introduzida pela tecnologia, que, em muitas matérias, transforma radicalmente as condições políticas e econômicas, uniformizando povos, sistemas políticos, jurídicos e econômicos e transformando os homens em máquinas registradoras a tilintarem ao comando do mercador transnacional sem compromissos sociais, éticos ou humanos em geral. E tanto se dá porque, enquanto nos períodos históricos anteriores a busca do trabalho, minado em razão de momentâneas circunstâncias econômicas e políticas, podia ser restabelecida, hoje se tem que a perda do emprego, muitas vezes, não é temporária, mas definitiva, pela substituição do homem pela máquina. E a dependência dos mercadores é tanto maior quanto mais sem alternativa, segundo se tem num primeiro vislumbre da questão.

Tal circunstância determina, grandemente, duas das condições encontradas na base da "lógica neoliberal": o individualismo em "alta" e o "desumanismo à solta".

Quanto à primeira das condições havidas na base da "lógica neoliberal", há que se relevar que o liberalismo enfatizava, em sua mostragem histórica precedente, o individualismo, o encarecimento não apenas do individual, mas, principalmente, da preocupação com o interesse do indivíduo a qualquer preço e custo. Não importavam todos, não importava a sociedade, não havia a fraternidade preconizada como mote do processo revolucionário, mas uma exclusividade ao interesse do individual sobre o social. A liberdade comprometeu-se, porque não é livre quem não dispõe de condições mínimas, inclusive materiais (conquanto também políticas, psicológicas, espirituais etc.), para assegurar-se a dignidade que é própria de todo ser humano. E a igualdade jurídica falhou, porque, ao contrário do que apregoava Rousseau, havia a possibilidade de alguém ser tão rico, que poderia comprar o outro, que era tão miserável, que tinha que se vender ao primeiro. Os direitos fundamentais formalmente reconhecidos ficaram onde se queria deixá-los: na letra da lei, sem força para se promoverem à ação vital da sociedade e do Estado.

O Estado Social, que se substituiu ao Estado Liberal, pretendeu superar exatamente esse limite de realização do humano que a convivência política requer e que a justifica: da idéia de Justiça Social ao ideal de Justiça Social, e desse ideal à concretização de condições políticas, econômicas e jurídicas que garantissem a realização dos direitos fundamentais havidos na base desse modelo de Estado. Teve-se, então, na linha das idéias primeiras de Bismarck, a formulação do paradigma que viria a se tornar o Estado do Bem-Estar Social, no qual o Estado assegura os direitos fundamentais não mais apenas pela formalização de sua declaração em norma jurídica, mas na promoção de ações sociais voltadas à concretização daqueles direitos.

O que o denominado "neoliberalismo" promove mais não é que o retorno ao figurino estatal anteriormente adotado: o Estado que cresceu com o alargamento de suas funções necessárias à sua atuação de agente promotor, e não mais apenas de espectador da dinâmica social, teria minimizadas aquelas funções que, no curso dos últimos dois séculos e especialmente nesse século XX, absorvera. Retorna ele ao Estado-Polícia da era da teleinformática.

Na base do discurso e do modelo neoliberal nem há algo novo (neo), nem se tem qualquer traço de democracia, porque essa se estrutura sob a principiologia fundamental da liberdade, igualdade e participação popular no Poder, o que determina: pluralismo de idéias e condutas, alternância de ideologias e seus representantes no poder, liberdade de emitir opiniões diferentes e buscar convencer os concidadãos de suas bases e atuação coerente com as necessidades que a própria convivência social quer ver satisfeitas. Ao contrário desses princípios, que conformam uma "lógica democrática", o que o discurso e a proposta "neoliberal" contêm, em sua base, é uma "lógica autoritária". Com efeito. O ideário "neoliberal" – se assim se pode chamar ao conjunto de idéias estampadas sobre o "neoliberalismo" – veicula sempre uma vertente de impossibilidade de exercício da liberdade do indivíduo, que não pode pensar diferente do quanto expressamente posto pelo grupo que detém os cargos do poder, nem sequer da liberdade de opção dos governantes pelos cidadãos, em seu conjunto, pois se o exercício dessa liberdade se puser a serviço de idéias e ideais diferentes do quanto se sustenta no plano político e, principalmente, no plano econômico internacional – e isso realmente poderá ocorrer, pois o povo pensa em suas demandas e naquilo que lhe parece sejam as respostas viáveis para respondê-las e realizá-las – desabaria o pólo de sustentação de políticas pautadas em noções ditadas por interesses transnacionais e absorvidas pelos detentores do poder, e não pela sociedade. Por isso, para que "a era" desse ou daquele governante não passe, a alternância no poder, que se dá pela participação livre e igual dos cidadãos aos quais se entrega a escolha de políticas e políticos para o seu cumprimento, tem que ser condenada, estirpada do sistema.

Nada mais autoritário que o cerceamento da liberdade de pensar, discordar, optar diferentemente de outrem. E como fundamento do Estado Democrático de Direito, adotado no Brasil, se tem, exatamente, a definição constitucional do princípio do pluralismo político (art. 1º, V). Como estabelecer a convivência do modelo de Estado Democrático com tais premissas postas pelos defensores da "nova ordem" estabelecida para o acolhimento do modelo "neoliberal"?

Tem-se feito referência ao "Estado Mínimo" como sinônimo de "Estado Recessivo", pois o seu fundamento repousa na dispersão da força de trabalho da sociedade, deixada "ao livre mercado".

A incoerência entre os direitos sociais, assegurados pelas Constituições dos Estados Contemporâneos, e o desabrigo jurídico, político e econômico a que são eles deixados pela proposta "neoliberal" é sensível e intransponível até onde se pode vislumbrar no que se tem manifestado até agora.

A recessão é um preço na busca de lucros que o Estado deve ter, segundo documento do próprio Governo Brasileiro, *verbis*: "Para garantir as reformulações em prol do alto desempenho do Estado é preciso uma nova visão sobre essa esfera política; paradigmas não mais baseados em *atendimento de necessidades*, mas em *obtenção de resultados*, e que permitam cada vez mais o entendimento de que: o Estado é uma organização do setor de serviços que precisa ter lucro" (Virgínio Augusto Ferreira Coutinho e Maria Teresa Oliva Silveira Campos, *Brasil Século XXI – A Construção de um Estado Eficaz*, ENAP, p. 14).

De outra parte, e considerando ainda que o "neoliberalismo" seria um modelo transnacional (para ainda não dizer "global"), é de se advertir que o individualismo não tem, agora, ou na proposta apresentada, uma sustentação na ênfase do indivíduo, aqui tomado em suas peculiaridades. Ao contrário. O modelo propõe um individualismo sem individualidade, até porque, quanto mais "massificado", quanto mais uniformizados os comportamentos, quanto mais "politicamente correto", quanto mais ajustados a padrões e estereótipos, mais adequada a construção humana aos fins buscados pela formulação da convivência estatal nesse modelo "neoliberal". A estandardização de comportamentos corresponde à massificação das produções: intelectuais, artísticas, de serviços ou meramente prestantes às utilidades comuns dos indivíduos, tudo se adensa no sentido da massificação, o que, para ser consumido, precisa de "consumidor" massificado.

O ser humano, com suas diferenças que o individualizam e pluralizam a experiência e o fenômeno humano, é extraído de sua condição livre de ser diferente para se igualar em sua liberdade. Há que ser uniforme para ser parte de um todo que não suporta desigualações. É o autoritarismo levado às últimas conseqüências. Afinal, que diferença há entre uma lição que segregou e excluiu os judeus, durante o nazismo, de uma lei, do mesmo Estado, que agora discrimina e exclui estrangeiros que buscam inserir-se em dada sociedade?

d) Junte-se aos elementos do Estado Mínimo e sem questões, porque se afirma, pelo governante, incapaz de oferecer respostas, o discurso da "globalização".

Significa isso um "mundo sem fronteiras"? A totalidade do "globo" é o espaço comum de todos? O que dizer, então, do denominado "consenso de Washington", que faz das pautas ali definidas a fonte do "pensamento único" a prevalecer?

Há que se distinguir ricos e pobres, porque quem define as regras do que prevalece, se não há fronteiras nem liberdade nos limites por elas fixados, não são os que não detêm o capital, quando o diálogo se firma ... sobre o capital.

E se os fins são os do capital e não da sociedade, o Estado transforma-se ele mesmo em fim, o que é o retorno do totalitarismo.

No documento da Escola Nacional de Administração Pública, acima mencionado, afirma-se que "o Estado não garante o bem comum, mas, sim, as normas, hábitos, valores e costumes de conduta social".

Alerte-se que, se o bem comum, que é o fim do Estado, não é por ele buscado nem garantido, então os meios de que ele se vale para as suas realizações valem por si mesmos e transformam-se em fins. E o ser humano é o quê, então? O meio que o Estado usa para atingir seus fins?

Isso é apenas uma "crise" a ser superada por uma "reforma" do Estado? Ou é outro Estado, outra organização política, social e econômica, ainda que sob o mesmo rótulo?

E se o bem comum não for ou não vier mais a ser o fim do Estado, a que servirá o Direito, tal como tem sido historicamente pensado e sistematizado? Aliás, o Estado precisará de um sistema de normas jurídicas fundamentais para lhe traçar as bases de estrutura, organização e dinâmica, ou bastarão as regras econômicas simples?

1.2 Do Estado do Bem-Estar ao Estado-Mercado

No documento acima mencionado e editado pela ENAP tem-se uma expressa referência a que: "Muito dessa nossa concepção está baseada na distinção que fazemos entre organizações com fins lucrativos e fins sociais. (...) a presença de um lucro convencional é uma diferença secundária entre as organizações. Da mesma forma que os bancos e as indústrias precisam de seus clientes para sobrevier (...) os Estados, de seus cidadãos-eleitores. Sob essa perspectiva, a diferença-chave entre as organizações, tenham elas fins lucrativos ou não, são os bens e serviços que fornecem. Da qualidade desses bens e serviços depende a manutenção de seu relacionamento com o seu público-alvo, os clientes".

A exposição casa-se, perfeitamente, com o quanto se tem no discurso do "neoliberalismo", que tem em sua base uma "demanda de lucros", o que precisa de um "cliente" para consumir. Da massificação da produção à massificação do consumidor do produto, para se "massificar" o lucro, que teria ou terá que crescer na mesma proporção.

Todavia, o cidadão-consumidor (ou o "consumidor político") precisa não ser livre para não querer o que é a sua demanda, mas o que é a conveniência do mercado. Haverá que ser levado a ter a demanda que convenha ao produtor. Daí a tecnologia da informação levada às últimas conseqüências e a informação moldando almas e mentes.

Tenho afirmado – e inclusive já escrevi em outra oportunidade – que o modelo apregoado para o Estado Contemporâneo, segundo o "paradigma neoliberal", é a revanche do Empresário-Estado contra o Estado-Empresário, que orientou o intervencionismo estatal desde a I Guerra Mundial, introduziu-se no mercado para constituir-se agente social e agente econômico.

Não chega a constituir novidade a reação agora experimentada, especialmente se se considerar que o Estado não operou como agente social promotor de políticas públicas voltadas às demandas sociais, segundo os fins de lucro dos empresários, especialmente aqueles sem qualquer compromisso com o homem. Vejam-se as guerras produzidas ou fomentadas pela demanda de lucro das indústrias bélicas.

Acople-se a tudo isso um concubinato espúrio entre o político, que na democracia necessita de recursos para as suas campanhas, e o econômico, que na democracia precisa das entidades públicas para penetrar na sociedade segundo regras de cuja feitura ele possa participar. Cresce a corrupção na coisa pública, crescem os monopólios privados que não dão trégua aos feitores das leis, crescem os "riscos" de controle sobre o Poder na sociedade.

Afirmava, há pouco, em artigo da imprensa, um político brasileiro que "enfim se entendeu que o mercado é um regulador melhor e mais barato da economia" que o Estado.

A vida do homem nesse final de século parece reduzir-se, na visão dos que adotam o "neoliberalismo", exatamente a isso: um mercado e um consumidor. O Estado, quanto mais frágil e silencioso, mais "adequado". O cidadão, quanto mais "politicamente correto" e "quieto", mais "certo". E quem diz o que é o "politicamente correto"? Qual a democracia no "pensamento único" e no "negócio de um para todos"?

Tem-se asseverado, ainda, que o Estado é "corporativo" e "clientelista", e que tais "qualidades" lhe teriam advindo do "Estado do Bem-Estar Social".

De se perguntar, entretanto, se o "corporativismo" e o "clientelismo" são "obras do Estado do Bem-Estar Social" ou se são "sobras do "Estado Liberal".

A não ser por um pensamento malsão, não se há de entender que os vícios que se encontram na prática administrativa e na dinâmica de algumas políticas ou de alguns políticos possam ser debitados à custa de um modelo específico do Estado. O Estado do Bem-Estar, aliás, corresponde a um figurino de atuação ético-social, no sentido de que se volta, restrita e imediatamente, ao cumprimento das demandas sociais.

Também não tem embasamento sério a idéia divulgada de que o desempenho de determinados serviços públicos pelo Estado do Bem-Estar Social seria gerador de práticas nocivas socialmente. Tais práticas podem ser encontradas em qualquer modelo de Estado que se adote, mas muito mais freqüentemente naqueles que privilegiam os comportamentos particulares e os interesses privados, como se dá exatamente no liberalismo. Assim, é mesmo o contrário, a dizer, o regime que se vocacione ao atendimento das demandas sociais que pode expurgar aquelas práticas. Se elas ainda são visíveis e sensíveis aos cidadãos, que contra elas se põem, é que a extinção das práticas particularistas no espaço público em busca de benefícios pessoais não pode ser facilmente superada no modelo de Estado do Bem-Estar Social, que não completou a sua obra.

A "estatização" de determinados serviços públicos pôs-se como modelo alternativo para que o Estado penetrasse em seara que atingia a sociedade em suas carências, sem supri-las quando tanto não representasse o atendimento igual do interesse do seu prestador particular.

A "privatização" dos serviços considerados públicos nesse final de século – ela mesma considerada a transferência para a esfera de atuação do particular da prestação daquele serviço – desestatiza, mais que serviços, o próprio Poder Público, tanto for feito até o núcleo do que o caracteriza.

Mais que antes, de resto, o que se põe em foco é exatamente a configuração do Poder Público, a definição do "público" e a sua separação do "particular".

O afastamento do Estado de algumas atividades – e não se pode com tal assertiva imaginar estar-se diante de uma negativa da possibilidade de que isso ocorra quanto a algumas atividades a serem legitimamente definidas pelo povo – pode ser "um bom negócio" para as finanças de uma determinada entidade pública em um certo momento. A indagação que se põe necessária é: para o povo também isso "é um bom negócio"? Porque o governo passa, mas o povo, não.

Afirma-se que a "terceirização", vale dizer, a entrega de alguns serviços a "terceiros", é "mais barato". O que é mais barato é sempre o melhor? É assim que na vida pessoal o indivíduo define as suas prioridades, o atendimento de suas necessidades? A terceirização traz quais implicações e conseqüências?

Observa-se, sempre, que foi ausentando-se o Estado da economia e da sociedade que os Estados apelidados de "Tigres Asiáticos", com sua "política de resultados" e não "de necessidades", obtiveram ganhos na economia internacional. O povo desses Estados vai bem? É um povo feliz? Claro, poder-se-ia afirmar que o povo brasileiro, em percentual perversamente exagerado, não pode se dar ao luxo de ... perguntar sequer se é feliz. Por isso não seria de se questionar se o outro, cujo figurino se pretende copiar e para cá transplantar, o é?

Enfim, de súdito a cidadão e de cidadão a ... consumidor.

É essa a única alternativa? Principalmente, é essa a melhor alternativa?

1.3 A "crise do Estado Brasileiro"

A desigualdade no Brasil aumentou.

Dois trens, transportando um enorme contingente de cariocas, chocaram-se pelas péssimas condições em que se encontravam, provocando um desastre de proporções assustadoras.

A reeleição para cargos eletivos do Poder Executivo, que não tem prática constitucional tradicional no Brasil, é o centro de interesses dos políticos que compõem o grupo daqueles que estão no governo.

O Brasil está em crise. O Estado do Brasil está em crise? Quais as suas causas? Quais as possíveis alternativas de solução?

a) Em 1982 as eleições presidenciais brasileiras pareciam fazer sangrar e, portanto, possibilitar diagnosticar-se uma crise brasileira – apenas mais uma das tantas que permeiam a história do Brasil – , cujo processo de doença política, social e econômica mostrava-se pronto para receber o tratamento devido para a sua superação.

Tancredo Neves, eleito governador do Estado de Minas Gerais, no ano subseqüente iniciaria a sua campanha presidencial com o *slogan* conveniente (e repetitivo do que antes fizera Alfonsín, na Argentina) da necessidade de uma "nova República".

A eleição de Tancredo Neves para Presidente da República, em 1984, contrapondo-se ao grupo de militares que dominava o cenário político desde 1964 oficialmente, era a manifestação do estampar da denominada "crise brasileira".

Para realizar o seu "Projeto Nova República" era essencial, no discurso tancredista, refazer-se o modelo político, econômico e social do Estado Brasileiro, a fim de se sanearem as instituições e realizar-se a nova República.

A idéia de Justiça, na base do modelo de Estado a ser adotado, haveria que se compatibilizar com um novo sistema de Direito, no qual se pusesse a nova forma de pensar do povo, adequando-se ao momento por ele vivido.

Se não a festa de Tancredo Neves, o seu funeral uniu o Brasil da Nova República.

O Congresso Constituinte convocado em 1986, não como opção, mas por absoluta falta de opção dos dirigentes, que se esforçavam por serem herdeiros da herança jacente do político, mitificado em seu calvário pessoal final, buscou nada mais que realizar um novo paradigma político, jurídico, de repensamento e *revivescência* das forças políticas que se potencializaram no Brasil, no silêncio das décadas de 60 a 80.

A promulgação da Constituição da República Brasileira de 1988 teve na fala de Ulysses Guimarães, Presidente do Congresso Constituinte que a formalizou, escancarada a "crise brasileira": "o homem é o problema da sociedade brasileira: sem salário, analfabeto, sem saúde, sem casa, portanto, sem cidadania... A Constituição nasce do parto de profunda crise que abala as instituições e convulsiona a sociedade".

Oito anos após aquela promulgação, a Constituição da República vê-se vilipendiada, agredida, reformada, atacada, exatamente por quem a deveria cumprir e fazer aplicar.

Mudou a crise com as tantas mudanças que nela se introduziram? É certo que não. Tanto assim é que, oito anos depois, mais de uma dezena de emendas constitucionais depois, mais de 400 propostas de emendas constitucionais tramitando no Congresso Nacional depois, a crise se acirra, a flor da miséria e da desigualdade desabrocha mais colorida que nunca.

Desde o momento de sua promulgação afirma-se a necessidade de se alterar a Constituição da República; de se desconstitucionalizar a República; de se desestatizar os serviços públicos; de se privatizar os recursos, mesmo os naturais, que são os do povo; de se desnacionalizar o Brasil; de se globalizar a economia; de se priorizar o mundo. "Mundo, mundo, vasto mundo", diria Drummond. Tão mais fácil dele cuidar, que do miserável à nossa porta.

Que tamanho tem a "crise do Estado Brasileiro"? Que tamanho deve ter o Estado do Brasil? Que povo deve ter o Estado do Brasil? Principalmente, que Estado merece ter o povo do Brasil?

Afinal, qual é a "crise do Estado Brasileiro"? Qual a sua característica, quais as suas causas reais, não as oficiais?

A passagem de um a outro modelo de Estado adotado por um povo precisa ser resolvida, em primeiro lugar, pelo povo informado de suas demandas e formas de satisfazê-las, manifestando-se livremente sobre o que se tem e o que poderá ter. Em segundo lugar, é de se identificar o pólo nuclear da crise, pois é de seu ponto central que se examinam, com exatidão, os elementos essenciais e os superficiais e decorrentes que o envolvem. Em terceiro lugar, é de se ter em mente que as reformas não são fins, mas meios para se ter uma modificação que conduza a uma possibilidade efetiva de aprimoramento social e institucional.

As três manchetes da imprensa escolhidas inicialmente foram veiculadas como demonstrações da "crise" do Estado Brasileiro.

Os dois primeiros configuram, iniludivelmente, problemas a serem enfrentados. O último é uma ilusão ou a demonstração da dificuldade de se joeirar o que constitui uma "crise" do Estado Brasileiro do que configura mera "vontade particular" a manipular, para o seu atingimento facilitado, a sociedade brasileira, como ocorre desde o descobrimento dessas plagas sulistas.

A desigualação social injusta e inaceitável havida na sociedade brasileira é um problema para cuja solução a primeira via haverá de ser a aplicação das normas jurídicas que oferecem soluções de realização da Justiça Social, e que até agora não têm sido respeitadas.

O descaso com a coisa pública e com a vida dos usuários dos serviços públicos e com os serviços públicos mesmos é uma "crise" dos Governos e das Administrações Públicas, mais preocupados, em geral – e com as exceções que apenas demonstram a regra –, em realizar suas campanhas eleitorais e seus interesses pessoais que em se conduzir como gestores competentes da *res publica*.

Enfim, o que demonstram eles é que se há de saber bem se há uma "crise *do* Estado" ou uma "crise *no* Estado" do Brasil. Se positiva a resposta, a "crise" deve ser bem situada, demonstrada, caracterizada, apurada, para ser bem e definitivamente resolvida. Mais que isto é discurso.

2. O Estado Brasileiro e as propostas de reformas constitucionais: prospectivas e perspectivas

2.1 Ao argumento de uma permanente "crise" a dominar o Estado Brasileiro, reforma-se, com uma freqüência pouco encontrada em outros povos, a Lei Fundamental da República.

Curiosamente, muitos dos que hoje cuidam de proclamar a "desconstitucionalização" de matérias inseridas naquela Lei Magna não são outros que os partícipes diretos do processo de sua elaboração há apenas oito anos atrás – o que, para um Estado, é tempo demasiadamente exíguo.

E nem é que se cogite de não se reformar partes da Constituição do Estado que precisam de ser modificadas, o que ocorre verdadeiramente, e pessoa alguma seriamente nega. Todavia, o que é de se enfatizar é que as reformas vêm ao sabor de comandos econômicos internacionais, sem qualquer compromisso inicial e legítimo da própria sociedade brasileira e sem que se tenha nessa um debate sério e conclusivo sobre a pertinência das propostas de mudanças apresentadas.

Ademais, o que se põe como reforma necessária tem um único padrão para todos os Estados latino-americanos, tais como o México, a Venezuela, o Chile, a Argentina, o Peru e o Brasil. Impressionante seria se todos os povos latinos, com diferentes histórias, passados distintos e perspectivas variadas de futuro, tivessem encontrado, em suas respectivas Constituições, no mesmo momento e na mesma forma, um paradigma rigorosamente uniforme ao qual se busquem adaptar.

As Constituições reformadas se transformariam em fotocópias umas das outras e o original ...

Alertam as vozes dos governantes que as reformas proclamadas e propostas são necessárias em razão da perspectiva da globalização econômica, que se põe como ponto indiscutível. Mas se globalizar é integrar numa única economia, de padrões transnacionais e insuscetíveis de serem experimentados respeitando-se as culturas políticas, sociais, administrativas, financeiras, de cada povo, por que apenas os países pobres e endividados curvam-se à adaptação de suas idéias de Justiça, estratificadas em sistemas de Direito, ficando os Estados ricos nas mesmas condições jurídicas, políticas e econômicas tuteladoras de suas soberanias nacionais?

Ademais, se "globalizar é preciso", não se teria que cuidar mais da "globalização política", garantindo-se a todos os homens do Planeta os direitos fundamentais, inclusive os de quarta geração, como são os direitos à tecnologia, à informação, ao desenvolvimento econômico e à melhoria de condições materiais de vida? E como se assegurar tanto sem erigir como ponto fundamental de partida e finalidade precípua buscada o homem como centro de todas as coisas, respeitado nessa condição, e não o mercado como medida para o lucro de alguns, transformando-se o homem em troco manipulado segundo os interesses econômicos?

Talvez a indagação primária devesse ser: é verdade que "globalizar é preciso"? E, segundo, é a primeira vez na história da humanidade que se busca a "globalização"?

Ou a busca de extensão do Império Romano e a tentativa de se extinguirem os regimes jurídicos dos povos conquistados não eram formas de globalização? Será que a Rainha Vitória, com a sua pretensão de que o sol não se pusesse no Império Britânico, não buscou também nada mais que a globalização do seu poder? E Hitler não teria, igualmente, buscado globalizar a sua loucura demoníaca no e pelo poder? Sem contraponto após a queda do muro de Berlim, qual a pretensão norte-americana que não a globalização do seu poder? E, na condição econômica capitalista, que tem a sede do lucro e a fome do homem, despicienda a "trabalheira" do domínio territorial, por que não a globalização econômica, pela qual não se tem apenas o domínio e o predomínio do território, mas dos homens, de seus pensamentos e, especialmente, de suas vontades?

Para "globalizar" o Direito é instrumento necessário de garantia do homem, ou passa a se constituir em sobra de um mundo acabado e superado pelos mercados?

2.2 Para se atingir as "metas da globalização" o Governo do Brasil propõe reformas administrativas constitucionalmente fundadas, emendando-se a Lei Fundamental da República para se permitir garantir-se um novo "aparelho do Estado", embasado na idéia de cidadão-consumidor e Estado-Empresa. Busca-se um novo sistema previdenciário, cujo parâmetro é novamente, de um lado, a falência financeira do atual sistema, a repercutir na prestação dos serviços da seguridade social, e, de outro, a formação de um novo sistema, no qual o cidadão poderá ter que pagar pelo serviço e, se não o puder, não poderá contar com ele. Mais ainda: propõe-se uma reforma do princípio da separação de Poderes, tornado limite material imodificável pelo constituinte reformador, atacanhando-se o juiz, enfraquecendo-se o Poder Judiciário e, às custas do silêncio do pensamento e da capacidade de se convencer do magistrado – encabrestado pela "súmula vinculante" e pelo "incidente de inconstitucionalidade" –, ampliando-se a ação do Poder Executivo. A dita "reforma constitucional do Poder Judiciário" é uma reforma constitucional do princípio da separação de Poderes, em detrimento do cidadão, acanhado em seu direito fundamental à jurisdição e em seu espaço de ação e reação no centro do Poder garantidor, por excelência, de seus direitos. Quanto às apelidadas "reformas políticas", restringem-se elas à "possibilidade institucional e constitucional de reeleição dos titulares dos cargos do Poder Executivo", o que permite a persistência no Poder de grupos afinados com os comandos econômicos dominantes.

Todas as reformas propostas para o Estado Brasileiro, contudo, conduzem a uma uniformização do pensamento crítico da sociedade, a uma aceitação autoritária dos cidadãos e a uma ausência de debates sobre alternativas inclusive para as mudanças ditas desejadas. Porque os fins perseguidos com as reformas – e que devem determiná-las – não são esclarecidos politicamente, restando subjacentes e indizíveis nos porões dos governos. A liberdade cala-se ao comando uniformizador das propostas, como se pudesse fazer-se o homem esquecido de si mesmo, de seu passado, de suas lutas e, principalmente, de suas conquistas de direitos. O silêncio da voz não é, sempre, a quietude da alma. O tilintar de moedas não substitui a voz do homem. Nem há democracia cuja história seja narrada em contos de réis ou de reais. São contos, nada mais. A vida vai além do "era uma vez". A vida é muitas vezes, todas as vezes, todos os homens.

Os direitos humanos erigem-se com uma força de solidariedade inédita na história da humanidade, porque a dor do outro é escutada em nossa sala. A corrupção de um governo ou governante é paga pelo bolso de um cidadão do outro lado do Planeta. A democracia cumpre o seu papel de estrada de todos os homens, com suas igualdades e, especialmente, com o respeito garantido às suas diferenças. Quais as crises e quais as reformas que se buscam, então, para que ela se realize, e não para que ela se perca? Somente cada povo poderá afirmar a sua vida. A globalização é das coisas, não dos homens.

O Estado do Brasil não tem tido crises, tem sido conduzido como se fosse uma crise. Seria ela do Estado ou do discurso dos governantes. E, sendo ela do Estado e vivenciada pela sociedade, não seria o caso de escancarar os seus contornos, as suas causas, e, afinal, chegar-se a ela com soluções viáveis e legítima e democraticamente pensadas?

3. *Conclusão*

Em 1910, Alberto Torres, já então ex-Ministro do STF, fornecia, em sua obra *Da Organização Nacional*, sugestões que resolvessem a "crise do Estado" no Brasil.

Na proposta de mudança constitucional então apresentada (em relação à Constituição de 1891, que vigorava), propunha ele:

"Compete ao Conselho Nacional:

"(...)

"10. Promover a defesa do solo e das riquezas naturais do País, propondo as medidas necessárias para preservar as fontes de riqueza ainda virgens e para assegurar a conveniente exploração, conservação e reparação das que estiverem em exploração.

"11. Promover a defesa da saúde, do bem-estar, da educação e cultura de toda a população do País, reclamando dos Poderes competentes as providências que julgar necessárias a estes fins.

"Fiscalizar a organização do trabalho e distribuição dos meios e instrumentos de trabalho.

"(...)

"15. Velar, em geral, na defesa da liberdade individual e igualdade dos cidadãos, não tão-somente perante a lei, senão também no que respeita ao alcance dos meios necessários ao desenvolvimento e à cultura pessoal, provendo à defesa da liberdade de consciência e dos direitos dos indivíduos contra a pressão das forças sociais de qualquer natureza, dotadas de privilégios legais, tradicionais ou de fato, cuja ação possa, efeito de seu prestígio, por sugestão, ou por causa da massa de seus adeptos, embaraçar o surto, expansão ou desenvolvimento das idéias e das atividades, e propondo aos Poderes Públicos a criação e manutenção de estabelecimentos e órgãos de educação e cultura livre, destinados a propagar e aplicar conhecimentos emancipados de qualquer tendência inspirada em fim alheio à exclusiva investigação de verdades positivas" (é daquele mesmo autor a ênfase por ele dada à imperiosidade de se conhecerem os problemas nacionais para sobre eles se decidir. Assim, propunha, no texto preparado como *Projeto de Revisão da Constituição de 1891*, dispositivo contido no "Ato das Disposições Transitórias" assim redigido: "Art. 103. Será criado um estabelecimento denominado 'Instituto de Estudo dos Problemas Nacionais', para fazer o estudo dos problemas práticos da terra e da nacionalidade brasileira, de seus habitantes e de sua sociedade". "Parágrafo único. O Instituto será dirigido por pessoas competentes em assuntos políticos e sociais e divididos em quatro seções: ... IV – uma Faculdade de Altos Estudos Sociais Políticos para formação das classes dirigentes e governantes").

A lembrança vem a calhar num momento em que não se pretende pensar sobre as pessoas e as condições específicas da sociedade nacional, para se propor, então, um quadro de alternativas para o aprimoramento das instituições e da Constituição do Brasil, para a superação das dificuldades da sociedade nacional a partir do diagnóstico das causas e demandas do povo brasileiro.

Sabe-se que o Estado tem como única justificativa o reconhecimento de uma sociedade de ser ele a melhor alternativa para a realização da idéia de Justiça, pensada pelo grupo social e por ele buscada tornar concreta.

Não se pretende cogitar da decretação da falência dessa justificativa, pois declarada estaria, então, a desnecessidade política do Estado, que passaria a ser mero instrumento de interesses econômicos e financeiros de grupos, e não da sociedade.

Enfatize-se que, mais que nunca, a participação direta e permanente do cidadão na gestão, institucionalização e controle de atos do poder político firma uma nova proposta de ação estatal, o que não sinaliza um afastamento do Estado de suas funções, mas uma nova forma de serem elas desempenhadas com mais compromisso e certeza de atendimento das demandas sociais.

As organizações não-governamentais, que alargam e podem engrandecer o modo de agir político da e na sociedade, não descomprometem nem substituem o Estado, mas agem com ele em benefício da melhor prestação de serviços públicos, cujo aumento em quantidade e qualidade se põe em correlação ao número de cidadãos e de direitos e comodidades a serem a eles oferecidos.

O centro de todas as coisas continua sendo o homem, começo e fim das organizações políticas, essência mesma da política. O homem sem preço contado em moedas, o homem como causa e fim do Estado, e não como seu instrumento de ação.

Belo Horizonte, 23 de setembro de 1996

O MERCOSUL E A IMPORTÂNCIA DO DIREITO COMUNITÁRIO EMERGENTE

ROMEU FELIPE BACELLAR FILHO
Advogado

A comunidade internacional vem assistindo, nos dias anuais, à formação de ajuntamentos de Estados que, inobstante persigam a unidade, dão origem a seccionamentos regionais, à integração de interesses para o atingimento de objetivos comuns. Como bem acentua Rodolfo Carlos Barra, "a integração supõe uma ação conjunta de distintos membros, os Estados-partes, na realização de objetivos comuns para a qual adotam – com obrigatoriedade, sob pena de não haver um verdadeiro sistema de integração – autoridades comuns, normas comuns e, por suposto, procedimentos também comuns para a resolução de conflitos" (*Derecho de la Integración y Mercosur*, ed. Ciencias de la Administración, 1996, p. 32). Assim aconteceu com a União Européia, assim está acontecendo com o Mercosul. Malgrado a denominação Mercosul, não só os fatos econômicos ou mercadológicos interessam à comunidade. Outros temas igualmente importantes e interligados contribuem, como verdadeiros pressupostos, para o sucesso da empreitada. Como oportunamente salienta o jovem professor platino Jorge Luís Salomoni, "a dimensão cultural é então (...) um dos mais importantes problemas da integração: sem cultura comum não há real integração. Então porque o direito é cultura, o grande desafio da hora atual para os juristas da América do Sul constitui-se, sem dúvida alguma, no estabelecimento de um torrencial e fluido intercâmbio de idéias que permitam, em prévio contraste com a realidade, o assentamento das bases jurídicas em geral e do Mercosul em particular" ("Reforma del Estado y Mercosur", *Actualidad en Derecho Público-AeDP* 6/8, janeiro-abril/97). Como dito, outros assuntos devem, também, ser considerados. Partindo da idéia do estabelecimento de um direito comum, tendo como pressuposto básico a consagração da democracia, exsurge o direito comunitário, que tem origem nos tratados internacionais celebrados entre os Estados. Os tratados internacionais, que, criando ou modificando direitos, interferem no ordenamento jurídico dos países que os firmaram, expedem comandos que são similares às normas constitucionais respectivas. O direito comunitário tem, pois, uma origem igual à do direito internacional público, já que suas normas são imanentes aos tratados que dão origem à comunidade supranacional. Todavia, como bem aduz Miguel Ángel Ekmekdjian, uma vez constituída a comunidade supranacional, as normas comunitárias separam-se drasticamente do direito internacional, já que ostentam uma *genesis* similar às normas internas de cada Estado. Passam a derivar essas normas não mais os tratados internacionais, mas dos próprios órgãos comunitários que exercem atribuições legislativas, executivas e judiciárias na dita comunidade, aplicando-se-as direta e imediatamente no território dos Estados-membros, dispensando-se, inclusive, o *exequatur* dos governos de tais Estados (*Introducción al Derecho Comunitario Latinoamericano*, Buenos Aires, Depalma, 1996, p. 80).

Em explícito assentimento ao anteriormente enunciado, Mirta Sotelo de Andreau, citando González Navarro, sustenta que o direito comunitário não é direito internacional, senão verdadeiro e próprio direito interno, só que comum a todos os Estados-membros. Fundamentando a idéia, a professora de Corrientes enuncia três pontos: a) o direito comunitário é de aplicação direta em cada Estado-membro; b) isto implica, entre outros, que é um direito capaz de criar diretamente direitos e obrigações para os cidadãos; c) que o direito comunitário é, finalmente, um direito que prevalece sobre o desenvolvido internamente em cada Estado-membro ("El nuevo paradigma del Estado. Su impacto en el derecho interno", *AeDP* 6/37, janeiro-abril/97). Sem embargo da terminologia utilizada – Estados-membros –, que melhor se assenta à Comunidade Européia, penso que assiste total razão à mestra argentina.

A Constituição Federal de 1988, expressando os sentimentos de nossa República Federativa no sentido de buscar a integração econômica, política, social e cultural dos povos da América Latina, visando à formação de uma comunidade latino-americana de nações, fez consignar expressamente tal intenção no parágrafo único do art. 3º do texto constitucional. Por evidente que a pretendida integração se implementaria através de tratados, protocolos e acordos. Na busca de tal desiderato, foi subscrito pelo nosso País, em 26 de março de 1991, o Tratado de Assunção.

A implementação do Mercosul ganhou indiscutível agilidade após a subscrição do Protocolo de Ouro Preto, em 17 de dezembro de 1994, não só pela outorga, à nova entidade, da personalidade jurídica de direito internacional (art. 34), sendo órgão titular dessa personalidade o Conselho do Mercado Comum (art. 8º, III), mas também, entre outros assuntos de suma relevância, por uma série de limitações impostas aos Estados-membros quanto às suas atribuições legislativas, assim como pelo sistema de solução de controvérsias (art. 43) que já havia sido referido no Protocolo de Brasília, de 17 de dezembro de 1991. A imposição de políticas aduaneiras, comerciais, macroeconômicas, agrícolas, industriais, monetárias, de câmbio, capitais, transportes, comunicações, deve coordenar-se em todos os Estados-membros, harmonizando suas respectivas legislações, o que implica, no dizer sempre autorizado de Ekmekdjian, "a anulação da iniciativa dos órgãos competentes dos Estados-membros, para adotar políticas independentes nessas matérias" (ob. cit., p. 348).

A tecnoburocracia dos Estados-membros necessita posicionar-se em consonância com a onda de inovação implantada a partir do espírito de integração, abstendo-se de – ao manejar as políticas atinentes – levar em conta aspectos individualizados de cada país, em desprestígio ao princípio da coordenação a que se refere o Tratado de Assunção (art. 1º). A aceitação do primado do direito comunitário haverá de implicar séria revisão dos postulados de soberania até então defendidos pelos países-membros. Talvez essa seja a tarefa mais difícil para o definitivo alcance da idéia de integração.

Com efeito, faz-se necessária uma reformulação do Estado para o enfrentamento dos desafios decorrentes da integração, notadamente no pertinente à atuação da Administração Pública, com a implantação de uma cultura gerencial mais avançada, facilitando a resolução de modo ágil e eficaz dos problemas que forem surgindo. Isto só será possível com o fortalecimento da capacidade gerencial dos organismos de integração nacional e com o pensar de fórmulas criativas e organogramas originais para os organismos deles decorrentes (Bernardo Kliksberg, *Una Nueva Gerencia Pública para la Modernización del Estado y Afontar los Desafíos de la Integración*, CEFIR, 1993, p. 1.967). Essa opinião, baseada em Kliksberg, é compartilhada por Rubén Correa Freitas em excelente artigo que escreveu abordando os desafios das Administrações Públicas frente à integração regional. Na concepção do preclaro constitucionalista uruguaio, "a integração regional supõe a criação de uma nova ordem jurídica, com órgãos comunitários cujas decisões e resoluções se imponham obrigatoriamente a todos os Estados-membros e aos nacionais de cada um dos Estados" (*AeDP* 6/44-50, janeiro-abril/97).

Peter Drucker, citado por Ekmekdjian, afirma que "o Estado nacional foi desenhado para proteger a vida, a liberdade e a propriedade do cidadão. Afirma que o pós-modernismo e o individualismo viciaram de conteúdo esse desenho. O Estado-nação começou a desmembrar-se e foi superado em áreas cruciais, nas quais a palavra 'soberania' perdeu todo o seu significado. Cada vez mais os problemas que enfrentam todos os governos não podem ser resolvidos pela ação nacional. Exigem organismos transnacionais que têm soberania própria" (ob. cit., p. 7).

O conceito de soberania surge da elaboração da doutrina francesa para afirmar, por exemplo, a autoridade do Rei frente ao Papa e, sobretudo, perante os senhores feudais. Muito embora possam ser encontrados resquícios do conceito de soberania no século XI, Jean Bodin é considerado o famoso teórico de soberania. No século XVI esse autor afirmou que soberania é a *summa potestas*, isto é: "o poder absoluto e perpétuo de uma república (...) não limitado nem em poder, nem em responsabilidade, nem no tempo". Afirma, na continuidade, que "o príncipe soberano só está obrigado a prestar contas a Deus". O soberano (do Latim *superanus*, sobre todos) não reconhece nenhuma autoridade superior a si mesmo, nem nenhuma lei que o obrigue, salvo Deus e as leis divinas e naturais (*Les Six Livres de la République*, Paris, 1583, Livro I, Capítulo IX).

Como bem aduz Roberto Dromi em seu *Código do Mercosul*, a normativa jurídica produzida entre 1991 e 1995, no "Mercado Comum do Sul" – Mercosul, atualmente entre Argentina, Brasil, Paraguai e Uruguai, com forma jurídica de tratados, protocolos, acordos, declarações, decisões, resoluções, diretivas e recomendações, *constitui o novo direito* para integração na região, comprometendo primordialmente a regulação das matérias de conteúdo privado e econômico (industrial e comercial), para dar viabilidade e tornar operativa a ação comunitária (*Código del Mercosur*, v. 1, Ediciones Ciudad Argentina, p. 15).

O Mercosul, segundo os estudos preliminares do *Código* organizado por Dromi, pode ser traduzido, economicamente, como um mercado comum; juridicamente, como uma pessoa supranacional; administrativamente, como uma organização supra-estatal; politicamente, uma comunidade integrada; e, culturalmente, como parte da comunidade ibero-americana. Daí a necessidade de compatibilização da legislação, das regras de interpretação e, fundamentalmente, da instituição de uma nomenclatura comum.

Quanto à compatibilização da legislação, frente ao compromisso dos Estados-partes de harmonizar suas legislações em áreas pertinentes (art. 1º do Tratado de Assunção), os especialistas têm sustentado que não existem diferenças significativas entre a legislação administrativa dos países que compõem o Mercosul. Por esta razão, entendem que não haverá obstáculos sérios para a conciliação das regras, eis que integram sistemas jurídicos homogêneos. Muito embora assim possa ser, a realidade é que, na prática, estão aparecendo problemas relacionados exatamente com as questiúnculas mal-resolvidas pelas respectivas legislações, desatentas ao princípio do *mútuo reconhecimento*, que engloba a livre circulação de bens, pessoas, serviços, moeda, assim como a liberdade de circulação de institutos jurídicos. A Constituição brasileira, evidenciando o respeito que outorga aos tratados internacionais, fazendo-os prevalecer sobre a legislação ordinária, após elencar os direitos e garantias fundamentais, no art. 5º, § 2º, prescreve: "Os direitos e garantias expressos nesta Constituição não excluem outros decorrentes do regime e dos princípios por ela adotados, ou dos tratados internacionais em que a República Federativa do Brasil seja parte".

Assim, qualquer lei que se edite no Brasil deve atentar para os tratados que o Estado tenha firmado, sob pena de, denotando o pouco apuro e conhecimento do legislador, inviabilizar o texto, por afronta a postulado constitucional de cogente observância. O inciso 24 do art. 75, da Constituição da República Argentina prescreve, de forma expressa, a superior hierarquia dos tratados sobre a legislação ordinária. A interpretação da norma, entendida como a revelação do seu real sentido, deve, pois, passar pelo crivo da Constituição Federal e, passando, deve observar os tratados firmados pelo país-parte em seu relacionamento internacional.

No Brasil, a Lei de Licitações e Contratos Administrativos (Lei 8.666/93), a Lei de Concessões e Permissões (Lei 8.987/95) e a lei que estabelece prorrogações para as concessões e permissões (n. 9.074/95), somente para mencionar algumas, já quando de suas respectivas elaborações deveriam, por óbvio, entrar em linha de consonância com os tratados firmados pelo nosso País, com maior ênfase em relação àqueles que dizem respeito ao Mercosul. Isto, efetivamente, não aconteceu. As autoridades públicas, a comunidade jurídica e outros segmentos, que lutam freneticamente para que uma cidade brasileira seja a capital do Mercosul – o que se afigura aceitável –, parecem não ter consciência de que o requisito para a assunção de uma condição de liderança, em tal sítio, entre outros atributos exigidos, é a demonstração de pleno acatamento às regras avençadas e integral conhecimento do assunto. Nossos parceiros já ostentam produção científica relevantíssima sobre os temas do Mercosul. Temos nos dedicado com frugalidade ao direito comunitário. É hora de um alertamento geral. O Brasil, pela sua exponencialidade, não pode assumir atitude contemplativa, ou não integrada.

E o que dizer do Parlamento brasileiro?

O art. 24 do Tratado de Assunção determina, de modo inobjetável, que os Poderes Executivos dos Estados-partes mantenham informados os respectivos Poderes Legislativos sobre a evolução do Mercado Comum. Malgrado a existência do preceptivo em referência, aqui e ali os textos legais brasileiros escorregam para individualidades que não se compadecem com o espírito da integração. Como solucionar o impasse? Exatamente desenvolvendo uma interpretação que leve em conta o comando constitucional que hierarquiza os tratados em relação à lei ordinária. Posturas provinciais, costumes peculiares, exigências descabidas frente à harmonização preconizada pelo direito comunitário, devem ser, desde logo, afastados, porque inconstitucionais. A questão mais intrincada, todavia, como bem adverte Dromi, diz respeito às regras de direito comunitário que podem mostrar-se ambíguas, conflitivas ou controvertidas, tanto no momento da interpretação quanto no momento de sua aplicação. Tal constatação faz impender o estabelecimento de critérios que sirvam de referencial às autoridades encarregadas da aplicação do conjunto normativo supranacional. Num primoroso exercício de reflexão, Roberto Dromi, em seu *Código do Mercosul*, elenca, entre outros, alguns balizamentos. Das lições do estudioso professor extraímos as seguintes proposições, para, em seguida, concluir:

1. *Prevalência do Tratado de integração, Protocolos e Acordos, entre as diferentes normas que compõem o conjunto normativo comunitário*. O tratado constitutivo e consectários que o integram, como norma suprema do ordenamento jurídico-comunitário, quando em conflito com as diferentes normas da pirâmide jurídica, há de prevalecer.

2. *Prevalência dos princípios políticos-substantivos-filosóficos da integração*. Os princípios da reciprocidade, da igualdade, da solidariedade e da progressividade, que implicam correspondência mútua entre os Estados-membros.

3. *Prevalência da regra de aplicação direta*. Esta regra implica a automática integração ao ordenamento interno dos Estados-membros, sem necessidade de um ato prévio de incorporação.

4. *Prevalência das regras de compatibilização*. A normativa da integração faz supor que os Estados-membros realizaram em seus ordenamentos a harmonização e compatibilização necessárias para fazer efetivo o processo de integração.

5. *Prevalência das regras comunitárias*. O tratado instituidor estabelece um ordenamento jurídico originário, que passa a integrar-se no sistema jurídico dos Estados-membros com caráter de direito supraestatal.

6. *Prevalência das regras de liberdade*. A livre circulação de mercadorias, de capitais, de pessoas e de serviços constitui um princípio fundamental na consecução do mercado comum e na concretização da comunidade. São afetadas e derrogadas as restrições que obstaculizam essa livre circulação no âmbito comum, assim como qualquer regulação interna que favoreça os monopólios.

7. *Prevalência do direito positivo*. O tratado fundante e os princípios jurídicos positivos não se compadecem com normas de direito consuetudinário dos países-membros que se contraponham a uma norma jurídica escrita de direito comunitário.

8. *Prevalência da norma concreta e especial*. O direito comunitário é um direito de conteúdos mínimos. Só regula o necessário, na exata conta. Assim sendo, a norma mínima e específica predomina sobre as normas gerais estabelecidas para a mesma matéria no direito extracomunitário, seja internacional ou interno dos países-membros. A regra geral só haverá de prevalecer em matéria não regulada por norma especial comunitária.

9. *Prevalência da norma técnica*. O sistema jurídico constitui um ordenamento que abrange questões de ordem essencialmente técnica. Por isso a norma comunitária de conteúdo técnico deve ter prioridade sobre os princípios técnicos de matérias análogas.

10. *Prevalência do direito comunitário no que respeita a uma lei posterior de um Estado-membro*. O tratado fundador e as normas que se editem a partir dele têm prevalência sobre as normas internas dos Estados-membros, com efeitos diretos sobre o ordenamento. Em tal sentido se impõem as normas de direito comunitário às de direito interno, sejam anteriores ou posteriores a esse (Roberto Dromi, *Código del Mercosur*, v. 1, pp. 142 e 143).

Em resumo: em assuntos do Mercosul, o Tratado constitutivo ou de integração, os princípios políticos substantivos que nortearam sua concepção, entre outros, devem ser prevalentes sobre as diferentes normas locais (dos países-membros) e internacionais, inclusive consuetudinárias. Sempre que surgir uma incompatibilidade entre a norma do direito comunitário e a do direito interno (anterior ou posterior à harmonização) ou do direito extracomunitário internacional, o Tratado, como expressão de vontade da autoridade política, é sobranceiro. Não sendo desconhecida a espantosa velocidade dos fatos sociais em relação às atualizações do regramento jurídico, é incontestável que a importância e a irreversibilidade da integração já não mais permitem à comunidade jurídica nacional um posicionamento expectativo e silencioso, impondo-se, ao contrário, um aprofundado estudo da temática e seus reflexos nas diversas áreas, para que não sejamos atropelados na incrível e veloz trajetória de sua concretização.

Curitiba, 15 de setembro de 1997

DOUTRINA

DEVIDO PROCESSO LEGAL E O PROCEDIMENTO ADMINISTRATIVO

DINORÁ ADELAIDE MUSETTI GROTTI
Ex-Procuradora do Município de São Paulo – Professora da PUC/SP

Origem histórica. Sentido processual e material do devido processo legal

O tema é, provavelmente, dos mais importantes no direito brasileiro contemporâneo como instrumento de garantia dos administrados em face das prerrogativas públicas.

Em breve síntese evolutiva, pode-se dizer que a cláusula do devido processo legal (o conceito, não a expressão) teve suas raízes fincadas na Magna Carta inglesa de 1215 de João-Sem-Terra, sob a fórmula da *law of the land* (art. 39), que significava que os direitos dos homens livres – barões e proprietários de terra – relativos à vida, à liberdade e à propriedade só poderiam ser suprimidos segundo as regras constantes da lei da terra ou do direito costumeiramente aceito. Naquele momento histórico, em que o Estado era a lei, ou, melhor, a lei que o soberano fazia cumprir, apareceu o devido processo legal, para que o baronato tivesse a proteção da *law of the land*, a lei da terra, contra os abusos da Coroa inglesa (embora a Magna Carta fosse instrumento de acentuado e deliberado reacionarismo, criada como uma espécie de garantia dos nobres contra os abusos da Coroa inglesa, possuía exemplos de institutos originais e eficazes do ponto de vista jurídico, que continuam a provocar a admiração dos estudiosos do direito – cf. Nélson Nery Jr., *Princípios do Processo Civil na Constituição Federal*, 4ª ed., São Paulo, Ed. RT, p. 28). Os senhores feudais deveriam conhecer qual era a lei a seguir, a se submeter.

A locução hoje consagrada, *due process of law*, foi utilizada somente em lei inglesa de 1354, sob o reinado de Eduardo III, com o Estatuto das Liberdades de Londres, depois acolhida pelo constitucionalismo norte-americano, incorporada à Constituição dos Estados Unidos pelas Emendas V (1791) – ao dizer que "nenhuma pessoa pode ser privada da vida, liberdade e propriedade sem o devido processo legal" – e XIV (1868) – que vinculou os Estados da Federação à cláusula –, e daí irradiada para o sistema constitucional de inúmeros países.

Em sua longa trajetória, o instituto atravessou os séculos e impôs sua presença no direito contemporâneo com renovado vigor, evoluindo da garantia simplesmente processual, formal ou adjetiva (*procedural due process*) para um postulado de caráter material ou substantivo (*substantive due process*). Ou seja: em sua concepção originária a expressão foi aplicada como garantia processual, significando a exigência de processo regular e ordenado a ser observado nas várias instâncias judiciais, pois não visava a um questionamento da substância ou do conteúdo dos atos do Poder Público.

Foi com essa índole que a garantia vigorou na velha Inglaterra, por imposição da Magna Carta, e daí ingressou nas Cartas coloniais da América do Norte e, depois, na V e XIV Emendas da Constituição dos Estados Unidos.

Mais tarde, antes mesmo do fim do século XIX, o conceito se ampliou. A Suprema Corte dos Estados Unidos, por meio de construção jurisprudencial bastante rica e criativa e baseando-se em critérios de razoabilidade e racionalidade, passou a promover a proteção substantiva dos direitos fundamentais nas leis e atos estatais em geral contra a ação irrazoável e arbitrária do Poder Público, primeiramente na área das *economic matters*, expandindo-se, ulteriormente, para outros campos, sempre invalidando constrangimentos públicos ao exercício dos direitos fundamentais. Dessa forma, do *procedural due process* evoluiu-se para o *substantive due process*, na análise do conteúdo, motivos, finalidade e efeitos dos atos governamentais. Deixou, assim, de ser mera garantia processual, para transformar-se, ao lado do princípio da igualdade, no mais importante instrumento jurídico protetor das liberdades públicas, transmudando-se num princípio garantidor das realizações da justiça, capaz de condicionar, no mérito, a validade das leis e da generalidade das ações do Poder Público.

No que concerne ao seu campo de aplicação, a cláusula vinculou-se originariamente ao processo penal, sobretudo para possibilitar o direito de defesa. Estendeu-se depois ao processo civil, entendendo-se com essa fórmula no momento atual "o conjunto de garantias constitucionais que, de um lado, asseguram às partes o exercício de suas faculdades e poderes processuais e, de outro, são indispensáveis ao correto exercício da jurisdição" (Antônio Carlos de Araújo Cintra, Ada Pellegrini Grinover e Cândido R. Dinamarco, *Teoria Geral do Processo*, 13ª ed., São Paulo, Malheiros Editores, 1997, p. 82).

Mais recentemente a cláusula estendeu-se aos procedimentos administrativos instaurados no âmbito da Administração Pública, impondo, a essa, estrita observância dos princípios da legalidade e da moralidade administrativas, ambos de especial importância na área do poder de polícia. Estas são, em síntese, as razões da formulação e desenvolvimento da teoria do *due process of law*.

A essa evolução o Brasil não ficou alheio. Mesmo antes da Constituição de 1988 a doutrina e a jurisprudência já entendiam consagrado o princípio do devido processo legal.

Ele emergia de algumas normas de garantia do processo e do direito de segurança, inscritas entre os direitos e garantias individuais. Seu reconhecimento dependia de pesquisa no texto constitucional e de construção doutrinária. Agora, ele está expresso.

A Constituição de 1988 consagra pela primeira vez o princípio de forma clara, límpida e escorreita, no art. 5º, LIV, garantindo que "ninguém será privado da liberdade ou de seus bens sem o devido processo legal".

Pela inscrição do devido processo legal com espaço próprio e autônomo no elenco dos direitos individuais e coletivos, pelos princípios que a Lei Maior consagra como fundamentos da República, pelos objetivos que elege e pelo realce atribuído ao controle da constitucionalidade pelo Poder Judiciário, pode-se assegurar sua acolhida nos dois aspectos, isto é, em termos processuais e substantivos, como ocorre no direito norte-americano.

O princípio caracteriza-se pela sua excessiva abrangência. As inferências que dele se podem tirar são, no fundo, ilimitadas. Algumas delas vêm desdobradas na própria Constituição como direitos autônomos nos parágrafos subseqüentes. São exemplos que aparecem no mesmo art. 5º: o direito de petição aos Poderes Públicos (inciso XXXIV), a não-exclusão da apreciação pelo Poder Judiciário de lesão ou ameaça de lesão (inciso XXXV), o juiz natural (inciso XXXVII). Assim também o contraditório e a ampla defesa, com os meios e recursos a ela inerentes, vêm assegurados em todos os processos, inclusive administrativos, desde que neles haja acusados ou litigantes (n. LV).

É certo que o *devido processo legal*, pela sua importância e até para a caracterização da garantia, enseja a formulação de muitas questões, dentre as quais é de todo conveniente abordar-se os princípios do contraditório e da ampla defesa no âmbito do procedimento administrativo.

O contraditório e a ampla defesa no procedimento administrativo

A Constituição utilizou-se dos termos "acusados" e "litigantes" no inciso LV do art. 5º, acima mencionado.

Vê-se, assim, que a Constituição de 1988 não se limitou a assegurar o contraditório e a ampla defesa – com os corolários deles decorrentes – para os processos em geral, inclusive o administrativo em que haja acusados, pois essas garantias eram extraídas pela doutrina e pela jurisprudência dos textos constitucionais anteriores, tendo a explicitação da Lei Maior em vigor natureza didática, afeiçoada à boa técnica, sem apresentar conteúdo inovador.

"Há de se dar larga amplitude ao termo 'acusados em geral', para abrigar todas as situações em que haja imputação a alguém de falta ou conduta ilícita, e não apenas no sentido mais restrito, da possibilidade de já haver acusação formal (ou denúncia no processo penal) a deflagrar o inquérito administrativo ou a ação penal" (Lucia Valle Figueiredo, *Curso de Direito Administrativo*, 2ª ed., p. 286).

Mas agora a Constituição estendeu as garantias aos processos administrativos em que haja litigantes. É esta a grande inovação da Constituição de 1988 (cf. Ada Pellegrini Grinover, "Do direito de defesa em inquérito administrativo", *RDA* 183/9-18, p. 10), e, como observa Ada Pellegrini Grinover, "esta é a única interpretação da norma constitucional que, em obediência ao princípio de que a lei não pode conter disposições inúteis, faz com que não se considere superposta a tutela constitucional para 'os acusados em geral' e para os 'litigantes em processo administrativo'. E esta é, sem dúvida, a vontade da Constituição pátria de 1988, coerente com as linhas evolutivas do fenômeno da processualidade administrativa" (artigo cit., *RDA* 183/13; registra, ainda, a jurista: "isso não é casual nem aleatório, mas obedece à profunda transformação que a Constituição operou no tocante à função da Administração Pública, no pressuposto de que o caráter democrático do Estado deve influir na configuração da Administração. ... Nessa linha, dá-se grande ênfase, no direito administrativo contemporâneo, à nova concepção da processualidade no âmbito da função administrativa, seja para transpor para a atuação administrativa os princípios do 'devido processo legal', seja para fixar imposições mínimas quanto ao modo de atuar da Administração" – pp. 10 e 11).

"Assim, a Constituição não mais limita o contraditório e a ampla defesa aos procedimentos administrativos (punitivos) em que haja acusados, mas estende as garantias a todos os processos administrativos, não-punitivos e punitivos, ainda que neles não haja acusados, mas simplesmente *litigantes* – quer dizer, sempre que houver controvérsia, conflitos de interesse, contenda. Não é preciso que o conflito seja qualificado pela pretensão resistida, pois neste caso surgirão a lide e o processo jurisdicional. Basta que os partícipes do processo administrativo se anteponham face a face, numa posição contraposta. Litígio equivale a controvérsia, a contenda, e não a lide. Pode haver litigantes – e os há – sem acusação alguma, em qualquer lide. Assim, por exemplo, no processo administrativo de menores, mesmo não-punitivo, podem surgir conflitos de interesses entre o menor e seu responsável legal. Haverá, nessa hipótese, litigantes e a imediata instauração do contraditório e da ampla defesa. E assim também nos processos administrativos punitivos (externos e disciplinares), mesmo antes da acusação, surgindo o conflito de interesses, as garantias do contraditório e da ampla defesa serão imediatamente aplicáveis" (Ada Pellegrini Grinover, artigo cit., *RDA* 183/12 e 13).

Por sua vez, na espécie de procedimentos de primeiro grau (nomenclatura de Giannini) – como salienta a Profa. Lúcia Valle Figueiredo – é necessária, apenas e tão-somente – quando não houver, pois, litigância, interesses contrapostos ou sanções – a aplicação dos princípios inscridos no bojo do art. 37 da CF, acrescentando-se o da *motivação*, o da *lealdade*, da *razoabilidade* e da *boa-fé*, encartados ao longo de toda a Constituição. Entretanto, diante de processos que têm contrariedade, oupor outro lado, diante de processos em que existam "acusados", ainda que entre aspas, em face de processos sancionatórios, os princípios do contraditório e da ampla defesa se hão de colocar; assim também quando estivermos em face de processos ablativos de direitos, ainda que a Administração se coloque diante da revisão de atos administrativos emanados ilegalmente.

Deveras, não pode a Administração suprimir direitos, desconstituir situações, sem que ouça o administrado *preliminarmente* (Lucia Valle Figueiredo, *Estado de Direito e Devido Processo Legal*, no prelo; em seu *Curso de Direito Administrativo*, 2ª ed., São Paulo, Malheiros Editores, p. 286, salienta a jurista que, nas situações contempladas no inciso LV do art. 5º, "como também no inciso LXXII do mesmo artigo – possibilidade de retificação de dados em processo administrativo –, haverá absoluta necessidade de contraditório; ou, ainda, na aplicação do § 1º do art. 41, em que também há referência expressa a ampla defesa").

Cumpre notar que aspecto relevante da imposição do pressuposto do devido processo legal é a individualização das situações; a necessidade de que cada caso seja objeto de deliberação própria e específica, em face de suas particularidades, de suas circunstâncias.

Em outras palavras, somente no caso concreto é que se verá se foi cumprido o *due process of law*, que dependerá das circunstâncias, como dizia Holmes.

Princípio do contraditório

Os princípios do contraditório e da ampla defesa mantêm íntima relação e interação. O entrelaçamento de ambos é tão grande que não se pode imaginar a existência de um sem o outro.

Pode-se dizer – com Ada Pellegrini Grinover – que é do contraditório que brota a própria defesa. Mas também se pode dizer que a defesa é que garante o contraditório (*Novas Tendências do Direito Processual*, Rio de Janeiro, Forense Universitária, 1990, pp. 4-6). A questão tem grandes semelhanças com a história de quem nasceu primeiro: se o ovo ou a galinha.

Em essência, o contraditório significa a bilateralidade do processo, ou seja, a faculdade de manifestar o próprio ponto de vista ou argumentos próprios ante fatos, documentos ou pontos de vista apresentados por outrem. O contraditório possibilita "tecnicamente contradizer a posição contrária" (Ada Pellegrini Grinover, "Garantias do contraditório e ampla defesa", *Jornal do Advogado* novembro/90, p. 9). Fundamentalmente, o contraditório desdobra-se em dois momentos: a "informação necessária" e a "reação possível" (Cândido Dinamarco, *Fundamentos do Processo Civil*, 2ª ed., 1987, p. 93).

O contraditório não é exclusivo do processo judicial. "Sua admissibilidade na esfera administrativa representa mudança de algumas concepções relativas à supremacia do Estado, à existência de um só juízo sobre o interesse público, à posição do administrado como súdito, servil e submisso, à predominância absoluta da autotutela" (Odete Medauar, *A Processualidade no Direito Administrativo*, São Paulo, Ed. RT, 1993, p. 97).

Para exemplificar vale a pena mencionar a decisão proferida (13.11.96) pela Juíza de Direito Maria Fernanda de Toledo Rodovalho Podval, da 9ª Vara da Fazenda Pública de São Paulo (autos 1.217/95), na ação declaratória ajuizada por Paul Israel Singer em face da Prefeitura Municipal de São Paulo e do Tribunal de Contas do Município de São Paulo visando à nulidade da decisão do Tribunal de Contas que, ao rejeitar as contas municipais do exercício de 1991, relativas à gestão da Prefeita Luíza Erundina, determinou a responsabilidade do ordenador da despesa resultante da contratação de serviços de pareceres.

A sentença julgou nula a decisão do Tribunal de Contas que responsabilizou o autor pelas despesas com contratação de pareceristas, considerando o parecer do Tribunal de Contas formalmente irregular, por configurar-se violação ao princípio do contraditório, pois o autor não havia sido cientificado da acusação; não a descrição do ato passível de ensejar a aplicação da penalidade. Se não havia essa acusação formal, é óbvio que a responsabilização foi uma surpresa para o autor. É justamente essa surpresa que o direito ao contraditório tem por escopo evitar.

Desdobramentos do contraditório

Representam desdobramentos mais diretos do contraditório, principalmente, a acessibilidade aos elementos do processo, a audiência dos interessados e a motivação.

a) O princípio da acessibilidade aos elementos do processo significa o direito, atribuído aos sujeitos e à própria Administração, de obter conhecimento adequado dos fatos que estão na base da formação do processo e de todos os demais fatos, dados, documentos e provas que vierem à luz no curso do processo (Odete Medauar, ob. cit., p. 103).

A parte tem o direito de saber o que consta do processo, ou seja, à parte deve ser facultado o exame de toda a documentação constante dos autos.

A Administração raciocina no sentido de que tudo o que se passa do guichê para trás é segredo.

Deve haver absoluto direito de conhecimento dos pareceres, das razões técnicas, sob pena, inclusive, de ofensa aos princípios da lealdade e boa-fé.

O princípio da publicidade, expressamente previsto no *caput* do art. 37 da CF, aplica-se ao processo administrativo.

Por ser pública a atividade da Administração, os processos que ela desenvolve devem estar abertos ao acesso dos interessados.

O direito de acesso aos elementos do expediente só pode ser restringido por razões de segurança da sociedade e do Estado, hipótese em que o sigilo deve ser resguardado (art. 5º, XXXIII, da CF); ainda é possível restringir-se a publicidade dos atos processuais quando a defesa da intimidade ou o interesse social o exigirem (art. 5º, LX, da CF).

b) A audiência do interessado consiste na possibilidade de manifestar o próprio ponto de vista sobre os fatos, interpretações e argumentos apresentados pela Administração e por outros sujeitos. No direito brasileiro há muito se consagrou o princípio da oitiva nos processos disciplinares, agora reforçado pelo art. 5º, LV, da CF.

O interessado tem o direito de ser ouvido. Tal direito não se resume a uma única manifestação. Donde, significa mais do que ser ouvido apenas inicialmente, podendo implicar, *in concreto*, que se deva dar ao administrado oportunidade de volver a manifestar-se, tendo em vista o próprio desenrolar do procedimento com seus incidentes.

Um problema hoje amplamente discutido é se a anulação e a revogação (autotutela) podem ser feitas sem a observância do princípio do contraditório.

Para anular e revogar a Administração deve, em regra, assegurar o princípio do contraditório. Excepcionalmente ela poderá deixar de atendê-lo, se se tratar de uma situação absolutamente urgente, que, se não for imediatamente atendida, poderá ocasionar um dano maior para o interesse público; mas fora disso impõe-se a regra da observância do princípio do contraditório.

Nessa linha já vem se posicionando a jurisprudência do STF. A propósito, convém citar o acórdão proferido no RE 158.543-RS, 2ª Turma, que teve como relator o Sr. Min. Marco Aurélio (rectes.: Ubirajara de Sá Gomes e outros, recdo.: Estado do Rio Grande do Sul), com a seguinte ementa: "Ato administrativo – Repercussões – Presunção de legitimidade – Situação constituída – Interesses contrapostos – Anulação – Contraditório. Tratando-se da anulação de ato administrativo cuja formalização haja repercutido no campo de interesses individuais, a anulação não prescinde da observância do contraditório, ou seja, da instauração de processo administrativo que enseje a audição daqueles que terão modificada situação já alcançada. Presunção de legitimidade do ato administrativo praticado, que não pode ser afastada unilateralmente, porque é comum à Administração e ao particular".

Convém também ressaltar que a jurisprudência tem entendido que não pode a Administração anular concurso e desfazer as nomeações de funcionários já no pleno exercício dos cargos, independente do processo administrativo, com a garantia de ampla defesa aos interessados. Assim decidiu o STJ no RMS 1.201 (rectes.: Ana Clara Coelho Rodrigues e outros, recdo.: Estado do Maranhão, rel. Min. José de Jesus Filho): "A anulação de concurso público, seguida da exoneração de funcionário nele aprovado e nomeado, só é possível mediante o devido processo legal administrativo. Súmulas 20 e 21 do STF".

c) A oportunidade de reagir seria vã se não existisse fórmula de verificar se a autoridade administrativa efetivamente tomou ciência e sopesou as manifestações dos sujeitos. A este fim responde a regra da motivação dos atos administrativos. Pela motivação se percebe como e quanto determinado fato, documento ou alegação influiu sobre a decisão final.

Princípio da motivação é o "da obrigatoriedade de que sejam explicitados tanto o fundamento normativo quanto o fundamento fático da decisão, enunciando-se, sempre que necessário, as razões técnicas, lógicas e jurídicas que servem de calço ao ato conclusivo, de molde a poder-se avaliar sua procedência jurídica e racional perante o caso concreto" (Celso Antônio Bandeira de Mello, *Curso de Direito Administrativo*, 9ª ed., São Paulo, Malheiros Editores, 1997, pp. 322 e 323).

A motivação também propicia o reforço da transparência administrativa, do princípio da legalidade, e uma exigência do Estado Democrático de Direito, afastando desde logo o sintoma do arbítrio e o despotismo das autoridades, que a ordem constitucional repudia e o regime democrático deplora.

Pouco importa o fato de não estar a motivação expressa no art. 37 da CF, no Capítulo VII, referente à Administração Pública. O art. 93, X, da CF obriga a motivação das decisões administrativas dos Tribunais, portanto, no exercício de suas funções atípicas.

Por conseguinte, não seria de se supor que os administradores, a quem cabe expressamente a função administrativa, portanto, de maneira típica, não devessem motivar suas decisões administrativas.

De outra parte, o princípio, de qualquer forma, está consagrado no texto constitucional, na medida em que o art. 5º, XXXV, dá possibilidade de acesso amplo à jurisdição quando houver lesão ou, até mesmo, apenas ameaça a direito, pois sabida é a impossibilidade de acesso ao Judiciário se as decisões não forem motivadas. Como discutirá a parte seu direito se não souber sequer o fundamento das decisões?

Outro fundamento da necessidade expressa de motivação sedia-se no próprio inciso LV do art. 5º. Não seriam viáveis, de forma alguma, o contraditório e a possibilidade de ampla defesa se motivação não houvesse.

A motivação é a explicitação das razões que levam o administrador a decidir de uma maneira ou de outra, diante de determinada situação, diante de determinados pressupostos, diante de determinados fatos, e não se resume à fundamentação legal.

A Constituição do Estado de São Paulo veio a consagrar a motivação no art. 111.

Todavia, quando se lê o *Diário Oficial* depara-se com despachos como: "indefiro por falta de amparo legal." Ou, então: "indefiro com base na manifestação de fls ..." – e a manifestação de fls. diz: "deve ser indeferido por falta de amparo legal". Onde está a motivação?

O princípio da ampla defesa

No ordenamento pátrio e em ordenamentos estrangeiros a ampla defesa teve incidência, de início, no processo penal, porém aos poucos firmou-se, na doutrina e na jurisprudência, entendimento favorável à extensão da ampla defesa ao âmbito do processo civil e nos processos administrativos disciplinares, pois neles se apreendia de modo claro a situação de alguém acusado de uma determinada conduta e passível de sofrer uma sanção. Depois, a garantia foi invocada em outros âmbitos de atuação administrativa, tais como sanções a particulares, fiscalização do exercício profissional, punição de alunos (Odete Medauar, ob. cit., pp. 111-113).

Se no processo jurisdicional os desdobramentos da ampla defesa encontram plena ressonância, na esfera administrativa podem suscitar questionamentos, sobretudo ante os seguintes aspectos.

A incidência da ampla defesa no processo administrativo "defronta com as clássicas considerações a respeito da auto-executoriedade das decisões administrativas, da urgência no atendimento do interesse público, do exercício do poder discricionário, da ordem na Administração, subjacendo uma idéia de não-total compatibilidade.

a) É o que ocorre ao se cogitar do caráter prévio da defesa, quer dizer, de sua anterioridade em relação ao ato decisório.

No concernente ao exercício do poder disciplinar, a garantia constitucional da ampla defesa proíbe a imposição sumária de penas, sem a intermediação de processo (que pode ser simples).

Com isso, não há de se admitir a punição pelo critério da "verdade sabida", em virtude do qual se conferia à autoridade o poder de aplicar de imediato penas leves (exemplo: repreensão e suspensão curta), quando tivesse conhecimento direto da falta cometida.

Outra situação ensejadora de dúvidas quanto à anterioridade da defesa é referente às multas de trânsito. Diante da inviabilidade de defesa prévia nessas ocasiões, a solução advém com a concessão de prazo adequado para que o administrado possa recorrer da multa e para que o órgão possa decidir antes do vencimento.

Em casos excepcionais, envolvendo risco de vida e segurança da população, pode-se admitir a defesa *posterior*, como o embargo de obra com risco de desabamento e a interdição de atividades perigosas. Em tais, casos e mesmo tendo havido oportunidade de defesa prévia, deve ser assegurado o direito de recorrer, como desdobramento da ampla defesa.

b) O princípio da revisibilidade consiste no direito do administrado de recorrer de decisão que lhe seja desfavorável. Tal direito só não existirá se o procedimento for iniciado por autoridade do mais alto escalão administrativo ou se for proposto perante ela. Neste caso, caberá apenas ao interessado pedido de reconsideração; se não atendido, restará buscar as vias judiciais. O direito de interpor recurso administrativo independe de previsão expressa em lei ou demais normas, visto ter respaldo no direito de petição, consignado pela CF, art. 5º, XXXIV, "a", integrante do rol dos direitos e garantias fundamentais. Além disso, nos processos administrativos o direito está baseado na garantia de ampla defesa, como uma de suas conseqüências. Em alguns ordenamentos exige-se que, no texto da notificação ou publicação do ato administrativo, sejam indicados os recursos cabíveis, as autoridades perante as quais devem ser interpostos e os respectivos prazos.

c) Outro elemento da ampla defesa que, aplicado na esfera administrativa, suscita controvérsia situa-se na *defesa técnica*.

Por sua vez, a defesa técnica é a defesa realizada pelo representante legal do interessado, o advogado. Várias justificativas surgem, de regra, quanto à defesa técnica: equilíbrio entre os sujeitos ou paridade de armas, vinculado à plenitude do contraditório; o conhecimento especializado do advogado auxilia a tomada de decisão parametrada pela legalidade e justiça; a presença do advogado evita que o sujeito se deixe nortear por emoções de momento, por vezes exacerbadas.

Considerando-se a defesa técnica como desdobramento da ampla defesa assegurada pela Constituição, deve ser encarada, no processo administrativo, como possibilidade ou como exigência?

Nos processos disciplinares de servidores, que possam resultar em penas graves, já se firmou tendência no sentido da necessidade de defesa técnica, cabendo ao Poder Público a indicação de defensor dativo, quando o servidor estiver desassistido, ou verificar revelia.

Quanto aos demais processos administrativos e aos processos disciplinares por infrações leves, deve-se exigir defesa técnica (Odete Medauar, ob. cit., pp. 115-119)?

A Profa. Odete Medauar entende que "a exigência de defesa técnica em todos os processos administrativos implicaria a obrigatoriedade de defensoria dativa proporcionada pelo Poder Público a todos os sujeitos sem advogado próprio, o que parece inviável. Por isso, deve ser exigida em processos cujos resultados repercutam com gravidade sobre direitos e atividades dos sujeitos, como, por exemplo, demissão, cassação de aposentadoria, interdição de atividades, fechamento de estabelecimentos, cessação do exercício profissional. Deve figurar como possibilidade nos demais processos" (ob. cit., p. 119).

Ana Lúcia Berbert de Castro Fontes manifesta-se a favor da presença do defensor técnico em todo e qualquer processo administrativo disciplinar, como conseqüência da própria configuração de um processo e da democratização na vida social. Mas admite atenuações à exigência, para não se levar às últimas conseqüências e não prejudicar o desenvolvimento das apurações, propondo o rito sumário especial para penas brandas, para o qual se dispensaria, embora não se proibisse, a presença do profissional habilitado ("Garantia do devido processo legal – Princípio constitucional da Administração Pública", *RPGE-Revista da Procuradoria-Geral* do Estado da Bahia 14/93-106, pp. 103 e 104, Salvador, julho-dezembro/90). Na lei federal de processo administrativo norte-americana o *right to counsel* coloca-se como possibilidade, não como exigência (atual § 555, alínea "b").

A Profa. Lucia Valle Figueiredo sustenta que, se é verdade que no processo administrativo pode a parte dirigir-se à Administração sem advogado, todavia crê que nos processos sancionatórios e nos disciplinares deve haver defesa técnica

Sempre que houver prejuízo à parte, a defesa técnica faz-se imprescindível; apenas no caso de, efetivamente, não haver prejuízo poder-se-á dela prescindir. Porque considera que sem defesa técnica, na verdade, no mais das vezes, sobretudo nos processos disciplinares, não se tem ampla defesa, defesa realmente eficiente, defesa em que haja efetiva possibilidade de amplo contraditório e exaustão das provas (*Estado de Direito e Devido Processo Legal*, no prelo).

Neste ponto, vale mencionar a manifestação do Tribunal de Ética da OAB publicada no *Boletim AASP* 2.024, no sentido de que a indicação de defensor dativo de funcionário do mesmo Município pode configurar cerceamento de defesa e ofensa ao princípio do contraditório. *In verbis*: "OAB – Tribunal de Ética – Procurador municipal – Nomeação para defensor dativo de funcionário do Município – O Tribunal de Ética não conhece de consulta, por se referir a terceiros e não ao próprio consulente – Hipótese, todavia, de relevante espécie de tergiversação que pode configurar cerceamento de defesa e ofensa ao princípio do contraditório – Falta de liberdade, isenção e autonomia plena do procurador na ampla defesa do indiciado, ambos subordinados ao ente público – Ofensa a princípios de ordem processual e constitucional, além de contrariar regras do Código de Ética e Disciplina da OAB (art. 23)" (OAB, Tribunal de Ética, processo E-1.562, rel. Dr. Carlos Aurélio Mota de Souza; art. 23 do Código de Ética: "É defeso ao advogado funcionar no mesmo processo, simultaneamente, como patrono e preposto do empregador ou cliente").

d) Vinculados ao aspecto da informação geral decorrente do contraditório e tangenciando, assim, desdobramentos desse princípio, apresentam-se outros elementos de ampla defesa. Assim, o direito a ser notificado do início do processo, devendo constar do texto a indicação dos fatos e bases legais; o direito de ser cientificado, com antecedência, das medidas ou atos referentes à produção das provas; o direito de ser cientificado da juntada de documentos; o direito de acesso aos elementos do expediente (vista, cópia ou certidão).

Nesse sentido, doutrina Ada Pellegrini Grinover: "Apesar da atipicidade do ilícito administrativo, reconhece-se, por isso, a exigência de ser este capitulado, de forma a possibilitar ao acusado o exercício efetivo de sua defesa. A menção ao fato deve vir, portanto, em todos os pormenores, e vários acórdãos existem anulando processos administrativos quando essa circunstância não se deu" (*O Processo em sua Unidade-2*, p. 65).

Raro não é se encontrar a instauração imprecisa de processo quanto à qualificação do fato e sua ocorrência no tempo e no espaço, "ferindo, pois, frontalmente, os princípios do contraditório e da ampla defesa, ao deixar de individualizar a parcela de participação de cada um dos acusados" (cf. Ana Lúcia Berbert de Castro Fontes, artigo cit., *RPGE* 14/101, Salvador).

Nesse sentido já decidiu o STJ em acórdão de 1.12.91 em que por unanimidade foi dado provimento ao RMS 1.074 (recte.: Hermes Ferreira da Silva, recdo.: Estado do Espírito Santo, rel. Min. Peçanha Martins): "A portaria inaugural e o mandado de citação, no processo administrativo, devem explicitar os atos ilícitos atribuídos ao acusado. Ninguém pode defender-se eficazmente sem pleno conhecimento das acusações que lhe são imputadas. Apesar de informal, o processo administrativo deve obedecer às regras do devido processo legal".

e) Integra também a ampla defesa o princípio da ampla instrução probatória, o qual significa não apenas o direito de oferecer e produzir provas, mas também o de, muitas vezes, fiscalizar a produção das provas da Administração.

Assim, nomeado perito pelo administrador – da mesma maneira como é feito no processo judicial –, caberá à parte designar seu perito, seu assistente técnico, para que acompanhe a perícia. Também cabe-lhe pedir a prova pericial. Nesse sentido já decidiu o Tribunal de Justiça: "*Ementa oficial*: A realização de perícia, no decorrer do procedimento administrativo fiscal, sem a participação do contribuinte nos trabalhos importa em nulificação do título executivo fiscal, por ferimento aos princípios constitucionais do contraditório e da ampla defesa" (3ª T., Ap. 35. 725-1, j. 10.11.93, rel. Des. João Carlos Brandes Garcia).

Todavia, poderá o administrador, da mesma maneira que o juiz, indeferir provas impertinentes, provas procrastinatórias, ou cuja finalidade seja tumultuar o processo.

Enfim, aplica-se ao processo administrativo a regra do inciso LVI do art. 5º da CF, que veda as provas obtidas por meios ilícitos (Odete Medauar, ob. cit., pp. 119 e 120), e o direito ao silêncio.

Observações finais

Cumpre ressaltar, ainda, que o devido processo legal é o gênero do qual todos os demais princípios constitucionais do processo são espécies. Pode-se afirmar que, em face do agigantamento do Estado e do fortalecimento do Executivo, "o instituto do *due process of law* encontrou nas searas do direito administrativo um campo extremamente fértil para a sua mais recente afirmação" (Carlos Roberto de Siqueira Castro, *O Devido Processo Legal e a Razoabilidade das Leis na Nova Constituição do Brasil*, Rio de Janeiro, Forense, 1989, p. 319). Indubitavelmente, é na adscrição ao devido processo legal, no *modus procedendi*, que residem as garantias dos indivíduos e grupos sociais.

Por derradeiro, o princípio do devido processo legal deve ser completado na prática com a progressiva acolhida da razoabilidade e da proporcionalidade das leis na jurisprudência de nossos Tribunais Superiores – o que, por sinal, já vem ocorrendo –, para que possa assegurar, efetivamente, o respeito aos direitos e liberdades individuais, atuando contra o arbítrio e o despotismo.

PRINCÍPIOS RETORES DA DESAPROPRIAÇÃO

EDILSON PEREIRA NOBRE JÚNIOR
Juiz Federal – Professor da Universidade Federal do Rio Grande do Norte e da Escola Superior da Magistratura do Rio Grande do Norte – Mestrando pela UFPE

I – Conceito e importância dos princípios. II – A desapropriação e seus princípios norteadores. III – Supremacia do interesse público sobre o privado. IV – Legalidade. V – Finalidade. VI – Moralidade. VII – Proporcionaliade. VIII – Judicialidade. IX – Publicidade. X – Referências bibliográficas.

I – Conceito e importância dos princípios

É nota assente, no exame científico do Direito e dos seus institutos, o descortinar o sentido e alcance dos princípios. J. J. Gomes Canotilho,[1] lente de Coimbra, analisando as linhas do constitucionalismo moderno, aponta para a necessidade de se proceder a uma classificação tipológica da estrutura normativa. Afirma que as normas constituem um gênero, do qual os princípios e regras são espécies.

A distinção entre ambos emerge de cinco critérios, quais sejam:

a) grau de abstração: os princípios são normas com elevado teor de abstração, enquanto as regras têm seu conteúdo abstrato reduzido;

b) grau de determinabilidade: as regras são de aplicação direta, ao invés dos princípios que, por virem quase sempre vazados em linguagem vaga e indeterminada, necessitam, frente aos casos concretos, da intervenção concretizante do legislador e do juiz;

c) caráter de fundamentalidade do sistema: os princípios exercem um papel de fundamento do ordenamento jurídico, em face de sua posição hierárquica no sistema das fontes ou de sua importância estruturante no sistema jurídico, de forma que as regras neles se sustentam;

d) proximidade da idéia de direito: os princípios são *standards* vinculantes e tradutores do ideal de justiça. A vinculação das regras advém de ponto de vista meramente formal;

e) natureza normogenética: representam a base ou alicerce das regras.

De maneira idêntica, Eros Roberto Grau congrega, no gênero norma jurídica, as modalidades regras e princípios, dividindo estes últimos em princípios positivos de Direito e princípios gerais do Direito.[2]

1. *Direito Constitucional*, pp. 172-3.

2. Seguindo discrímen forjado por Antoine Jeammaud, os princípios positivos de Direito são as nor-

Distinguindo princípios e regras, com o auxílio no magistério de Dworkin, acentua que: "as regras jurídicas, não comportando exceções, são aplicáveis de modo completo ou não o são, de modo absoluto, não se passando o mesmo com os princípios; os princípios jurídicos possuem uma dimensão – a dimensão do peso ou importância – que não comparece nas regras jurídicas".[3]

Pondo em relevo o caráter de fundamento do ordenamento, Celso Antônio Bandeira de Mello define princípio como "mandamento nuclear de um sistema, verdadeiro alicerce dele, disposição fundamental que se irradia sobre diferentes normas compondo-lhes o espírito e servindo de critério para sua exata compreensão e inteligência, exatamente por definir a lógica e a racionalidade do sistema normativo, no que lhe confere a tônica e lhe dá sentido harmônico. É o conhecimento dos princípios que preside a intelecção das diferentes partes componentes do todo unitário que há por nome sistema jurídico positivo". Mais adiante, assevera que a violação a um princípio é bem mais gravosa do que a transgressão de uma regra qualquer. É bem claro ao dizer que tal afronta "é a mais grave forma de ilegalidade ou inconstitucionalidade, conforme o escalão do princípio atingido, porque representa insurgência contra todo o sistema, subversão de seus valores fundamentais, contumélia irremissível a seu arcabouço lógico e corrosão de sua estrutura mestra".[4]

Doutrinador peninsular, Norberto Bobbio[5] enfrentou o tema ao cuidar da completude do ordenamento jurídico, afirmando que os princípios gerais são normas fundamentais ou generalíssimas do sistema. Podem-se apresentar expressos ou implícitos, dividindo-se os primeiros em já aplicados e ainda não aplicados.

Tomada, ainda que de passagem, a idéia do que sejam princípios jurídicos, cabem ser apontadas as suas funções. A tarefa foi amplamente difundida doutrinariamente. O mestre de ultramar,[6] J. J. Gomes Canotilho, ao ser indagado sobre o problema, adianta que aqueles são multifuncionais, podendo ora desempenhar uma função argumentativa, atuando como cânone interpretativo, ora servir de instrumento de revelação de normas não expressas nos enunciados legislativos.

Cativo no estudo do assunto, José Augusto Delgado[7] formulou feliz síntese, consoante a qual os princípios possuem várias funções, sumariadas como: a) ordenadoras (fixam diretrizes para o aplicador do Direito na interpretação e integração de seus mandamentos); b) prospectivas (tendem a elaborar sugestões para a atualização do *ordo juris*).

Por sua vez, Cármen Lúcia Antunes Rocha[8] atribui-lhes conotações funcionais positiva e negativa. A primeira consiste em ditar o caminho dos subprincípios e das regras que se põem à observância da sociedade e do Estado (pontos de partida e de chegada da intelecção de todas as normas). O colorido negativo importa no alijamento do sistema jurídico de toda prescrição que àqueles se contraponha.

II – A desapropriação e seus princípios norteadores

Entende-se por expropriação a perda da propriedade particular, ou o seu esvaziamento (minoração da substância), para o

mas jurídicas ou princípios positivados, enquanto que os gerais são aqueles que, a despeito de não enunciados em norma explícita, vicejam em cada ordenamento em estado de latência, sendo suscetíveis de descoberta pelo labor do intérprete.

3. Ob. cit., p. 114.
4. *Curso de Direito Administrativo*, pp. 408-9.
5. *Teoria do Ordenamento Jurídico*, pp. 158-9.
6. Ob. cit., p. 173.
7. "Perspectivas do Direito Administrativo para o século XXI", in *Perspectivas do Direito Público*, p. 92.
8. *Princípios Constitucionais da Administração Pública*, pp. 27-8.

Estado ou seus entes delegados, por uma razão de utilidade ou necessidade pública, ou interesse social, mediante o pagamento de justa e prévia indenização em dinheiro, excetuadas as situações excepcionais das reformas agrária (art. 184, CF) e urbana (art. 182, 2º, CF), em cuja quitação são utilizados títulos públicos.

Constituindo o meio pelo qual a potestade estatal impõe a mais grave limitação à propriedade privada, a expropriação não fica a salvo da incidência de vários princípios jurídicos. Afastada qualquer pretensão exauriente, destacamos sete deles, quais sejam: a) supremacia do interesse público sobre o privado; b) legalidade; c) finalidade; d) moralidade; e) proporcionalidade; f) judicialidade; g) publicidade.

III – Supremacia do interesse público sobre o privado

A hegemonia do interesse público sobre o particular configura dogma da mais alta relevância nas províncias dos direitos constitucional e administrativo. A sua importância avultou com as reações contra o individualismo, engendradas a partir da segunda metade do século XIX, tendo como eventos marcantes a Comuna de Paris e o Manifesto Comunista, ambos de 1848.

Apesar de não explicitado, às escâncaras, no recente texto constitucional, o cânon configura decorrência lógica do Estado Democrático de Direito. Fundando-se a democracia no interesse da maioria dos administrados, cuja modelação cabe à lei, expressão da *volonté générale,* cunhada pelo engenho do filósofo de Genebra, segue-se que o querer do conjunto deve prevalecer sobre o do proprietário, legitimando a supressão ou limitação aos atributos do domínio.[9]

Ao conferir à Administração a competência para intervir no direito de propriedade, desapropriando, a ordem jurídica não confere apanágio a ser manifestado ilimitadamente. Exige que a postura administrativa se conforme ao interesse geral que, em nenhuma hipótese, deverá sucumbir ante caprichosos desígnios individuais do governante.

Já se foi a época, de triste memória, em que a expropriação guiava-se pela bússola do domínio eminente, titularizado pelo monarca, a forjar motivação para a extinção arbitrária do *jus proprietatis.*

9. O íntimo liame com a desapropriação é encontradiço em várias passagens da doutrina patrial e alienígena. Imperioso, na oportunidade, o relato de Maria Sylvia Zanella Di Pietro: "Em nome do primado do interesse público, inúmeras transformações ocorreram: houve uma ampliação das atividades assumidas pelo Estado para atender às necessidades coletivas, com a conseqüente ampliação do próprio conceito de serviço público; o mesmo ocorreu com o poder de polícia do Estado, que deixou de impor obrigações apenas negativas (não fazer) visando a resguardar a ordem pública, e passou a impor obrigações positivas, além de ampliar o seu campo de atuação, que passou a abranger, além da ordem pública, também a ordem econômica e social. *Surgem, no plano constitucional, novos preceitos que revelam a interferência crescente do Estado na vida econômica e no direito de propriedade; assim são as normas que permitem a intervenção do poder público no funcionamento e na propriedade de empresas, as que condicionam o uso da propriedade ao bem-estar social, as que reservam para o Estado a propriedade e a exploração de determinados bens, como as minas e demais riquezas do subsolo, as que permitem a desapropriação para a justa distribuição da propriedade;* cresce a preocupação com os interesses difusos, como o meio ambiente e o patrimônio histórico e artístico nacional" (grifos não constantes do original, *Direito Administrativo*, p. 60).

Idem Garrido Falla: "El hecho de que las diferentes potestades administrativas encuentren hoy día su fundamento en la genérica justificación de la situación de supremacía de la Administración Pública frente a los particulares, no hace absolutamente inútil una discusión sobre el fundamento de la expropiación forzosa. Este se encuentra, de una parte, en la indudable necesidad que la Administración puede sentir, para satisfacción de necesidades públicas, de bienes concretos en manos de los particulares; de otra, en el mismo carácter subordinado y condicionado al interés público con que igualmente se configura el derecho de propriedad" (*Tratado de Derecho Administrativo*, pp. 239-40).

Solapando, com laivos de definitividade, o arbítrio então reinante, defluente da fórmula absolutista *le roi ne peut mal faire* o art. 17 da Declaração dos Direitos do Homem e do Cidadão prescreveu dever a privação da propriedade pautar-se na idéia de interesse público.

Na atualidade, manifestação do princípio é balizada com o alargamento da noção de utilidade pública, para abranger algo mais que o mero interesse na regular prestação dos serviços administrativos. A desapropriação se impõe também como meta dos integrantes da comunidade, consistente em exigências de desenvolvimento calcadas na justa distribuição da propriedade. É o interesse social,[10] posto ao lado das tradicionais espécies necessidade ou utilidade públicas, a ensejar a ocorrência do fenômeno expropriatório.

A atual Constituição enfocou, de maneira mais reforçada, este aspecto, apontando, quer para a propriedade rural, quer para a urbana, uma função social, cujo descumprimento poderá dar azo à medida drástica.[11]

IV – Legalidade

O princípio da legalidade representa noção capital do Estado de Direito, sendo bússola norteadora da Administração Pública.

O seu sentido histórico decorreu da necessidade de se subordinar o governante, irresponsável no fastígio do absolutismo, ao ordenamento jurídico, eliminando-se favoritismos e desejos pessoais. Substituiu-se a vontade individual do monarca pela vontade geral, materializada na lei, elaborada pelos representantes do povo, na condução dos negócios públicos.

Agasalha-o a nossa Lei Básica em vários dispositivos. Primeiramente, no art. 5º, II, ao dizer que ninguém pode ser obrigado a fazer ou deixar de fazer algo senão em virtude de lei. Noutro passo, eleva-o como ponto cardeal da Administração Pública no art. 37, *caput*. Está, igualmente, presente no art. 84, IV, *in fine*, ao condicionar o atributo regulamentar do Poder Executivo.

À legalidade, tomada a sua expressão como conformidade ao Direito, não é estranha a desapropriação. A esta restou fincada, historicamente, com o art. 17 da Declaração de Direitos do Homem e do Cidadão, de 26 de agosto de 1789, no qual se assentou que a desapropriação somente é legítima quando voltada à satisfação de interesse público, legalmente comprovado. Daí recebera acolhida em nossa Carta Magna de 1824, cujo art. 179, § 22, ao depois de garantir a plenitude do direito de propriedade, prescrevia que se "o bem público, legalmente verificado, exigir o uso e emprego da propriedade do cidadão, será ele previamente indenizado do valor dela", acrescentando caber à lei especificar os casos em que se teria por verificada tal excepção. Idêntica postura assumira a Constituição Belga, de 7 de fevereiro de 1831, responsável pela superação retórica das declarações de direito do Estado Liberal, proclamando no seu art. 11º: "Ninguém pode ser privado da sua propriedade senão por causa de utilidade pública, nos casos e da maneira estabelecida pela lei e mediante uma justa e prévia indenização".

O postulado foi preservado na Emenda XIV, Seção I, à Constituição dos Estados Unidos da América, ratificada em 27 de ju-

10. Para júbilo potiguar, narra Carlos Medeiros Silva ("A Desapropriação por interesse social", *RDA* 29/5-6), que o ingresso, entre nós, do interesse social, como fundamento da expropriação, é tributado ao labor do Senador Ferreira de Souza, Professor de Direito Comercial da Faculdade Nacional de Direito, através da apresentação da Emenda 3.068 à Constituinte de 1946.

11. Sem embargo disso, o Estatuto Básico menciona genericamente a função social como um imperativo a quem detém a qualidade de senhor. A sua exigência de uma função social informa que o proprietário não conserva absolutos poderes sobre a coisa, cabendo dirigir o exercício do direito de acordo com as exigências da comunidade que integra (ver, a respeito, excelente artigo de Roger Raupp Rios, "A propriedade e sua função social", *Revista Ajufe* 45, p. 49).

lho de 1868, ao solenizar a vedação de se *privar alguma pessoa da vida, liberdade ou propriedade sem observância dos trâmites legais.*

Na França, a reserva de competência legislativa sobre o tema foi assaz sacralizada. O art. 34, da Constituição de 1958, ao enumerar as matérias sujeitas ao monopólio da lei em sentido estrito (formal e material), sustentou competir a esta estabelecer os princípios fundamentais do regime da propriedade, dos direitos reais e das obrigações civis e comerciais, de maneira que, em se tratando de tais assuntos, o regulamento deve ser visto como um intruso. Não se cuidando da disciplina dos princípios fundamentais do direito de propriedade, lícita a intervenção regulamentar. Salienta o professor Pierre Bon, em artigo traduzido por Carlos Ary Sundfeld, que o Conselho Constitucional, através das Decisões 65-33 L, de 9.2.65, 69-53 L, de 27.2.69, 69-58 L, de 24.10.69, 77-101 L, de 3.11.77, 88-157 L, de 10.5.88, fixou, no que concerne à expropriação, divisor de águas entre o que deve ser reputado princípio fundamental do direito de propriedade, monopolizado pelo legislador, e os assuntos pertinentes à competência regulamentar. Afirma o mestre: "Em matéria, por exemplo, de desapropriação, o Conselho Constitucional entendeu integrarem os princípios constitucionais, enquadrando-se conseqüentemente na competência do legislador, as disposições relativas à composição dos órgãos jurisdicionais expropriatórios incumbidos da fixação do montante da indenização ou as que atribuam, a um magistrado da ordem judicial, competência para decretar a transferência da propriedade dos imóveis expropriados, ou ainda aquelas exigindo que a decisão expropriatória discrimine, na quantia deferida a cada interessado, a indenização principal e, quando for o caso, as verbas acessórias, esclarecendo as bases sobre as quais as diversas parcelas tiverem sido calculadas. Em contrapartida, são estranhas aos princípios fundamentais do regime da propriedade, ensejando, portanto, a competência regulamentar, as disposições seguintes, também relativas ao tema da desapropriação: disposições designando o órgão cujo parecer deve ser colhido previamente a certas desapropriações, disposições designando a autoridade administrativa competente para expedir a declaração de utilidade pública para fins de desapropriação ou disposições fixando certos prazos em matéria de procedimento não penal".[12]

Na Alemanha, o panorama não é diverso. Dispõe a Lei Fundamental de Bonn, de 1949 (art. 14, n. 3) que a manifestação expropriatória somente é admissível via legal ou mediante ato administrativo fundado na lei.

No direito pátrio, constata-se que é à Constituição, suporte de validade de todas as regras jurídicas, a quem toca o apanágio de gizar, em tom de genericidade, as hipóteses autorizativas da medida.[13]

Remanesce à lei, por seu turno, o atributo exclusivo de tipificar, de maneira taxativa, as hipóteses de sua ocorrência em face dos permissivos constitucionais. A isto favorece o estatuído no art. 5º, XXIV, da CF, no sentido de que "a lei estabelecerá o procedimento para desapropriação por necessidade ou utilidade pública, ou por interesse social...".[14]

12. "Direito de propriedade no Direito Constitucional francês", *Revista Trimestral de Direito Público* 10/10-11.

13. Nossa Constituição prevê cinco situações em que a expropriação poderá ter lugar, divididas em duas categorias, quais sejam: a desapropriação ordinária (art. 5º, XXIV), que poderá ocorrer por necessidade ou utilidade pública e interesse social, e a desapropriação extraordinária ou desapropriação-sanção, na nomenclatura sugerida por José Afonso da Silva (*Curso de Direito Constitucional Positivo*, p. 254), prevista nos arts. 182, § 4º, e 184, para fins de reformas urbana e agrária, respectivamente. A classificação da desapropriação em ordinária e extraordinária é tributada a Adílson de Abreu Dallari ("Desapropriação: conceito e preconceitos", *Curso de Direito Administrativo*, p. 34).

14. Na desapropriação-sanção para reforma urbana, a área objeto da expropriação é definida em lei

Disso surgem duas importantes conseqüências. Uma, a de que as hipóteses supressivas do *jus proprietatis* resultam do consentimento do povo, através dos seus representantes nas assembléias. Em segundo lugar, garante-se o cidadão contra eventuais caprichos do gestor administrativo, em virtude das situações ensejadoras da providência deverem ser objetivamente demonstradas. Tal não ocorreria se o conceito de interesse público, por sua vagueza e indeterminação, pudesse, na prática, ser apontado pela Administração, à míngua de balizas legais.

Corolário lógico da tipicidade é a não admissibilidade de integração analógica a hipóteses fáticas similares às constantes da descrição legal. Impõe-se o *numerus clausus*. Este o pensar que preponderou no Supremo Tribunal Federal quando da apreciação do RE 97693-MG.[15]

Sem embargo, há ordenamentos esposadores do ponto de vista contrário. Por exemplo, o Código de Expropriações de Portugal (art. 1º, n. 1), aprovado pelo Decreto-lei 845, de 11.12.76, substituindo a sistemática da ab-rogada Lei 2.030, adotou a expressão vaga e indeterminada *utilidade pública*, conferindo ao administrador a valoração, em cada caso concreto, dos motivos oportunizadores da gravosa interveniência na propriedade privada.

V – Finalidade

É consabido demandar a validade do ato administrativo o perfazimento de determinados requisitos elencados pela doutrina. Um deles, quiçá o principal, é o da finalidade pública. Curando o interesse da sociedade, as manifestações da Administração devem

municipal específica, havendo ainda o concurso de lei federal definidora do modo como será exigido o aproveitamento dos imóveis. Na reforma agrária, embora sua *fattisespecie* esteja moldada no art. 184, *caput*, da CF, indispensável norma legal para estatuir o seu procedimento em juízo (lei complementar) e para dispor sobre as exceções contidas no art. 185, I e II. Relevante noticiar que o Supremo Tribunal Federal (*Lex JSTF* 181/140, 182/74, 184/132 e 188/161) entendeu constituir óbice intransponível para a edição da declaração de interesse social a não existência da legislação referida no art. 184, § 3º, e 185, ambos da CF, restando imprestável, por ausência de recepção, o Decreto-lei 554/69, ao contrário do deliberado pelos Tribunais Regionais Federais (TRF-5ª R., 2ª T., AC 0501991/91-AL, rel. Juiz Lázaro Guimarães, v.u., *DJU*-II de 20.3.92, p. 6.370; TRF-3ª R., 2ª T., AG 03032944/92-MS, rel. Juiz Roberto Haddad, *DJU*-II de 15.2.95, p. 6.290).

15. O decisório foi assim ementado: "1. Recurso extraordinário. 2. Decreto municipal que declarou de utilidade pública, para desapropriação, terrenos e benfeitorias, tidos como necessários à construção de via de acesso ferroviário entre estabelecimento particular e a Estrada de Ferro Central do Brasil. 3. Ação ordinária de nulidade do Decreto. Alegação de tratar-se de desapropriação, exclusivamente, em benefício e proveito de empresa privada, com fins lucrativos. 4. Ação julgada procedente em primeiro grau, mas improcedente no acórdão recorrido. 5. O decreto que declara um imóvel de utilidade pública, para fins de desapropriação, é ato administrativo e não ato normativo, cabendo contra ele a propositura de ação ordinária visando sua anulação e não ação direta de inconstitucionalidade. 6. Emenda Constitucional n. 1/1969, art. 153, § 22. 7. A simples construção de um acesso ligando o parque industrial de empresa particular à Estrada de Ferro, por si só, não indica ou induz existência de utilidade pública, mas, sim, de utilidade privada. Hipótese em que não há falar em abertura, conservação e melhoramento de via ou logradouro público, nem em meio de transporte ferroviário coletivo, como serviço à comunidade, eis que expresso, no próprio Decreto e sua motivação, que o ato expropriatório se destina 'a construção de uma via de acesso ferroviário entre a Companhia Mineira de Cimento Portland S.A.-Cominci e a Estrada de Ferro Central do Brasil'. 8. Ao Poder Executivo interdita-se considerar de utilidade pública, para fins de desapropriação, situações não definidas em formas legais ou que, nestas, não sejam de manifesta compreensão. Precedentes do STF. 9. No caso concreto, releva destacar que, após a imissão provisória da posse, desde logo, o uso dos bens expropriados se fez em favor da empresa privada, que, por sua iniciativa, neles principiou as obras de construção do ramal ferroviário, de seu exclusivo interesse. 10. Recurso extraordinário conhecido, por ofensa ao art. 153, § 22, da Emenda Constitucional n. 1/1969, e provido para declarar a nulidade do Decreto n. 454, de 7.3.1974, do Prefeito Municipal de Matozinhos, MG, restabelecendo-se assim, a sentença" (2ª T., m.v., rel. Min. Néri da Silveira, *DJU*-I de 8.11.96, p. 43.211).

sempre convergir para o atingimento dos objetivos idealizados pelo todo.

O fim de interesse coletivo a ser perseguido é, portanto, uma elementar indissociável de toda postura administrativa, pena de esta emergir inválida.

Essa tendência acentuou-se bastante com a norma do art. 37 da Lei Fundamental recém-promulgada, ao impor seja a conduta administrativa tisnada pela marca da impessoalidade.[16] Isto quer dizer que o administrador somente pode atuar visando ao interesse público, ou seja, a interesses gerais, não lhe sendo dado satisfazer pretensões de particulares, deduzidas por pessoas determinadas, quer para favorecer ou prejudicar indevidamente.

Cabe, por sua vez, ao ordenamento positivo, como expressão da soberania popular, apontar qual a finalidade a ser obtida com a prática do ato administrativo.

O fim público é aquele que a lei, explícita ou implicitamente, prevê como tal. Afastando-se o administrador do objetivo indicado em sede legal, ou elegendo outro de caráter particular, vem a lume a figura do desvio de poder, consoante definição do art. 2º, parágrafo único, *e*, da Lei n. 4.717/65, de sorte a nulificar o comportamento praticado.[17]

Constituindo a Administração atividade de quem não é dono, a vontade do agente público é serviente, não se podendo afastar do fim indigitado pela regra de direito. Lapidar a advertência de Ruy Cirne Lima: "o fim, – e não a vontade – domina todas as formas de administração. Supõe, destarte, a atividade administrativa a preexistência de uma regra jurídica, reconhecendo-lhe uma finalidade própria. Jaz, conseqüentemente, a administração pública debaixo da legislação, que deve enunciar e determinar a regra de direito".[18]

A desapropriação é, de fato, a mais onerosa medida de intervenção estatal na propriedade privada. Resulta da superioridade do interesse público sobre o individual e somente quando satisfaz aquele pode legitimar-se.

Intransponível, então, que a perda da propriedade, ou de utilidades substanciais desta, pelo cidadão, em prol do Estado, ou de seus delegados, somente ocorra se encontrar arrimo em situações de necessidade ou utilidade pública, ou interesse social, definidas em lei.

Em vista disso, se o administrador, ao desapropriar, não atender ao fim coletivo (necessidade ou utilidade pública, ou interesse social), cometerá arbítrio, sanável pelo Judiciário.[19]

Regra geral, o desvio de finalidade em desapropriação acontece em dois casos. Primeiramente, emerge quando o Poder Público atua para privilegiar apaniguados, dando ao bem destino de interesse privado no lugar de público, como, *verbi gratia*, quando transfere a sua propriedade, ou simplesmente o seu uso, a particular.

16. Associando finalidade com impessoalidade em sede de expropriação, conferir Geraldo Apoliano (*Desapropriação – Perfil Atual*, p. 2).

17. Celso Antônio Bandeira de Mello, abordando o tema com a percuciência que lhe é conatural, distingue duas modalidades do defeito em comento: uma genérica, quando o agente despreza, no seu atuar, todo e qualquer interesse coletivo; outra, quando desatende, no caso concreto, um fim específico do poder manejado. Ensina o mestre: "O vício de desvio de poder, como assentam ou doutos, pode apresentar-se sob dupla modalidade. Em uma delas, o agente administrativo, servindo-se de uma competência que em abstrato possui, busca uma finalidade alheia a qualquer interesse público. Neste caso atua para alcançar um fim pessoal, que tanto pode ser de perseguição a alguém como de favoritismo ou mesmo para atender um interesse individual do próprio agente. Em outra modalidade, manejando também uma competência que em abstrato possui, busca atender uma finalidade pública que, entretanto, não é aquela própria, específica, da competência utilizada. Aí ter-se-á valido de uma competência inadequada, de direito, para o atingimento da finalidade almejada" (*Discricionariedade e Controle Jurisdicional*, pp. 58-9).

18. *Princípios de Direito Administrativo*, p. 22.

19. Nossas Cortes têm censurado o *détournement du pouvoir* em sede expropriatória. Consultar: *RTJ* 57/53 e 72/479; *RSTJ* 13/272.

Interessante notar é quando a alienação do bem realiza-se em favor de pessoa jurídica de direito privado que tenha fins sociais. O Supremo Tribunal Federal, convocado a dar a sua opinião, traçou uma distinção entre entidades privadas com fins equiparados a interesse público e aquelas gestoras de interesse público típico. Na primeira hipótese, optou pela impossibilidade da desapropriação. Elucidativas as palavras do Min. Eloy da Rocha, ao votar no RE 64.559-SP: "Ocorre desvio de finalidade da desapropriação, se o expropriante aliena o bem, ou cede o uso, por qualquer título, a particular. Descaracteriza-se, então, a utilidade pública, prevista na Constituição e na lei. Visa a desapropriação, por necessidade ou utilidade pública, à utilização do bem pela entidade pública. Utilidade pública é a determinada na lei. Somente não há desvirtuamento do fim, naquela hipótese, na desapropriação por interesse social – arts. 13, § 22, e 161, da Emenda n. 1, de 17.10.69. Pela própria natureza da desapropriação por interesse social, pode o Poder Público desapropriar bens para vendê-los ou locá-los 'a quem estiver em condições de dar-lhes a destinação social prevista' – art. 4º da Lei 4.132, de 10.9.62. Ainda que a pessoa de direito privado tenha fins sociais – encontra-se, em alguns julgados, a valorização desses fins –, não será possível, a meu ver, a destinação a seu serviço da coisa desapropriada, sem que se desnature a utilidade pública, prevista na lei de desapropriação, que corresponde ao interesse do Estado. Mesmo a entidade declarada de utilidade pública não é entidade pública".[20] No decorrer do seu voto, o em. julgador analisa, detidamente, os precedentes da Excelsa Corte sobre o assunto. Idêntica solução, mais recentemente, foi adotada no RE 88.699-1-SP.[21] Quando se tratar de entidade gestora de interesse público típico, de que foi caso líder a Fundação Getúlio Vargas, entendeu-se pela possibilidade.[22]

Outra situação é aquela em que a Administração, devendo usar os bens expropriados por necessidade ou utilidade pública em obras e serviços e, no interesse social, na justa distribuição da propriedade, não os empregue em nenhum anelo coletivo, abandonando-os.

Fernando Alves Correia,[23] atento à práxis européia, acrescenta a hipótese em que a desapropriação é realizada com a finalidade de possibilitar uma vantagem financeira para o Estado, como na incidente sobre terrenos com o fim de mais tarde serem vendidos a preço mais elevado.[24]

No Brasil, fenômeno semelhante ocorre na desapropriação por zona (art. 4º, Decreto-lei 3.365/41), não no que concerne às áreas necessárias às obras ou serviços, e ao desenvolvimento destes, mas àquelas que se valorizarem extraordinariamente em função do atuar estatal.

20. STF, 2ª T., v.u., *DJ* de 21.5.71, p. 301.

21. 2ª T., v.u., rel. Min. Cordeiro Guerra, *DJU* de 20.11.76, p. 9.237.

22. RE 52.113, rel. Min. Cândido Mota Filho, *RDA* 77/238.

23. *As Garantias do Particular na Expropriação por Utilidade Pública*, p. 103.

24. Apontando desvirtuamento na desapropriação, com a sua utilização para objetivos-fins fiscais, Otto Mayer ilustrara a literatura alemã com a seguinte ensinança: "Cuando la ley dice 'expropiar' no quiere decir 'despojar' por el hecho de que esto beneficie al Estado o responda a un interés público general vagamente definido. Debe querer decir que el inmueble podrá *tomarse para servir al interés público personificado en una empresa determinada* que representa una parte de la administración pública. Por lo tanto, está excluída, en principio, toda clase de expropiación que no tenga por objeto emplear en este sentido la propiedad así adquirida. Este principio de interpretación tiene importancia en diferentes sentidos. Tiene como principal consecuencia la de impedir la expropiación en interés fiscal, aun cuando este interés pueda representar una empresa del Estado. Para las *administraciones fiscales* propiamente dichas, esto es evidente (t. I, p. 188). No puede, *v. gr.*, aumentarse y completarse mediante la expropiación el domínio patrimonial del Estado. En este caso no se trata, en el modo alguno, de administración pública" (*Derecho Administrativo Alemán*, t. III, pp. 17-18).

Não tolera a ordem jurídica que se proceda à expropriação com vistas a aumentar o patrimônio disponível do Poder Público, vez que o instituto em tela não pode configurar enriquecimento indevido para o Estado.

Pretendendo o expropriante angariar recursos para custear a desapropriação e as obras com esta realizadas, há de abeberar-se numa única fonte: a tributação. Há, desde o art. 30, I, da Constituição de 1946, tributo específico, denominado de contribuição de melhoria, para que os entes políticos possam ressarcir-se dos beneficiários de obras públicas o custo destas.

Pela inconstitucionalidade da desapropriação por zona, no ponto inerente às áreas reservadas para revenda, há fulgurante exposição de Seabra Fagundes.[25] Em sentido contrário, Adílson de Abreu Dallari[26] defende, ao lado da contribuição de melhoria, a desapropriação por zona como instrumento para o Estado apropriar-se da mais-valia, decorrente de obra pública, para a qual não contribuíra o proprietário.

Em sintonia com esse entendimento, o Supremo Tribunal Federal, por mais de uma vez,[27] assentou que o expropriante não pode, em detrimento do expropriado, cobrar-se do valor das obras, não se podendo deduzir do montante da indenização a importância da mais-valia imobiliária imposta à área remanescente. A fonte dos dispêndios estatais, para a realização de obras e serviços, há de ser a tributária, ora previamente através de impostos, ora *a posteriori* pela contribuição de melhoria. Inconcebível transformar o instituto da desapropriação, cuja excepcionalidade é ressaltada em face da garantia do *jus proprietatis*, em instrumento para o Estado angariar recursos financeiros.

25. "Desapropriação para urbanização e reurbanização. Validade da revenda", *RDA* 128/31-4.
26. Ob. cit., p. 45.
27. *RTJ* 69/222 e 64/551.

Não se pode olvidar que a finalidade deve ser compreendida genericamente, tanto que um bem desapropriado com um objetivo pode ser empregado em outro, se também de interesse público, sem que haja desvio de poder administrativo. Assim, um terreno expropriado para a edificação de uma maternidade pode abrigar uma delegacia de polícia e vice-versa, mas jamais poderá receber uma construção particular.

A observância da finalidade pública impõe a necessidade de se motivar, objetiva e amplamente, o decreto expropriatório, tanto no que respeita à indicação do fim concreto da medida quanto na indicação dos bens objeto desta. A exigência é redobrada em ordenamentos, como o português, onde a lei não procede à enunciação taxativa das causas de interesse público, contentando-se com o uso do binômio utilidade pública.

Sem motivação, cerceia-se ao particular atingido a possibilidade de confrontar, no caso concreto, se foi atingido o ideal abstrato, plasmado normativamente.

VI – Moralidade

Também não se pode prescindir, no trato da temática aqui posta, do *standard* da moralidade. Nas primícias, com *habitat* preponderante no direito privado, o princípio, nos dias atuais, exerce incontestável influência no direito público, traduzindo exigências do bem administrar.

Encontra-se, a partir de 5.10.88, previsto, às expressas, em nossa Lei das Leis, alargando o conceito de legalidade no que condiz com o controle jurisdicional dos atos administrativos.

O seu significado, e incontestável importância nos quadrantes de nosso *ordo juris*, foi, com precisão inexcedível, realçada por José Augusto Delgado: "A moralidade tem a função de limitar a atividade da administração. Exige-se, com base nos postulados, que a forma, que o atuar dos agentes públicos atenda a uma dupla necessidade: a de justiça para os cidadãos e de eficiência para a própria administração, a fim de que se consagrem os efeitos-fins do ato administrativo consagrados no alcance da imposição do bem comum."[28]

Adaptadas, ao plano expropriatório, a combinação harmônica entre eficiência e justeza, constata-se ser obrigatório ao Poder Público, quando expropriar, efetuar, em prol do proprietário atingido, contrapartida remuneratória. Se é certo que a desapropriação se imponha pelo bem geral, não menos escorreito que o agente estatal, no manejo de tal competência, proscreva o enriquecimento sem causa, vedação secular que o direito hauriu da moral.

Realizando essa aspiração, o Constituinte não é omisso em prever a obrigação estatal de ressarcir o *dominus* (art. 5º, XXIV, 182, §§ 3º e 4º, 184, *caput*, todos da CF de 1988).[29] E não é só. Tal compensação não pode ser tardia. Pelo contrário, necessita anteceder a perda definitiva da propriedade, embora não afete a imissão provisória.[30] Igualmente, descabe afastar-se de parâmetros de justiça. Deve fazer retornar ao patrimônio afetado não só o valor do bem perdido, mas eventuais despesas que a desapropriação acarretou ao particular, como a constituição de advogados e assistentes técnicos, a perda da potencialidade econômica do bem etc.

A perda da propriedade sem o adorno indenizatório é reputada como confisco, cuja liceidade somente é concebida nas hipóteses expressamente autorizadas pela Constituição. São elas, como visto, a perda de bens como efeito civil das inflições criminais (art. 5º, XLVI) e a figura do art. 243, *caput* e parágrafo único, relacionada a glebas cultivadas com plantas psicotrópicas, fora dos casos de permissão legal, e a todos os bens auxiliadores do tráfico ilícito de entorpecentes.

VII – Proporcionalidade

A despeito de remotas raízes históricas, a noção de proporcionalidade passou a freqüentar o ainda incipiente direito público com os revolucionários ingleses do século XVII, a pregar, fortemente influenciados pelo jusnaturalismo, então elaborado à base da razão, que o poder de polícia, exercido pelo governante, somente poderia limitar direitos fundamentais do indivíduo

28. "O princípio da moralidade administrativa e a Constituição Federal de 1988", *Revista Forense* 318/56.

29. A Constituição portuguesa de 1976 explicitou, no seu art. 62, n. 2, que tanto a requisição quanto a expropriação exigem o pagamento de justa indenização. Os arts. 42 e 43 da Constituição da República italiana não esqueceu a necessidade de ressarcimento ao proprietário, tendo a Lei Fundamental de Bonn de 1949, no seu art. 14º, n. 3, mencionado que as leis de expropriação, pena de inconstitucionalidade, devam regular o conteúdo e a extensão da indenização. Possuindo, na França hodierna, o art. 17 da Declaração de 1789, relativo ao direito de propriedade, valor constitucional (decisão do Conselho Constitucional 81-132 DC, de 16 de janeiro de 1982), a indenização pela sua privação deverá ser prévia e justa.

30. Secundando posição adotada quando da Constituição revogada, que também consagrava a precedência da indenização, o Supremo Tribunal Federal tem, de forma reiterada, deixado assente que a expressão constitucional *prévia* constitui anteparo a proteger o indivíduo contra a transferência definitiva do bem para o Estado, não impedindo que agentes deste se imitam provisoriamente na sua posse com a consignação judicial do valor da oferta. Eis, à guisa de exemplificação, o decidido no RE 164186-0: Desapropriação. Imóvel urbano. Justa indenização. Decreto-lei n. 1.075/70. Imissão na posse. Depósito prévio. A jurisprudência do Supremo Tribunal Federal posiciona-se no sentido de que a garantia constitucional da justa indenização, nas desapropriações, diz respeito ao pagamento do valor definitivo fixado – seja por acordo das partes, seja por decisão judicial – momento em que ocorre a transferência do domínio. O depósito prévio permite ao desapropriante a simples imissão na posse do imóvel. A norma do art. 3º do Decreto-lei n. 1.075/70, que permite ao desapropriante o pagamento da metade do valor arbitrado, para imitir-se provisoriamente na posse de imóvel urbano, já não era incompatível com a Carta precedente (RE 89.033, *RTJ* 88/345 e RE 91.611, *RTJ* 101/717) e nem o é com a atual. Recurso extraordinário não conhecido" (v.u., rel. Min. Ilmar Galvão, *DJU*-I de 7.2.97).

com vistas à proteção do interesse coletivo, combatendo a sua ação desarrazoada.

Transplantada para a França, mesmo passado o fastígio do Iluminismo, a doutrina serviu de estuque para o controle dos atos administrativos através do *récours pour excès de pouvoir*, criação do *Conseil D'État* em 1806, desenvolvida, com contornos mais definidos, a partir do Segundo Império quando a Lei de 24.5.1872 legou a esse órgão feição jurisdicional.

A partir da segunda metade do atual século, passou a influenciar, mediante o aprofundamento de seu estudo na Alemanha, o direito constitucional no que concerne ao controle de constitucionalidade de leis restritivas de direitos individuais.

Volvendo-se ao direito administrativo, o princípio da proporcionalidade, segundo evocação de Celso Antônio Bandeira de Mello, "enuncia a idéia – singela, aliás, conquanto freqüentemente desconsiderada – de que as competências administrativas só podem ser *validamente* exercidas na *extensão* e *intensidade* proporcionais ao que seja realmente demandado para cumprimento da finalidade de interesse público a que estão atreladas. Segue-se que os atos cujos conteúdos ultrapassem o necessário para alcançar objetivo que justifica o uso da competência ficam maculados de ilegitimidade, porquanto desbordam do âmbito da competência; ou seja, superam os limites que naquele caso lhes corresponderiam".[31]

Na mesma linha, texto produzido, em março de 1996, pelo Grupo de Estudos da Justiça Federal de Primeira Instância de Curitiba/PR, fornece noção lapidar: "O princípio da proporcionalidade é um desenvolvimento do princípio do Estado de Direito. Significa ele, em termos simples, que o Estado, para atingir os seus fins, deve usar só dos meios adequados a esses fins e, dentre os meios adequados, só daqueles que sejam menos onerosos para o cidadão".[32]

Da dimensão estrutural do cânon extraem-se duas premissas. A primeira é a de que somente desapropriar-se-á quando tal providência for *necessária* e *adequada* à concretização do fim público visado. Em segundo lugar, ressaindo forçosa a utilização de tal competência, deve-se escolher o meio que menor ônus cause ao cidadão.

Consoante Fernando Alves Correia[33] a vinculação do expropriante à proporcionalidade constou de preocupação expressa do Código das Expropriações de Portugal (art. 4º, n. 1), quando preconiza a contenção da desapropriação aos lindes estritamente necessários à satisfação do interesse público.

Propugna, contudo, a perfilhação de três temperamentos. O primeiro destes, do qual não se esqueceu o art. 4º, n. 1, do Código das Expropriações, em sua parte derradeira, centra-se em que a autoridade competente, ao determinar os bens indispensáveis à medida, deverá levar em conta o atendimento de necessidades futuras, desde que previsíveis. Exemplifica do seguinte modo: "Se, por exemplo, na construção de um aeroporto for, desde logo, previsível que o desenvolvimento do tráfego aéreo virá a exigir a sua ampliação, é perfeitamente lícito que se proceda imediatamente à expropriação dos terrenos necessários a essa futura ampliação."[34]

A segunda ressalva está nos casos em que a desapropriação, em proporções superiores ao necessário, faça-se no interesse ou por solicitação do particular. São os casos onde a expropriação atinge parte demasiado considerável do bem, de forma a prejudicar o seu uso normal. Poderá, então, o prejudicado requerer a desapropriação total. Identifica-se com o que, no nosso direito, é denominado direito de extensão.[35]

31. *Curso de Direito Administrativo*, p. 56.

32. "O princípio da proporcionalidade e Direito Administrativo", *Revista AJUFE* 49/63.

33. Ob. cit., pp. 117-9.

34. Ob. cit., p. 118.

35. O direito de extensão, a ser exercido quando da contestação, é previsto no Decreto 4.956, de 1903 (art. 12) e, no particular da desapropriação por interesse social para fins de reforma agrária, pela Lei

A última delas está na desapropriação-sanção, ocorrente quando o proprietário não dá aos bens a utilização compatível com a sua função social, não tendo a Administração que fundamentar o seu agir com a realização de obra ou serviço público, mas tão-só que entregar o bem a terceiros para que o empreguem no seu fim natural.

VIII – Judicialidade

O princípio da judicialidade, ou da reserva judicial, é corolário da exigência do devido processo legal para propiciar a perda da propriedade, outrora assentada no art. 39 da *Magna Charta Libertatum*, de 15 de junho de 1215, outorgada por João Sem-Terra aos seus barões.

Requer a intervenência do Judiciário para transferir ao Estado o domínio do bem expropriado caso haja discordância do proprietário. Denomina-o Carlos Ary Sundfeld de garantia adjetiva do expropriado, decorrente do art. 5º, LIV, da Constituição da República, ao reclamar, à privação da propriedade, o antecedente do devido processo legal, calcado em "um processo judicial, onde se possa exercer o direito ao contraditório e à ampla defesa".[36]

Averbe-se que o *Conseil Constitutionnel*,[37] ao oferecer compreensão exegética ao art. 66 da Constituição de 1958, legou à autoridade judicial comum o mister de custode da propriedade privada, embora circunscrevendo a franquia à propriedade imobiliária, de maneira que nas nacionalizações das casas bancárias, ocorridas em 1982, as ações cotadas em bolsa tiveram seu valor mensurado por uma comissão nacional de avaliação, organismo administrativo cujas deliberações estão submetidas à justiça administrativa.

Atormenta o direito brasileiro, principalmente depois da Lei Máxima de 1988, duas questões interessantíssimas, a saber: é possível ao particular descortinar a ocorrência do interesse público ensejador da medida? Em caso afirmativo, esta discussão pode ser travada nos autos da expropriação?[38]

Complementar 76/93 (art. 4º), dele tendo cogitado o Estatuto da Terra (Lei 4.504/64, art. 19, 1º).

36. *Desapropriação*, p. 11.

37. Decisão 89-256 DC, de 25 julho de 1989, ratificadora das decisões 85-189 DC, de 17 de julho de 1985, e 85-198, de 13 de dezembro de 1985.

38. No direito francês, o juiz comum (*juge judiciaire*) apenas promove a operação necessária à transferência do domínio e da posse do bem à Administração. Cinge-se a verificar a regularidade formal do procedimento expropriatório, fixando a indenização devida. Caso o expropriado queira insurgir-se contra a desapropriação em si mesma, desnudando a presença de ilegalidades, é-lhe dado interpor recurso contencioso de anulação contra o ato declarativo de utilidade pública, cuja apreciação levará ao Conselho de Estado (*juge administratif*). Tal medida não possui eficácia suspensiva, permitindo que o juiz da desapropriação exare o *ordonnance* de mudança da propriedade e da posse dos bens. Na hipótese do recurso contencioso de anulação ainda não estiver julgado quando emitida a *ordonnance*, o expropriado poderá manejar recurso de anulação desta para a *Cour de Cassation*, também desprovido de efeito suspensivo. Não interposta irresignação contra a *ordonnance*, ou improvida esta, eventual decisão posterior desconstituidora da declaração expropriatória não mais possibilitará ao interessado a reaquisição de seus bens. Similar a sistemática adotada pelo direito lusitano, onde é admissível o ataque do ato declaratório mediante recurso contencioso de anulação, a ser apreciado pelo Supremo Tribunal Administrativo, o qual também não possui, por si, o condão mirífico da suspensividade, embora tal circunstância ostente genérica previsão normativa (Lei Orgânica do STA, art. 15, n. 5; Regulamento do STA, art. 60º; Código Administrativo, art. 82º, parágrafo único, n. 60), restritivamente condicionada a que: a) a suspensão não provoque grave dano ao interesse público; b) a execução do ato impugnado seja capaz de acarretar prejuízo irreparável ou de penosa reparação ao interessado. Embora a suspensividade do recurso contencioso seja excepcional, há lúcido ponto de vista adotado por José Serafim Ferreira Rita, Procurador-Geral Adjunto perante o STA, quando de parecer no Proc. 371/96, defendendo, como regra, a suspensividade do procedimento da desapropriação sob o argumento de que o Supremo Tribunal de Justiça, em acórdão de 26.4.83, entendera que, uma vez anulada a declaração de utilidade pública, todos os atos processuais praticados, mesmo depois do trânsito em julgado, perdem sua validade e eficácia ("Expropriação para ampliação do campo de tiro de Alcochete. Conseqüências da impugnação contenciosa do despacho expropriativo. Eficácia do caso julgado em contencioso de

Quanto à primeira, maiores dúvidas inexistem. Resulta expressa do mandamento constitucional contido no art. 5º, XXIV, garantidor da integridade do direito de propriedade, a premissa de que este somente pode ser suprimido mediante desapropriação fundada em interesse público. Ausente este, ilícita a atuação estatal supressora de tal direito.

A indagação da utilidade pública condiz com a própria finalidade da expropriação e, por isso, constitui elemento vinculante para o administrador. A sua não observância longe está do território da oportunidade ou conveniência, sendo, portanto, perscrutável judicialmente.

A nossa jurisprudência considera a finalidade do ato declaratório como integrante do *bloco da legalidade*, submetendo-se à censura judicial. Bem elucidativo o acórdão da 1ª Turma do STJ no REsp 1.225-ES: "Administrativo. Desapropriação. Finalidade social. Inocorrência. I – Conquanto ao Judiciário seja defeso incursionar sobre a oportunidade e conveniência de desapropriação, pode e deve ele escandir os elementos que indicam a legitimidade do ato bem como à finalidade pois, aí, reside o freio à discriminariedade, por isso que a declaração de utilidade pública terá de indicar, precisamente, o fim a que se destina a expropriação. II – Tendo em conta o interesse público, é vedada à Administração desapropriar "para construção de imóveis" sem especificar a perseguição do interesse público, é dizer, a finalidade. III – Se a finalidade referida no decreto expropriatório é fraudada, desmerece-se, por si própria, a desapropriação. IV – Recurso provido e remessa dos autos ao Pretório Excelso".[39] No voto do relator é citado precedente do Supremo Tribunal Federal no RE 78.229-6.[40]

anulação. Inconstitucionalidade dos artigos 27º e 28º do Código das Expropriações de 1976"). Na Espanha, pela *Ley de Expropiación Forzosa*, de 16 de dezembro de 1954, cabe recurso contencioso-administrativo quando ocorrer, no procedimento expropriatório, vício substancial de forma ou violação dos preceitos legais regentes da matéria, salvo quanto ao acordo de necessidade de ocupação, o qual somente é impugnável mediante recurso de *alzada* junto ao ministério correspondente. Há, na hipótese do preço oferecido ser inferior ou superior, em um sexto, ao pretendido como justo, o recurso contencioso-administrativo de lesividade, a ser interposto, pela Administração, pelo beneficiário ou pelo proprietário. A singularidade do controle espanhol está em que tanto as controvérsias acerca da legalidade da expropriação, ou pertinentes à compensação do particular atingido, resolvem-se perante as cortes administrativas.

Problema maior consiste em fazer-se tal perquirição nos próprios autos da expropriação. A LGD contém dispositivos desfavoráveis a tanta, a começar pelo seu art. 9º que dispõe: "Ao Poder Judiciário é vedado, no processo de desapropriação, decidir se se verificam ou não os casos de utilidade pública". Depois vem o seu art. 20, afirmando: "A contestação só poderá versar sobre vício do processo judicial ou impugnação do preço; qualquer outra questão deverá ser decidida por ação direta".

Pelos preceitos citados, o expropriado, se quiser impugnar a existência de utilidade pública, terá de fazê-lo através do ajuizamento de outra demanda, não podendo servir-se da oportunidade para defesa no processo de desapropriação.

Os nossos Tribunais, a despeito de permitirem que o objetivo da expropriação seja impugnado, excluem tal exame dos próprios autos da desapropriação. À época da Constituição pretérita, deliberou o TFR: "A lei não impede a discussão judiciária em torno do fundamento da desapropriação, no caso de eventual abuso por parte do Poder Público; também não impede que qualquer alegação de violação de direito individual seja examinada pelo Poder Judiciário. Só que tais discussões deverão ocorrer em ação própria".[41]

Tem-se, assim, admitido o mandado de segurança, quando visar à argüição de in-

39. *RSTJ* 13/272.
40. *RTJ* 72/479, rel. Min. Rodrigues Alckimn.
41. *RTFR* 120/94, maioria de votos.

competência do expropriante, ou ilegalidade demonstrável de plano.[42] Na maioria das vezes, poderá ser preciso a realização duma maior investigação probatória e, com isso, indispensável a opção pelo uso do procedimento ordinário.

O ponto negativo da via de defesa apontada pelo legislador está no art. 35 do Decreto-lei 3.365/41, ao prever que, uma vez incorporados à fazenda pública, os bens expropriados não mais reverterão ao expropriado, conquanto reconhecida a nulidade da desapropriação. Qualquer pleito resolver-se-á em perdas e danos.

Deve-se entender o significado da expressão incorporação à Fazenda Pública não como mera transferência dominial, mas sim diante do princípio da intangibilidade da obra pública, construção do *Conseil d'État* da França. Deste modo, somente quando, imitida provisoriamente na posse, a Administração edificar obra ou implantar serviço público, ou se encontrarem estes em adiantada fase de execução, não mais caberá o retorno do bem.

Para obviar tal inconveniente, a jurisprudência passou a admitir a propositura de medida cautelar, com vistas a sustar o andamento da desapropriação enquanto não decidido definitivamente o feito onde a sua nulidade é questionada.[43]

O dogma da não discussão do interesse público na ação desapropriatória não mais deve prevalecer na atualidade. Rubem R. Nogueira,[44] lente da Faculdade de Direito da Universidade Católica da Bahia, ainda sob o jugo da ordem constitucional pretérita, lançou mão de percuciente estudo sobre o assunto, principiando pela evolução histórica do nosso direito positivo, onde constatou que o Decreto 4.956, de 9.9.1903, continha preceituação que vedava tal verificação (art. 10). Referida norma sofreu vigorosa impugnação por parte de Rui Barbosa, fundado na jurisprudência das Cortes norte-americanas, a advogar que, se o expropriado centra a sua contradita na Constituição, guardião tanto da intangibilidade da propriedade quanto do direito de desapropriar, caberia aos juízes e tribunais a sua averiguação, que deveria operar-se no mesmo processo por onde se desenrrola a expropriação.

Conclui, assim, que o Decreto-lei 3.365/41, na parte em que remete o exame jurisdicional da utilidade pública a feito distinto, viola, a um só tempo, as garantias constitucionais da propriedade e do acesso ao Poder Judiciário.[45]

42. Vide STF, 2ª T., ac. un., RE 99.593-5-GO, rel. Min. Djaci Falcão, *LEX JSTF* 65/207; STF, 2ª T., ac. un., RE 90.602-9-SP, rel. Min. Moreira Alves, *LEX JSTF* 56/108; STJ, 1ª T., ac. un., RE 93.308-5-PR, rel. Min. Néri da Silveira, *LEX JSTF* 86/80.

43. TRF, 2ª Reg., m.v., MS 89.02.02871, 1ª T., rel. Juiz Célio Herthal, *DJU* de 14.11.89; e TRF, 6ª T., ac. un., AI 56.167-GO, rel. Min. Carlos Mário Velloso, *DJU* de 23.6.88.

44. "Controle judicial das desapropriações por interesse público", *RDP* 30/5.

45. Pontificou o mestre baiano: "De pouco ou nada vale permitir a revisão da legitimidade da desapropriação por interesse público mediante ação direta (fora do processo expropriatório), se não fica assegurada a preservação final do bem atingido pelo ato nulo. A lei só permite, na fase judicial da expropriação, a impugnação do preço oferecido ou a denúncia de vício do processo respectivo, e ainda veda a reivindicação do bem incorporado à Fazenda Pública, mesmo em havendo nulidade processual. Por onde se vê que, não admitindo a discussão dos pressupostos constitucionais da desapropriação, o legislador comum despoja o direito de propriedade de sua garantia constitucional, o que deve abrir a instância judicial do controle de constitucionalidade dos atos legislativos". Mais adiante, assevera: "9. Tal proibição expressa, taxativa, é duas vezes contraditória e ofensiva ao que o nosso ordenamento tem de mais arejado, de mais perfeito, como diz Pontes de Miranda, que é o art. 153, § 4º, da Constituição, vedando o controle judicial dos requisitos essenciais de toda desapropriação, no mesmo processo em que esta se efetiva, impede com isso o controle imediato de constitucionalidade da lei expropriatória e, ainda por cima, fecha a via de conhecimento de possível lesão de direito individual, o que tudo envolve manifesto desrespeito ao disposto no art. 153, § 4º" ("Controle judicial das desapropriações por interesse público", *RDP* 30, pp. 8 e 10).

Mais recentemente, Celso Antônio Bandeira de Mello[46] e Carlos Ary Sundfeld[47] inclinaram-se pela possibilidade de tal apreciação ser feita na própria expropriação. O último dos autores, vale citar, foi mais além. Pôs a questão não somente quanto ao art. 5º, XXXV, da Lei Máxima vigente, porquanto, a princípio, a franquia da intervenção judiciária estaria satisfeita com a possibilidade de propositura de ação direta, mas em conformidade com o item LIV do mesmo artigo, ao condicionar a perda da propriedade ao devido processo legal, o qual, por inexoravelmente abarcar o contraditório e a ampla defesa, não mais admite que a lei sonegue ao expropriado a oportunidade de, no processo de supressão de bem ou direito, que é o expropriatório, questionar a existência da utilidade pública ou do interesse social.[48]

Além do fator não positivo da perda material do bem antes do julgamento da ação direta de nulidade, esvaziadora do conteúdo desta, a não admissão da contestação do interesse público na própria desapropriação contribuirá para a multiplicação de processos perante o Judiciário, pois haverá a necessidade, na maioria dos casos, de serem intentadas uma ação ordinária e outra de natureza cautelar.[49] Cabe ainda mencionar que a utilidade do ajuizamento da ação direta ficou mais comprometida com a Lei 8.437, de 30.6.92, pelo fato das declarações de utilidade pública emanarem, de regra, dos chefes dos poderes Executivos Federal, Estadual e Municipal, possuidores de foro por prerrogativa de função.[50]

Ultimando este tópico, ressalto consistir a nota singularizadora do controle exercido pelo Conselho de Estado voltar-se à largueza de seu alcance. Procede referido órgão à análise da medida extrema também sob o ângulo do seu custo-benefício (*bilan-coût avantages*), cotejando-a frente ao seu dispêndio financeiro, aos inconvenientes de ordem social que provoca e a outros in-

46. *Curso de Direito Administrativo*, p. 386.

47. *Desapropriação*, pp. 30-2.

48. Luminosa a lição ministrada pelo conspícuo Professor: "Não basta assegurar-se ao interessado a apreciação judicial de sua inconformidade. É preciso fazê-lo no bojo do processo expropriatório. A correção desta assertiva resulta, com toda evidência, do cotejo dos incs. XXV e LIV do art. 5º do Texto Constitucional. O primeiro garante o exame judicial de qualquer lesão ou ameaça a direito; o segundo, como se expôs, exige o devi do processo legal para a decretação da perda da propriedade. Em virtude daquele, qualquer lesão a direito provocado por uma desapropriação ilegal já seria suscetível de apreciação do Poder Judiciário. O segundo dispositivo quer mais do que isto: quer o exame judicial das eventuais lesões a direito do expropriando no processo de desapropriação. Desta maneira, não basta garantir-se a apreciação jurisdicional fora dele. Contudo, os arts. 9º e 20 do Dec.-lei 3.365/41, dispõem que a contestação não pode versar senão sobre os vícios do processo judicial e o valor da indenização, sendo defeso ao Judiciário decidir, no processo de desapropriação, se se verificam os casos de utilidade pública. A jurisprudência já afirmara, à luz do ordenamento constitucional anterior, a possibilidade de exame dessas questões, desde que fora da ação expropriatória. A Constituição de 1988, porém, exige a alteração deste entendimento, para admitir-se, na própria ação de desapropriação, o exame da validade da declaração de utilidade pública ou interesse social e de qualquer outro tema que possa influir na improcedência da ação. Os referidos arts. 9º e 20º se já não estavam em desconformidade com a Constituição anterior, sem qualquer dúvida não foram recepcionados pela Carta de 1988. Destarte a contestação pode abranger qualquer matéria útil à defesa do expropriando, inclusive a validade da declaração de utilidade pública ou interesse social" (*Desapropriação*, pp. 30-2).

49. Por essa razão, Fernando Alves Correia (ob. cit., p. 198, nota 340), critica os modelos francês e português, recomendando a unificação do procedimento expropriatório em prol das cortes administrativas, às quais competiriam tanto a apreciação de sua legalidade quanto as controvérsias sobre a indenização devida.

50. Cf. a ementa do ARMS 94.04.07644-RS, TRF-1ª R., rel. Juiz José Fernando J. de Camargo: "Administrativo e Processual Civil. Agravo regimental. 1. Na cautelar, a agravante busca sustar os efeitos do decreto do Sr. Presidente da República que declarou de interesse social para fins de reforma agrária o imóvel denominado "Estância Farroupilha". Trata-se de decreto de efeitos concretos. E "não será cabível, no juízo de primeiro grau, medida cautelar inominada ou a liminar, quando impugnado ato de autoridade sujeita, na via do mandado de segurança, a competência originária de tribunal" (§ 1º, do art. 1º da Lei n. 8.437/92). 2. Agravo regimental improvido" (2ª T., *DJU*-II de 10.3.94).

teresses públicos. Operou como *Arrêt de principe* (*leading case*) o *Arrêt Ville Nouvelle-Lille Est*, de 28.5.71, o qual foi seguido pelo *Arrêts Société Civile Sainte-Marie-de-l'Assomption* e *Sieur Grassin*, de 20.10.72 e 23.10.73. Graças ao acervo do Prof. Raimundo Nonato Fernandes, emérito titular da cátedra de Direito Administrativo da UFRN, podemos constatar dita orientação sendo ratificada nos arestos seguintes: Arestos *Guillet* (16.1.76), *Dumas* (10.3.76), *Pourtier* (decisão em Assembléia, 28.11.75), *Demoiselle Branc* (26.11.75), *Mangin* (12.12.75), *Legagneux* (28.1.76), *Hugon* (17.12.75) e *Épaux Bigois* (7.1.76). Idem nos julgados *Groupement Forestier de Murat* (22.7.77), *Dame Pothier* (1.7.77), *Comité de Défense des Intérêts Saintais* (4.11.74), *Èpoux Willm* (1.7.77), *Gloeckler* (1.7.77), *Girard* (24.6.77), *Consorts Tacher* (18.11.77), *Syndicat des Paludiers* (7.10.77), *Collin* (17.6.77), *Rezeau* (6.7.77) e *Ministre de l'Équipement c. Weber* (9.12.77), com a ressalva de não caber à autoridade do contencioso administrativo pronunciar-se sobre a escolha feita pelo administrador quando há mais de uma opção para ser realizada a utilidade pública. No último caso, salienta o em. jus-administrativista potiguar, que a desapropriação fora anulada por visar à construção de um conjunto habitacional em atentado ao meio ambiente, por tratar-se de um local pitoresco, situado próximo da antiga abadia e igreja de *Andlau*.

IX – Publicidade

À derradeira, frise-se que a desapropriação, como atuação administrativa, não escapa, para a sua validade e eficácia, à publicidade, mecanismo indispensável ao Estado Democrático de Direito, para a satisfação do reclamo de transparência dos atos e negócios governamentais e seu controle pelos interessados.[51] Resulta invencível do art. 37, *caput,* da Lei Fundamental.

Em razão dela, segue-se que o ato declaratório do interesse coletivo, quer oriundo do Executivo ou do Legislativo, de qualquer das esferas políticas da Federação (União, Estados, Distrito Federal e Municípios), deve ser publicado através de órgão oficial,[52] ou ainda na imprensa local, se assim norma legal exigir.

Tratando-se de Município que não disponha de imprensa oficial ou periódico de circulação diária ou semanal, decidiu a jurisprudência[53] ser dispensável dita formalidade, suprida pela fixação de cópia da declaração no átrio do edifício do governo municipal.

Além da notícia genérica, a cientificação pessoal é vinculativa para toda e qualquer expropriação. A elevação constitucional conferida à publicidade, como adverte Cármen Lúcia Antunes Rocha,[54] ostenta duas faces: uma primeira, de conhecimento para o público em geral e outra, de interesse específico do indivíduo, na maioria das vezes impondo a este um fazer ou uma abstenção. Nesta última hipótese, forçosa a notificação pessoal do comportamento público, excepcionando-se unicamente as hipóteses em que tal seja inviável, pela multiplicidade dos interessados, ou quando algum destes não seja suscetível de localização.

Assim caminha o Supremo Tribunal Federal, ao tornar indispensável a notificação pessoal do proprietário, ou de quem tenha poderes para representá-lo, para a vis-

51. O liame entre publicidade e expropriação é alvo de destaque por Geraldo Apoliano (ob. cit., p. 2).

52. Dispõe, entre outras coisas, o art. 5º, I, da Lei Complementar 76/93: "A petição inicial, além dos requisitos previstos no Código de Processo Civil, conterá a oferta do preço e será instruída com os seguintes documentos: I – texto do decreto declaratório de interesse social para fins de reforma agrária, publicado no *Diário Oficial da União*. Em Portugal, o Código das Expropriações (art. 140, n. 1) determina a publicação da declaração de utilidade pública no *Diário da República*.

53. Ver *RJTJERGS* 150/396.

54. *Princípios Constitucionais da Administração Pública*, p. 248.

toria prescrita pelo art. 2º, § 2º, da Lei 8.629/93.[55]

X – Referências bibliográficas

Bobbio, Norberto. *Teoria do Ordenamento Jurídico*. Introd. de Tércio Sampaio Ferraz Júnior. Trad. de Cláudio de Cicco e Maria Celeste C. J. Santos. 4ª ed., Brasília: Editora Universidade de Brasília, 1994.

_______. *A Era dos Direitos*. Trad. de Carlos Nelson Coutinho. Rio de Janeiro: Campus, 1992.

Bon, Pierre. "Direito de propriedade no Direito Constitucional francês". Trad. de Carlos Ari Sundfeld. *Revista Trimestral de Direito Público* 10/7-21, 1996.

Canotilho, José Joaquim Gomes. *Direito Constitucional*. 5ª ed., Coimbra: Livraria Almedina, 1992.

Correia, Fernando Alves. *As Garantias do Particular na Expropriação por Utilidade Pública*. Coimbra, 1982.

Dallari, Adílson Abreu. "Desapropriação: conceitos e preconceitos". In: *Curso de Direito Administrativo*. Coord. de Celso Antônio Bandeira de Mello. São Paulo: Ed. RT, 1986.

Delgado, José Augusto. "Perspectivas do Direito Administrativo para o Século XXI". In: *Perspectivas do Direito Público: estudos em homenagem a Miguel Seabra Fagundes*. Coord. de Cármen Lúcia Antunes Rocha. Belo Horizonte: Del Rey, 1995.

_______. "O princípio da moralidade administrativa e a Constituição Federal de 1988". *Revista Forense*, 318/55, 1991.

Dias, Francisco Geraldo Apoliano. "Desapropriação: perfil atual". *Revista Teia Jurídica*. Editor Geral: Lázaro Guimarães. Recife, 1996.

Di Pietro, Maria Sylvia Zanella. *Direito Administrativo*. São Paulo: Atlas, 1990.

Diniz, Maria Helena. *Lei de Introdução ao Código Civil Brasileiro Interpretada*. São Paulo: Saraiva, 1994.

Falla, Fernando Garrido. *Tratado de Derecho Administrativo*. v. II, 3ª ed., Madrid: Instituto de Estudios Políticos, 1966.

França. Conselho de Estado. Arestos *Guillet*, 16.1.76; *Damas*, 10.3.76; *Pourtier*, decisão em Assembléia, 28.11.75; *Demoiselle Branc*, 26.11.75; *Mangin*, 12.12.75; *Legagneux*, 28.1.76; *Hugon*, (17.12.75) e *Époux Bigois*, 7.1.76; *Groupement Forestier de Murat*, 22.7.77; *Dame Poutier*, 1.7.77; *Comité de Défense des Intérets Saintais*, 4.11.74; *Époux Willm*, 1.7.77; *Gloeckler*, 1.7.77; *Girard*, 24.6.77; *Consorts Tacher*, 18.11.77; *Syndicat des Paludiers*, 7.10.77; *Collin*, 17.6.77; *Rezeau*, 6.7.77; e *Ministre de l'Équipement c. Weber*, 9.12.77 (consulta realizada nos arquivos particulares do Advogado e Professor Raimundo Nonato Fernandes).

Grau, Eros Roberto. *A Ordem Econômica na Constituição de 1988 (Interpretação e Crítica)*. São Paulo: Ed. RT, 1990.

Mayer, Otto. *Derecho Administrativo Alemán*. Buenos Aires: Editorial Depalma, 1951.

Mello, Celso Antônio Bandeira. *Curso de Direito Administrativo*. 4ª ed., São Paulo: Malheiros, 1992.

_______. *Discricionariedade e Controle Jurisdicional*. São Paulo: Malheiros Editores, 1992.

Nogueira, Rubem R. "Controle judicial das desapropriações por interesse público". *Revista de Direito Público*, 30/5-16, 1974.

"Princípio da Proporcionalidade e Direito Administrativo". Texto desenvolvido a partir de trabalho produzido, em março/96, pelo Grupo de Estudos da Justiça Federal de Primeira Instância de Curitiba/PR, de que participaram os seguintes juízes: Antônio Albino Ramos de Oliveira, relator; João Pedro Gebran, revisor; Nivaldo Bunoni e Leda de Oliveira, debatedores. *Revista AJUFE* 49, 1996.

Rios, Roger Raupp. "A propriedade e sua função social na Constituição da República de 1988". *Revista AJUFE* 45, 1995.

Rita, José Serafim Ferreira. "Expropriação para ampliação do campo de tiro de Alcochete: conseqüências da impugnação contenciosa do despacho expropriativo; eficácia do caso julgado em contencioso de anulação; inconstitucionalidade dos arts. 27 e 28 do Código das Expropriações de 1976". Parecer emitido no processo n. 371/6/95, do Tribunal da Relação de Lisboa, Portugal.

Rocha, Cármen Lúcia Antunes. *Princípios Constitucionais da Administração Pública*. Belo Horizonte: Del Rey, 1994.

Sundfeld, Carlos Ari. *Desapropriação*. São Paulo: Ed. RT, 1990.

55. Consultar: Pleno, MS 22.285-9, ac. un., rel. Min. Sydney Sanches, *DJU*-I de 17.5.96, p. 16.320/21; Pleno, MS 22.165-8, ac. un., rel. Min. Marco Aurélio, *DJU*-I de 7.12.95, p. 42.607.

DOUTRINA

MEDIDA PROVISÓRIA: RELEVÂNCIA E URGÊNCIA COMO SEUS PRESSUPOSTOS

CARLOS DAVID SANTOS AARÃO REIS

Juiz Federal Aposentado

Eram pressupostos[1] constitucionais para expedição do decreto-lei a "urgência" *ou* o "interesse público relevante". Não se tratava de cumulatividade, mas sim de alternatividade; bastaria que se verificasse um deles para ser constitucional o decreto-lei.[2]

1. "Condição" não se confunde com "pressuposto". Enquanto a condição é uma determinação voluntária acrescida ao ato jurídico ou à relação jurídica, uma autolimitação da vontade, o pressuposto independe da vontade, é a ela exterior. Assim, a *conditio juris* não é, propriamente, uma condição. V.: Bernhard Windscheid, *Lehrbuch des Pandektenrechts*, 3. Afl., v. 1, 2. Abdruck, Düsseldorf, Julius Buddeus, 1873, p. 216 e 217; Heinrich Dernburg, *Die allgemeinen Lehren des bürgerlichen Rechts des Deutschen Reichs und Preussens*, 3. Afl., v. 1, Halle, Waisenhaus, 1906, pp. 502 e 506, §§ 149 e 151. Por outro lado, do ponto de vista lógico, "requisito" também não se baralha com pressuposto, pois é apenas uma *qualidade* de um elemento de conceito (v. Luigi Cariota-Ferrara, *Il negozio giuridico nel diritto privato italiano*, Napoli, Morano, pp. 116 e 117).

2. Para Manoel Gonçalves Ferreira Filho, "se o interesse público dispensasse a urgência, a menção a esta última seria inútil. Com efeito, toda medida reclamada com urgência o é por interesse público relevante. Desse modo, bastaria condicionar o decreto-lei ao interesse público relevante para que o mesmo em caso de urgência já fosse admitido (...)" (*Comentários à Constituição Brasileira*, 6ª ed. revista e atualizada, São Paulo, Saraiva, 1986, p. 292). Na mesma linha de pensamento pronuncia-se Ronaldo Rebello de Britto Poletti ("O decreto-lei na Constituição", *Arquivos do Ministério da Justiça* 157/215, a. 38, Brasília, janeiro-março/81). Ora, se se tratava de um poder excepcional do Chefe do Executivo – como é, atualmente, o de adotar medidas provisórias –, um interesse público, embora relevante, necessariamente não precisava ser satisfeito com urgência, poderia aguardar os trâmites legislativos normais. E, inversamente, nem toda medida reclamada com urgência o era por interesse público relevante: poderia sê-lo por interesse público, mas não forçosamente dotado de "relevância".

O contrário ocorre com a medida provisória. Seus pressupostos – "relevância" e "urgência" – são cumulativos, não mais alternativos. Portanto, é suficiente não ocorrer somente *um* deles para se tornar aquela inconstitucional.

Esclarecer o significado de tais pressupostos, fixando-se sua natureza, conteúdo, alcance e limites, constitui uma das tarefas mais prementes na análise do instituto da medida provisória, pois daí derivam conseqüências decisivas.

Sem isto, a mera remissão ao texto constitucional torna-se uma repetição irrelevante, portanto sem valia para o estudo científico.

Quanto ao primeiro, considera Pinto Ferreira dever ser entendido o "interesse público relevante" "no sentido do império da necessidade de uma ordenação editada para o bem público".[3] A definição é algo

3. "Decreto-lei", *Enciclopédia Saraiva do Direito*, v. 23, São Paulo, Saraiva, 1977, p. 8.

tautológica, no fundo afirma-se que o interesse público é ... o bem público – uma expressão virtualmente sinônima, não auxiliando no esclarecimento do sentido do pressuposto. Aliás, esta referência ao "interesse público" foi acertadamente eliminada na Constituição atual. Há uma presunção, até elementar, seja toda norma jurídica elaborada para satisfazer o interesse público, com vistas a atender às exigências do bem comum, às necessidades sociais em dado momento. A expressão implicava, assim, uma redundância, era supérflua (se, no entanto, concretamente, o legislador não se orienta por aquele interesse, já se trata de uma questão não-jurídica).

Apesar desta mudança de redação, a natureza do pressuposto permaneceu a mesma. "Interesse público relevante" ou, simplesmente, "relevância" são expressões elásticas, conceitos "abertos". É como um daqueles princípios jurídicos nos quais – nas palavras de Ferrara – "il comando legislativo è in certo modo dato in bianco".[4] Ou – para usar o termo de Rudollf von Laun, a respeito da livre apreciação – *eine Biancovollmacht*, como uma procuração em branco.[5]

"Relevante" significa saliente, importante, aquilo que importa ou é preciso. Não se trata, portanto, de um elemento descritivo[6] na norma jurídica constitucional, mas sim de uma regra da Constituição contendo um conceito de valor, um conceito normativo.[7] Ou seja: conceito cuja aplicação depende de uma avaliação, de um juízo de valor. Tais conceitos exigem do aplicador não juízos de realidade (de percepção ou "teoréticos"),[8] mas sim uma *Stellungnah-*

4. *Trattato di Diritto Civile Italiano*, Roma, Athenaeum, 1921, n. 13, p. 65. "Comando em branco", "normas em branco", são referências freqüentes na literatura jurídica.

5. "Zum Problem des freien Ermessens. Kritische Eröterungen und Studien zur Verwaltungsreform", in *Festschrift für Ernst Zitelmann*, München und Leipzig, Duncker & Humblot, 1913, p. 11.

6. Os conceitos descritivos limitam-se a indicar realidades físicas ou espirituais, "descrevem fatos reais e perceptíveis, sejam fenômenos naturais ou do mundo exterior, ou ainda da vida interior da alma. Na aplicação de tais conceitos, limita-se o juiz à simples verificação, neles não se deixa qualquer margem para valorações ou decisões volitivas" (Georg Dahm, *Deutsches Recht. Die geschichtlichen und dogmatischen Grundlagen des geltenden Rechts – eine Einführung*, 2. neubearbeitete Afl., Stuttgart, Kohlhammer, 1963, p. 62, § 10). Eles "fazem referência 'descritiva' a objetos reais ou pseudo-reais, e objetos que são fundamentalmente perceptíveis e de alguma maneira objeto da experiência: homem, morte, coabitação, obscuridade, vermelho, velocidade, intenção" (Karl Engisch, *Introducción al Pensamiento Jurídico*, trad. da ed. alemã de 1956 por Ernesto Garzon Valdés, Madrid, Guadarrama, 1967, p. 141. V., do mesmo, a tradução da ed. alemã de 1964 de J. Baptista Machado, 5ª ed., Lisboa, Gulbekian, p. 174. As traduções espanhola e portuguesa desta obra de Engisch serão designadas, neste trabalho, respectivamente, com as iniciais TE e TP).

7. Rigorosamente, todo conceito, desde que elemento de uma norma jurídica ou ele mesmo uma regra de Direito, é "normativo" ("Se se pensa que cada conceito jurídico é elemento constitutivo de uma norma jurídica e que, através dela, recebe sentido e conteúdo, teríamos verdadeiramente que considerar 'normativo' a todo conceito jurídico" – Engisch, ob. cit., TE p. 141, TP p. 175). Mas a palavra, na ciência jurídica, não é empregada neste sentido amplo. Usa-se no sentido restrito: "A verdadeira significação do 'normativo', que ao mesmo tempo é a segunda e preferível significação do normativo em sentido estrito, apenas poderia ser encontrada no fato em que sempre se precisa de uma valoração para aplicar, no caso concreto, um conceito normativo" (Engisch, ob. cit., TE p. 143, TP p. 177).

8. O problema dos juízos de percepção (ou de realidade) e dos juízos valorativos, das experiências naturalística e axiológica, é filosófico, não técnico-jurídico, embora de importantes repercussões na ciência do Direito e na aplicação da norma jurídica. A respeito, v. o clássico Émile Durkheim, "Julgamentos de valor e julgamentos de realidade", in *Sociologia e Filosofia*, trad. de J. M. de Toledo Camargo, Rio de Janeiro, Forense, 1970. Ainda sobre a natureza absoluta dos valores, ou seja, uma axiologia capaz de fornecer valores universalmente válidos, e da corrente empirista (neopositivismo e teoria emocional dos valores), v. Luigi Caiani, *I Giudizi di Valore nell'Interpretazione Giuridica*, Padova, CEDAM, 1954, p. 77-132. Conforme Windelband, o juízo teorético é determinação deduzida objetivamente do conteúdo do objeto; o juízo valorativo, relação que depende de uma apreciação subjetiva, que coloca o objeto em contato com a consciência valoradora (*apud* Caiani, ob. cit., p. 91).

me, uma "tomada de posição",[9] implicam uma "ruptura da indiferença", na expressão de um filósofo,[10] requerem dele um abandono da passividade, em suma, um juízo crítico-valorativo. Conceitos desta espécie "só podem revelar-se com auxílio de um juízo de valor judicial que os preencha. São mais ou menos abertos. O legislador não os moldou até o fim. Para sua aplicação necessita-se por isso de uma 'valoração própria' judicial complementar. São conceitos necessitados de preenchimento valorativo ... [são] diretivas gerais a serem concretizadas pelo juiz" – como explica Dahm.[11] Ou, ainda, com isto se quer dizer que "o volume normativo destes conceitos tem que ser preenchido com valorações em cada caso concreto".[12]

Para alguns, no entanto, a apreciação da "relevância" seria "discricionária", assunto político; ao ato do Presidente da República, criando regras jurídicas novas, aplicar-se-iam, assim, os princípios da discricionariedade.

Dos mais eminentes constitucionalistas, Manoel Gonçalves Ferreira Filho, na vigência da Constituição anterior, considerava "a apreciação (...) do interesse público relevante (...) nítida e insofismavelmente política. Trata-se de matéria de oportunidade e conveniência, donde, de apreciação discricionária".[13]

"Já o interesse público relevante" – escreve Pinto Ferreira – "deve ser entendido no sentido do império da necessidade de uma ordenação editada para o bem público, caindo este ajuizamento de necessidade dentro da esfera discricionária da ação do Presidente, ou da discrição presidencial".[14]

Segundo Poletti, "comenta-se, sempre, como a minimizar este problema da urgência e do interesse público relevante, que tais requisitos constituem problema político e não jurídico. Na verdade, os juízes da urgência e do interesse são o Presidente da República, num primeiro momento, e os membros do Congresso, ao aprovarem ou rejeitarem o decreto-lei".[15]

Nagib Slaib Filho reputa "relevância [como] elemento normativo do tipo, de caráter político, submetido ao juízo do Presidente da República e do Congresso Nacional. A Constituição anterior, no art. 55, ao se referir ao decreto-lei, mencionava 'interesse público relevante', e a Suprema Corte, em diversas oportunidades, considerou o conceito como questão política (...)".[16]

Com efeito, o STF já entendeu que "a apreciação dos casos de 'urgência' ou de 'interesse público relevante', a que se refere o art. 58 da Constituição de 1967, assume caráter político e está entregue ao discricionarismo dos juízos de oportunidade ou de valor do Presidente da República, ressalvada a apreciação contrária e também discricionária do Congresso".[17]

9. Trata-se de uma designação difundida. Por exemplo, Karl Larenz, *Metodologia da Ciência do Direito*, trad. de J. de Souza Brito e J. António Veloso, Lisboa, Gulbekian, 1978, p. 317: "(...) é ser o juízo de valor expressão de uma tomada de posição pessoal do julgador, tomada de posição com respeito a um valor que ele sente ou reconhece como tal. De fato, a eficácia dum 'valor' caracteriza-se porque ele é sentido pela pessoa como exigência interior de tomar posição e, além disso, de uma atividade que realize o valor. Ao julgar, por exemplo, uma determinada ação como 'valiosa' ou 'desvaliosa', o homem toma posição perante ela com respeito ao seu valor moral, isto é, não a aceita simplesmente como algo 'dado', mas pronuncia-se pró ou contra, enquanto a aprova ou reprova. Assim vistas as coisas, 'valorar' é pois um ato de tomar interiormente posição por parte de quem valora, tomada de posição, porém, que não se baseia no seu arbítrio, mas em que 'percebe' o valor e, em face da exigência implícita na percepção do valor, toma uma decisão pessoal". V. também Caiani, ob. cit., pp. 92 e 117, nota 34.

10. Lavelle, *apud* Caiani, ob. cit., p. 127.

11. Dahm, ob. cit., p. 62.

12. Karl Engisch, op. cit., TE p. 143, TP p. 177.

13. Ob. cit., p. 291.

14. Ob. cit., p. 8.

15. Artigo cit., p. 215.

16. *Anotações à Constituição de 1988 – Aspectos Fundamentais*, 2ª ed., Rio de Janeiro, Forense, 1989, p. 347.

17. RE 62.739–SP, rel. Min. Aliomar Baleeiro, *DJU* 20.12.67, p. 4.408.

Estando em exame um ato de natureza legislativa, embora emanado do Chefe do Executivo, portanto contendo normas jurídicas, necessariamente gerais e abstratas, só seria possível falar-se em discricionariedade soberana ou legislativa, mas nunca da administrativa, a discricionariedade propriamente dita.

Apesar do uso corrente, entrando até na terminologia do *Bundesverfassungsgericht*, como registra Ernst Forsthoff,[18] não é adequada a expressão "discricionariedade legislativa".

O problema não se constitui em determinar se uma seria ilimitada e a outra limitada, porque até mesmo ao legislador constituinte se põem fronteiras; do mesmo modo ao legislador ordinário, e ainda mais intensamente ao poder legislativo do Presidente da República.[19]

Mesmo quem as considera aparentadas, na medida em que uma vincula a generalidade dos indivíduos (a legislativa), enquanto a outra (a administrativa) liga apenas os interessados – sendo, portanto, a diferença mais de quantidade ou grau, menos de qualidade, como Emilio Betti –, reconhece terem estes fenômenos de comum apenas o nome de "discricionariedade".[20]

Na verdade, como escreve Forsthoff, "a discricionariedade, o ato de realizar uma escolha, no âmbito de realização de um valor, não é própria da legislação ordinária. Quando a legislação dispõe com leis constitutivas, não faz uso de um poder discricionário, ainda que esta atividade seja vinculada aos limites da Constituição. Não é problema de discricionariedade regular o contrato a favor de terceiro em um modo ou outro no Código Civil (...). O conceito de discricionariedade (...) é inconciliável com o conceito de lei constitutiva. Pode-se falar em discricionariedade somente ali onde a finalidade de um comportamento é colocada em primeiro lugar e se trata portanto de escolher os meios adequados à realização desta finalidade. Isto se verifica essencialmente na atividade administrativa. Por isto a discricionariedade está sempre ligada ao conceito de ato administrativo".[21]

Desta maneira, só através de uma analogia forçada seria justificável aplicar ao pressuposto da "relevância" da medida provisória as considerações relativas e próprias à discricionariedade administrativa e as implicações resultantes da natureza do ato discricionário.

Mas, de qualquer forma, convém examinar o conceito deste ato,[22] para fixar a possibilidade de uma analogia ou recusá-la.

Embora com característica própria, os "conceitos discricionários" ou "conceitos de livre apreciação" – *freie Ermessen*, como são denominados na literatura jurídica –

18. "Le leggi-provvedimento", in *Stato di Diritto in Trasformazione*, trad. de L. Riegert e C. Amirante, Milano, Giuffrè, 1973, p. 125.

19. Não seria possível dissertar, aqui e agora, sobre este assunto. Em sentença no MS 9.260/76, na 3ª Vara Federal (imptes.: Francisco André de Viveiros Guedes e José Maffei, impdo.: Secretário do Pessoal do INPS), procurei demonstrar que o constituinte não é "onipotente" e mesmo ele sofre limitações de algum modo. A matéria social a regular e uma trama subjacente no sistema jurídico, puramente formal, além da possibilidade física, cerceiam o constituinte e, mais intensamente, o legislador ordinário. Este, por sua vez, está também limitado pela Constituição. O poder legislativo do Presidente da República suporta limitações ainda maiores, pois só exercido nos casos de relevância e urgência.

20. "Qui veramente può dirsi che fra la discrezionalità piena dell'amministratore e quella sovrana del legislatore (...) la diferenza più che di qualità, sia di quantità e di grado, dato ch'esplicazione dell'una vincola la generalità dei subditi *legum*, quella dell'altra, i soli interessati" (Emilio Betti, *Interpretazione della Legge e degli Atti Giuridici*, Milano, Giuffrè, 1949, p. 66). Mas à p. 56 ele próprio escrevera: "Ora tutti questi fenomeni non hanno di comune che il nome di discrezionalità".

21. Ernst Forsthoff, ob. cit. na nota 18, pp. 124 e 125.

22. O conceito de livre apreciação ou discricionário está entre os mais equívocos e difíceis da Teoria do Direito – adverte Engisch (ob. cit., TE p. 144, TP p. 178), com uma imensa e variada bibliografia. Pretende-se aqui, tão-somente, estabelecer algumas linhas gerais para delimitar a discussão.

formam uma espécie dos conceitos normativos.

"Os verdadeiros conceitos de estimação livre constituem, pois, uma categoria especial junto aos conceitos indeterminados e valorativos, ou ao menos estão dentro dos conceitos indeterminados e valorativos" – afirma Engisch.[23]

A "nota especial" do conceito "discricionário" – ainda nas palavras de Engisch[24] – não reside na indeterminação ou valoração pura e simples, mas na valoração *pessoal*, mais exatamente na valoração de um determinado sujeito, de uma autoridade do Estado. Diante de duas ou mais alternativas igualmente possíveis, se a legislação não estabeleceu previamente qual delas a autoridade devia eleger, pode escolher qualquer uma delas, sendo idônea a escolha realizada: este o significado de livre apreciação ou discricionariedade.

Como escreve um dos mais clássicos expositores do assunto – Rudolf von Laun –, quando o legislador concede livre apreciação ao agente estatal, "autoriza e encarrega o órgão oficial (...) a acomodar-se às exigências mutáveis do momento e, segundo suas opiniões e vontade, próprias e conformes ao dever, qual deve ser a finalidade mais próxima e imediata do seu agir".[25]

"Se podemos admitir que, segundo a vontade da lei, duas possibilidades opostas e contraditórias entre si são igualmente jurídicas e que, por conseguinte, a autoridade pode escolher entre *A* e não-*A*, sem atuar arbitrariamente em nenhuma das duas alternativas (...) o critério é então livre."[26]

Por ela – atividade discricionária – "se entende um âmbito de ação e decisão, a eleição entre várias formas de comportamento igualmente possíveis: fazer *A* ou fazer *B* ou abster-se de toda a ação. 'Possível' significa, neste caso, juridicamente possível, quer dizer, que o Direito não dá a nenhuma destas formas de comportamento uma preferência sobre as demais" – escreve Forsthoff.[27]

Assim, por exemplo, tratando-se do "interesse público", como a escolha é livre, e não vinculada, "aquilo que as autoridades consideram que é do interesse público é, realmente, do ponto de vista jurídico, o interesse público".[28]

23. Ob. cit., TE p. 148, TP p. 183. E, no mesmo local, mais adiante: "Ainda quando evidentemente a apreciação livre esteja baseada conceitualmente em disposições legais, diria também que se apresenta como um subcaso de conceitos indeterminados e normativos". Também Ernst Forsthoff (*Tratado de Derecho Administrativo*, trad. de Legaz y Lacambra *et alii*, Madrid, Instituto de Estudios Políticos, 1958, p. 128) refere-se ao "caráter valorativo do exercício do poder discricionário" e ao "conteúdo de valor que se realiza discricionariamente".

24. "Aqui não se trata simplesmente de indeterminação e valoração, mas sim de valoração pessoal" (Karl Engisch, ob. cit., TE p. 148, TP p. 183).

25. "O legislador concede à autoridade livre apreciação (atividade discricionária), quando não é capaz de fixar, antecipadamente e mesmo indiretamente, através da indicação de uma finalidade perseguida, qual é o comportamento mais adequado e oportuno em um assunto. Então autoriza e encarrega o órgão oficial, livre de regras jurídicas rígidas, a acomodar-se às exigências mutáveis do momento e, segundo sua opinião e vontade próprias e conformes ao dever, ele próprio determinar qual deve ser a finalidade mais próxima e imediata do seu agir" (Rudolf von Laun, ob. cit., p. 10). Sua mais conhecida obra é *Das freie Ermessen und seine Grenze* (*A Livre Apreciação e seus Limites*, Viena e Leipzig, 1910); como não me foi possível consultá-la, transcrevo citações desta constantes de outros livros, de outros autores, ou então do próprio Laun em trabalho de 1913, em coletânea comemorativa dos 60 anos de Ernst Zitelmann.

26. Laun, *apud* Karl Engisch, ob. cit. TE p. 147, TP p. 182. E, ainda: "ela (a autoridade) escolhe entre dois ou mais modos de comportamento apresentados pela lei como igualmente corretos, segundo considerações de oportunidade" (Laun, op. cit., p. 11).

27. Ob. cit. na nota 23, p. 122; v. também pp. 127 ("Poder discricionário é, pois, eleição de comportamento no marco de uma realização de valores") e 136 e 137 ("Poder discricionário significa, portanto, que a ordem jurídica empresta validez jurídica a todo meio considerado como adequado para realização do valor").

28. Rudolf von Laun, *apud* Karl Engisch, ob. cit., TE p. 147, TP p. 182. "Enquanto, no âmbito da vinculação legal, o próprio legislador estabeleceu (...) o que (...) requer o interesse público em uma questão

Aplicando-se tais noções à apreciação da relevância pelo Presidente da República ao adotar medidas provisórias, conclui-se não se caracterizar pela discricionariedade.

Se, diante da matéria a regular, duas possibilidades opostas e contraditórias se oferecessem ao Chefe do Executivo e pudesse ele escolher livremente entre elas, sem qualquer limite, então seu poder seria discricionário.

Mas não é isto que ocorre, dado o controle parlamentar, de natureza política, de sua atividade. Ao Legislativo também cabe um juízo de valor a respeito da relevância. A avaliação presidencial não é decisiva ou definitiva, muito menos incontrastável; ela sofre a fiscalização do Congresso, também sujeito do julgamento político da relevância.

O Presidente da República tem o poder de escolher entre duas ou mais alternativas possíveis, é verdade; mas a eleição de qualquer delas não se torna, só por isso, necessariamente idônea, uma vez que o Congresso pode entender de maneira diferente, ao proferir seu próprio e independente juízo valorativo. Se ele pode escolher, esta eleição deixa de ser livre, na medida em que o Legislativo pode examiná-la e deixar de aprovar a medida provisória não pelo seu conteúdo, mas porque, no seu entendimento, não há relevância naquele assunto, a ponto de autorizar o Chefe do Executivo a disciplina-lo desta maneira excepcional. Ao enjeitar a medida provisória, por reputar não verificado o pressuposto da relevância, considera o Parlamento juridicamente inidônea a escolha; o seu juízo a respeito tem preferência sobre o do Presidente da República.

Se cabe a este um julgamento de conveniência e oportunidade, atribui a Constituição ao Congresso um outro juízo também relativo às mesmas conveniência e oportunidade, eventualmente contrário ao dele. Como escreve Peters, dissertando sobre a fixação da pena pelo juiz (uma hipótese discutida de discricionariedade judicial, não administrativa), "do conceito de livre apreciação resulta que, como tal, não pode ser examinado ulteriormente. Liberdade significa precisamente decisão pessoal. Se outrem intervém, já não existe liberdade alguma".[29]

Em conseqüência, se a relevância, aqui, é um conceito normativo ou valorativo, a sua concretização pelo Presidente da República não está dotada de natureza discricionária, precisamente porque não é livre. Não sendo uma apreciação axiológica sem contrastes, impossível seja livre.

Discricionariedade e natureza política do ato têm sido categorias utilizadas pelo Executivo e pela Administração para escapar aos controles parlamentar e judicial, válvulas de segurança ou "janelas" para fugir da revisão de suas atividades, conduzindo a equívocos. Esquece-se com freqüência, por exemplo, que o caráter político de um ato – como advertia Wilhelm Wengler – não excluiu um conhecimento jurídico do mesmo, nem o resultado político do dito conhecimento o despoja de seu caráter jurídico.[30] Tais resquícios do Estado absoluto devem ser contidos em limites estreitos, o que vem acontecendo, com a ampliação das hipóteses de controle e conseqüente diminuição da margem de discricionariedade; caso contrário, o espírito do absolutismo continuará a prevalecer, apesar da ordem constitucional.

Já o pressuposto da "urgência" não é aferido subjetiva ou arbitrariamente, contém uma menor imprecisão, dado que a própria Constituição fornece elementos para caracterizá-lo.

concreta, aqui ele admite determinar a própria autoridade o que deve ser o interesse público" (Laun, ob. cit., p. 11).

29. *Apud* Engisch, ob. cit., TE p. 146, TP p. 180.

30. *Apud* Otto Bachof, *Jueces y Constitución*, trad. de Rodrigo Bercovitz Rodríguez-Cano, Madrid, Civitas, p. 61.

O Presidente da República poderá solicitar urgência para apreciação pelo Congresso de projetos de lei de sua iniciativa (art. 64, § 1º). Neste caso, se a Câmara dos Deputados e o Senado Federal não se manifestarem, cada qual, sucessivamente, em até 45 dias, sobre a proposição, será esta incluída na ordem-do-dia, sobrestando-se a deliberação quanto aos demais assuntos, para que se ultime a votação (art. 64, § 2º).

Resulta disto que uma medida provisória só pode ser adotada com fundamento na "urgência" se for impossível aguardar o decurso dos prazos mencionados. Apenas se a matéria da medida provisória necessitar regulamentação imediata, em prazo inferior ao mencionado, poderá o Chefe do Executivo utilizar tal instrumento, ficando caracterizada a urgência. Prescrevendo a Constituição prazos certos e exíguos para que o Legislativo aprecie projetos de lei remetidos pelo Executivo, só estará configurada a urgência para adoção da medida provisória se não for possível a espera para disciplinar o assunto.

"O texto constitucional oferece um critério seguro e impostergável, obrigatório, quer para o agente (o Presidente da República), quer para o intérprete" – afirma Celso Antônio Bandeira de Mello.

"Justifica-se a medida excepcionalíssima do decreto-lei pela necessidade de providenciar-se uma disciplina normativa urgente em matéria de segurança ou finanças.

"Se se tratar de norma que possa ser obtida do Congresso, em tempo de dar solução à questão, não cabe o decreto-lei. Será abusivo e infringente do sistema. Só se pode reconhecer configurada a urgência, em se tratando de necessidade instante e improrrogável de disciplina normativa, cuja falta seja prejudicial, ou acarrete efeitos danosos, ao Estado ou ao interesse público. Só existe a urgência requerida pelo art. 58 (*caput*) quando esta ordenação seja necessária dentro em prazo inferior a 40 dias. Porque, se a questão puder aguardar solução dada por lei – o que se pode obter, em regime de urgência, no prazo de 40 dias (art. 54, § 3º) –, não tem cabimento recorrer ao expediente excepcional. Este é o único critério jurídico seguro, norteador do Judiciário, definitivo oráculo do Direito e supremo guardião da ordem jurídica" – tal é a inferência segura, rigorosamente inquestionável, de Celso Antônio Bandeira de Mello.

"Invocar a urgência em casos que comportem solução idônea por lei obtida no regime do art. 54, § 3º, importaria fraudar a Constituição, contornar-lhe as exigências capitais, decorrentes de seus princípios basilares (...)" – bem observa Geraldo Ataliba, na vigência da Constituição de 1967 (ponto de vista, aliás, já por mim sustentado em sentença).[31]

Bibliografia

ATALIBA, Geraldo. *O Decreto-Lei na Constituição de 1967*. São Paulo, Ed. RT.

BACHOF, Otto. *Jueces y Constitución*. Trad. de Rodrigo Bercovitz Rodríguez-Cano. Madrid, Civitas.

31. Geraldo Ataliba, *O Decreto-Lei na Constituição de 1967*, São Paulo, Ed. RT, pp. 31 e 32. A decisão mencionada foi proferida nos autos do mandado de segurança impetrado por João Afonso Miranda e Maria da Costa Miranda contra o Superintendente de Polícia Federal no Rio de Janeiro, a 7.11.77 (processo 18.942/76, 3ª Vara Federal).

No regime constitucional de 1969, Manoel Gonçalves Ferreira Filho (ob. cit., p. 291) escrevia no mesmo sentido: "Conquanto não seja fácil fazê-lo, a urgência pode e deve ser objetivamente apreciada (...). Deflui do sistema que a urgência, necessária para justificar o decreto-lei, deve ser tal que não tolere a delonga do procedimento concentrado de elaboração das leis ordinárias (...). De fato, só é verdadeiramente urgente a edição de regras jurídicas novas, a ponto de dar lugar ao decreto-lei, se estas houverem de produzir efeitos imediatos. Se não for possível aguardar o decurso do mais breve dos procedimentos de elaboração das leis ordinárias. Evidentemente não tem razão de ser, e é uma verdadeira usurpação, editar por decreto-lei normas que só serão aplicadas, ou só terão conseqüências, muito tempo depois. Em tal caso o decreto-lei frauda a competência do Congresso Nacional". Também Pinto Ferreira (ob. cit., p. 8) e Poletti (ob. cit., pp. 214 e 215) chegam à mesma conclusão.

BETTI, Emilio. *Interpretazione della Legge e degli Atti Giuridici*. Milano, Giuffrè, 1949.

CAIANI, Luigi. *I Giudizi di Valore nell'Interpretazione Giuridica*. Padova, CEDAM, 1954.

DAHM, Georg. *Deutsches Recht. Die geschichtlichen und dogmatischen Grundlagen des geltenden Rechts – eine Einführung*. 2. neubearbeite Afl. Stuttgart, Kohlhammer, 1963.

DURKHEIM, Émile. "Julgamentos de valor e julgamentos de realidade". *Sociologia e Filosofia*. Rio de Janeiro, Forense, 1970.

ENGISCH, Karl. *Introdução ao Pensamento Jurídico*. 5ª ed., trad. da ed. alemã de 1964 por J. Baptista Machado. Lisboa, Gulbekian.

_______ . *Introducción al Pensamiento Juridico*. Trad. da ed. alemã de 1955 Ernesto Garzon Valdés. Madrid, Guadarrama, 1967.

FERRARA, Francesco. *Trattato di Diritto Civile Italiano*. Roma, Athenaeum, 1921.

FERREIRA, Pinto. "Decreto-lei". *Enciclopédia Saraiva do Direito*. v. 23. São Paulo, Saraiva, 1977.

FERREIRA Filho, Manoel Gonçalves. *Comentários à Constituição Brasileira*. 6ª ed. revista e atualizada. São Paulo, Saraiva, 1986.

FORSTHOFF, Ernest. "Le leggi-provvedimento". *Stato di Diritto in Trasformazione*. Trad. de L. Riegert e C. Amirante. Milano, Ginffrè, 1973.

_______ . *Tratado de Derecho Administrativo*. Trad. de Legaz y Lacambra *et alii*. Madrid, Instituto de Estudios Politicos, 1958.

LARENZ, Karl. *Metodologia da Ciência do Direito*. Trad. de J. de Souza Brito e J. Antonio Veloso. Lisboa, Gulbekian. 1978.

LAUN, Rudolf von. "Zum Problem des freien Ermessens. Kritische Eröterungen und Studien zur Verwaltungsreform". *Festschrift für Ernst Zitelmann*. München und Leipzig, Duncker & Humblot, 1913.

POLETTI, Ronaldo Rebello de Britto. "O decreto-lei na Constituição". *Arquivos do Ministério da Justiça* 157. Brasília, a. 38, janeiro-março/81.

SLAIB Filho, Nagib. *Anotações à Constituição de 1988 – Aspectos Fundamentais*. 2ª ed. Rio de Janeiro, Forense, 1989.

DOUTRINA

MEDIDA PROVISÓRIA E SEGURANÇA JURÍDICA

ANTÔNIO SOUZA PRUDENTE
Juiz Federal no Distrito Federal
– Professor da Universidade Católica de Brasília-DF

O tema em debate encontra seu fundamento maior na instituição de um Estado Democrático de Direito, destinado a assegurar o exercício dos direitos sociais e individuais, no raio dos interesses subjetivos, coletivos e difusos, a liberdade, a segurança, o bem-estar, o desenvolvimento, a igualdade e a justiça, como valores supremos de uma sociedade fraterna, pluralista e sem preconceitos, fundada na harmonia social e comprometida, na ordem interna e internacional, com a solução pacífica das controvérsias, conforme atesta a promessa preambular da Constituição da República Federativa do Brasil.

Nossa Lei Suprema apregoa que a República Federativa do Brasil constitui-se em Estado Democrático de Direito, com fundamento na soberania, na cidadania, na dignidade da pessoa humana, nos valores sociais do trabalho e da livre iniciativa e no pluralismo político, sendo os Poderes da União, Legislativo, Executivo e Judiciário, independentes e harmônicos entre si, e que *todo o poder emana do povo*, que o exerce por meio de representantes eleitos ou diretamente, nos termos constitucionais (CF, arts. 1º, I-V, e parágrafo único, e 2º) – destacando, entre os direitos e garantias fundamentais, o de que *ninguém será obrigado a fazer ou deixar de fazer alguma coisa senão em virtude de lei* (CF, art. 5º, II), na consagração do princípio maior da *segurança jurídica* a todos que habitam neste País.

No Estado de Direito a lei somente é válida quando é produzida pelo Poder competente, nos termos da Constituição, sendo da competência exclusiva do Congresso Nacional zelar pela preservação de sua competência legislativa, em face da atribuição normativa dos outros Poderes (CF, art. 49, XI), enquanto ao Poder Judiciário, através de ação direta ou da via incidental, cabe exercer o controle de constitucionalidade de lei ou de ato normativo do Poder Público (CF, arts. 102, I, "a", e § 2º, 103, *caput* e §§ 2º e 4º, 97 e 102, III, "a", "b" e "c"), para segurança de todos nós.

No entanto, o povo brasileiro, num gesto extremo de confiança e fidelidade aos postulados democráticos que a Constituição-cidadã, de 5 de outubro de 1988, consagrara, excepcionalmente, *em caso de relevância e urgência*, outorgara poderes ao Presidente da República para adotar *medidas provisórias*, com força de lei, devendo submetê-las de imediato ao Congresso Nacional, que, estando em recesso, será convocado extraordinariamente para se reunir no prazo de cinco dias, sendo que tais medidas perderão eficácia, desde a edição, se não forem convertidas em lei, no prazo de 30 dias, a partir de sua publicação, devendo o Congresso Nacional disciplinar as relações jurídicas delas decorrentes (CF, art. 62 e respectivo parágrafo único).

Resulta, assim, do comando constitucional em referência que na edição de medida provisória o Sr. Presidente da República não está autorizado a exercer poder legiferante absoluto, mas, antes, há de atender aos *requisitos cumulativos de relevância e urgência*, a fim de legitimar a adoção dessa medida, cabendo ao Congresso Nacional (CF, art. 49, XI) e aos órgãos do Poder Judiciário, no exercício do controle de constitucionalidade, observar a obediência a tais requisitos.

O Poder Legislativo no Brasil não deve olvidar, no exercício pleno de sua função constitucional, que "a utilização da medida provisória, por constituir exceção derrogatória do postulado da divisão funcional do poder, subordina-se, em seu processo de conversão legislativa, à vontade soberana do Congresso Nacional" (STF, Pleno, ADIn 293-7-DF, Medida liminar, rel. Min. Celso de Mello, *DJU* 16.4.93, p. 6.429).

Medida provisória, no regime presidencialista do Brasil, é *ato do Príncipe*, em *caráter excepcional*, e que só possui validade jurídica quando, em seu uso constitucionalmente mitigado, recebe a pronta acolhida do povo, através de seus representantes no Congresso. Indiscutivelmente, medida provisória não é lei (*is not law*), mas *lex in fieri*, a legitimar-se no ordenamento jurídico, pelo Congresso Nacional, se observadas as exigências do referido art. 62 e respectivo parágrafo único da Lei Fundamental.

Há de ver-se, ainda, que o prazo legal de validade das medidas provisórias, excepcionalmente autorizadas na Constituição Federal, é improrrogável e fatal. Tais medidas não sobrevivem no mundo jurídico além de 30 dias. Inexiste outorga constitucional para serem reeditadas.

A "convalidação" ou prorrogação no tempo de medidas provisórias caducas (com mais de 30 dias) atenta, em suas sucessivas reedições, contra a norma regular de urgência (45 dias), que nossa Lei Fundamental reservou à apreciação de projetos de lei de iniciativa do Presidente da República perante as Casas do Congresso Nacional (CF, art. 64, §§ 1º e 2º), afirmando-se a garantia do *due process of law*.

Medida Provisória além dos 30 dias constitucionais não tem validade jurídica, perdendo sua eficácia *ex tunc*. Reeditá-la é abuso, que a nossa Constituição repudia, ao estabelecer regime de urgência para projetos de lei de iniciativa presidencial naquelas matérias de sua especial competência.

A propósito da questão em foco manifestou-se o Min. Celso de Mello, no STF, nestas letras: "(...) Por isso mesmo, as medidas provisórias, com a sua publicação no *Diário Oficial*, subtraem-se ao poder de disposição do Presidente da República e ganham, em conseqüência, autonomia jurídica absoluta, desvinculando-se, no plano formal, da autoridade que as instituiu. A edição de medida provisória gera dois efeitos imediatos. O primeiro efeito é de ordem normativa, eis que a medida provisória – que possui vigência e eficácia imediatas – inova, em caráter inaugural, a ordem jurídica. O segundo efeito é de natureza ritual, eis que a publicação da medida provisória atua como verdadeira *provocatio ad agendum*, estimulando o Congresso Nacional a instaurar o adequado procedimento de conversão em lei. A rejeição parlamentar da medida provisória, ou de seu projeto de conversão, além de desconstituir-lhe *ex tunc* a eficácia jurídica, opera uma outra relevante conseqüência de ordem político-institucional, que consiste na impossibilidade de o Presidente da República renovar esse ato quase-legislativo, de natureza cautelar. Modificações secundárias de texto, que em nada afetam os aspectos essenciais e intrínsecos da medida provisória expressamente repudiada pelo Congresso Nacional, constituem expedientes incapazes de descaracterizar a identidade temática que existe entre o ato não convertido em lei e a nova medida provisória editada" (STF, Pleno, ADIn 293–7-DF, Medida Liminar, *DJU* 16.4.93, p. 6.429).

Contrariando, porém, os comandos constitucionais que limitam o poder normativo das medidas provisórias, o Sr. Presidente da República vem cometendo excessivo abuso na edição e reedição dessas medidas, ante a omissão agressora do Congresso Nacional no ponto, como se vê dos dados estatísticos seguintes: "De 5 de outubro de 1988 a 24 de março de 1995 foram editadas 955 medidas provisórias, numa média de 12,4 medidas provisórias por mês, contra 2.481 decretos-leis editados sob o regime autoritário (outubro/69 a setembro/88), numa média de 10,9 por mês" (cf. *Jornal do Advogado* 203/9, de 1995).

Em pesquisa publicada no *Correio Braziliense* em 28 de janeiro do ano corrente, sob o título "Legislativo de aluguel", ficou registrado que na gestão do atual Executivo, entre edições e reedições, foram lançadas 1.610 medidas provisórias, sendo que nestes últimos três anos o Governo lançou uma medida provisória (nova e reeditada) a cada 30 horas, observando os redatores da matéria que "a maioria parlamentar que o Presidente Fernando Henrique Cardoso constituiu no Congresso Nacional, ao longo de seus três anos de governo, provocou uma inversão de papéis nos Poderes da República".

Olvidou-se, pelo visto, o Sr. Presidente da República da acertada reflexão que fizera sobre o abuso na edição de medidas provisórias ainda enquanto Senador da República, nesta fala: "O Executivo abusa da paciência e da inteligência do País, quando insiste em editar medidas provisórias sob o pretexto de que, sem sua vigência imediata, o Plano (econômico Collor) vai por água abaixo, e, com ele, o combate à inflação. Com esse ou com pretextos semelhantes, o Governo afoga o Congresso numa enxurrada de 'medidas provisórias'. O resultado é lamentável: a Câmara e o Senado nada mais fazem que apreciá-las aos borbotões. É certo, porém, que, seja qual for o mecanismo, ou o Congresso põe ponto final no reiterado desrespeito a si próprio e à Constituição, ou então é melhor reconhecer que no País só existe um Poder de verdade, o do Presidente. E daí por diante esqueçamos também de falar em democracia" (texto do então senador Fernando Henrique Cardoso, do artigo "Constituição e prepotência", cit. pela ilustre administrativista Profa. Cármem Lúcia Antunes Rocha, publicado pelo *Correiro Braziliense* de 7.7.97).

Em veemente manifesto ao Povo e à Nação, com data de 28 de abril de 1997, os eminentes Subprocuradores-Gerais da República, órgãos de cúpula do Ministério Público, conscientes de lhes incumbir a defesa da ordem jurídica e do regime democrático (CF, art. 127), pronunciaram-se nestes termos: "1º) constitui invasão à independência e harmonia dos Poderes (CF, art. 2º) assenhorear-se o Executivo da função legislativa, reeditando indefinidamente medidas provisórias que já haviam perdido a eficácia pela sua não-conversão em lei no prazo de 30 dias (CF, art. 62 e parágrafo único) – resultando num caos legislativo que atropela o Poder Judiciário, alvo ainda de desapreço pelas críticas a seus julgamentos e de medidas restritivas a seu livre exercício; 2º) são injustos os chamados reajustes estruturais mediante reformas que só atingem a sacrificada massa do povo, mantidos os privilégios de castas como o preço que se tem de pagar pela democracia (às avessas!) – quer achatando os salários a pretexto de salvaguardar o plano de estabilidade financeira, quer promovendo ou ameaçando demissões dos funcionários públicos –, agravando ainda mais o imenso desemprego, que já afeta a classe trabalhadora, numa insensibilidade aos problemas sociais daí decorrentes. Se o Estado tem como um de seus fundamentos os valores sociais do trabalho (CF, art. 1º, IV), cabe-lhe proporcionar condições indispensáveis à sobrevivência. A receita de um regime econômico que organismos internacionais intentam implantar nos países do Terceiro Mundo tem transformado a Constituição-cidadã num subproduto da economia, desmantelando o próprio arcabouço do Estado; 3º) agride a soberania nacional, em sua integridade e independência, entregar à cobiça privada ou estrangeira a exploração de nosso subsolo ou da plataforma oceânica, o controle de nosso espaço aéreo e a incomensurável devastação de nossa mata amazônica. A privatização de nossas riquezas minerais estratégicas e ecológicas – baluarte da independência econômica e altivez do País perante as demais Nações – não pode implicar a alienação daquelas (seja de que forma), ilegítima sua imposição de cima, ninguém individualmente sendo dono do País, eis que a soberania – conceito absoluto que não admite restrições – emana do povo e em seus nome é exercida (CF, art. 1º, parágrafo único); 4º) constituem crimes de responsabilidade os atos que atentem contra o livre exercício do Poder Legislativo, do Poder Judiciário e do Ministério Público (CF, art. 85, II). Por isso são absolutamente inaceitáveis os projetos de lei que amesquinham este último e transformam o livre exercício de suas funções institucionais (CF, art. 129), tipificando-se em crimes de abuso de autoridade: pois é através de suas garantias (CF, art. 128, § 5º, I) – que não são privilégios! –, consagradas multissecularmente, que são protegidos os direitos do cidadão".

O regime de exceção que a normativa abusiva das medidas provisórias implantou no Brasil, dispondo o Sr. Presidente da República, com força despótica, sobre todas as matérias de sua competência privativa (CF, art. 61, § 1º, I e II e respectivas alíneas "a" e "e"; art. 84, I-XXVII) e sobre a competência dos demais órgãos e Poderes da União (CF, arts. 22, I-XXIX; 48, I-XIV; 49, I-XVII: e 61, *caput*), não tem respaldo constitucional, nem encontra abrigo na geografia globalizante dos povos livres.

Os *diversos atentados* cometidos na edição abusiva de medidas provisórias, tais como a de n. 1.570/97, de 26.3.97, que se convertera na Lei 9.494, de 10.9.97, na linha de abusos de tantas outras que compõem o Estado de exceção, nos dias atuais, e especialmente aqueles atos atentatórios ao *livre exercício do Poder Legislativo, do Poder Judiciário, do Ministério Público e dos Poderes constitucionais das unidades da Federação, bem assim ao exercício dos direitos políticos, individuais e sociais*, com reflexos negativos no *cumprimento das decisões judiciais* e na *segurança interna do País* (CF, art. 85, *caput* e incisos II, III, IV e VII), tipificam, em tese, *crime de responsabilidade do Sr. Presidente da República*, passível de julgamento, com decretação de *impeachment*, pelo Senado Federal, se admitida a acusação por dois terços da Câmara dos Deputados (CF, art. 86, *caput* e § 1º, II), sujeitando-se à perda do cargo em processo político-administrativo das Casas Congressuais.

O princípio da *responsabilidade dos governantes*, nos governos democráticos, fora adotado, desse modo, pela Constituição da República Federativa do Brasil, em termos expressos (CF, art. 85 e 86).

A redação, para o segundo turno, com recente aprovação em primeiro turno, no Senado Federal, da Proposta de Emenda à Constituição 1, de 1995, visando a alterar os art. 48, 62 e 84 da CF, outorga ainda amplos poderes ao Sr. Presidente da República para legislar por medidas provisórias sobre matéria da competência privativa, comum e concorrente da União (CF, arts. 22, I-XXIX; 23, I-XII; e 24, I-XVI), sem ressalvas dos princípios sensíveis e cláusulas de eternidade, a exemplo dos direitos e garantias fundamentais, quase sempre violentados pela ação normativa e nocivamente duradoura das medidas provisórias do Poder Central.

Ademais, com a malsinada proposta, as medidas provisórias poderão vigorar por um prazo de até seis meses, a contar de sua publicação, somando-se a esse prazo o período de recesso das atividades do Congresso Nacional (art. 62, § 11).

Consagra-se, por último, na aludida proposta a impunidade presidencial por abusos cometidos através das medidas provisórias publicadas até a data da promulgação da referida Emenda, avalizando-se tais abusos até deliberação do Congresso Nacional ou revogação pelo Presidente da República, autor e responsável por essa normatividade anômala e espúria (art. 2º), a configurar-se, desta forma, a perpetuação do abuso normativo ao alvedrio dos Poderes coniventes.

Submete-se, assim, a Constituição da República, no rolo compressor das forças governistas, a perigosa cirurgia, que certamente deixará seqüelas aniquiladoras da aspiração popular de construir o tão sonhado Estado Democrático de Direito e de Justiça, para todos os cidadãos, que só *pensamos no Brasil*.

Nesse propósito, o discurso autorizado do Min. Celso de Mello no julgamento de questão liminar na ADIn 293-7-DF, mencionada, já recomenda o respeito e a obediência aos ditames constitucionais, nestes termos: "Uma Constituição escrita não configura mera peça jurídica, nem é simples estrutura de normatividade e nem pode caracterizar um irrelevante acidente histórico na vida dos Povos e das Nações. Todos os atos estatais que repugnem à Constituição expõem-se à censura jurídica – dos Tribunais, especialmente –, porque são írritos, nulos e desvestidos de qualquer validade. A Constituição não pode submeter-se à vontade dos poderes constituídos e nem ao império dos fatos e das circunstâncias. A supremacia de que ela se reveste – enquanto for respeitada – constituirá a garantia mais efetiva de que os direitos e as liberdades não serão jamais ofendidos. Ao STF incumbe a tarefa, magna e eminente, de velar por que essa realidade não seja desfigurada".

No Estado Democrático de Direito a atividade jurisdicional assume proeminência, apresentando-se como garantia maior dos cidadãos a "existência de órgãos jurisdicionais dotados de independência e imparcialidade, com capacidade de fato e de direito, para solucionar conflitos de interesses interindividuais e, especialmente, os que se manifestem entre as pessoas e o Estado" (José Afonso da Silva, *Ação Popular Constitucional*, São Paulo, Ed. RT, p. 84).

A atividade de resolver conflitos e decidir controvérsias é um dos fins primários do Estado moderno, pois os indivíduos, a quem já não se permite fazer justiça pelas próprias mãos, investiram se, na ordem jurídica, do direito de ação e de exigir do Estado o dever correlato da jurisdição.

O direito público-subjetivo de ação, que identificou os estudos de Enrico Túlio Liebman e que aparece – nas lições de Eduardo Juan Couture – como a espécie mais expressiva do amplo direito de petição aos Poderes Públicos, apresentou-se, historicamente, desde a Carta Magna de 1215, como exercício de liberdade dos homens livres.

O Poder Judiciário no Estado moderno não se adstringe, tão-só, ao conjunto de autoridades, que se investem no poder de julgar, aos órgãos do Poder Público, a que se comete a atribuição de administrar a justiça, a uma corporação de juízes, com a missão precípua de aplicar as leis e declarar direitos, vigiando a execução dessas leis, para a reparação das relações jurídicas que se tenham violado, mas integram, também, o Poder Judiciário, em sentido lato, os representantes do Ministério Público e os membros legítimos da Advocacia, por serem indispensáveis à administração da Justiça, incumbindo-lhes a defesa da ordem jurídica, do regime democrático e dos interesses sociais, individuais, difusos ou coletivos.

O advogado, o defensor ou promotor público, apresentam-se perante o jurisdicionado como os primeiros juízes das causas, que lhes são entregues, para soluções de justiça.

Na função do juiz traçada pelo Min. José Néri da Silveira, do colendo STF, em palestra proferida na Escola Superior da Magistratura de Pernambuco, em 6.12.91, deverão perfilar-se advogados e defensores públicos guiados por estes dizeres: "O Direito, para servir à sociedade, não pode ficar na pura abstração, mas deve existir no conviver humano, ser companheiro da vida, assistindo e protegendo, promovendo o convívio harmônico e a segurança nas relações sociais. O juiz, desse modo, há de estar atento aos fatos, ao tempo em que vive, não lhe bastando o conhecimento da técnica de Direito, para que se resolvam adequadamente os conflitos e se avance, de maneira segura e equilibrada, em direção ao que deve ser. Válido é, no particular, afirmar-se que, em princípio, o que se procura, no processo, é a vida, nas suas múltiplas manifestações. E o juiz tem que penetrar na parte noturna do ser, nas suas manifestações de rebeldia, na sua variada manifestação: no crime, na fraude civil, no desamor, no ódio. Em princípio, em cada processo há problemas humanos, e não apenas problemas de técnica jurídica. Não é possível, destarte, admitir-se que ao juiz caiba, predominantemente, a tarefa de especulação abstrata ou a simples exegese do Direito constituído. Se não lhe é possível a criação livre do Direito, para o caso concreto, partindo o juiz, nas decisões, ou de meras ideologias ou concepções pessoais sobre a sociedade ou o homem, ou curvando-se ao império das emoções no subjetivismo de seus julgamentos, não lhe compete, também, perder-se em puras divagações doutrinárias alheias às realidades da vida. Desse modo, o conhecimento do mundo, de par com uma profunda seriedade moral, a presença do humano e do social, à luz de seu tempo, o amor ao saber e à verdade, a inflexibilidade na defesa do valor da Justiça, não podem estar ausentes da vida do juiz. Cumpre-lhe, pois, pelo estudo e a reflexão, tecer suas construções a partir da descoberta de elementos existentes na intimidade do ordenamento jurídico, com base nos quais encontra, dentro do possível e enquanto cabível, a prudente solução às transformações sociais necessárias e, por vezes, indiscutivelmente, desejadas. Nisso está uma das mais significativas atividades dos juízes na busca do bem comum, que não se compreende, nem se pode realizar, sem Justiça" (José Néri da Silveira, "A função do juiz", *Correio Braziliense* de 3.2.92, "Direito & Justiça").

Este perfil de magistratura há de incorporar-se em todos aqueles que, de alguma forma legítima, atuam na administração da Justiça.

Já não se concebe o juiz como um Prometeu acorrentado ao cipoal de leis e códigos que por aí proliferam, feito o espectro antevisto por Montesquieu, como a boca que pronuncia as palavras das leis sem poder moderar-lhes a força e o rigor, ou, ainda, como aquele ser imaginado por Eliézer Rosa, frio, triste e só, sem nenhum poder criador, qual novo e estranho Adão, vagando fora do Éden, em cuja porta está um anjo armado, que o impede de por ela entrar e ver suas belezas, havendo de escolher a Barrabás e ignorar a Cristo, porque a multidão assim o quer, sem nada poder fazer contra a vontade simbólica do povo, refletida na lei positiva, que exprime a vontade coletiva e o sentimento nacional, a que temos de obedecer.

Na administração da Justiça já não se admite o advogado mercador de interesses, fazendo de sua profissão um meio egoístico de ganhar a vida, com malabarismos e audaciosas interpretações, "onde o cinismo triunfa da lógica, a mentira subjuga os fatos, as provas escondem a verdade, os documentos batem falso, as testemunhas perjuram e a sentença do juiz é o produto de um estelionato intelectual, obtido através de um processo conduzido de má mente por advogados sem escrúpulos" (Eliézer Rosa, *Novo Dicionário de Processo Civil*, 1ª ed., Freitas Bastos, 1986, p. 44).

Creio na Justiça feita por homens de sólida formação moral, que se nutrem de um sentimento comum de nacionalidade, de amor a seu povo e ao Direito, que sabem encontrar, mesmo além do texto frio da lei, os caminhos da Paz.

Creio em um Poder Judiciário que edifica, em sua moralidade, sabedoria e independência de seus membros, na distribuição da Justiça.

Neste propósito, afiguram-se-me oportunos, aqui, os comentários de João Barbalho sobre o Poder Judiciário na primeira Constituição Republicana do Brasil, nestas letras:

"A Magistratura que agora se instala no País, graças ao regime republicano, não é um instrumento cego ou mero intérprete na execução dos atos do Poder Legislativo. Antes de aplicar a lei, cabe-lhe o direito de exame, podendo dar-lhe ou recusar-lhe sanção, se ela lhe parecer conforme ou contrária à lei orgânica.

"O poder de interpretar as leis, disse o honesto e sábio juiz americano, envolve necessariamente o direito de verificar se elas são conformes ou não à Constituição, e, neste último caso, cabe-lhe declarar que elas são nulas e sem efeito. Por esse engenhoso mecanismo consegue-se evitar que o legislador, reservando-se a faculdade da interpretação, venha a colocar-se na absurda situação de juiz em sua própria causa.

"É a vontade absoluta das Assembléia Legislativas, que se extinguem, nas sociedades modernas, como se hão extinguido as doutrinas do arbítrio soberano do Poder Executivo.

"A função do Liberalismo, no passado, diz um eminente pensador inglês, foi opor um limite ao poder violento dos reis; o dever do Liberalismo, na época atual, é opor um limite ao poder ilimitado dos Parlamentos.

"Essa missão histórica incumbe, sem dúvida, ao Poder Judiciário, tal como o arquitetam poucos povos contemporâneos e se acha consagrado no presente decreto.

"Aí está posta a profunda diversidade de índole que existe entre o Poder Judiciário, tal como se achava instituído no regime decaído, e aquele que agora se inaugura, calcado sobre os moldes democráticos do sistema federal. De poder subordinado, qual era, transforma-se em poder soberano, apto, na elevada esfera de sua autoridade, para interpor a benéfica influência de seu critério decisivo, a fim de manter o equilíbrio, a regularidade e a própria independência dos outros Poderes, assegurando ao mesmo tempo o livre exercício dos direitos do cidadão" (*Comentários à Constituição Federal Brasileira*, 1902, p. 322).

Nenhum Estado moderno poderá ser democrático se não confiar, de direito e de fato, ao Poder Judiciário a garantia dos direitos.

Observa o publicista Dalmo de Abreu Dallari que: "É por esse motivo que as Constituições modernas introduzem no seu texto uma declaração de direitos e, para que esses direitos sejam efetivados, incluem, também, remédios excepcionais, que são as garantias constitucionais de direitos. (...). Mas se é através de medidas judiciais que se pretende garantir os direitos, é evidente que, antes de mais nada, deve ser garantido o pleno funcionamento do Poder Judiciário, tanto de sua organização direta quanto dos organismo indispensáveis à sua atuação" (*O Renascer do Direito*, São Paulo, José Bushatsky Editor, p. 322).

Nesse contexto, agrava a crise do Judiciário a tentativa de golpe à figura do juiz natural, com a proposta de adoção, pelo Alto Pretório, do *incidente de inconstitucionalidade*, abrangendo a argüição de relevância da questão constitucional, a insolente avocatória e o efeito vinculante das decisões daquela Corte em matéria constitucional, visando a implodir a independência dos magistrados brasileiros perante a Constituição, que juraram cumprir.

O malsinado *incidente de inconstitucionalidade*, que ainda consta do substitutivo apresentado pelo deputado Jairo Carneiro ao Projeto de Emenda Constitucional 96/92, já fora levado à apreciação do Senado Federal, sem sucesso, na redação da Emenda 2-PLEN, de 29.1.97, nestas letras: "Suscitada, em determinado processo, *questão relevante sobre a constitucionalidade de lei ou ato normativo federal, estadual ou municipal*, incluídos os anteriores à Constituição, em caso de controvérsia relevante entre órgãos judiciários ou entre esses e a Administração Pública, que acarrete grave insegurança jurídica, o STF, a requerimento dos órgãos ou entes referidos no *caput* do art. 103, poderá processar o incidente e *determinar a suspensão do processo*, a fim de proferir *decisão com efeito vinculante*, exclusivamente sobre a matéria constitucional" (o grifo não é do original).

Como se vê, o prefalado incidente exuma os cadáveres normativos da ditadura militar, sob a rubrica, agora, da *argüição de relevância da questão constitucional* (o que era, na ordem jurídica anterior à CF de 1988, argüição de relevância da questão federal) e da insolente *avocatória*, determinando-se a *paralisação dos processos nas instâncias de origem, até que o STF decida, com efeito vinculante*, a "relevante" matéria constitucional.

A exacerbada concentração de poder na cúpula do Judiciário, como pretende o infeliz incidente de inconstitucionalidade, aniquila a figura do juiz natural, no controle difuso de constitucionalidade, abandonando a Justiça na mira arbitrária dos príncipes, que se presumem os únicos representantes da soberania do povo e, por isso, aptos a abusarem do poder, para concretização do flagelo e da ruína dos valores democráticos.

Neste passo, parece-nos acertada a posição defendida pelo atual Presidente da Suprema Corte na fala de que "a Magistratura não pode anular-se como poder político e nem deixar-se subjugar pelos que pretendem impor-lhe o vínculo da dominação institucional, convertendo e degradando o Poder Judiciário à condição de instância desqualificada de submissão, reduzida, de maneira inaceitável, em seu disponível grau de independência e liberdade. (...) que a reforma do Poder Judiciário, embora essencial e indispensável, não pode conduzir à criação de mecanismos que busquem, a partir de formulações interpretativas subordinantes, fixadas por órgãos que se situam na cúpula da estrutura judiciária, imobilizar o poder inovador da jurisprudência, gerando, a partir de verdadeira hermenêutica de submissão, uma grave interdição ao direito de o magistrado refletir de maneira crítica e de decidir em regime de liberdade, segundo convicções fundadas em exegese criteriosa do sistema normativo e com observância responsável dos limites fixados pelo ordenamento positivo" (Celso de Mello, conferência pronunciada na abertura do *Fórum Nacional de Debates do Poder Judiciário*, promovido pelo STJ, em Brasília, no mês de junho/97).

A visão desse retrocesso histórico mereceu o firme repúdio dos juízes federais, que se reuniram em seu VII Encontro Nacional, no Estado do Rio Grande do Sul, e escrevemos, por unanimidade, a Carta de Canela, nestes termos:

"Os Juízes Federais, reunidos no VII Encontro Nacional, manifestam-se contrários à reedição da *avocatória*, lembrando que esse instituto processual não se coaduna com o momento histórico em que vivemos. Várias instituições oficiais, com o restabelecimento das liberdades democráticas, foram conquistando o apoio e a confiança da população, sendo que, no caso do Judiciário, passou ele a ser o último reduto em que o povo deposita suas esperanças.

"A Constituição de 1988, absolutamente primorosa quanto a direitos e garantias fundamentais e coletivos, não comporta emenda que, ainda por via transversa, vise a suprir a garantia do juiz natural, aquele a quem, de imediato, é entregue a causa e está mais próximo do jurisdicionado.

"Pelos mesmos motivos, manifestam os Juízes Federais do Brasil o seu repúdio ao projeto de lei que limita a concessão de medidas cautelares contra atos do Poder Público, por seu conteúdo contrário ao exercício da cidadania e seus direitos, como o livre acesso ao Judiciário, em flagrante inconstitucionalidade.

"Os Juízes Federais, preocupados com tais iniciativas, conclamam os parlamentares e a sociedade para a repulsa a essas pretensões, vez que entendem não haver mais espaço político para tais atentados à nossa vocação democrática, neste momento em que o projeto é construir uma sociedade justa, democrática e participativa" (Canela-RS, 14-17.11.91) (Sebastião de Oliveira Lima, Revista *AJUFE* 31/6 e 7, dezembro/91).

Esta é a voz de um Judiciário independente, confiante e confiável, na lúcida compreensão de seu compromisso constitucional de servir à Pátria, com destemor, no exercício diuturno de suas funções.

Vem de ser atual, aqui, a advertência de Pimenta Bueno, nos idos de 1857, nesta fala: "Tirai a independência ao Poder Judiciário e vós lhes tirareis sua grandeza, sua força moral, sua dignidade; não tereis mais magistrados, sim comissários, instrumentos ou escravos de um outro Poder (...). Não é pois no amor, ou no interesse dos juízes, que o princípio vital de sua independência deva ser observado como um dogma, é, sim, por amor dos grandes interesses sociais" (*Direito Público Brasileiro e Análise da Constituição do Império*, Senado Federal, ed. 1978, p. 324).

Noutra passagem de seus respeitáveis ensinamentos, acentua: "Desde que o poder judicial é independente, é conseqüente que as causas tenham seu curso regular e suas decisões definitivas sejam respeitadas, que firmem os direitos e não possam ser postas de novo em dúvida" (ob. cit., p. 324).

O Judiciário assegura os direitos individuais e coletivos, sociais e políticos, através da garantia constitucional do *due process of law*.

Não há garantia jurídica fora do devido processo legal, sendo defeso ao juiz inventar o processo, que, no Estado de Direito, o povo lhe outorga, através de seus representantes, no Parlamento, como instrumento vinculante e cogente de realização de direitos.

Com efeito, observa Frederico Marques que "o direito ao processo só se realiza quando o Estado põe em movimento seu mecanismo judiciário, através do devido processo legal. Se fosse legítimo qualquer processo, aquele direito seria fórmula vã e iníqua, sem sentido e vazia" (*Instituições de Direito Processual Civil*, 3ª ed., Rio de Janeiro, Forense, 1966, p. 342).

A nossa Constituição Federal de 1988, bastante rica em sua Declaração de Direitos, quando assegura a todos – brasileiros e estrangeiros residentes no País – a inviolabilidade do direito à vida, à liberdade, à segurança e à propriedade, estabelece, dentre outras garantias, as de que "ninguém será obrigado a fazer ou deixar de fazer alguma coisa senão em virtude de lei" (art. 5º, II); que "a lei não excluirá da apreciação do Poder Judiciário lesão ou ameaça a direito (art. 5º, XXXV); que "a lei não prejudicará o direito adquirido, o ato jurídico perfeito e a coisa julgada" (art. 5º, XXXVI) e, ainda, que "ninguém será privado da liberdade ou de seus bens sem o devido processo legal" (art. 5º LIV), garantindo, também, expressamente, "que não haverá juízo ou tribunal de exceção" (art. 5º, XXXVII), neste País.

Para efetivar essas garantias-direitos, a nossa Lei Fundamental assegura a todos "o direito de petição aos Poderes Públicos, em defesa de direitos ou contra ilegalidade ou abuso de poder" (art. 5º, XXXIV, "a"), instrumentalizando, de logo, em sua auto-aplicabilidade protetora (art. 5º, § 1º), os remédios salutares do *habeas corpus*, do *habeas data*, dos mandados de segurança individual e coletivo, do mandado de injunção, da ação popular, da ação civil pública e das ações coletivas, que visam à molecularização da tutela jurisdicional, evitando-se a pulverização dos litígios.

Na lição do renomado Eduardo Couture, esse direito de petição, quando é exercido perante o Poder Legislativo, tem perdido boa parte de sua eficácia, por força do sistema parlamentar-representativo, e tem debilitada sua importância, perante o Executivo, em razão de não existir uma lei regulamentadora, que criasse um dever correlativo de apreciação por parte do poder administrador executivo. Sua significação, contudo, perante o Poder Judiciário tem crescido consideravelmente no curso do tempo.

Enquanto perante os outros Poderes configura somente uma relação entre o particular e a autoridade, ante o Poder Judiciário o *jus actionis* envolve um terceiro, que se vê, assim, ainda que contra sua vontade, vinculado à petição.

A existência de uma lei regulamentadora, como é a lei processual, de caráter instrumental e cogente, e o dever jurídico de decidir a controvérsia, que foi sempre o correlativo de parte do Poder Público, foram durante longo tempo as notas dominantes do ato jurisdicional. A existência dessa mesma lei regulamentadora e a da sentença judicial, como ato de pronunciamento do Poder Público, foram, provavelmente, as razões decisivas para que a ação civil tivesse, historicamente, uma força muito maior que a simples petição, perante os Poderes Legislativo e Executivo.

Quando o princípio da divisão de Poderes, arquitetado por Montesquieu e já preconizado por Aristóteles, na Grécia, começou a desenvolver-se, o direito de petição se desdobra e assume características específicas, perante cada um desses Poderes.

No processo moderno o dever de pronunciamento por parte do juiz é de tal forma rigoroso, ante o exercício do direito de ação, como espécie do direito constitucional de petição, que sua omissão configura causa de responsabilidade judicial.

O conceito de jurisdição, como poder, é insuficiente, porque a jurisdição há de ser sempre um poder-dever. Com a faculdade de julgar, o juiz tem o dever de fazê-lo, não se eximindo de sentenciar ou despachar sob a alegação de lacuna ou obscuridade da lei. No julgamento da lide caber-lhe-á aplicar as normas legais, e, não as havendo, recorrerá à analogia, aos costumes e aos princípios gerais do Direito (CPC, art. 126).

Jurisdição, sem dúvida, é função pública realizada por órgãos competentes do Estado, sob as formas da lei, em virtude da qual, por ato do juiz, determina-se o direito das partes, resolvendo seus conflitos e controvérsias de relevância jurídica, mediante decisões com autoridade de coisa julgada, passíveis de execução.

O direito de petição, quando se instrumentaliza perante o Judiciário, sob a forma de ação, adquire maiores garantias a seu titular, mediante o instituto da coisa julgada, que, em sua configuração formal e material, nossa lei processual civil define como sendo "a eficácia, que torna imutável e indiscutível a sentença, não mais sujeita a recurso ordinário ou extraordinário" (CPC, art. 467).

James Goldschmidt, citando passagem da obra *Decadência do Ocidente*, de Osvald Spengler, assinala que, "se os romanos criaram uma estática jurídica, nossa missão consiste em criar uma dinâmica jurídica". E acrescenta, com inegável saber, que "a incerteza é consubstancial às relações processuais, posto que a sentença judicial nunca poderá ser prevista com segurança" (*Derecho Procesal Civil*, trad. espanhola, p. 66) – no que arremata Ovídio A. Batista da Silva que, "realmente, só existe jurisdição enquanto há incerteza para as partes a respeito do conteúdo da futura sentença, que haverá de dizer qual delas merece a proteção estatal, por ser titular do interesse protegido pela ordem jurídica, posto em causa. Toda sentença implica juízo e decisão, o que significa, sempre a possibilidade de que o julgador decida-se por desconhecer e negar a uma das partes o direito que a esta lhe parecia evidente e indiscutível. Perante o processo, não pode haver nada evidente e indiscutível, uma vez que a previsibilidade absoluta e matemática do futuro resultado contido na sentença eliminaria, por si só, o próprio julgamento, que implica, quanto à pessoa do julgador, num decidir-se entre duas alternativas possíveis" (*Curso de Processo Civil*, v. I, Porto Alegre, Sérgio Antônio Fabris Editor, 1987, pp. 14 e 15).

Com razão, pois, o notável Eduardo Couture quando afirma que entre a autoridade da coisa julgada e a efetiva vigência do direito há uma relação de meio e fim. A coisa julgada se concebe como meio de desfazer a incerteza do direito e como forma de fazê-lo coativo, nos casos de resistência ou omissão de seu cumprimento.

A coisa julgada e sua eventual coercibilidade são inerentes à jurisdição. O caráter de irrevisibilidade que dá a autoridade da coisa julgada às decisões judiciais não aparece em nenhum dos outros modos de atuação do Poder Público.

A maior garantia do Estado Democrático de Direito reside no instituto da coisa julgada, que se reserva, tão-somente, ao Judiciário, para segurança jurídica de todos, no exercício da cidadania.

O objeto próprio da jurisdição é a coisa julgada, que se realiza somente através da garantia fundamental do devido processo legal.

A idéia de jurisdição, como a de processo, é essencialmente teleológica, porque ambos só existem para lograr um fim, que é assegurar a efetividade do direito (Eduardo Couture, *Fundamentos del Derecho Procesal Civil* 3ª ed., póstuma, Buenos Aires, Depalma, 1988, pp. 40-44).

Gustav Radbruch observa que, "se Huizinga disse, em seu excelente livro *En las Sombras del Manãna*, que da necessidade de segurança brota tudo o que se chama Direito, podemos nos valer desse pensamento para afirmar que da necessidade de segurança jurídica surge tudo o que se chama direito positivo. (...). Bem comum, justiça e segurança jurídica exercem condomínio sobre o Direito, não a partir de uma harmonia sem tensões, senão, ao contrário, em relação de tensão viva" (*El Hombre en el Derecho*, trad. de Anibal Del Campo, Buenos Aires, Depalma, 1980, p. 119).

Já na primavera de 1782, em célebre conferência proferida em Viena, Rudolf von Ihering assim apregoava:

"O Direito não é uma pura teoria, mas uma força viva. Por isso a Justiça sustenta numa das mãos a balança em que pesa o Direito, e na outra a espada de que se serve para o defender.

"A espada sem a balança é a força brutal, a balança sem a espada é a impotência do Direito.

"Uma não pode avançar sem a outra, nem haverá ordem jurídica perfeita sem que a energia com que a Justiça aplica a espada seja igual à habilidade com que maneja a balança.

"O Direito é um trabalho incessante não somente dos Poderes Públicos, mas ainda de uma nação inteira" (*A Luta pelo Direito*, Rio de Janeiro, Forense, 1972, pp. 21 e 22).

A segurança, portanto, de que todos precisamos, há de ser buscada, no Estado Democrático de Direito, através do devido processo legal. Só usaremos o direito da força para garantir a força do Direito, indispensável ao exercício livre e responsável das atividades públicas e das cidadanias.

A República Federativa do Brasil pretende constituir-se em Estado Democrático de Direito, onde o respeito à lei e à Constituição se traduz na segurança de todos.

Na lição de J. Flóscolo da Nóbrega, "a segurança significa, de uma parte, a estabilidade, a permanência das relações sociais, e, de outra, a certeza, a garantia de que essas relações serão em qualquer caso mantidas, respeitadas por todos. A vida social não seria possível se as normas que a disciplinam pudessem ser alteradas a cada momento, ou não fossem observadas, acatadas por todos; se assim fosse, ninguém teria garantias, todos estariam desamparados, inseguros, sem a confiança de poder viver em paz e tranqüilidade. A segurança é, assim, praticamente, a base da Justiça. Um regime social em que haja segurança, em que haja ordem, estabilidade nessa ordem e certeza de que será respeitada e mantida, será por isso só um regime justo. O fim do Direito é realizar esse regime, conseguir o máximo possível de segurança, eliminando o máximo possível de arbitrariedade, de anarquia, de incerteza e instabilidade" (*Introdução ao Direito*, 6ª ed., São Paulo, Sugestões Literárias, 1981, p. 74).

O Direito se apresenta, assim, no mundo da cultura, como o instrumento próprio da segurança jurídica, assegurando a governantes e governados seus direitos e deveres recíprocos, para tornar viável a vida social.

A segurança jurídica expressa-se, hoje, praticamente, na previsibilidade da atuação estatal, partindo a doutrina moderna do conceito de paz jurídica, para a compreensão de que a segurança jurídica requer confiabilidade, certeza e interdição da arbitrariedade, no Estado de Direito.

Na visão de Héctor B. Villegas, sob o aspecto objetivo, o princípio fundamental da segurança jurídica se revela nas garantias que a sociedade assegura às pessoas, bens e direitos. Essas garantias devem ser estáveis e quanto a elas não pode haver imprevistos. "A previsibilidade da atuação estatal é um magno desígnio que resulta de todo o contexto de preceitos orgânicos e funcionais, integrantes do núcleo do sistema constitucional. O legislador, e, com maior razão, o administrador, não deve surpreender o povo. No sentido subjetivo, a segurança jurídica consiste na convicção que tem a pessoa de que está isenta de perigos, danos e males. Sabe a que segurarse e está dominada por um sentimento de confiança. Esse sentimento é o que lhe permite projetar o futuro, trabalhar e progredir. Para que isto ocorra, deve partir-se de uma Constituição que, sendo legítima e autêntica, contenha as regras básicas da convivência, traduzidas como direitos e deveres fundamentais. Somente assim o cidadão terá um guia seguro que lhe mostrará, claramente, o que pode, o que não pode e o que deve fazer. Ninguém poderá sentir medo ante a invocação de direitos e obrigações que resultem incertos, obscuros e indeterminados. Isto fará que cada um saiba, precisamente, o que pode exigir dos demais e o que pode ser-lhe exigido. O cidadão passará a gozar um desejável estado de paz jurídica, se esse sistema desenhado pela Constituição desenvolver-se de forma tal que haja regras igualmente aplicáveis para todos, que os direitos adquiridos sejam respeitados e que toda arbitrariedade seja excluída pelos Tribunais" ("Principio de seguridad jurídica en la creación y aplicación del tributo – El contenido de la seguridad jurídica", *RDT* 66/15, São Paulo, Malheiros Editores).

Nas palavras, ainda, de Héctor Villegas encontra-se a lição oportuna de que:

"A segurança jurídica unicamente funcionará de maneira eficiente ali onde a jurisdição se exerça através de uma Magistratura imparcial, nos limites das instituições que consagrem a independência absoluta do Poder Judiciário, garantida por postulados objetivamente estabelecidos e religiosamente observados".

"Na República Argentina se ouve, com freqüência, a teoria segundo a qual a Justiça deve acompanhar a política econômica do Executivo. Para atingir esse objetivo, tanto nos regimes civis quanto nos militares, procurou-se formar uma Corte Suprema majoritariamente vinculada ao Governo. Isto permitiu que, nos últimos 50 anos, trocara-se 8 vezes a composição da Corte Suprema Nacional.

"Isto em nada favorece a segurança jurídica. O que a Constituição quer é que a função jurisdicional seja independente dos poderes políticos, com o objetivo de afiançar a Justiça, como diz o 'Preâmbulo' da Constituição.

"Expressa Jorge Gentile que construir uma Justiça independente é um propósito a que os argentinos não podem renunciar e que haverão de conseguir apesar da disparatada *teoria do acompanhamento político*, e, em tal sentido, assinala esse autor que já estão aparecendo exemplos reconfortantes no mundo, citando, em especial, o caso da Itália" (*RDT* 66/15).

Existe, indubitavelmente, no mundo capitalista deste final de século, uma orquestração negativa contra a ação do Poder Judiciário, visando a descredenciá-lo perante a sociedade global.

Penso ser incompatível o ideário do capitalismo neoliberal (adotado, inclusive, pelo atual Governo brasileiro), de cunho essencialmente materialista, com os objetivos institucionalmente humanitários do Poder Judiciário, neste final de século. O neoliberalismo é selvagem e cruel, gerador de desigualdades sociais, visando somente ao lucro e ao acúmulo de riquezas materiais. Apresenta-se, em seu furor egoísta, frio e insensível ao drama humano. Não tem sentimento nem sensibilidade para cultivar o amor nas relações humanas. O Poder Judiciário tem por ideal distribuir a Justiça a todos, salvando o homem de seus conflitos, na restituição da paz. A Justiça transcende a matéria e cria no ser humano uma perspectiva escatológica de realização infinita sem discriminar ou excluir pessoas. A Justiça, animada pelo princípio universal da igualdade, condena o *appartheid* global, regional e local entre ricos e pobres, pois deseja que a riqueza seja servida a todas as pessoas, na proporção social de suas necessidades vitais.

Levanta-se, assim, no limiar do Terceiro Milênio, uma orquestração maligna dos detentores do poder do capital contra a ação salvadora do Poder Judiciário, institucional, que não acolhe as maquinações da "Besta do Apocalipse" e não aceita comungar da hóstia de Satanás. Creio que a Justiça há de libertar o homem das forças negativas do capitalismo neoliberal, para que a riqueza seja distribuída igualmente a todos, na comunhão da paz.

Brasília (DF), em 29 da abril de 1998

PARECERES

LICITAÇÃO: LICITANTE QUE É SOCIEDADE CONTROLADA POR OUTRA LICITANTE. PERSONALIDADE JURÍDICA E PRINCÍPIOS DA COMPETITIVIDADE E DA IGUALDADE

EROS ROBERTO GRAU

Professor Titular da Faculdade de Direito da USP – Professor Visitante da Faculdade de Direito da Universidade de Montpellier I (França)

"X" Serviços de Eletricidade S/A encaminhou-me a seguinte

Consulta

"Em dezembro de 1995, a CESP (Cia. Energética de São Paulo S/A) publicou edital de licitação para constituição de consórcio com o objetivo de concluir a construção e aproveitar o potencial energético das Usinas Hidrelétricas de Canoas I e Canoas II, que se constituem no Complexo de Canoas, situado no rio Paranapanema.

"Conforme previsto no edital, no dia 11 de março de 1996, às 10h, em sessão pública, as seguintes empresas entregaram propostas à licitação: a Cia. 'Y'; o Consórcio 'V/I'; o Consórcio 'E'; a 'X' – Serviços de Eletricidade.

"No dia 21 de março de 1996, conforme publicação feita pela CESP, através da imprensa escrita, foi divulgado o resultado da habilitação, conforme segue:

"'Proponentes habilitados: Cia. 'Y'.

"'Proponentes inabilitados: Consórcio 'V/I'; Consórcio 'E'; 'X' – Serviços de Eletricidade.'

"A decisão da Comissão Julgadora em inabilitar o consórcio formado pelas empresas 'V/I' e a licitante 'X' foi baseada no fato de a empresa Vale Paranapanema ser controladora majoritária da empresa 'X'. Segundo a decisão da Comissão, este fato estaria ferindo o item 11.7.2 do edital de licitação e o art. 33, IV, da Lei 8.666/93, que diz: 'impedimento de participação de empresa consorciada, na mesma licitação através de mais de um consórcio ou isoladamente'.

"Indaga-se:

"a) Está correta a decisão da Comissão de Julgamento?

"b) O fato de dois licitantes apresentarem propostas para uma mesma licitação, sendo um deles controlado pelo outro, fere os princípios da competitividade, da igualdade e da isonomia?

"c) Ao habilitar apenas uma empresa, definindo, *a priori*, o licitante vencedor, estaria a CESP, através da Comissão de Julgamento, ferindo os princípios por ela mesma defendidos, eliminando o caráter competitivo da licitação?"

Parecer

1. O cerne do problema proposto na consulta encontra-se na interpretação do texto do inciso IV do art. 33 da Lei 8.666/93.

A Comissão Julgadora da licitação entendeu que *empresa*, naquele texto, conota também *grupo de empresas* e/ou abrange pluralidades de empresas relacionadas entre si, mercê da circunstância de uma delas ser controladora da(s) outra(s), desde aí desconsiderando as suas personalidades jurídicas.

Não obstante, parece-me evidente que, no contexto considerado, *empresa* é vocábulo que designa a *sociedade*, isto é, *pessoa jurídica*.

O que o art. 33, IV, da lei veda é a participação, de uma mesma pessoa jurídica (*empresa*), mais de uma vez na mesma licitação (em mais de um consórcio e/ou isoladamente).

2. O pressuposto da destinação de capitais a certa atividade econômica, sob a inspiração do modelo liberal (= sem as restrições próprias ao modo de produção adotado ao tempo das monarquias absolutas), encontra-se na atribuição aos centros de interesse que desenvolviam atividade econômica dos *riscos* inerentes ao sistema de mercado e, igualmente, da *responsabilidade* pelos efeitos da atividade. O novo modo de produção conforma, também por essa via, o *direito privado*.

A *responsabilidade*, no sistema liberal, opera como salvaguarda da ordem social em face das conseqüências do exercício da atividade econômica sob o regime da *livre iniciativa* e da *concorrência*: os sujeitos de direito respondem pelos efeitos de sua atuação nos mercados, em situação de *igualdade* de todos perante a *lei*.

O contraponto da liberdade dos sujeitos de direito que atuam nos mercados é, na lógica do pensamento liberal, a assunção dos riscos inerentes e decorrentes dessa atuação. Daí a relação de pertinência dos seus resultados: lucros ou prejuízos atribuíveis àquele que *empreende* (= quem detém a *propriedade* aplicada ao processo de produção).

3. A personalidade jurídica, no quanto importa às relações de mercado, cumpre a função de estabelecer determinada esfera de afetação de interesses, circunscritos a certo e definido patrimônio – aquele oferecido para suportar a responsabilidade decorrente das relações de mercado.

Ideologicamente – diz Kelsen[1] –, "serve para manter a idéia de que a existência do sujeito jurídico, como portador do direito subjectivo, quer dizer, da propriedade privada, é uma categoria transcendente, em confronto do direito objectivo positivo, de criação humana e mutável, é uma instituição na qual a elaboração de conteúdo da ordem jurídica encontra um limite insuperável. O conceito de um sujeito jurídico independente do direito objectivo, como portador do direito subjectivo, redobra de importância quando a ordem jurídica que garante a instituição da propriedade privada é reconhecida como uma ordem mutável e sempre em transformação, criada pelo arbítrio humano e não fundada sobre a vontade eterna de Deus, sobre a razão ou sobre a natureza, e, particularmente, quando a criação desta ordem seja operada através de um processo democrático. (...). Não é difícil compreender por que a ideologia da subjectividade jurídica se liga com o valor ético da liberdade individual, da personalidade autônoma,

1. *Teoria Pura do Direito*, 5ª ed., Coimbra, Arménio Amado Editor, 1979, p. 240.

quando nesta liberdade está também incluída sempre a propriedade".

4. A confirmação de que a atribuição de personalidade jurídica a vínculos associativos (*contratos plurilaterais*, na dicção de Ascarelli) e a patrimônios (*fundações*) não passa de *forma instrumental* que se presta a cindir as esferas patrimoniais dos *homens* que as constituem ou instituem é encontrada antes em Duguit, após no próprio Kelsen, na exposição de Ascarelli a respeito da pessoa jurídica como *regula juris* e, ainda, nas *teses nominalistas*, mais recentes.[2]

Por isso o interesse social, o móvel da sociedade, é, na verdade, o interesse dos sócios, cuja comunhão se constitui em torno do objeto social; este configura *causa* do negócio societário.

Calham à fiveleta, aqui, as palavras de Fábio Konder Comparato: "A causa, na constituição de sociedades, deve, portanto, ser entendida de modo genérico e sob uma forma específica. Genericamente, ela equivale à separação patrimonial, à constituição de um patrimônio autônomo cujos ativo e passivo não se confundem com os direitos e as obrigações dos sócios. De modo específico, porém, essa separação patrimonial é estabelecida para a consecução do objeto social, expresso no contrato ou nos estatutos. A sua manutenção, por conseguinte, só se justifica pela permanência desse escopo, de sua utilização e da possibilidade de sua realização".[3]

5. Resulta bem nítida, destarte, a função do conceito de personalidade jurídica no campo do direito privado, função de apartar determinada esfera patrimonial em relação às pessoas naturais que *constituem* a pessoa jurídica – esfera, essa, que passa, por essa via, a ser suscetível da responsabilidade inerente ao regime de mercado. Aos titulares da pessoa jurídica toca auferir os resultados da atividade econômica desenvolvida pela mesma.

6. É a personalidades jurídicas individualizadas – esferas de afetação de interesses, circunscritos a certos e definidos patrimônios, aqueles oferecidos para suportar responsabilidades decorrentes das relações de mercado –, *sociedades*, que respeita o inciso IV do art. 33 da Lei 8.666/93, para vedar a participação, de uma mesma pessoa jurídica (*sociedade*), mais de uma vez na mesma licitação (em mais de um consórcio e/ou isoladamente).

Por isso afirmei inicialmente que, no contexto considerado, *empresa* é vocábulo que designa a *sociedade*, isto é, *pessoa jurídica*.

7. Da interpretação restritiva do texto – que *restringe*, na medida em que *impede* – resulta insustentável a *desconsideração da personalidade jurídica* operada pela Comissão Julgadora da licitação.

Cai como uma luva, aqui, o brocardo que afirma *odiosa restringenda, favorabilia amplianda*, em cuja aplicação se há de prestar acatamento à recomendação de Carlos Maximiliano: *desde que não resulte prejuízo para terceiro, prefira-se a exegese conducente a efeito mais benigno e suave, ao invés da que leve ao mais perigoso e duro*.[4]

Essa interpretação do texto não prejudicando terceiro, como será visto logo adiante, nada, nele, autoriza a ampliação do seu sentido, para que alcance mais do que ele abrange[5] e não, apenas e tão-so-

2. V. Fábio Konder Comparato, *O Poder de Controle na Sociedade Anônima*, 2ª ed., São Paulo, Ed. RT, 1977, pp. 247 e ss. V., na p. 269, a seguinte observação: "Ascarelli tem, pois, toda razão ao sublinhar que as relações em que é parte uma pessoa jurídica são sempre, em última análise, relações entre homens e dizem respeito, unicamente, a interesses humanos. Trata-se de evidência esquecida por muitos juízes e doutores".

3. Ob. cit., p. 270.

4. *Hermenêutica e Aplicação do Direito*, 6ª ed., Rio de Janeiro, Freitas Bastos, 1957, p. 308.

5. Isto é, para que alcance *grupo de empresas* e/ou pluralidades de empresas relacionadas entre si.

mente, *empresas*, cada uma das quais dotada de personalidade jurídica própria. A subversão do sentido estrito do texto do inciso IV do art. 33 conduziria a injustificável afronta ao princípio da *legalidade*, pelo qual está vinculada a Administração (art. 37 da CF de 1988).

8. O entendimento de que o texto daquele inciso IV veda a participação, de uma mesma pessoa jurídica (*sociedade*), mais de uma vez na mesma licitação (em mais de um consórcio e/ou isoladamente) – razão pela qual, no contexto considerado, *empresa* é vocábulo que designa a *sociedade* (isto é, *pessoa jurídica*) –, aquele entendimento, dizia, não fere os princípios mencionados na consulta, como da competitividade, da igualdade e da isonomia; e aquele mesmo entendimento, por outro lado, não prejudica terceiro.

9. Tenho a *competição* como pressuposto da licitação.

Observei, contudo, em outra oportunidade,[6] que *competição* é termo que assume mais de uma significação.

Há *competição*, pressuposto da licitação, quando o universo dos possíveis licitantes não estiver previamente circunscrito, de sorte que dele não se exclua algum ou alguns licitantes potenciais.

Por isso impõe-se que a *competição* de que ora se trata, pressuposto da licitação, seja desenrolada de modo que reste assegurada a *igualdade* (*isonomia*) de todos quantos pretendam acesso às contratações da Administração.

Fala-se, porém, em *competição* também em diverso sentido, ou seja, como *disputa*.

Há *competição-disputa* quando, assegurada a todos a oportunidade de concorrerem à contratação pretendida pela Administração, apresentam-se os proponentes diante dela oferecendo vantagens distintas entre si, de modo que possa ela distinguir, a partir dos critérios, objetivos, da licitação, entre as várias propostas, o negócio mais vantajoso a ser contratado.

Daí dizermos que *cessa* a *competição* – já não mais no primeiro sentido acima delineado: competição plena, permissiva do acesso de todos e quaisquer agentes econômicos, indiscriminadamente, à licitação, porém como *disputa* – quando, embora a todos os licitantes possíveis tenha sido assegurada a oportunidade de disputarem a contratação pretendida pela Administração, todos eles apresentam-se em igualdade de condições na licitação, de modo que não se possa distinguir, entre vários, o negócio mais vantajoso para a Administração.

Insisto na distinção acima debuxada.

Competição, pressuposto da licitação, é possibilidade de acesso de todos e quaisquer agentes econômicos capacitados à licitação; ela, aqui, é concreção da garantia de igualdade (isonomia). Chamemo-la *competição-pressuposto*.

Por outro lado, *competição* é também *disputa*, ou seja, no caso, possibilidade de uns licitantes apresentarem melhores propostas do que outros, um a proposta melhor de todas. Chamemo-la *competição-disputa*.

10. A circunstância de a empresa Vale Paranapanema ser controladora majoritária da empresa "X" absolutamente não compromete a *competição*, seja como *pressuposto*, seja como *disputa*, no âmbito da licitação instaurada pela CESP.

De uma parte, ela não compromete, turba ou ameaça a possibilidade de acesso de todos e quaisquer agentes econômicos capacitados à licitação. Isso é óbvio; evidente.

De outra parte, ela também não compromete, turba ou ameaça a possibilidade de uns licitantes apresentarem melhores propostas do que outros, um a proposta melhor de todas. Isso também é óbvio.

6. V. meu *Licitacão e Contrato Administrativo*, São Paulo, Malheiros Editores, 1995, pp. 14 e 15.

Logo, parece-me indisputável a conclusão de que a circunstância apontada não fere o que a consulta designa como princípio da *competitividade*. Por conseqüência, não visualizo como atribuir-se qualquer prejuízo, decorrente daquela mesma circunstância, a terceiro.

11. No que tange à *igualdade* ou *isonomia*, cumpre, preliminarmente, observarmos que contribui, decisivamente, para conformar o chamado *Direito moderno*, próprio ao modo de produção capitalista. Esse direito pode ser descrito como um universo no qual se movimentam sujeitos jurídicos dotados de *igualdade* (perante a lei) na prática da liberdade de contratar. Por isso mesmo, as normas jurídicas que compõem esse Direito são abstratas e gerais, condição necessária a que ele adequadamente viabilize a fluência das relações de mercado.

A igualdade *afirmada como princípio da licitação pelo art. 3º da Lei 8.666/93 – e que se há de ter como desdobramento do* princípio constitucional da isonomia *("todos são iguais perante a lei" – art. 5º da CF de 1988) – presta-se imediatamente a instrumentar a* competição *entre os licitantes, assegurando também que nenhum deles receba tratamento privilegiado, em relação aos demais.*

12. Ocorre que, no caso, a circunstância de a empresa Vale Paranapanema ser controladora majoritária da empresa "X" absolutamente não coloca a controladora, ou a controlada, em situação de privilégio no âmbito da licitação instaurada pela CESP, em relação aos demais licitantes – além de, como vimos, essa circunstancia não comprometer a *competição* naquele âmbito, seja como *pressuposto*, seja como *disputa*.

Insisto neste ponto: ainda que a controladora, em consórcio com outra empresa, conheça a proposta da controlada (ou viceversa), disso não decorre situação de vantagem, de uma ou outra, em relação à generalidade dos licitantes. Vale dizer: a esse conhecimento não corresponde o acesso a qualquer benefício ou a qualquer discriminação em favor de uma ou outra, no âmbito da licitação.

Por isso, aqui também sou levado à conclusão de que não há como, no caso, atribuir-se prejuízo a terceiros decorrente da circunstância considerada.

13. De resto, entendo seja inquestionável o direito de controladora e controlada, a primeira em consórcio com outra empresa, de participarem da licitação.

O art. 33, IV, da Lei 8.666/93, evidenciadissimamente, não impede que ambas disputem o contrato, com o quê, de resto, realizar-se-á plenamente a *competição*, cerceada na medida em que se anteponha obstáculo àquela participação.

Necessário salientar, a respeito, que prospera em favor da consulente, e de sua controladora, o princípio da *livre iniciativa*, consagrado no *caput* do art. 170 da CF de 1988 e reafirmado no seu parágrafo único como *livre exercício da atividade econômica*.

Assim, considerando minha anterior exposição, demonstrado que a circunstância de que cuidamos não importa ofensa à *competição* e à *isonomia/igualdade*, parece-me flagrante o desacordo entre a decisão da Comissão de Julgamento da licitação e a ordem jurídica. Essa decisão, além de agredir o direito ao exercício da atividade econômica pela empresa consulente e pela empresa sua controladora, reduz o universo dos licitantes a apenas um deles, excluindo – ela, sim – a possibilidade de *competição-disputa* no âmbito da licitação.

14. Em face do exposto, dou as seguintes respostas aos quesitos propostos na consulta:

a) *Não*. A decisão da Comissão de Julgamento é incorreta; subverte o sentido da vedação estipulada no inciso IV do art. 33 da Lei 8.666/93, agredindo o direito, da consulente e de sua controladora, ao *exercício da atividade econômica* (CF de 1988, art. 170).

b) *Não*. O fato de dois licitantes apresentarem propostas para uma mesma licitação, sendo um deles controlado pelo outro, *não fere* os princípios da competitividade e da igualdade e isonomia.

c) *Sim*. Ao habilitar apenas uma empresa, definindo, *a priori*, o licitante vencedor, a CESP, através da Comissão de Julgamento, elimina o caráter competitivo da licitação, subvertendo-a.

É o que me parece.

São Paulo, 27 de março de 1996

MODALIDADES DE INTERVENÇÃO DO ESTADO NA ORDEM ECONÔMICA. REGIME JURÍDICO DAS SOCIEDADES DE ECONOMIA MISTA. INOCORRÊNCIA DE ABUSO DE PODER ECONÔMICO

LUÍS ROBERTO BARROSO

Professor Titular de Direito Constitucional da UERJ – *Master of Laws* pela *Yale Law School* – Procurador do Estado do Rio de Janeiro

Consulta

Consulta-me a *"X" Petroquímica S/A* acerca dos aspectos constitucionais envolvidos no contrato de associação celebrado com *Petrobrás S/A*, em 12 de setembro de 1997, tendo por objeto projetar, promover, construir e explorar fábricas e empreendimentos no setor petroquímico. À vista das diversas questões suscitadas, o parecer ora apresentado desenvolve-se nos tópicos seguintes: I – Papel do Estado na ordem econômica: Nota introdutória; Normas constitucionais aplicáveis; Modalidades de intervenção do Estado no domínio econômico: disciplina, fomento e atuação direta; II – Regime jurídico aplicável à *Petrobrás* no desempenho de suas atividades empresariais (CF, arts. 37, XX, e 173, § 1º); III – Legitimação da *Petrobrás*, como sociedade de economia mista, para atuação no setor objeto do contrato de associação (CF, art. 173); IV – Não aplicabilidade do princípio da licitação a contratos da natureza do celebrado com a *"X" Petroquímica*; V – Inocorrência de hipótese de abuso do poder econômico por visar à dominação de mercados, à luz dos conceitos constitucionais aplicáveis (CF, art. 173, § 4º); VI – Conclusões.

A seguir, o estudo empreendido, seus fundamentos e conclusões.

Parecer

I – O papel do Estado na ordem econômica

1. Nota introdutória

1.1 O Estado atravessa, ao longo deste século, três fases bem definidas. A primeira delas, identificada como *pré-modernidade*[1] ou Estado Liberal, exibe um Estado de funções reduzidas, confinadas à segurança, justiça e serviços essenciais. É o Estado da virada do século XIX para o XX.[2]

1. A terminologia *pré-modernidade*, *modernidade* e *pós-modernidade* é empregada em Norbert Reich, "Intervenção do Estado na economia (reflexões sobre a pós-modernidade na teoria jurídica)", *RDP* 94/265.

2. No modelo liberal clássico o Estado tinha três papéis a cumprir, consoante página clássica de Adam Smith, *The Nature and Causes of the Wealth of Na-*

Nele vivia-se a afirmação, ao lado dos direitos de participação política, dos direitos individuais, cujo objeto precípuo era o de traçar uma esfera de proteção das pessoas em face do Poder Público. Estes direitos, em sua expressão econômica mais nítida, traduziam-se na liberdade de contrato, na propriedade privada e na livre iniciativa.

1.2 Na segunda fase, referida como *modernidade* ou Estado Social (*welfare state*), iniciada com a segunda década deste século, o Estado assume diretamente alguns papéis econômicos, tanto como condutor do desenvolvimento como outros de cunho distributivista, destinados a atenuar certas distorções do mercado e a amparar os contingentes que ficavam à margem do progresso econômico. Novos e importantes conceitos são introduzidos, como os de função social da propriedade e da empresa, assim como se consolidam os chamados *direitos sociais*, tendo por objeto o emprego, as condições de trabalho e certas garantias aos trabalhadores.

1.3 A quadra final do século XX corresponde à terceira e última fase, a *pós-modernidade*, que encontra o Estado sob crítica cerrada, densamente identificado com a idéia de ineficiência, desperdício de recursos, morosidade, burocracia e corrupção. Mesmo junto a setores que, outrora, vislumbravam-no como protagonista do processo econômico, político e social, o Estado perdeu o charme redentor, passando-se a encarar com ceticismo o seu potencial como instrumento do progresso e da transformação. O discurso deste novo tempo é o da desregulamentação, da privatização e das organizações não-governamentais. No plano da cidadania desenvolvem-se os direitos ditos *difusos*, caracterizados pela pluralidade indeterminada de seus titulares e pela indivisibilidade de seu objeto. Neles se incluem: a proteção ao meio ambiente, ao consumidor e aos bens e valores históricos, artísticos e paisagísticos.

1.4 Não se deve encobrir, artificialmente, a circunstância de que o Brasil chega à pós-modernidade sem ter conseguido ser nem liberal, nem moderno. De fato, no período *liberal* jamais nos livramos da onipresença do Estado. A sociedade brasileira, historicamente, sempre gravitou em torno do *oficialismo*. As bênçãos do poder estatal sempre foram – ressalvadas as exceções que confirmam a regra – a razão do êxito ou do fracasso de qualquer projeto político, social ou empresarial que se pretendesse implantar. Este é um traço marcante do caráter nacional, com raízes na Colônia, e que atravessou o Império, exacerbou-se na República Velha e ainda foi além.[3]

1.5 A *modernidade* teria começado com a Revolução de 30, institucionalizando-se com a Constituição de 1934 – que abriu um título para a ordem econômica e social – e se pervertido no golpe do *Estado Novo*, de 1937. Reviveu, fugazmente, no período entre 1946-1964, mas sofreu o desfecho melancólico do golpe militar de 1964. Findo o ciclo ditatorial, que teve, ainda, como apêndice, o período entre 1985-1990, chegou-se à *pós-modernidade*, que enfrentou, logo na origem, a crise existencial de ter nascido associada ao primeiro Governo constitucionalmente deposto da história do país.

1.6 Passa-se ao largo, por imperativo das circunstâncias, da discussão sobre as razões que levaram à ampliação da atuação

tions (*The Works of Adam Smth)*, v. IV, Londres, 1811, p. 42: 1º) o dever de proteger a sociedade da violência e da invasão por outros Estados; 2º) o dever de estabelecer uma adequada administração da Justiça; 3º) o dever de realizar obras públicas e prestar certos serviços públicos que são economicamente desinteressantes para os particulares. Sobre o tema, v. também Alberto Venâncio Filho, *A Intervenção do Estado no Domínio Econômico*, 1968.

3. Sobre o tema, inclusive com exemplos ilustrativos, v. Luís Roberto Barroso, "A crise econômica e o direito constitucional", *RF* 323/82. V., também, Raymundo Faoro, *Os Donos do Poder*, v. I, 1979, p. 343.

empresarial do Estado brasileiro, notadamente como alternativa importante à concessão de setores estratégicos à exploração da iniciativa privada estrangeira. Também não será possível estudar o processo crescente de criação de empresas estatais, iniciado tenuemente na década de 40, ainda durante a II Guerra Mundial (com marcos importantes como a CSN, Vale do Rio Doce, FNM, CHESF), enredado em amplo debate ideológico na década de 50 (quando foi criada a *Petrobrás*, em 1954) e que se tornou vertiginoso a partir do inicio do regime militar, em 1964, com a criação, ao longo de duas décadas, de centenas de empresas estatais. Em setembro de 1981 recenseamento oficial arrolava a existência, apenas no plano federal, de 530 pessoas jurídicas públicas, de teor econômico, inclusive autarquias, fundações e entidades paraestatais.[4]

2. Normas constitucionais aplicáveis

2.1 A Constituição da República dedica o Título VII à "Ordem Econômica e Financeira", tratada em quatro capítulos, dos arts. 170 a 192. Já no art. 1º do Texto, todavia, o constituinte fizera a opção inequívoca por um específico modelo econômico, ao inscrever, no inciso IV, dentre os princípios fundamentais do Estado brasileiro, a *livre iniciativa*. O princípio, símbolo do Estado Liberal e dogma do modo de produção capitalista, revela a opção do constituinte pelo modelo privatista, em contraposição ao sistema do coletivismo econômico, marcado por rígido planejamento estatal e pela apropriação social dos meios de produção. Além de assinalá-lo como princípio fundamental, pareceu bem ao constituinte reiterar o conceito como um princípio setorial, aplicável à atividade econômica, como se vê do *caput* do art. 170: "A ordem econômica, fundada na valorização do trabalho humano e na *livre iniciativa* (...)".

2.2 Como natural conseqüência do princípio, a legitimidade da atuação estatal na ordem econômica se dá em hipóteses restritas, como nos casos de monopólio público expressamente previstos no texto (*e.g.*, art. 177) e nas que vêm enunciadas no *caput* do art. 173, *in verbis*: "Art. 173. Ressalvados o casos previstos nesta Constituição, a exploração direta da atividade econômica pelo Estado só será permitida quando necessária aos imperativos da segurança nacional ou a relevante interesse coletivo, conforme definidos em lei".

2.3 O princípio da livre iniciativa, do ponto de vista jurídico, pode ser decomposto em alguns elementos que lhe dão conteúdo, todos eles devidamente desdobrados no texto constitucional. Pressupõe, ele, em primeiro lugar, a existência de *propriedade privada*, isto é de apropriação particular dos bens e dos meios de produção (CF, arts. 5º, XXII, e 170, II). De parte isto, integra, igualmente, o núcleo da idéia de livre iniciativa a *liberdade de empresa*, conceito materializado no parágrafo único do art. 170: "É assegurado a todos o livre exercício de qualquer atividade econômica, independentemente de autorização dos órgãos públicos, salvo nos casos previstos em lei". Em terceiro lugar situa-se a *liberdade de lucro*, lastro para a faculdade de o empreendedor estabelecer os seus preços, que hão de ser determinados, em princípio, pelo mercado, por meio de "livre concorrência" – locução abrigada no art. 170, IV. E, por fim, é da essência do regime de livre iniciativa a *liberdade de contratar*, decorrência lógica do princípio da legalidade, fundamento das demais liberdades, pelo qual "ninguém será obrigado a fazer ou deixar de fazer alguma coisa senão em virtude de lei" (CF, art. 5º, II).

2.4 Note-se, todavia, que o princípio da livre iniciativa é condicionado por fins pú-

4. Caio Tácito, "O retorno do pêndulo: serviço público e empresa privada. O exemplo brasileiro", *RDA* 202/3.

blicos previstos no próprio texto da Constituição, como o dever do Estado de promover o bem de todos (art. 3º, IV) e a justiça social (art. 170, *caput*). Daí virem previstas na Carta diversas medidas destinadas a neutralizar ou reduzir as distorções que possam advir do abuso da liberdade de iniciativa. Diogo de Figueiredo sistematiza-as com apuro: "O princípio da *liberdade de iniciativa* tempera-se pelo da iniciativa suplementar do Estado; o princípio da *liberdade de empresa* corrige-se com o da definição da *função social da empresa*; o princípio da liberdade de lucro, bem como o da liberdade de competição, moderam-se com o da *repressão do poder econômico*; o princípio da *liberdade de contratação* limita-se pela aplicação dos princípios de *valorização do trabalho* e da *harmonia e solidariedade entre as categorias sociais de produção*; e, finalmente, o princípio da *propriedade privada* restringe-se com o princípio *da função social da propriedade*".[5]

3. Modalidades de intervenção do Poder Público: disciplina, fomento e atuação direta

3.1 É possível sistematizar por diferentes critérios as formas de intervenção do Estado no domínioo econômico. Há autores que se referem a intervenção (a) regulatória, (b) concorrencial, (c) monopolista e (d) sancionatória.[6] Outros classificam-na em (a) poder de polícia, (b) incentivos à iniciativa privada e (c) atuação empresarial.[7] A primeira classificação será retomada mais adiante. Por ora, cabe explorar, com brevidade, a segunda, da qual decorrem três conjuntos de mecanismos de intervenção estatal no domínio econômico: pela disciplina, pelo fomento, pela atuação direta.

3.2 O Poder Público interfere com a atividade econômica, em primeiro lugar, traçando-lhe a *disciplina*, e o faz mediante a edição de leis, de regulamentos e pelo exercício do poder de polícia. De fato, o Estado exerce competências normativas primárias e edita normas decisivas para o desempenho da atividade econômica, algumas com matriz constitucional, como, por exemplo, o Código do Consumidor (art. 5º, XXXII), a lei de remessa de lucros (art. 172), a lei de repressão ao abuso do poder econômico (art. 173, § 4º), dentre inúmeras outras. Exerce, ademais, competências normativas de cunho administrativo, editando decretos regulamentares, resoluções, deliberações, portarias, algumas em domínios relevantíssimos como a política de crédito e a política de câmbio, em meio a muitas outras. Por fim, desempenha, também, o poder de polícia, restringindo direitos e condicionando o exercício de atividades em favor do interesse coletivo (*e.g.*, polícia ambiental, sanitária, fiscalização trabalhista).

3.3 De outra parte, o Estado interfere no dom não econômico por via do *fomento*, isto é, apoiando a iniciativa privada e estimulando determinados comportamentos. Assim, por exemplo, através de *incentivos fiscais*, o Poder Público promove a instalação de indústrias ou outros ramos de atividade em determinada região. Do mesmo modo, a *elevação ou redução da alíquota de impostos* – notadamente os que têm regime excepcional no tocante aos princípios da legalidade e anterioridade, como IPI, importação, IOF – é decisiva na expansão ou retração de determinado segmento da economia. Igualmente relevante, no fomento da atividade econômica, é a oferta de *financiamento público* a determinadas empresas ou setores do mercado, mediante, por exemplo, linha de crédito junto ao BNDES.

5. Diogo de Figueiredo Moreira Neto, *Ordem Econômica e Desenvolvimento na Constituição de 1988*, 1989, p. 28.

6. Diogo de Figueiredo Moreira Neto, *Curso de Direito Administrativo*, 1996, p. 365.

7. Celso Antônio Bandeira de Mello, *Curso de Direito Administrativo*, 1996, pp. 434 e 435.

3.4 Por fim, o Estado interfere, ainda, na ordem econômica mediante *atuação direta*. Aqui, todavia, é necessário distinguir duas possibilidades: a) a prestação de serviços públicos; e b) a exploração de atividades econômicas. Não há necessidade, nesta instância, de percorrer com maior grau de detalhamento aspectos orgânicos e funcionais da Administração Pública. Basta o registro de que os serviços públicos podem ser prestados *diretamente*, pelos órgãos despersonalizados integrantes da Administração, ou *indiretamente*, por entidades com personalidade jurídica própria.

3.5 Na prestação indireta abrem-se duas possibilidades: pode o Estado constituir pessoas jurídicas públicas (autarquias e fundações públicas) ou privadas (sociedades de economia mista e empresas públicas) e, mediante lei (CF, art. 37, XIX), *outorgar* a tais entes a prestação do serviço público, seja de educação, água, eletricidade ou qualquer outro. Ou pode, por outro lado, *delegar* à iniciativa privada, mediante contrato ou outro ato negocial, a prestação do serviço. Serve-se, aí, o Estado de figuras jurídicas como a concessão e a permissão. Mais recentemente têm sido concebidas diferentes formas de delegação, identificadas genericamente como *terceirização*, que incluem espécies negociais como a franquia e o contrato de gestão, dentre outros. O *caput* do art. 175 provê sobre o tema: "Art. 175. Incumbe ao Poder Público, na forma da lei, diretamente ou sob regime de concessão ou permissão, sempre através de licitação, a prestação de serviços públicos".

3.6 A exploração da atividade econômica, à sua vez, não se confunde com a prestação de serviços públicos, quer por seu caráter de subsidiariedade, quer pela existência de regras próprias e diferenciadas. De fato, sendo o princípio maior o da livre iniciativa, somente em hipóteses restritas e constitucionalmente previstas poderá o Estado atuar diretamente, como empresário, no domínio econômico. Tais exceções se resumem aos casos de: a) imperativo da segurança nacional (CF, art. 173, *caput*); b) relevante interesse coletivo (CF, art. 173, *caput*); c) monopólio outorgado à União (*e.g.*, CF, art. 177).

3.7 Como se verá no tópico a seguir, a reserva de atividades econômicas à exploração direta e monopolizada da União foi substancialmente alterada e flexibilizada. E, quando não se trate de monopólio, o Estado deverá atuar diretamente no domínio econômico sob o mesmo regime jurídico das empresas privadas, como deflui do § 1º do art. 173 da Carta Federal, *verbis*: "§ 1º. A empresa pública, a sociedade de economia mista e outras entidades que explorem atividade econômica pelo Estado sujeitam-se ao regime jurídico próprio das empresas privadas, inclusive quanto às obrigações trabalhistas e tributárias".

4. As reformas econômicas

4.1 A despeito de seus discutíveis antecedentes, o Estado foi depositário de uma série de expectativas do constituinte de 1988. A verdade, todavia, é que tal modelo de maior intervencionismo estatal não resistiu à onda mundial de esvaziamento do Estado como protagonista do processo econômico. Além da simbologia radical da queda do Muro de Berlim, a verdade inafastável é que mesmo em países de tradição social-participativa, como Reino Unido e França, houve uma inequívoca redefinição do papel do Estado.

4.2 No Brasil o tema ainda vive momentos de efervescência política e jurídica. O Estado – seu tamanho e seu papel – está no centro do debate institucional e ainda mobiliza paixões antagônicas. Discutem-se, simultaneamente, as reformas administrativa, previdenciária e fiscal. Não é irrelevante observar, todavia, que a reforma econômica, nas suas dimensões constitucional e legislativa, foi aprovada com índices expressivos de apoio da opinião pública e parlamentar, e vem sendo amplamente implementada. Sem embargo de outras cogitações mais complexas e polêmicas, é fora de dúvida que a sociedade brasileira vem crescentemente rejeitando a idéia de um Estado onipotente, arbitrário e ativo – desastradamente ativo – no campo econômico.

4.3 As reformas econômicas brasileiras envolveram três transformações estruturais que se complementam mas não se confundem. Duas delas tiveram de ser precedidas de emendas à Constituição, ao passo que a terceira se fez mediante a edição de legislação infraconstitucional e a prática de atos administrativos. Confira-se, a seguir, cada uma delas.

4.4 A primeira transformação substantiva da ordem econômica brasileira foi a *extinção de determinadas restrições ao capital estrangeiro*. A EC 6, de 15.8.95, suprimiu o art. 171 da CF, que trazia a conceituação de empresa brasileira de capital nacional e admitia a outorga a ela de proteção, benefícios especiais e preferências. A mesma Emenda modificou a redação do art. 176, *caput*, para permitir que a pesquisa e lavra de recursos minerais e o aproveitamento dos potenciais de energia elétrica sejam concedidos ou autorizados a empresas constituídas sob as leis brasileiras, dispensada a exigência do controle do capital nacional. Na mesma linha, a EC 7, de 15.8.95, modificou o art. 178, não mais exigindo que a navegação de cabotagem e interior seja privativa de embarcações nacionais e a nacionalidade brasileira dos armadores, proprietários e comandantes e, pelo menos, dois terços dos tripulantes.

4.5 A segunda linha de reformas que modificaram a feição da ordem econômica brasileira foi a chamada *flexibilização dos monopólios estatais*. A EC 5, de 15.8.95, alterou a redação do § 2º do art. 25, abrindo a possibilidade de os Estados-membros concederem às empresas privadas a exploração dos serviços públicos locais de distribuição de gás canalizado, que, anteriormente, só podiam ser delegados a empresa sob controle acionário estatal. O mesmo se passou com relação aos serviços de telecomunicações e de radiodifusão sonora e de sons e imagens. É que a EC 8, de 15.8.95, modificou o texto do dos incisos XI e XII, que só admitiam a concessão a empresa estatal. E, na área do petróleo, a EC 9 rompeu, igualmente, com o monopólio estatal, facultando à União Federal a contratação com empresas privadas de atividades relativas à pesquisa e lavra de jazidas de petróleo, gás natural e outros hidrocarbonetos fluidos, a refinação do petróleo nacional ou estrangeiro, a importação, exportação e transporte dos produtos e derivados básicos de petróleo (outrora vedados pela CF, art. 177 e § 1º, e Lei 2.004/51).

4.6 A terceira transformação econômica de relevo – a denominada *privatização* – operou-se sem alteração do texto constitucional, com a edição da Lei 8.031, de 12.4.90, que instituiu o Programa Nacional de Privatização. Dentre os objetivos fundamentais do programa incluem-se, nos termos do art. 1º, I e IV:

– reordenar a posição estratégica do Estado na economia, transferindo à iniciativa privada atividades indevidamente exploradas pelo setor público;

– contribuir para a modernização do parque industrial do país, ampliando sua competitividade e reforçando a capacidade empresarial nos diversos setores da economia.

4.7 O programa de desestatização tem sido levado a efeito por mecanismos como (a) a alienação, em leilão nas Bolsas de Valores, do controle de entidades estatais, tanto as que exploram atividade econômica como as que prestam serviços públicos, e (b) a concessão de serviços públicos a empresas privadas. No plano federal já foram privatizadas empresas dos setores petroquímico, siderúrgico, metalúrgico e de fertilizantes, estando em curso a privatização da infra-estrutura, que pressupõe a venda da empresa com a concomitante outorga do serviço público, o que está ocorrendo com as empresas de energia e telecomunicações e com rodovias e ferrovias.

4.8 Acrescente-se, em desfecho do levantamento aqui empreendido, que, além das EC 5, 6, 7, 8 e 9, assim como da Lei 8.031/90, os últimos anos foram marcados por uma fecunda produção legislativa em temas econômicos, que inclui diferentes setores, como energia (Lei 9.247, de 26.12.96), telecomunicações (Lei 9.472, de 16.7.97) e petróleo (Lei 9.478, de 6.8.97), com a criação das respectivas agências reguladoras; modernização dos portos (Lei 8.630, de 25.2.93) e defesa da concorrência (Lei 8.884, de 11.6.94); concessões e permissões (Leis 8.987, de 13.2.95, e 9.074, de 7.7.95), para citar alguns exemplos.

4.9 O relato que se vem de concluir, abrangendo a trajetória do Estado brasileiro ao longo das décadas, revela uma tendência nítida nas aspirações da sociedade brasileira. Tal tendência institucionalizou-se pelos mecanismos constitucionais próprios da emenda e da edição de legislação infraconstitucional. A concordância ou discordância em relação a este formato de Estado – fundado, essencialmente, no mercado e na livre concorrência – podem e devem ser manifestadas nas instâncias próprias. Não se pode, todavia, negar ou falsear uma ordem legitimamente em vigor. É preciso evitar, aqui, uma das patologias crônicas da hermenêutica constitucional no Brasil: a interpretação retrospectiva, pela qual se procura interpretar o texto novo de maneira a que ele não inove nada, mas, ao revés, fique tão parecido quanto possível com o antigo.[8] Com argúcia e espírito, Barbosa Moreira estigmatiza a equivocidade desta postura: "Põe-se ênfase nas semelhanças, corre-se um véu sobre as diferenças e conclui-se que, à luz daquelas, e a despeito destas, a disciplina da matéria, afinal de contas, mudou pouco, se é que na verdade mudou. É um tipo de interpretação em que o olhar do intérprete dirige-se antes ao passado que ao presente, e a imagem que ele capta é menos a representação da realidade que uma sombra fantasmagórica".[9]

4.10 No Brasil, com seus paradoxos, mesmo os que defendem a livre iniciativa, a economia de mercado, a globalização e a não-intervenção como regra não resistem, quando em causa própria, a sacrificar o discurso liberal pelo apelo ao socorro estatal. Cabe ao intérprete, todavia, assegurar a supremacia, a unidade e a efetividade das normas constitucionais aplicáveis.

II – Regime jurídico aplicável à Petrobrás no desempenho de suas atividades empresariais

1. A *Petrobrás S/A*, desde a sua criação, tem a forma de sociedade de economia mista. As sociedades de economia mista são pessoas jurídicas de direito privado, instituídas mediante prévia autorização legislativa, com participação do Poder Público e de capitais privados, e destinam-se à prestação de serviços públicos ou à exploração de atividades econômicas. Revestem a forma de sociedades anônimas, admitem o lucro e sujeitam-se às normas próprias das sociedades mercantis, com eventuais derrogações estabelecidas pelo direito público.[10]

2. A disciplina jurídica das sociedades de economia mista, em geral, e da *Petrobrás*, em particular, é traçada em diferentes diplomas legais. A CF prevê, no art. 37, XIX, a exigência de lei específica para sua criação. E no § 1º do art. 173 estabelece o

8. Sobre este e outros aspectos da interpretação constitucional v. Luís Roberto Barroso, *Interpretação e Aplicação da Constituição*, 1996.

9. José Carlos Barbosa Moreira, "O Poder Judiciário e a efetividade da nova Constituição", *RF* 304/152.

10. V., por todos, Hely Lopes Meirelles, *Direito Administrativo Brasileiro*, 1993, p. 331.

mandamento em torno do qual gravita a presente discussão: o regime jurídico das sociedades de economia mista que exploram atividades econômicas. Confira-se-lhe a dicção: "§ 1º. A empresa pública, a sociedade de economia mista e outras entidades que explorem a atividade econômica sujeitam-se ao regime jurídico próprio das empresas privadas, inclusive quanto às obrigações trabalhistas e tributárias".

3. Além da Constituição, também o Decreto-lei 200, de 25.2.67, faz referência às sociedades de economia mista, fornecendo um conceito legal e incluindo-as expressamente entre as entidades da Administração indireta. A lei das sociedades por ações (Lei 6.404, de 15.12.76), por sua vez, abriu um capítulo específico para esta espécie de sociedade, provendo, no art. 235: "Art. 235. As sociedades anônimas de economia mista estão sujeitas a esta Lei, sem prejuízo das disposições especiais de lei federal".

4. Da conjugação do § 1º do art. 173 da CF com o art. 235 da lei das S/A poderia o intérprete, fundado na textualidade das normas e na aparência mais óbvia, supor que as sociedades de economia mista sujeitam-se plenamente a um regime de direito privado. Incidiria, contudo, em uma demasia. As sociedades de economia mista integram, como já assentado, a Administração indireta, e jamais poderão ser equiparadas em toda a extensão a uma sociedade puramente privada. Até porque, se assim fosse, não seria ela uma categoria à parte. Sua disciplina jurídica, portanto, haverá de resguardar princípios e regras de direito público decorrentes do próprio texto constitucional.

5. De fato, contempla a Carta Política uma ampla variedade de normas que se aplicam às sociedades de economia mista, mas não às sociedades privadas em geral. Subordinam-se elas, *e.g.*, aos princípios da legalidade, impessoalidade, moralidade e publicidade, inscritos no *caput* do art. 37, assim como a diversas cláusulas do corpo do artigo; submetem-se, ademais, em matéria orçamentária (art. 165, § 5º), endividamento (arts. 163 e 52) e prestação de contas (art. 71, II), dentre outros, a comandos de natureza pública. Também se lhes aplica o imperativo do concurso público para contratação de pessoal (art. 37, II), consoante entendimento unanime do STF.[11]

6. Sem embargo, ao afirmar-se a aplicabilidade de determinados princípios e normas de direito público às sociedades de economia mista, não se deve perder de vista que foi precisamente o regime de direito *privado* que motivou o Poder Público a criar um ente dessa natureza. Em palavras de Hely Lopes Meirelles: "A sociedade de economia mista ostenta a estrutura e funcionamento da empresa particular, porque isto constitui, precisamente, sua própria razão de ser. Nem se compreenderia que se burocratizasse tal sociedade a ponto de emperrar-lhe os movimentos e a flexibilidade mercantil, com os métodos estatais".[12]

7. As normas de direito público, no regime jurídico das sociedades de economia mista, somente se aplicam por exceção e concentram-se em duas áreas: a) nas suas relações com a pessoa jurídica instituidora; e b) nos seus mecanismos de controle. Estão sujeitas, assim, a procedimentos como a supervisão ministerial e o controle do emprego de recursos públicos pelo Tribunal de Contas. Tais procedimentos, aliás, não excluem os controles internos da própria sociedade, como, por exemplo, a defesa dos interesses dos acionistas minoritários, sob as regras da legislação societária. Porém, nas suas relações com terceiros, e sobretudo nas relações com pessoas jurídicas privadas, subordinam-se as sociedades de economia mista às mesmas normas a estas aplicáveis.

8. Calha relembrar, neste passo, que no Direito brasileiro existem duas espécies de empresas estatais e, *ipso facto*, de socieda-

11. MS 21.322-DF, rel. Min. Paulo Brossard, *RTDP* 7/260.

12. Hely Lopes Meirelles, ob. cit., p. 333.

des de economia mista: as que prestam serviços públicos (de natureza comercial e industrial), cujo lastro constitucional é o art. 175; e as que exploram atividades econômicas, cujo fundamento encontra-se no art. 173. Embora apresentem, como natural, inúmeros traços comuns, há diversidade no regime jurídico de cada uma delas, como se colhe na manifestação de Maria Sylvia Di Pietro:

"Diante desses dois dispositivos constitucionais (arts. 173 e 175), pode-se concluir que, quanto ao tipo de atividade e ao regime jurídico, existem duas modalidades de empresas estatais no Direito brasileiro:

"1) as que desempenham atividade econômica com base no art. 173 e que se submetem ao *regime próprio das empresas privadas*; como é a Constituição que estabelece essa regra geral de submissão ao direito privado, qualquer derrogação a essa regra tem que ter fundamento na própria Constituição; não se aplicam a essas empresas as lei ordinárias que derrogam o direito comum;

"2) as que desempenham *serviços públicos* e que se submetem ao art. 175; embora atuem sob regime de direito privado, as derrogações a esse princípio constam não apenas da própria Constituição, como também das leis ordinárias; aqui as derrogações podem ser maiores, porque não encontram a barreira da norma constitucional que determinou a adoção desse regime."[13]

9. É certo, assim, que o regime jurídico das sociedades de economia mista exploradoras de atividade econômica é mais próximo ainda do das empresas particulares. De resto, como observou Celso Antônio Bandeira de Mello, é compreensível que para atuar na esfera econômica não necessitem de prerrogativas estranhas à ordem privada – que poderiam ensejar, inclusive, concorrência desleal – e que, por outro lado, precisem de agilidade similar à dos particulares, como condição de sucesso empresarial. É natural, em tais circunstâncias, o afluxo menos intenso de normas de direito público.[14]

10. Nada obstante, não se deve supor que qualquer sociedade de economia mista, como criatura estatal, possa existir descompromissada do interesse público. O que é relevante assinalar, à vista dos comandos constitucionais aplicáveis, é que se estabeleceu que a melhor forma de atender ao interesse público, em certo contexto, era dar a tais sociedades a mobilidade e a liberdade de atuação de uma empresa privada. Não há, assim, uma abdicação do interesse público pela adoção de um regime privado, mas a eleição de um meio específico de atuação para satisfação das finalidades estatais.

11. A aplicação dos conceitos acima desenvolvidos à situação específica aqui versada não deixa margem a dúvidas quanto à legitimidade da atuação da *Petrobrás* na celebração do contrato, no tocante à sua liberdade de atuação empresarial. Não é passível de controvérsia, diga-se desde logo, seu caráter de empresa exploradora de atividade econômica. Ademais, especificamente na área petroquímica, jamais exerceu sequer monopólio. Confira-se, a propósito de seu regime jurídico, o disposto no art. 61 e § 1º da Lei 9.478, de 6.8.97, que dispõe sobre a política energética nacional, as atividades relativas ao monopólio do petróleo, dentre outras providências, e que revogou a Lei 2.004, de 3.10.53, abrindo um capítulo específico para a *Petrobrás*:

"Art. 61. A Petróleo Brasileiro S/A – Petrobrás é uma sociedade de economia mista vinculada ao Ministério de Minas e Energia, que tem como objeto a pesquisa, a lavra, a refinação, o processamento, o comércio e o transporte de petróleo prove-

13. Maria Sylvia Di Pietro, *Direito Administrativo*, 1996, p. 305.

14. Celso Antônio Bandeira de Mello, ob. cit., p. 31.

niente de poço, de xisto ou outras rochas, de seus derivados, de gás natural e de outros hidrocarbonetos fluidos, bem como quaisquer outras atividades correlatas ou afins, conforme definidas em lei.

"§ 1º. As atividades econômicas referidas neste artigo serão desenvolvidas pela Petrobrás em caráter de livre competição com outras empresas, em função das condições de mercado, observados o período de transição previsto no Capítulo X e os demais princípios e diretrizes desta Lei."

12. A letra da lei, em sintonia necessária com o que dispõe o texto constitucional, não poderia ser mais categórica: a *Petrobrás* desenvolve suas atividades econômicas em caráter de livre competição com outras empresas, em função das condições de mercado. Pois bem: empresas privadas, inclusive as que disputam mercado com a *Petrobrás*, celebram, rotineiramente, pactos de boa-fé e pactos de preferência nas suas parcerias e contratos. É natural que a *Petrobrás* possa e, eventualmente, deva fazer o mesmo. Impedi-la de atuar sob o mesmo regime das empresas privadas com as quais compete desatende ao interesse público, viola a Constituição e a lei específica que cuida de sua atuação.

III – Legitimação da Petrobrás, como sociedade de economia mista, para atuação no setor objeto do contrato de associação (CF, art. 173)

1. A Constituição Federal de 1988 consagrou, no capítulo dedicado à "Ordem Econômica e Financeira", o regime da livre iniciativa e da livre concorrência, de modo a conferir à iniciativa privada a prerrogativa de organizar os fatores de produção. Cabe, deste modo, ao setor privado o papel principal na busca do desenvolvimento econômico e da produção de riquezas. Ao Estado, de outro lado, incumbe, essencialmente, a tarefa de exercer a função fiscalizatória e regulatória das atividades econômicas, coibindo abusos que possam advir do exercício anormal da atividade empresarial.

2. Sem embargo, compete ao Estado em ocasiões excepcionais explorar ele mesmo, ou através de empresas que constitui e controla, a atividade econômica. Trata-se do princípio da subsidiariedade, segundo o qual o Estado deve se abster de criar entidades para concorrer com o setor privado fora de hipóteses de extrema relevância. O princípio da abstenção, dele decorrente, vem consagrado desde a Constituição de 1946 (art. 146), com base na qual foi editada a Lei 2.004/51, que autorizou a criação da *Petrobrás*. O princípio foi mantido na Carta de 1967 (arts. 157 e 163), bem como na EC 1/69 (arts. 163 e 170), sendo esta, também, a inteligência do art. 173 da CF em vigor, que somente permite a atuação direta do Estado na exploração da atividade econômica quando necessária aos imperativos da segurança nacional ou a relevante interesse coletivo.

3. Estes, portanto, os limites balizadores traçados pelo legislador constituinte.

4. Não é fácil para o intérprete constitucional definir com precisão o que seja segurança nacional ou relevante interesse coletivo. Note-se que, no particular, tal atribuição foi deferida, primeiramente, ao legislador ordinário, ao qual sempre se reconheceu uma certa amplitude de julgamento quanto à conveniência e oportunidade da atividade econômica pública.[15] O certo é que a fluidez de tais termos os projeta no campo dos conceitos jurídicos indeterminados,[16] a serem delineados em cada caso concreto. Não comportam eles, por via de conseqüência, definição linear e genérica que lhes confira sempre as mesmas identidade e feição.

15. Caio Tácito, ob. cit., p. 3.
16. Sobre o tema, v. José Carlos Barbosa Moreira, "Regras de experiência e conceitos jurídicos indeterminados", *RF* 261/13.

5. Apesar da excepcionalidade atribuída ao exercício de atividades econômicas pelo Estado, o fato é que circunstâncias diversas levaram à ampliação de sua atuação nessa área, com a criação, ao longo dos anos, de inúmeras empresas estatais. Mais recentemente, no fluxo de uma tendência mundial, o Estado vem redefinindo seu papel, sob o discurso da concentração de esforços em áreas específicas e limitadas. Como decorrência, têm-se restaurado em diversos setores da economia, já sem a presença do Poder Público atuando empresarialmente, mecanismos normais de mercado.

6. Neste contexto, foi criado o Programa Nacional de Desestatização, através da Lei 8.031, de 12.4.90, alterada pela Medida Provisória 1.481-52, de 8.8.97, que foi, posteriormente, convertida na Lei 9.491, de 9.9.97. Tal Programa tem por escopo reduzir a participação do Estado como agente econômico através, principalmente, da privatização de empresas por ele controladas. A lei, em última análise, deu poderes ao Executivo para reavaliar e redefinir, com grande amplitude, a cláusula constitucional do "relevante interesse coletivo". A inclusão de empresas no Programa de Desestatização dá-se por mero decreto. A lei, todavia, conquanto abrangente, estabeleceu determinados limites e abriu exceções expressas.

7. De fato, reconhece o texto legal, de forma expressa, que determinadas empresas desempenham papel estratégico na economia brasileira, pelo quê deveriam estar excluídas do Programa de Desestatização. Nesta linha, dispôs o art. 3º da Lei 8.031, de 12.4.90: "Art. 3º. As transferências de ações de propriedade da União, representativas do capital social da Petróleo Brasileiro S/A, continuarão a reger-se pelo disposto nos arts. 11 e 18 da Lei n. 2.004, de 3 de outubro de 1953".

8. Sobre o tema, averbou José Edwaldo Tavares Borba: "Como empresa, a Petrobrás permanecerá excluída do processo de privatização, e a transferência das ações de seu capital, de propriedade da União, continua adstrita ao disposto na Lei n. 2.004/53. Nessas condições, 51% do capital deverão permanecer na titularidade da União. As demais ações poderão ser alienadas, inclusive dentro do processo de privatização".[17]

9. Tal entendimento do legislador não se modificou após a revisão das normas atinentes ao Programa. O art. 2º, § 2º, da Lei 9.491/97 prevê expressamente:

"Art. 2º. Poderão ser objeto de desestatização, nos termos desta Lei:

"(...)

"§ 2º. Aplicam-se os dispositivos desta Lei, no que couber, às participações minoritárias diretas e indiretas da União no capital social de quaisquer outras sociedades e às ações excedentes à participação acionária detida pela União representativa do mínimo necessário à manutenção do controle acionário da Petróleo Brasileiro S/A – Petrobrás, nos termos do art. 62 da Lei n. 9. 478, de 6 de agosto de 1997".

10. Permanece, assim, com a União o controle acionário da empresa, o que importa reconhecer mantido o caráter estratégico que ela desempenha no contexto da economia nacional. De certo modo, foram revistos todos os fundamentos jurídicos que alicerçavam as empresas estatais existentes, concluindo-se que somente algumas delas – e a *Petrobrás* inclui-se neste rol – apresentavam-se dentro dos parâmetros constitucionais anteriormente traçados. Fica claro que a exclusão expressa da *Petrobrás* do Programa Nacional de Desestatização resulta de uma decisão política que reconhece a legitimação da entidade para explorar atividades econômicas à vista de um relevante interesse coletivo.

11. Com o advento da EC 9, de 9.11.95, que alterou o art. 177 da CF, passou-se a

17. *Sociedade de Economia Mista e Privatização*, 1997, p. 44.

admitir que outras empresas viessem a atuar no setor de petróleo e seus derivados, instaurando-se a livre competição no mercado. A *Petrobrás* passou, assim, a exercer uma intervenção concorrencial no domínio econômico, e não mais uma intervenção monopolística. Ora, bem: inserindo-se no objetivo legal da *Petrobrás* a atuação no setor petroquímico, como se depreende do art. 61 da Lei 9.478/97, já transcrito, nada há de atípico em que venha a celebrar contrato como o que é objeto do presente parecer, estabelecendo uma associação com a *"X" Petroquímica S/A.*

IV – A não aplicabilidade do princípio da licitação ao contrato em questão (art. 37, XXI)

1. *Licitação*, conforme conhecimento convencional, é o procedimento pelo qual a Administração seleciona a proposta mais vantajosa, dentre candidatos devidamente habilitados, e fundada em julgamento objetivo, para posterior contratação. O tema passou a ser tratado em sede constitucional a partir de 1988. O art. 22, XXVII, institui a competência privativa da União para legislar sobre normas gerais de licitações e contratações. Os demais dispositivos – arts. 37, XXI, e 175, *caput* – definem os objetos que se submetem ao princípio da licitação.[18] Este último dispositivo impõe a necessidade de licitação para as concessões e permissões de serviços públicos. Já o inciso XXI do art. 37, por sua relevância para a hipótese aqui versada, merece atenção especial. Confira-se a literalidade de sua dicção: "XXI – ressalvados os casos especificados na legislação, *obras, serviços, compras e alienações* serão contratados mediante processo de licitação pública (...)".

2. Fixando o que se deve contratar mediante licitação, escreveu Hely Lopes Meirelles: "A finalidade precípua da licitação será sempre a obtenção de seu objeto – uma *obra*, um *serviço*, uma *compra*, uma *alienação*, uma *locação*, uma *concessão* ou uma *permissão* – nas melhores condições para o Poder Público"[19] (grifos acrescentados).

3. Tais comandos constitucionais, enfim, têm por objetivo resguardar o interesse público nas contratações da Administração direta e indireta e atuam como fatores indispensáveis para a eficiência e moralidade dos negócios administrativos. São atividades *instrumentais*, nas quais o legislador não deixa margem de escolha – já que a regra é a licitação.

4. É bem de ver, no entanto, que o inciso XXI do art. 37 não se aplica ao contrato de associação celebrado entre a *"X"* e a *Petrobrás*, por razões que se cumulam. Em primeiro lugar porque não se enquadra ele na tipificação constitucional, uma vez que não tem por objeto obra, serviço, compra ou alienação. De parte esta leitura de cristalina clareza do dispositivo, outros fundamentos, de cunho sistemático e teleológico, corroboram a tese da inaplicabilidade do princípio licitatório à espécie.

5. Sem desprezo ao princípio da moralidade e com ênfase no dever de eficiência imposto ao administrador público, hipóteses existem em que, precisamente para cumprir a Constituição, não se deverá proceder à licitação, sob pena de tolher-se a Administração e frustrar seus fins. Admitem-se, assim, na própria cláusula inicial do inciso XXI do art. 37, situações de contratação direta, desde que especificadas na legislação. A Lei 8.666, de 21.6.93, integra o comando constitucional enunciando as hipóteses em que é possível a *dispensa de licitação* – figura legal que permite ao

18. Embora não mencionada na Lei Maior, a concessão e a autorização para exploração de bens mencionados no art. 176, § 1º, da CF também, como regra, são precedidas de licitação, na forma da lei específica.

19. Hely Lopes Meirelles, *Licitação e Contrato Administrativo*, 1996, p. 42.

administrador, nos casos preestabelecidos, deixar de lado a realização de certame público, por conveniência e oportunidade (art. 24) – e as de *inexigibilidade de licitação*, por inviabilidade de competição (art. 25).

6. Expostos a principiologia e o regramento aplicáveis, é fora de dúvida que não se poderia cogitar da imperatividade de realização de licitação em uma atividade-fim, de natureza empresarial, fruto da atuação constitucionalmente admitida do Estado no domínio econômico. Remarque-se, neste passo, que tal atividade de exploração econômica é regida pelo § 1º do art. 173, já estudado anteriormente, e que estabelece, nas circunstâncias, que as relações da *Petrobrás* com terceiros se regem por regras de direito *privado*. Vale dizer: como sociedade de economia mista que celebrou um negócio jurídico de natureza comercial com uma empresa privada, sujeita-se a *Petrobrás*, salvo as exceções constitucionais que aqui não se aplicam, à mesma legislação que rege atos idênticos praticados por sociedades comerciais.

7. Já se viu anteriormente que as sociedades de economia mista são regidas pela lei das S/A (Lei 6.404, de 15.12.76, art. 235). Assinalou-se, também, que a *Petrobrás*, desde a sua criação, reveste a natureza de sociedade de economia mista (Lei 2.004/53, arts. 11 e 18), condição ratificada pela Lei 9.478, de 6.8.97, em seu art. 61. Assim criada e mantida, a *Petrobrás* firmou com a *"X"* contrato de associação cujo objeto é a reunião de recursos e esforços para promover, construir e explorar atividades meramente econômicas, dentro de um sistema de economia de mercado – e, no caso, de um mercado de dimensão internacional. Aqui, não resta dúvida de que se está diante de objetivo social da própria *Petrobrás*, razão de sua existência, e que, por tal motivo, não pode se submeter à regra de licitação.

8. Atente-se: conforme consignado expressamente no contrato de associação, em sua parte introdutória, é diretriz da política econômica nacional a criação de condições para a reestruturação competitiva de setores industriais básicos, dentre os quais se inclui o petroquímico, com o objetivo de modernizar e fortalecer a competitividade nacional a nível internacional. Diante de tais premissas, a formação de parcerias pela *Petrobrás* se afigura indispensável e, notadamente, *prescinde de licitação*. Aliás, apoiando e conferindo legalidade e moralidade à iniciativa da formação destas parcerias, a Lei 9.478, de 6.8.97 (que dispõe sobre a política energética nacional, as atividades relativas ao monopólio do petróleo, institui o Conselho Nacional de Política Energética e a Agência Nacional do Petróleo e dá outras providências), estabeleceu, em seu art. 63: "Art. 63. A Petrobrás e suas subsidiárias ficam autorizadas a formar *consórcios* com empresas nacionais ou estrangeiras, na condição ou não de empresa-líder, objetivando expandir atividades, reunir tecnologias e ampliar investimentos aplicados à indústria do petróleo".

9. Note-se, assim, que a própria Lei 9.478/97 não se refere à necessidade de licitação para parcerias ou associações, contrariamente ao que se passa em relação aos contratos de concessão – art. 23 –, ou para aquisição de bens e serviços – art. 67. O contrato em tela afigura-se espécie de *consórcio comercial*, resultante de um contrato entre sociedades, para a execução de diversos empreendimentos na área petroquímica. Aliás, a própria cláusula 1ª já menciona a reunião de esforços para a realização de obra comum, característica primordial dos consórcios.

10. Cuida-se, no caso, de formação de contrato similar ao ato complexo do direito administrativo que se manifesta através de uma única vontade, formada pela reunião de manifestações de duas ou mais pessoas. Sua base legal encontra-se lançada no art. 278 da Lei 6.404/76, *in verbis*: "Art. 278. As companhias e quaisquer outras sociedades, sob o mesmo controle ou não,

podem constituir consórcio para executar determinado empreendimento, observado o disposto neste Capítulo".

11. Note-se, então, que a *Petrobrás* realiza uma associação, uma parceria comercial, que visa à exploração econômica através da formação da Cia. Petroquímica Paulista com vistas a objetivo comum, tudo com fulcro nos arts. 173, § 1º, da CF e 235, c/c 278, da Lei 6.404/76. O negócio jurídico é de legitimidade plena e a exigência de licitação uma total impertinência constitucional e legal. Aprofunde-se um pouco mais o conhecimento sobre esta espécie de instrumento comercial com a passagem doutrinária de Amador Paes de Almeida, a seguir transcrita:

"Consórcio, etimologicamente, significa união, combinação, *associação*.

"No sentido que lhe empresta a atual legislação sobre sociedade anônima, consórcio é uma forma de associação de empresas com o objetivo de desenvolver determinados empreendimentos."[20]

12. O instituto em questão não é novo no Direito e vem sendo utilizado em diversos países, como forma de cooperação tipificada, e tendo por objetivo a penetração em mercados internacionais, tal qual ensinam Santos, Gonçalves e Leitão Marques:

"Com a consagração da figura do consórcio, a lei portuguesa (Decreto-lei n. 231/81, de 28 de julho) adoptou uma concepção de empresa comum não societária (*unincorporated joint-venture*). Tal não significa que esteja excluída a possibilidade de criação de *incorporated joint-ventures*, as quais se constituirão sob a forma de sociedades comerciais (a forma mais freqüentemente utilizada tem sido a de sociedade por quotas).

"O consórcio é definido como um contrato pelo qual duas ou mais pessoas, singulares ou colectivas, que exercem uma actividade económica, se obrigam entre si, de forma concertada, a realizar uma certa actividade ou a efectuar uma certa contribuição com o fim de prosseguir um dos seguintes objectivos: realização de actos, materiais ou jurídicos, preparatórios quer de um determinado empreendimento, quer de uma actividade contínua; execução de determinado empreendimento, fornecimento de bens (...) produzidos por cada um dos membros do consórcio; pesquisa ou exploração de recursos naturais; produção de bens que possam ser repartidos, em espécie, entre os membros do consórcio (arts. 1º e 2º)."[21]

13. Em uma associação que tal não se pode prescindir da *affectio societatis*, elemento indissociável desse contrato, que identifica, em meio a outros aspectos, a *afinidade* entre as partes e a motivação pela qual decidem somar esforços para produzir um resultado de interesse comum. Sobre o tema, veja-se a lição de Rubens Requião: "Esse elemento característico do contrato societário é altamente útil na prática da vida comercial, para distinguir a sociedade de outros tipos de contrato, que tendem a se confundir, aparentemente, com a sociedade de fato presumida. O conceito é subjetivo, o elemento é intencional, e se deve perquirir, dos reflexos aparentes e exteriores, se a intenção do agente foi de unir seus esforços para obter resultados comuns, que isoladamente não seriam tão plenamente conseguidos".[22]

14. Por fim, pode-se afirmar que a afinidade que se pretende com a associação é que vai definir a melhor parceria, e não a licitação, que, frise-se, não é o único meio de se atingir a moralidade e a eficiência na contratação. No caso, ocorreria uma espécie de inexigibilidade de licitação, já que

20. Amador Paes de Almeida, *Manual das Sociedades Comerciais*, 1997, p. 291.

21. António Carlos Santos, Maria Eduarda Gonçalves e Manuel Leitão Marques, *Direito Económico*, 1993, p. 327.

22. *Curso de Direito Comercial*, v. 1º, 1995, p. 289.

há inviabilidade de se aferir, com os critérios *objetivos* inerentes à licitação, a proposta que melhor se adequará, ou terá maior afinidade com o que se pretende em face das diretrizes traçadas. Afinal, só existe viabilidade no certame se a competição envolve homogeneidade de bens e parâmetros objetivos de aferição.

15. Confira-se, nessa linha, a lição de Hely Lopes Meirelles, dando conta de situação em que a própria instauração de licitação, dependendo do caso, pode afrontar o propósito das operações e, conseqüentemente, os princípios inerentes à Administração Pública: "Diante do exposto, verificando-se a hipótese de inviabilidade de competição, se o responsável pela contratação determinar a realização de qualquer modalidade licitatória, estará afrontando os princípios da legalidade e da finalidade, examinados sucintamente no item 1, acima".[23]

16. Tal como ocorre nos convênios e consórcios administrativos, a união de esforços e objetivos idênticos, a confiança e a lealdade recíprocas não são licitáveis, via de regra. O tema não é controvertido. Confira-se, a respeito, a posição de Maria Sylvia Di Pietro: "Enquanto os contratos abrangidos pela Lei n. 8.666 são necessariamente precedidos de licitação – com as ressalvas legais –, no convênio não se cogita de licitação, pois não há viabilidade de competição quando se trata de mútua colaboração, sob variadas formas, como repasse de verbas, uso de equipamentos, de recursos humanos, de imóveis, de *know-how*. Não se cogita de preços ou de remuneração que admita competição".[24]

17. E, ainda, Maria Garcia: "h) por final: tratando-se de acordos de cooperação, ou de colaboração, de unicidade e não de duplicidade, fica afastada a necessidade de licitação, ou concorrência: ou porque a finalidade seja tão específica, direta e determinada que impossibilite a participação de outrem ou porque a participação de outra pessoa não esteja vedada, em razão da finalidade do acordo, que permite outros partícipes no convênio".[25]

18. Conclui-se, assim, à vista dos dispositivos constitucionais e legais aplicáveis, e pela própria natureza das coisas, que não é exigível e, normalmente, não é possível a realização de licitação para seleção de parceiro em um consórcio ou associação.

V – A inexistência de abuso do poder econômico

1. Para os fins aqui visados, deve-se confrontar o negócio jurídico celebrado pelos contratantes com o § 4º do art. 173 da CF, que cuida do tema do abuso do poder econômico, em dispositivo assim redigido: "§ 4º. A lei reprimirá o abuso do poder econômico que vise à dominação dos mercados, à eliminação da concorrência e ao aumento arbitrário dos lucros".

2. A cláusula do contrato de associação entre a "X" *e a* Petrobrás *que suscitou controvérsias foi a 8ª, cuja redação é a seguinte:*

"*Cláusula Oitava – Conflitos de Interesses*

"Respeitados os acordos e negócios de produção de produtos petroquímicos existentes de que participem, as partes evitarão participar, isoladamente, de novos investimentos ou negócios que sejam conflitantes com os empreendimentos petroquímicos organizados nos termos deste contrato, e com esse objetivo cada parte:

"a) antes de promover o estudo e planejamento de outros projetos, manterá ne-

23. *Estudos e Pareceres de Direito Público*, v. II, 1991, pp. 23 e 24.

24. *Temas Polêmicos sobre Licitações e Contratos*, 2ª ed., 1995, p. 216.

25. *Estudos sobre a Lei de Licitações e Contratos*, Capítulo 14, "Dos Convênios", 1995, p. 232.

gociações de boa-fé com a outra parte visando a evitar conflitos de interesses;

"b) antes de contratar participação em projeto não organizado nos termos desse contrato, oferecerá à outra parte oportunidade de participar do projeto nas mesmas condições da ofertante; se a parte que receber a oferta não aceitar a oferta, a ofertante ficará livre para prosseguir com o projeto sem a participação da outra parte."

3. Não é difícil demonstrar que o ajuste não se enquadra na tipificação constitucional, quer por não ter havido *abuso* de poder econômico, quer porque *não visa* à dominação dos mercados, à eliminação da concorrência e ao aumento arbitrário de lucros.

4. Antes de proceder ao exame *objetivo* que revelará a inexistência de abuso do poder econômico, cabe demonstrar, de plano, a ausência do elemento *subjetivo*, isto é, da *intenção* de qualquer comportamento neste sentido. De fato, a leitura da cláusula transcrita e do teor integral do contrato revela que a motivação das partes foi evitar o conflito de interesses, preservando a afinidade e a fidelidade que devem caracterizar as sociedades e parcerias comerciais. Dois elementos de interpretação – um constitucional e outro infraconstitucional – são úteis no equacionamento do tema, consoante se desenvolve abaixo.

5. A livre iniciativa, como já observado, é um princípio constitucional, duplamente referido na Lei Maior (arts. 1º, IV, e 170, *caput*). A interpretação constitucional, conforme doutrina corrente, deve ter como ponto de partida e como diretriz de todo o raciocínio os princípios constitucionais, que são os valores maiores escolhidos pelo constituinte ao elaborar a nova ordem. Dentre estes princípios destacam-se os princípios *fundamentais*, que contêm as decisões políticas estruturais do Estado, os quais, por sua relevância, devem permear a compreensão de todo o sistema jurídico. Consoante averbamos em outro estudo: "O ponto de partida do intérprete há que ser sempre os princípios constitucionais, que são o conjunto de normas que espelham a ideologia da Constituição, seus postulados básicos e seus fins. Dito de forma sumária, os princípios constitucionais são as normas eleitas pelo constituinte como fundamentos ou qualificações essenciais da ordem jurídica que institui. A atividade de interpretação da Constituição deve começar pela identificação do princípio maior que rege o tema a ser apreciado, descendo do mais genérico ao mais específico, até chegar à formulação da regra concreta que vai reger a espécie".[26]

6. Pois bem: a livre iniciativa, que é a norma maior regente da espécie, é princípio fundamental do Estado brasileiro, inscrito no art. 1º, IV, da CF – e reproduzido como um princípio setorial da ordem econômica no art. 170, *caput* –, que tem como conteúdo jurídico específico a liberdade de contratar. Porque assim é, a interpretação constitucional deve fundar-se em tal pressuposto, não sendo consentâneo com a boa técnica que se procure minimizar o alcance de um princípio fundamental, nem que se presuma algo em sentido antagônico ao seu conteúdo. E mais: dentre alternativas possíveis de interpretação, deve o intérprete potencializar a aplicação de um princípio fundamental. Isto significa que para frustrar-se a efetivação do princípio da livre iniciativa é preciso estar escudado em exceção que a própria Constituição estabeleça e de cuja ocorrência se faça prova cabal e inequívoca.

7. No plano infraconstitucional a regra, em direito privado, é a da autonomia da vontade (em contraposição ao princípio da legalidade, que rege o direito público infraconstitucional), sendo princípio basilar da interpretação dos negócios jurídicos a busca da intenção das partes (CC, art. 85). Ainda neste plano volitivo, dispõe o CC,

26. Luís Roberto Barroso, *Interpretação e Aplicação da Constituição*, 1996, p. 141.

no art. 131: "Art. 131. As declarações constantes de documentos assinados presumem-se verdadeiras em relação aos signatários".

8. Em desfecho do argumento, cabe reconhecer que a liberdade de iniciativa e a autonomia contratual no modelo de Estado Democrático de Direito acolhido pela Constituição Federal de 1988 estão condicionadas por outros valores relevantes, como a promoção do desenvolvimento e da justiça social, assim como a defesa do consumidor. Por tais razões, admite-se o intervencionismo estatal, dentre outras hipóteses, para reprimir o abuso de poder econômico. Mas não se deve ignorar o relato da norma inscrita no § 4º do art. 173, em cuja dicção se exige o específico elemento subjetivo da *intenção* das partes ("... que vise à ...") em dominar mercados, eliminar a concorrência ou aumentar arbitrariamente os lucros, admitindo, com isso, inclusive, a punição da tentativa.[27]

9. Ora, bem: à luz dos princípios e regras constitucionais aplicáveis, assim como do direito infraconstitucional e do teor do instrumento contratual aqui comentado, a presunção é a de que não existe qualquer intenção de dominação do mercado, de eliminação da concorrência ou de aumento arbitrário de lucros. Calha assinalar, ademais, que a ordem jurídica não é infensa à proteção de idéias, metas, planos e sistemas, assim como não repudia cláusulas de não competição entre parceiros ou adquirentes de negócios.[28] Aliás, especificamente no setor econômico do petróleo, não são incomuns as alianças estratégicas entre empresas, assim na pesquisa e na lavra como na produção de derivados.

27. Embora o dispositivo constitucional seja claro, *data venia*, quanto à exigibilidade da *intenção*, tal entendimento não é pacífico. Cf. Fábio Ulhôa Coelho (*Direito Antitruste Brasileiro*, 1995, p. 55), no sentido de que deve ser pesquisado o resultado.

28. V. Hermano Duval, *Concorrência Desleal*, 1976, pp. 310-313.

10. Passando ao plano objetivo, é relativamente singela a tarefa de demonstrar a inexistência de abuso de poder econômico no caso sob exame. Como natural, não se está, aqui, lidando com a acepção leiga de poder econômico, hipótese em que seria inegável a sua presença em uma associação entre duas empresas do porte da *"X"* e da *Petrobrás*. Em sentido técnico, todavia, como utilizado na Constituição e na legislação antitruste, *poder econômico* pode ser conceituado como a possibilidade de ditar preços em um mercado relevante sem levar em conta a atuação dos competidores ou os custos envolvidos com a produção. O que deve ser considerado é a capacidade de impor preços, e não a parcela detida no mercado. Esse poder de fixar preços compreende a possibilidade de fazê-lo arbitrariamente e, assim, fora do razoável. Nesta acepção, não é possível sequer afirmar que as empresas envolvidas detenham efetivamente poder econômico. Muito menos que abusam dele.

11. Admita-se, todavia – apenas pelo argumento, e sem conceder –, que se pudesse supor a existência efetiva de um poder econômico, adotando-se um conceito leigo, ou, pelo menos, bem diverso do que o que foi lançado acima, que apenas prestigiasse fatores como faturamento, investimento, participação no mercado ou capacidade empresarial. Ainda assim não haveria afronta ao ordenamento jurídico, porque não é o poder econômico que deve ser reprimido, mas sim seu mau uso, seu emprego distorcido para finalidades não contempladas pela Constituição e pelas leis. Logo à frente se desenvolverá o tema do mercado e seu aspecto geográfico. Mas deve-se deixar destacado, desde agora, que em tempos de economia globalizada o poder econômico – no sentido abrangente empregado neste parágrafo – é uma necessidade imperativa imposta pela competição internacional.

12. Portanto, com tal conotação, o poder econômico não é um desvio a ser re-

primido, mas um componente da economia moderna. Apenas quando perde a sintonia com a função social que deve desempenhar – dentre as quais a de promover valores constitucionais como o desenvolvimento nacional (art. 3º, II), o emprego (art. 170, VIII) – é que deve ser combatido. Com acuidade, José Afonso da Silva captou a evidência: "A Constituição reconhece a existência do poder econômico. Este não é, pois, condenado pelo regime constitucional. Não raro esse poder econômico é exercido de maneira antisocial. Cabe, então, ao Estado intervir para coibir o abuso".[29]

13. O contrato de associação aqui discutido, como se depreende de seus *consideranda* e de suas cláusulas, visa à economia de escala, que implica a diminuição do custo unitário pelo incremento da produção. Ainda que viesse a gerar, de fato, um poder econômico, estaria promovendo um fim legítimo. Confira-se, no particular, a lição de Sérgio Varella Bruna: "A diferenciação de produtos, as economias de escala e as concentrações de poder econômico são coisas normalmente presentes na realidade e não representam necessariamente um mal a ser combatido, senão muitas vezes um objetivo a alcançar, em prol da eficiência e da competitividade, *mormente no campo internacional*"[30] (grifos acrescentados).

14. Na mesma linha, veja-se Marcos Juruena Villela Souto: "Como, pela via do planejamento, pode-se optar por inserir o país na economia internacional de larga escala, tal fator deve ser considerado no julgamento das concentrações econômicas e demais formas de aparente dominação de mercados locais".[31]

15. Em suma: não há, na espécie, poder econômico em sentido técnico. Admitida a existência de poder econômico, pelo emprego de uma definição aberta, constata-se que sua existência é legítima no seu objeto e na sua finalidade. Vale dizer: em nenhuma hipótese terá lugar, no caso vertente, o *abuso* do poder econômico.

16. Tampouco visa o contrato de associação à dominação do mercado. Cabe, neste passo, aprofundar o conceito de *mercado*, cenário no qual será exercida a atividade econômica e, conseqüentemente, o *poder*. Mais que tudo, há necessidade de caracterizá-lo, à vista da circunstância de que existem vários mercados constitucionalmente reconhecidos. Não se pode desconsiderar, na atualidade, a existência, ao lado de um mercado *nacional*, de um mercado *regional* entre nações e de um outro mais amplo, *internacional*.[32] De parte esta constatação, é de relevo assinalar, ainda, que a legislação ordinária se utiliza do conceito de "mercado *relevante*", não tão amplo a ponto de abranger todos os bens e serviços em circulação em um só mercado, nem tão restrito a ponto de cada produto corresponder a um mercado. A Suprema Corte dos Estados Unidos assim o definiu: "O mercado relevante é composto de produtos que razoavelmente podem ser substituídos um pelo outro quando empregados nos fins para os quais são produzidos – levando em consideração o preço, a finalidade e a qualidade deles".[33]

17. Inúmeras circunstâncias da vida moderna, que passam por fatores como

29. *Curso de Direito Constitucional Positivo*, 1995, p. 727. V., no mesmo sentido, Fábio Konder Comparato, *O Poder de Controle na Sociedade Anônima*, 1976, p. 419.

30. *O Poder Econômico e a Conceituação do Abuso em seu Exercício*, 1997, pp. 63 e 64.

31. *Aspectos Jurídicos do Planejamento Econômico*, 1997, p. 179. A tese vincula a presença do Estado em atividades econômicas exploradas por empresas estatais à prévia definição do relevante interesse coletivo nas diretrizes do plano de desenvolvimento econômico exigido pelo art. 174 da CF, o que já se confirmou ao examinar que as várias mudanças no Programa de Reforma do Estado não afastaram a presença da *Petrobrás* nos setores por ela ocupados.

32. Já não mais se fala, como no art. 148 da CF de 1946 e na Lei 4.137/62 (art. 2º, § 1º), na dominação de "mercados nacionais".

33. "United States *vs.* E. I. du Pont de Nemors & Co", 351 US 377 (1956), *apud* Benjamin M. Shieber, *Abusos do Poder Econômico*, 1966, p. 47.

mão-de-obra, tecnologia, capitais e consumo, forçaram a formação de blocos regionais interestatais e, pouco à frente, a globalização da economia. Este é antes um dado da realidade do que uma opção política. Neste novo cenário intensificou-se, em todo o mundo, a pressão pela livre circulação de pessoas, serviços e bens, requisitos imperativos para os países que buscam inserção na comunidade internacional do comércio. E, inegavelmente, é através das economias de escala que se obtém a redução dos custos unitários dos produtos à medida que se aumenta o volume da produção e a competitividade além-fronteiras.

18. Antes mesmo da percepção mais formal desses fenômenos, já escrevera Geraldo de Camargo Vidigal: "A tutela jurídica da competição, voltada contra os abusos de poder econômico e nascida dominantemente da análise macroeconômica do funcionamento dos mecanismos da concentração empresarial, há de exercitar-se, porém, de forma a ajustar-se à preservação desses mecanismos, sempre que a eficiência produtiva social o impuser, pois freqüentemente devem eles receber tutela equivalente, para que os ganhos de eficiência fundados em economias de escala *propiciem a competitividade dos produtores locais nos mercados externos e, mais do que isso, a competitividade de produtor local, nos próprios mercados internos, contra competição provinda do exterior*"[34] (grifos acrescentados).

19. Os fenômenos da regionalização e da globalização têm como marco o Tratado de Roma, que criou a Comunidade Econômica Européia e que dispôs sobre aspectos do direito concorrencial em seus arts. 85 e 86. Tais normas repudiavam acordos e práticas concertadas que tivessem por objetivo impedir ou restringir a concorrência ou explorar de forma abusiva uma posição dominante no *mercado comum*, de modo a afetar o comércio entre os Estados-membros. Referiam-se, portanto, a um mercado que não era doméstico, mas regional, compreendendo inúmeros Estados soberanos.

20. Este foi o precedente que influenciou, como é notório, a celebração do Tratado de Assunção, que instituiu o Mercado Comum do Sul – Mercosul, cuja proposta de criação, no caso do Brasil, tinha previsão constitucional, inscrita no parágrafo único do art. 4º: "Parágrafo único. A República Federativa do Brasil buscará a integração econômica, política, social e cultural dos povos da América Latina, visando à formação de uma comunidade latino-americana de nações".

21. O Mercosul implica, como dispõe o art. 1 do Tratado de Assunção, a "livre circulação dos bens, serviços e fatores produtivos entre os países, através, entre outros, da eliminação dos direitos alfandegários e restrições não-tarifárias à circulação de mercadorias e de qualquer outra medida de efeito equivalente". Esta, portanto, a realidade enfrentada pelas empresas na atualidade: a ampliação das fronteiras comerciais, devido à formação de blocos econômicos, concertados por decisões políticas soberanas e, como tais, incontrastáveis. Suprimem-se, nesta mesma onda, os monopólios estatais, extinguem-se as reservas de mercado e a competição se internacionaliza. Não há como examinar o contrato de associação aqui em questão sem considerar a premissa inafastável de que se está diante de um mercado internacional.

22. Poder-se-ia supor, a um primeiro lance de vista, tratar-se de um mercado internacional mas regionalizado. A verdade, contudo, é que assim não é. Os fatos saltaram à frente, e dos blocos regionais passou-se a uma economia globalizada, independentemente de qualquer formalização. Em setores onde não imperam a intervenção do Estado nem o protecionismo econômico – como é o caso da indústria petro-

34. *Teoria Geral do Direito Econômico*, 1977, p. 54.

química –, o mercado é hoje internacional, globalizado. Diante de tal constatação, que nada tem de elaborada ou sutil, seria totalmente despropositada a crença de que o acordo entre a *"X"* e a *Petrobrás* pudesse se destinar à "dominação dos mercados".

23. Afastada a hipótese de dominação dos mercados, as duas outras tipificações constitucionais do § 4º do art. 173 do texto constitucional – "eliminação da concorrência" e "aumento arbitrário de lucros" – também não se aplicam à situação examinada. Confira-se.

24. A *eliminação da concorrência* não ocorrerá em qualquer circunstância porque o contrato de associação celebrado não interfere com a capacidade de outras empresas se associarem, aí incluídas, diga-se de passagem, as empresas que atuam no mercado doméstico, diversas delas as de grande porte. Cabe, neste passo, uma menção à cláusula 6ª do ajuste, que estabelece uma preferência para os empreendimentos organizados nos termos do contrato de associação no que diz respeito ao acesso à matéria-prima. Algumas observações se impõem.

25. Em primeiro lugar, como já se deixou assentado, a *Petrobrás*, sob o regime jurídico atualmente vigente, não atua como agente de fomento e nem mais exerce uma intervenção *monopolística* no mercado, e sim *concorrencial* – o que implica dizer que seus empreendimentos devem almejar competitividade. Logo, nada impede que estabeleça uma parceria e ajuste prioridade no fornecimento de matérias-primas. Supridas as necessidades do empreendimento contratado, poderá ser atendida a eventual demanda que recaia sobre a *Petrobrás*. O que se deve enfatizar é que, sendo uma empresa destinada a concorrer no mercado (que, como visto, tem dimensão internacional), a sua prioridade é desenvolver seus empreendimentos (com ou sem parcerias). São esses negócios que implementarão o relevante interesse coletivo reconhecido por lei para a sua criação e manutenção como estatal. Naturalmente, se houver recusa injustificada da *Petrobrás* em fornecer matéria-prima para as demais empresas, aí, sim, se poderia caracterizar o abuso, em detrimento do competidor.

26. Mas é preciso ter em conta, no tocante a este tópico, que a *Petrobrás* não é a única supridora potencial de matéria-prima. Admitidas a produção e as importações, em face do novo texto constitucional e da Lei 9.478/97, qualquer escassez de oferta ou elevação local de preços sujeitará os produtores nacionais à pressão competitiva de produtos estrangeiros, sempre lembrando que o mercado relevante, na espécie, é o internacional. O eventual poder de mercado é limitado pelo risco do ingresso de novos competidores. Nesse sentido é a lição de Nuno T. P. Carvalho: "Quando uma fonte estrangeira do produto ou do serviço (efetiva ou potencial) inibe aquele monopolista de aumentar o preço, essa fonte é considerada como integrando o mercado relevante, e a sua participação no mercado será levada em conta para fins da determinação da respectiva concentração."[35]

27. Pelas mesmas razões, e por outras que se acrescem, não há sentido em cogitar-se de aumento arbitrário de lucros. De plano, cabe assinalar que o preço do petróleo e de seus derivados é ditado pelo mercado internacional.[36] Não há, dessa forma, possibilidade de imposição de preços excessivos. Ademais, sendo admitida a importação, tanto de matéria-prima como do produto acabado, não é possível o comporta-

35. *As Concentrações de Empresas no Direito Antitruste*, 1995, p. 140.

36. Ileana di Giovan, *Derecho Internacional Económico*, 1992, p. 26: "Si se compara el volumen del comercio mundial de granos y de azúcar – por no hablar de petroleo y otros minerales – con el volumen efectivamente negociado en el 'mercado libre', es decir, a través de transacciones puntuales entre exportadores-productores e importadores-consumidores, se puede observar que el volumen de este último configura lo que denomina habitualmente como un mercado residual".

mento de *redução da produção* para forçar os preços para cima e aumentar o ganho.

28. Por tudo que foi visto, não há razoabilidade nem bom direito na tese de que o contrato de associação configuraria abuso de poder econômico, nem tampouco que visasse ele à dominação dos mercados, à eliminação da concorrência e ao aumento arbitrário dos lucros. Ao revés, os objetivos almejados envolvem o ganho de uma economia de escala (reduzindo preços ao adquirente), a criação de uma associação nacional e o acesso à tecnologia.

29. Como se vê, ao contrário do insinuado, o ajuste é alinhado com normas e programas constitucionais e legais, a saber: é benéfico para o consumidor, pela redução dos preços obtida pela economia de escala (CF, art. 170, V), cria uma associação brasileira apta à promoção do desenvolvimento nacional no setor (CF, art. 3º, II) e aumenta a competitividade de agentes econômicos do mercado interno brasileiro no plano internacional (CF, art. 219), que é um dos objetivos da política energética nacional (Lei 9.478, de 6.8.97, art. 1º, XI).

VI – Conclusões

Ao fim desta exposição, que se fez inevitavelmente longa, é possível compendiar as principais idéias desenvolvidas nas proposições seguintes:

1. A livre iniciativa é princípio fundamental do Estado brasileiro (CF, art. 1º, IV), e tal circunstância deve condicionar todo o processo de interpretação constitucional, notadamente no tocante a temas afetos à ordem econômica. A intervenção do Estado em sentido contrastante com este princípio, inclusive sob a invocação da competência para a disciplina da atividade econômica, somente será legítima nas hipóteses expressa e excepcionalmente previstas na Constituição, mediante prova cabal e inequívoca da situação que a justifique, que não pode ser presumida.

2. A *Petrobrás* é uma sociedade de economia mista exploradora de atividade econômica, e, como tal, uma pessoa jurídica de direito privado regida pela lei das S/A. Sem embargo, como integrante da Administração indireta, sujeita-se às normas constitucionais aplicáveis a entidades dessa natureza, que se concentram (a) na disciplina de suas relações com a pessoa jurídica instituidora e (b) nos mecanismos de controle de sua atuação, inclusive pelo Tribunal de Contas. Em suas relações com *terceiros*, todavia, notadamente com outras sociedades comerciais, submetem-se as sociedades de economia mista – e, *ipso facto*, a *Petrobrás* – ao regime jurídico de direito privado, fundado na liberdade de contratar e na autonomia da vontade, sendo perfeitamente legítimo que celebre um contrato de associação nos moldes do que foi aqui examinado.

3. A exploração da atividade econômica pela *Petrobrás* é legítima, à luz da Constituição e da legislação ordinária. A EC 9, ao dar nova redação ao § 1º do art. 177, contemplou, expressamente, a atuação de empresas estatais no setor econômico do petróleo e seus derivados. E a Lei 8.031/90, que criou o Programa Nacional de Desestatização, excluiu de modo categórico a *Petrobrás* do programa de privatização, em reconhecimento inequívoco de que atende ela, na realização de seu objeto, a relevante interesse coletivo, consoante o mandamento constitucional autorizativo da intervenção estatal (art. 173, § 1º).

4. Contrato de associação celebrado por sociedade de economia mista no desempenho de sua atividade-fim não se enquadra na previsão constitucional de exigibilidade de licitação, que se aplica a obras, serviços, compras e alienações (arts 37, XXI), bem como à concessão ou permissão de serviços públicos (art. 175). A lei específica também não prevê a realização de licitação para este tipo de contrato, que se enquadra na espécie negocial *consórcio*

(Lei 9.478/97, art. 63). Demais disto, é elemento essencial de sua celebração a presença de *affectio societatis*, cujo caráter subjetivo reforça o entendimento de que a licitação, procedimento objetivo por excelência, além de não exigível, é incompatível com o resultado visado.

5. Em sentido rigorosamente técnico de direito concorrencial, não há, na hipótese, poder econômico. Mesmo que se flexibilize o conceito para reconhecer a presença de poder econômico, sua simples existência não só não é incompatível com a Constituição como pode ser instrumento necessário de realização de fins constitucionais. O que se deve reprimir é o *abuso* do poder econômico, e isto claramente não ocorre no contrato examinado.

6. O mercado petroquímico é global, os concorrentes são empresas de grande porte atuando no Brasil e em todo o mundo e os preços praticados são cotados internacionalmente. Logo, não há que se falar em dominação dos mercados, eliminação da concorrência e aumento arbitrário de lucros.

É como me parece.

Rio de Janeiro, 11 de dezembro de 1997

LEGALIDADE DE CONTRATO DE OBRA PÚBLICA FIRMADO SEM LICITAÇÃO POR FORÇA DE ACORDO INTERNACIONAL

ADÍLSON ABREU DALLARI
Professor Titular da Faculdade de Direito da PUC/SP

Consulta

A Consulente, empresa privada argentina, oferece para exame cópia dos autos de ação popular visando à anulação do contrato firmado entre ela e a CEMIG – Cia. Energética de Minas Gerais, tendo por objeto o fornecimento de equipamentos, materiais e serviços de montagem da Usina Hidrelétrica de Miranda, contrato, esse, vinculado e com sua eficácia condicionada a financiamento concedido pelo Banco Central da República Argentina.

A contratação direta, sem licitação, decorreu de acordo internacional, entre o Brasil e a Argentina, nesse sentido.

Para o autor popular, todavia, a ausência de procedimento licitatório tornou o contrato em questão ilícito e danoso, por violar o princípio constitucional da isonomia e porque os preços avençados seriam extremamente elevados.

Por intermédio dos ilustres advogados Walter Douglas Stuber e Carlos Roberto F. Mateucci, a Consulente historia os fatos e formula indagações específicas, conforme segue.

I – Dos fatos

Em 1.3.90, a CEMIG e a Indústria "X" celebraram um contrato que previa o fornecimento dos equipamentos, materiais e supervisão de montagem para implementação da Usina Hidrelétrica de Miranda (fls. 30-36 dos autos acima indicados).

Esse contrato visou a atender às necessidades do setor energético de nosso país e à vontade mútua dos Governos do Brasil e Argentina, que tinham, desde 30.11.85, com a Declaração de Iguaçu, manifestado o interesse em estabelecer programas, projetos e modalidades de integração econômica entre os dois países (fls. 574 dos autos). Essa vontade, aliás, revelou-se expressa no Protocolo 9, de 31.10.86, que estabeleceu a necessidade de se manterem as regras para "estimular vigorosamente a expansão do intercâmbio e seu equilíbrio dinâmico, progressivo, quantitativo e qualitativo" entre os dois países (fl. 583).

Mais precisamente, esse contrato foi celebrado a partir de tratado internacional, assinado em 29.11.88 e devidamente aprovado por força do Decreto Legislativo 50/89 (fls. 594 e 595 dos autos) e do Decreto 98.177, de 22.9.89, do Presidente da República (fls. 596 dos autos), dos quais decorreu a assinatura do Anexo X ao Protocolo 4, que previu (item 1, "b", fls. 585 dos autos) o projeto para fornecimento de equipamento elétrico para a Usina Hidrelétrica de Miranda, por meio de financiamento do Governo argentino.

Observe-se que, em virtude de o contrato representar uma operação de financiamento concedido pelo Governo argentino, o Senado Federal, por meio das Resoluções 55, de 27.8.89 (fls. 460 dos autos), e 23, de 29.6.91 (fls. 463 dos autos), autorizou a CEMIG a "contratar a operação de crédito externo" com "X". Pelo mesmo motivo, o Banco Central do Brasil aprovou a operação, por meio do Certificado de Autorização de fls. 465 dos autos.

Como o contrato relacionava-se diretamente com o financiamento, estabeleceu-se em sua cláusula 11ª (fls. 35) que: "*Cláusula 11ª – Eficácia*: O presente Contrato somente será considerado válido, produzindo em conseqüência seus regulares efeitos e gerando direitos e obrigações entre as partes, a partir da efetivação do financiamento dos equipamentos pela "X", através de linha de crédito outorgada pelo Banco Central da República Argentina dentro do Convênio de Créditos Recíprocos com Reembolso Automático".

Em 12.12.94 "X" e CEMIG celebraram o contrato de financiamento (fls. 443-457).

Aos 2.5.95 C. V. da C. ajuíza ação popular que teve por finalidade anular o contrato celebrado em 1.3.90 e se encontra alicerçada nos seguintes fundamentos:

a) que o contrato celebrado deveria ser precedido da instauração do processo de licitação, por força do que estabeleceriam o art. 37 da CF, o Decreto-lei 2.300/86 e a Lei 8.666/93;

b) que o contrato revelou-se lesivo à CEMIG, em decorrência do que estabeleceria o art. 4º, III, "a", da Lei 4.717/65, quer pelo fato de relatório interno da CEMIG que apontaria que o montante do contrato excederia aquele que poderia ser praticado pelo mercado.

Houve contestação pelos litigantes, sendo esses os fatos que, basicamente, motivam a presente consulta, no curso da qual solicitamos sejam respondidos os seguintes quesitos:

II – Da consulta

1. Quais os preceitos legais que disciplinam os contratos celebrados entre "X" e CEMIG?

2. A CEMIG estava obrigada a instaurar procedimento licitatório para a celebração dos contratos tratados na presente? Caso a resposta seja negativa, estava a CEMIG obrigada a instaurar o procedimento da dispensa ou inexigibilidade de licitação de que tratam os arts. 22 e 23 do Decreto-lei 2.300/86 e 24 e 25 da Lei 8.666/93?

3. O Congresso Nacional deveria declarar a dispensa ou inexigibilidade de licitação?

4. Quais seriam os pressupostos legais que autorizam a procedência da ação popular? Para a procedência desta ação, a lesividade do contrato poderia ser enfocada somente a partir da análise de eventual inobservância da instauração do processo de licitação?

5. Quais são os critérios legais que caracterizem a "manifesta vantagem" tratada no art. 24, XIV, da Lei 8.666, de 21.6.93? Essa vantagem pressupõe a análise de todo o tratado internacional, ou pode ser aquilatada a partir da análise de cada contrato nele previsto?

Parecer

I – Os fatos

A descrição dos fatos feita na Consulta é corroborada pela documentação oferecida para exame.

Já a petição inicial da ação popular apresenta alguns senões que precisam ser apontados para que não paire dúvida quanto aos fatos.

Com efeito, o autor popular refere-se ao objeto do contrato como simples fornecimento de bens e serviços, dizendo apenas que, "curiosamente", sua eficácia ficava na dependência de financiamento a ser proporcionado pela mesma empresa fornecedora, "através de linha de crédito outorgada pelo Banco Central da República Argentina".

A verdade não é bem essa. A cláusula 1ª do contrato não se refere a fornecimento, mas, sim, a condições gerais para o fornecimento. Tais condições gerais estão claramente expostas na cláusula 7ª, que fala expressamente numa operação de crédito entre as partes contratantes, figurando "X" como financiadora. Dado que tal financiamento dependeria de muitas providências, inclusive de autorização do Senado Federal brasileiro, a cláusula 11ª condicionou a eficácia de todo o ajuste à efetivação concreta do financiamento.

É preciso, portanto, deixar bem claro que, na verdade, existe uma inversão. Trata-se de um contrato de financiamento cujo produto será utilizado principalmente no fornecimento também contratualmente previsto. Mesmo que não se entenda isso como uma inversão, é absolutamente inegável que uma coisa depende da outra: o financiamento está destinado ao fornecimento; e não haveria fornecimento algum se o financiamento não fosse obtido.

Outro problema, mais sério, apresentado na inicial está na transcrição apenas parcial da Resolução 55 do Senado Federal, inclusive com a juntada de cópia do texto publicado com incorreção no *Diário Oficial*.

Ora, obviamente, o solerte e muito bem avisado autor popular sabe que essa Resolução 55 foi republicada por ter sido publicada com incorreção, e que na republicação constou claramente e expressamente que a operação de crédito era autorizada para o fornecimento a ser feito pela empresa argentina "X". É de se crer que essa circunstância tenha sido ocultada aos ilustres Advogados signatários da inicial.

A autorização da operação de crédito externo estava vinculada a determinado e específico fornecedor dos equipamentos. Assim sendo, obviamente não teria qualquer sentido fazer uma licitação, pois o fornecedor somente poderia ser a "X", dado que a escolha de qualquer outro implicaria inobservância da Resolução 55.

Nem se diga que essa autorização vinculada teria sido algo acidental ou eventual. Primeiramente porque ela foi reiterada pela Resolução 23/91, que "rerratifica a Resolução n. 55, de 1989, do Senado Federal". Mas, principalmente, porque o Anexo X ao Protocolo 4 previa expressamente o fornecimento de equipamentos para a Usina Hidrelétrica de Miranda, mediante financiamento proporcionado pelo Governo argentino.

Fica, portanto, perfeitamente evidente que essa operação conjugada foi articulada pelo Governo argentino, visando a tirar o melhor proveito possível daquilo que havia sido avençado mediante acordo internacional.

Dizendo de uma vez e de maneira bem clara: o principal era o financiamento ajustado em acordo internacional, cujos termos não previam ou estipulavam licitação para a escolha do fornecedor dos equipamentos, permitindo, portanto, que o financiador (Banco Central da República Argentina) escolhesse livremente o fornecedor.

A CEMIG não participou dessa escolha. Nem lhe foi dada a opção de licitar ou não licitar. Ela somente poderia aceitar ou não um "pacote" pronto.

Percebe-se, portanto, de imediato, que nem há de se cogitar de eventual violação da lei brasileira.

Entretanto, dadas as acusações formuladas na petição inicial (supratranscritas), é preciso que se proceda a um exame mais minucioso e detalhado do assunto.

II – A legislação

Obviamente, somente tem sentido falar-se em ação popular, no Brasil, em caso de violação da legislação vigente no Brasil. Por essa razão, cabe agora um exame sistemático da legislação brasileira em vigor.

Começando pelo começo, vale registrar que a CF de 1988, em seu art. 4º, enumera os princípios regedores das relações internacionais do Brasil, tendo dado especial destaque, em seu parágrafo único, à integração latino-americana: "Parágrafo único. A República Federativa do Brasil buscará a integração econômica, política, social e cultural dos povos da América Latina, visando à formação de uma comunidade latino-americana de nações".

Isso já mostra que um dos vetores a ser considerado no exame da questão em debate é o tratamento diferenciado aos países da América Latina. Atuar no sentido do fortalecimento dos laços com os demais países latino-americanos é algo não só permitido, mas determinado pela Constituição.

Isso já foi observado por Celso Ribeiro Bastos e Ives Gandra da Silva Martins em seus *Comentários à Constituição do Brasil* (v. 1, p. 464), e mereceu especial destaque por parte de Pedro Dallari (*Constituição e Relações Exteriores*, Saraiva, São Paulo, 1994, p. 184), que, depois de assinalar que o dispositivo em comento fornece amparo constitucional ao estabelecimento de regras que assegurem tratamento diferenciado às pessoas, físicas e jurídicas, e aos produtos originários de países latino-americanos, agregou, textualmente, o seguinte: "O aceso debate em torno do Mercosul e das regras destinadas a disciplinar sua efetiva implementação decorre exatamente da constatação dos efeitos extremamente relevantes que recairão sobre os diferentes ramos do direito interno".

Outros dispositivos constitucionais, o direito administrativo, a atuação da Administração Pública e, particularmente, a disciplina jurídica das licitações e contratos administrativos foram afetados por esse dispositivo constitucional, que não pode ser ignorado pelo intérprete ou aplicador da lei.

Já o art. 5º fala da igualdade entre brasileiros e estrangeiros residentes no país, o que não impede um tratamento desigual, privilegiado, a determinadas empresas estrangeiras ou, especialmente, países estrangeiros. O princípio constitucional da igualdade não pode ser invocado para sustentar a ilicitude de tratamento privilegiado que um determinado país possa ter dado a uma empresa nele estabelecida.

Reforçando essa idéia, o art. 19 proíbe "criar distinções entre brasileiros ou preferências entre si". Não é proibido distinguir ou estabelecer preferências entre estrangeiros (se não fosse assim, cada acordo comercial internacional deveria ser precedido de licitação!), nem, muito menos, aceitar ou acolher distinções ou preferências eventualmente feitas em seus respectivos países.

Mencione-se, apenas para registro, que o art. 49, I, confere competência ao Congresso Nacional para resolver definitivamente sobre tratados, acordos ou atos internacionais, e que o art. 52, V, atribui ao Senado Federal a prerrogativa de autorizar operações externas de natureza financeira. Ou seja, o Poder Legislativo é juiz da oportunidade e conveniência de tais ajustes, não cabendo, obviamente, ao Poder Judiciário contestar o mérito dessas decisões.

Agora, baixando ao nível da legislação ordinária, enfocando a legislação vigente sobre licitações e contratos, cabe transcrever o inciso XIV do art. 24 da Lei 8.666, de 21.6.93: "Art. 24. É dispensável a licitação: (...) XIV – para a aquisição de bens ou serviços nos termos de acordo internacional específico aprovado pelo Congresso Nacional, quando as condições ofertadas forem manifestamente vantajosas para o Poder Publico".

É significativa a evolução do tratamento dado a essa matéria. O Decreto-lei 2.300/86 era omisso; a Lei 8.666/93 em sua redação original era bastante restritiva; mas com a redação dada pela Lei 8.883/94 (redação atual, vigente) estabeleceram-se amplas possibilidades de dispensas de licitação fundadas em acordos internacionais.

É ululantemente evidente a tendência a uma maior liberdade de contratação (escolha direta) em contratos internacionais. Isso deixa perfeitamente claro o que o legislador brasileiro considera ser de interesse nacional ou interesse público.

Finalizando o exame de textos legais, cabe notar que o art. 4º da Lei da Ação Popular (Lei 4.717165) não diz, de maneira alguma, nem sugere, que nas hipóteses aí elencadas o dano seja ou possa ser considerado presumido.

Na verdade, como a ação popular constitucional serve para promover a recomposição do patrimônio público (em seu sentido mais amplo), atos por ela impugnáveis devem ser, concomitantemente, irremediavelmente ilícitos e concretamente danosos. Como é que se indeniza um dano presumido?

A análise sistemática dessa lei mostra que em seu art. 2º ela enumera e descreve os vícios que podem acarretar a nulidade de atos administrativos em geral. No art. 3º diz que vícios outros que não esses acarretam mera anulabilidade. Mas no art. 4º enumera outros atos que, mesmo não se enquadrando na relação do art. 2º, devem ser havidos como nulos. Sim, mas apenas nulos, devendo a eventual lesividade ser verificada em cada caso.

Além disso, essa afirmada nulidade não é nem universal, nem automática, inquestionável. Por exemplo, o inciso III, "a", fala em contrato celebrado sem concorrência, mas ressalva que somente quando esse procedimento seletivo for exigido em lei. Ou seja: não basta que um contrato tenha sido feito sem licitação para ser automaticamente nulo; é preciso verificar se, no caso específico, a licitação era legalmente exigida.

Apenas para avivar o raciocínio, pergunta-se: caso um contrato altamente vantajoso para o Poder Público tenha sido celebrado indevidamente sem licitação, deve ele ser declarado nulo? Nesse caso, como se calcula o valor da indenização destinada a recompor o patrimônio público? De que serve declarar a nulidade sem fazer com que disso decorra qualquer conseqüência no tocante ao patrimônio público? Será que o constituinte se enganou ao mencionar "ato lesivo ao patrimônio público" como condicionante da ação popular? Ou quem se enganou foi o intérprete que inventou o dano presumido?

Deixando essa perguntas no ar, vamos ver como a doutrina já apreciou o assunto em debate.

III – A doutrina

A questão do estabelecimento de vinculações quando da concessão de financiamentos internacionais não é nova.

Em uma coletânea de estudos sobre *Contratos Administrativos* publicada em 1982 pela *Asociación Argentina de Derecho Administrativo*, Agustín Gordillo, ao discorrer sobre "El contrato de crédito externo" (t. II, pp. 187 e ss.), já adverte que esse tipo específico de financiamento surgiu diante da insuficiência de capitais internos e de crédito público interno, trazendo como primeira conseqüência a inaplicabilidade da legislação sobre crédito interno para regular essa nova realidade: "El contrato no se regirá por su derecho público interno, ni podrá ya en rigor llamarselo verazmente 'empréstimo público', pues esta frase evoca precisamente aquellos principios de derecho público que no le serán en los hechos aplicables. Aparece entonces en el marco jurídico internacional el contrato de crédito externo, sometido a un régimen propio, que se ubica entre el derecho internacional público y el privado, y se conjuga con el derecho privado interno de los países desarrollados, sede habitual de los organismos o consorcios que actuarán en calidad de prestamistas. Es, en suma, un contrato del Estado sometido a un derecho extranjero al país deudor, lo cual escapa por completo a las previsiones y conceptos teóricos de los juristas habituados al régimen del derecho público interno de sus respectivos países en vias de desarollo".

Ou seja: quando o financiamento é proporcionado por uma entidade pública internacional ou com outro Estado, o contrato será regido pelo direito internacional.

Gordillo vai mais longe, mostrando que os tomadores desses empréstimos devem ajustar-se às normas estabelecidas pelos financiadores para a garantia do negócio:

"De allí que se introduzcan en los contratos de crédito modalidades operativas que aunque no surgen de normas de derecho positivo, emergen en cambio de usos y costumbres o exigencias de los organismos de crédito, para enmarcar y encuadrar el crédito dentro del derecho internacional público o privado, de modo tal que aquella exigibilidad efectiva del título del crédito no se vea afectada.

"La finalidad buscada por la parte que otorga el préstamo, pues, es siempre la misma, cualquiera que sea el régimen jurídico dentro del cual vaya a caer el contrato, y por lo tanto los rasgos esenciales de éste se han tornado similares a través del tiempo, en la medida en que los Estados en vías de desarrollo han necesitado recurrir al crédito externo y han tenido que ajustarse a las cláusulas impuestas por el organismo crediticio, so pena de no recibir el crédito requerido."

Completa ele dizendo que a questão não é de legalidade, mas sim de oportunidade e conveniência, exigindo um cuidado bastante grande no momento das negociações do acordo internacional que ensejará a operação: "En esa doble preocupación, de obtener el capital externo pero hacerlo de modo tal que los intereses del pais no sufran detrimento, está el *quid* económico-político de la cuestión. Cada gobierno debe determinar si necesita o no, y en qué medida, del crédito externo, y negociar también como pueda o quiera cuáles son las condiciones en que pedirá o recibirá la ayuda exterior, o rechazar la influencia exterior si de eso se trata".

No caso em exame, os termos do negócio conjugado financiamento/fornecimento foram estabelecidos em acordos internacionais aprovados pelas autoridades brasileiras competentes.

Portanto, percebe-se de imediato que o autor popular errou o alvo: para invalidar o contrato ele teria que atirar nos acordos internacionais que o propiciaram.

Mas aqui mesmo, no Brasil, Celso Antônio Bandeira de Mello ("Obra pública a custo zero", separata da *RTDP* 3/32), sem qualquer indicação sobre a publicação original, parte dessa mesma situação de fato – qual seja, a carência de capitais e recursos públicos ou privados –, para demonstrar a necessidade de se recorrer a meios e modos de atuação diferentes do usual ou costumeiro.

Esse raciocínio desperta para a seguinte consideração: a licitação, normalmente, pressupõe uma disponibilidade de recursos pelo Poder Público, recursos, esses, que não poderão ser utilizados para beneficiar alguém especialmente e, por essa razão, requerem a escolha mediante seleção objetiva; mas, atualmente, a situação é bem outra, pois o Poder Público não tem recursos e precisa recorrer a quem se disponha a proporcioná-los, submetendo-se, assim, a normas de licitação impostas pelo financiador, ou mesmo à escolha de um fornecedor feita pelo financiador, por critérios próprios, internos e até subjetivos.

É sabido e ressabido que no mercado internacional os financiamentos costumam ser amarrados à aquisição de bens e serviços no próprio país que concede os recursos financeiros. Os países ricos protegem seus mercados e procuram manter seus níveis de emprego, e para isso vinculam o financiamento ao fornecimento. Normalmente, apenas organismos financeiros internacionais exigem que os contratos sejam precedidos de licitação internacional. Isso é um dado da realidade: quem dá o dinheiro, manda. Ou, na linguagem figurada: o dono da bola estabelece as regras do jogo, e quem discordar não joga.

A legislação brasileira de licitações, conforme acima relatado, evoluiu para ajustar-se a esse estado de coisas.

Comentando o texto atual do inciso XIV do art. 24 da Lei 8.666/93 (supratranscrito), Marçal Justen Filho resume em um parágrafo tudo quanto foi dito aqui até agora, mostrando que esse dispositivo é até mesmo desnecessário, já que a disciplina dos financiamentos internacionais é estabelecida pelos acordos internacionais: "Anote-se que, sob um certo ângulo, seria desnecessária a existência do dispositivo ora enfocado. Os tratados internacionais, uma vez ratificados pelo Congresso Nacional, incorporam-se ao direito interno, em nível hierárquico idêntico ao das leis ordinárias. Logo, todos os tratados internacionais futuros, que disciplinarem contratação direta, seriam válidos. Reputar-se-ia ou que teriam revogado parcialmente a Lei n. 8.666 ou que veiculariam disposições especiais, não atingidas por aquele diploma geral (Lei de Introdução ao Código Civil, art. 2º, § 2º). Mas a existência do dispositivo se justifica para eliminar qualquer dúvida, inclusive quanto à vigência de regras especiais sobre contratações diretas contidas em tratados internacionais anteriores à vigência da Lei n. 8.666/93" (*Comentários à Lei de Licitações e Contratos Administrativos*, Ed. Aide, p. 162).

A última frase dessa transcrição serve para mostrar que o dispositivo tem um sentido radicalmente oposto ao pretendido pelo autor popular, que, sentindo a fragilidade da suposta ilicitude, se esforça para demonstrar a inconveniência do contrato, atendo-se exclusivamente a fatores econômicos e considerando apenas esse específico contrato isoladamente, separado do contexto maior no qual ele se insere.

Carlos Ari Sundfeld, entretanto, mostra que as "vantagens" proporcionadas pelo contrato devem ser observadas de uma perspectiva mais ampla, não apenas econômica imediata e isolada: "Trata-se de situações em que a aquisição tem como contrapartida vantagens de outra ordem, interessantes para o país, como a concessão de financiamentos, a abertura de mercados externos, e por aí vai. A lei dispensa a licitação considerando, por um lado, que os benefícios citados podem ser mais interessantes que a mecânica busca do melhor preço em uma contratação tomada isoladamente e, de outro, que o procedimento licitatório não é veículo adequado para o estabelecimento de vínculos complexos, onde estejam envolvidas contrapartidas políticas" (*Licitação e Contrato Administrativo*, São Paulo, Malheiros Editores, p. 61).

Por sua vez, Jorge Ulisses Jacoby Fernandes dá seqüência a esse raciocínio e demonstra exemplificativamente a utilidade prática do dispositivo em exame:

"Conseqüência prática relevante, no caso, parece advir quando a Administração firma um acordo motivada, por exemplo, pelo interesse em manter o equilíbrio da balança comercial com determinado país adquirindo por preço superior ao praticado no mercado interno produto de qualidade inferior, como já ocorreu em relação a determinado país devedor. Qual seria a sua validade frente ao inciso em comento? Prevaleceria a regra que determina a busca de oferta 'manifestamente mais vantajosa'? No seu bojo poderia ser considerado como vantajoso o interesse publico de integração de mercados econômicos? Como ficaria o produtor ou prestador de serviços nacionais, capaz de oferecer condições mais vantajosas no caso?

"A atual Constituição Federal traça um balizamento que parece indicar uma possibilidade de resposta a tais indagações.

"Destaca-se nesse regramento o inciso IV do art. 1º, estabelecendo como fundamentos da República os valores sociais do trabalho e da livre iniciativa, norma essa que deve ser coordenada com o inciso X do art. 37, na qual está subjacente o princípio da isonomia, e ambas confrontadas com a regra insculpida no art. 4º, parágrafo único, também da Constituição, a qual programaticamente dispõe que o Brasil buscará a integração econômica visando à formação de uma comunidade latino-americana de nações.

"Com tais prescrições é possível concluir que, se, para atender à última regra, houver a aquisição em condições não manifestamente mais vantajosas o acordo ainda terá validade jurídica posto que se trata de encontrar um equilíbrio entre as normas" (*Contratação Direta sem Licitação*, Brasília Jurídica, pp. 233 e 234).

No caso em exame não se pode esquecer que o verberado contrato é um pequeno segmento de algo bem mais amplo – qual seja, de um complexo de acordos e ajustes internacionais que instituíram o Mercosul, complexo, esse, cuja configuração se iniciou muito antes da formalização do Tratado de Assunção (de 26.3.91) e que vem se completando desde então.

É preciso insistir neste ponto: a questão em debate não é disciplinada por um único texto de determinado tratado, mas, sim, por um conjunto de normas paulatinamente fixadas por diversos acordos e ajustes internacionais, todos eles orientados no sentido de conferir maior consistência ao Mercosul.

Um dos setores especificamente abordados no Tratado do Mercosul é o da política energética, implicando a cooperação recíproca e a atuação conjunta no que respeita à formulação de uma política energética para a região (tarefa consignada pelo Tratado de Assunção ao Subgrupo 9 – Política Energética).

Em trabalho publicado na *Revista Brasileira de Estudos Políticos* (83/27 e ss.), sob o título "Integração da América Latina em um mundo multipolar", André Franco Montoro descreve o que vem sendo feito no âmbito do Mercosul em matéria energética: "No campo da energia – especialmente no tocante a eletricidade, petróleo e gás natural – vêm sendo realizados entendimentos e acordos parciais que devem se encaminhar para a elaboração de um programa latino-americano de energia (pesquisa e utilização racional), incluindo o petróleo, a energia elétrica, o gás natural, a biomassa, a energia nuclear, eólica, solar etc., capaz de assegurar a auto-suficiência energética da América Latina".

Essa, pois a perspectiva sob a qual deve ser analisada a conveniência ou inconveniência do questionado contrato. Mas, evidentemente, tal consideração foi feita no exato momento da aprovação dos acordos que o ensejaram, ficando o administrador público brasileiro (no caso, a CEMIG) sem opção.

Esse ponto é claramente enfocado por Antônio Roque Citadini em duas passagens de seus *Comentários e Jurisprudência sobre a Lei de Licitações Públicas* (pp. 163 e 164), ao discorrer exatamente sobre a contratação de bens e serviços mediante acordo internacional:

"Constitui-se na prática de possibilitar a execução de programas governamentais financiados, parcial ou totalmente, por países estrangeiros, vinculando-se, quase sempre, naqueles acordos o fornecimento de bens ou de serviços a uma de terminada empresa ou grupo de empresas. Como a aceitação do financiamento normalmente está condicionada a que os bens e serviços sejam produzidos pelos fornecedores previamente determinados, a Administração Pública brasileira fica, por isso, sem opção de escolha.

"Conforme mencionado, normalmente o país que oferece o acordo apresenta também suas empresas ou grupo de empresas, retirando, assim, da Administração brasileira a possibilidade de realizar o certame. É comum, também, quando das tratativas que antecedem a realização do acordo, haver a participação da própria empresa interessada na futura contratação para o fornecimento dos bens ou serviços. Neste caso, será sempre conduta adequada a do administrador que, conhecendo tais fatos, revela-os, quando da tramitação legislativa, de forma que ao legislador fique clara a existência de vínculo do país financiador com os fornecedores estrangeiros interessados no fornecimento. A impossibilidade de realização de qualquer certame aparecerá de pronto, já que qualquer tentativa do administrador brasileiro de prever a disputa inviabilizará o próprio acordo".

Mais não seria preciso dizer, pois já ficou expressamente dito que a realização da reclamada licitação seria simplesmente impossível.

Portanto, fica claro que não há nem – nunca houve – qualquer ofensa à legislação brasileira de licitações, mas, mesmo que tivesse havido, não seria – e positivamente não é – o caso de se anular o contrato.

Com efeito, o princípio constitucional da legalidade não está isolado, nem se sobrepõe a outro de igual ou maior relevância – qual seja: o princípio da segurança jurídica.

Não se pretende, aqui, estabelecer uma hierarquia de princípios, mas, sim, apenas e tão-somente, mostrar que não é possível, não é admissível pelo sistema jurídico, a aplicação generalizada, automática e acrítica do princípio da legalidade. Ao contrário, diante de situações concretas é preciso sopesá-lo com o princípio da segurança jurídica, para se optar pela prevalência de um ou de outro.

É o que ensina Almiro do Couto e Silva em notável estudo sobre os "Princípios da legalidade da Administração Pública e da segurança jurídica no Estado de Direito contemporâneo", publicado na *RDP* 84/61 e 62, out.-dez./87, de onde destacamos a seguinte passagem: "É importante que se deixe bem claro, entretanto, que o dever (e não o poder) de anular os atos administrativos inválidos só existe quando no confronto entre o princípio da legalidade e o da segurança jurídica o interesse público recomende que aquele seja aplicado e este não. Todavia, se a hipótese inversa verificar-se, isto é, se o interesse público maior for de que o princípio aplicável é o da segurança jurídica e não o da legalidade da Administração Pública, então a autoridade competente terá o dever (e não o poder) de não anular, porque se deu a sanatória do inválido, pela conjunção da boa-fé dos interessados com a tolerância da Administração e com o razoável lapso de tempo transcorrido. Deixando o ato de ser inválido, e dele havendo resultado benefícios e vantagens para os destinatários, não poderá ser mais anulado, porque, para isso, falta precisamente o pressuposto da invalidade".

No caso em exame, conforme já se observou, a evolução das normas constitucionais e legais aponta exatamente no sentido da possibilidade da adoção de tratamento diferenciado ou extravagante nos contratos firmados em escala supranacional, especialmente no âmbito latino-americano. Portanto, além da boa-fé da empresa contratada, existe muito mais do que a simples tolerância da Administração: existe clara manifestação do Estado brasileiro, por meio de seus órgãos competentes, no sentido de que o guerreado contrato é de interesse público nacional.

Ora, a realização do interesse público é a finalidade sempre almejada pela lei, e, assim, esse fator nunca pode ser alijado de considerações ou questionamentos a respeito da legalidade ou da nulidade de atos ou contratos específicos, conforme a prudente e sábia advertência de Paulo Neves de Carvalho constante de estudo publicado sob o título "Os atos administrativos em espécie: conteúdo, forma, revogação e anulação", no *Boletim de Direito Administrativo* 10/651, out./96: "Uma das idéias mais importantes é a de que na avaliação dos fatores da nulidade, na avaliação do ato administrativo, há que sopesar, confrontar, sempre, a situação posta por intermédio do ato que se diz viciado com a presença do interesse público, isto é, não se invalida apenas em nome de uma desconformidade do ato administrativo com a regra legal, mas ele vai se desfazer ou não em razão da presença do interesse público".

Quem resolveu definitivamente a questão, mostrando a falsidade e a inconsistência do entendimento no sentido de que toda ilegalidade gerava nulidade, foi Weida Zancaner, em notável estudo monográfico do qual se extraiu a extensa transcrição que se segue:

"Em tese, poder-se-ia supor que o princípio da legalidade imporia sempre à Administração o dever de invalidar seus atos eivados de vícios, para restaurar a ordem jurídica por ela mesma ferida. A suposição, todavia, não procede, pois a restauração da ordem jurídica tanto se faz pela fulminação de um ato viciado quanto pela correção de seu vício. Em uma e outra hipótese a legalidade se recompõe.

"O princípio da legalidade visa a que a ordem jurídica seja restaurada, mas não estabelece que a ordem jurídica deva ser restaurada pela extinção do ato inválido.

"Há duas formas de recompor a ordem jurídica violada, em razão dos atos inválidos, quais sejam, a invalidação e a convalidação."

"A Administração deve invalidar quando o ato não comportar convalidação. Deve convalidar sempre que o ato comportá-la.

"Resta saber o porquê da invalidação e da convalidação nas hipóteses em que, como já mencionamos, cada qual se propõe como obrigatória.

"A invalidação se propõe como obrigatória porque, se o ato não comporta convalidação, inexiste outra forma de a Administração Pública restaurar a legalidade violada. Ora, a restauração do Direito é para ela obrigatória por força do princípio da legalidade. Logo, toda vez que o ato não seja convalidável, só lhe resta o dever de invalidar.

"Por sua vez, a convalidação se propõe obrigatória quando o ato comportá-la, porque o próprio princípio da legalidade – que predica a restauração da ordem jurídica, inclusive por convalidação –, entendido finalisticamente, demanda respeito ao capital princípio da segurança jurídica.

"Com efeito, a convalidação é um ato que não visa apenas à restauração do princípio da legalidade, mas também à estabilidade das relações constituídas, o que nos induz a concluir que se alicerça em dois princípios jurídicos: o princípio da legalidade e o da segurança jurídica."

"O princípio da legalidade, fundamento do dever de invalidar, obriga a Administração Pública a fulminar seus atos viciados não passíveis de convalidação. Só que a invalidação não pode ser efetuada sempre e indistintamente, com referência a todas as relações inválidas não convalidáveis que se apresentem ao administrador, em razão das barreiras ao dever de invalidar.

"Os limites ao dever de invalidar surgem do próprio sistema jurídico-positivo, pois, como todos sabemos, coexistem com o princípio da legalidade outros princípios que devem ser levados em conta quando do estudo da invalidação.

"Claro está que o princípio da legalidade é basilar para a atuação administrativa, mas, como se disse, encartados no ordenamento jurídico estão outros princípios que devem ser respeitados, ou por se referirem ao Direito como um todo, como, por exemplo, o princípio da segurança jurídica, ou por serem protetores do comum dos cidadãos, como, por exemplo, a boa-fé, princípio que também visa protegê-los quando de suas relações com o Estado.

"Assim, em nome da segurança jurídica, simetricamente ao que referimos quanto à convalidação, o decurso de tempo pode ser, por si mesmo, causa bastante para estabilizar certas situações fazendo-as intocáveis. Isto sucede nos casos em que se costuma falar em prescrição, a qual obstará à invalidação do ato viciado. Esta é, pois, uma primeira barreira à invalidação.

"Por sua vez, o princípio da boa-fé assume importância capital no direito administrativo, em razão da presunção da legitimidade dos atos administrativos, presunção esta que só cessa quando esses atos são contestados, o que coloca a Administração Pública em posição sobranceira com relação aos administrados.

"Ademais, a multiplicidade das áreas de intervenção do Estado moderno na vida dos cidadãos e a tecnicização da linguagem jurídica tornaram extremamente complexos o caráter regulador do Direito e a verificação da conformidade dos atos concretos e abstratos expedidos pela Administração Pública com o Direito posto. Portanto, a boa-fé dos administrados passou a ter importância imperativa no Estado intervencionista, constituindo, juntamente com a segurança jurídica, expediente indispensável à distribuição da justiça material. É preciso tomá-lo em conta perante situações geradas por atos inválidos.

"Com efeito, atos inválidos geram conseqüências jurídicas, pois se não gerassem não haveria qualquer razão para nos preocuparmos com eles. Com base em tais atos certas situações terão sido instauradas e na dinâmica da realidade podem converter-se em situações merecedoras de proteção, seja porque encontrarão em seu apoio alguma regra especifica, seja porque estarão abrigadas por algum princípio de Direito. Estes fatos posteriores à constituição da relação inválida, aliados ao tempo, podem transformar o contexto em que esta se originou, de modo a que fique vedado à Administração Pública o exercício do dever de invalidar, pois fazê-lo causaria ainda maiores agravos ao Direito, por afrontar a segurança jurídica e a boa-fé" (*Da Convalidação e da Invalidação dos Atos Administrativos*, 2ª ed., 2ª tiragem, São Paulo, Malheiros Editores, 1996, pp. 55 e 56; 57 e 58; e 60-62).

Aplicando o que até agora foi dito ao caso especificamente em exame, verifica-se que o contrato nunca apresentou qualquer nulidade, mas, mesmo que tivesse havido qualquer ilicitude originária, é certo que já teria ocorrido a convalidação, sendo agora impossível decretar-se a nulidade de algo que, neste instante, já não mais apresenta qualquer vício que no passado, eventualmente, pudesse ter sido apontado.

A legislação atualmente em vigor qualifica como de interesse público (e, por essa razão, dispensa a licitação) a contratação direta para a aquisição de bens e serviços considerada vantajosa para o Poder Público pelo Congresso Nacional, nos termos de acordo internacional.

Não se pense, entretanto, que a expressão "acordo internacional" possa significar algum tipo específico de ajuste entre países soberanos dotado de maior solenidade ou de maior hierarquia. Na verdade, essa expressão é bastante genérica, não servindo para identificar ou qualificar qualquer modalidade específica de entendimento internacional.

Quem assim o afirma, com sua dupla autoridade de Professor e Magistrado da Suprema Corte, é o eminente Min. Francisco Rezek, em seu compêndio de *Direito Internacional Público* (São Paulo, Saraiva, pp. 15, 16 e 17):

"O uso constante a que se entregou o legislador brasileiro – a começar pelo constituinte – da fórmula 'tratados' e 'convenções' induz o leitor desavisado à idéia de que os dois termos se prestem a designar coisas diversas. Muitas são as dúvidas que repontam, a todo momento, na trilha da pesquisa terminológica. Há razão científica por que o tratado constitutivo da OIT se chame 'constituição', enquanto à fundação de tantas outras organizações internacionais se deu preferência ao vocábulo 'carta'? Termos como acordo, ajuste, ou convênio, designam sempre um tratado de importância medíocre? O protocolo é necessariamente um tratado acessório? A realidade do direito convencional contemporâneo rende algum tributo às velhas tentativas doutrinárias de vincular, a cada termo variante de tratado, certa modalidade bem caracterizada de compromisso internacional? A esta última questão a resposta é firmemente negativa. O que a realidade mostra é o uso livre, indiscriminado, e muitas vezes ilógico, dos termos variantes daquele que a comunidade universitária, em toda parte – não houvesse boas razões históricas para isso –, vem utilizando como termo-padrão".

"A análise da experiência convencional brasileira ilustra, quase que à exaustão, as variantes terminológicas de tratado, concebíveis em Português: acordo, ajuste, arranjo, ata, ato, carta, código, compromisso, constituição, contrato, convenção, convênio, declaração, estatuto, memorando, pacto, protocolo e regulamento. Esses termos são de uso livre e aleatório, não obstante certas preferências denunciadas pela análise estatística: as mais das vezes, por exemplo, carta e constituição vêm a ser os nomes preferidos para tratados constitutivos de organizações internacionais, enquanto ajuste, arranjo e memorando têm largo trânsito na denominação de tratados bilaterais de importância reduzida."

Portanto, no caso em exame não se pode retirar o valor de "tratado" ao ajuste feito entre o Brasil e a Argentina no sentido do fornecimento de equipamentos para a Usina Hidrelétrica de Miranda, mediante fornecimento proporcionado pelo Governo argentino, em razão de tal acordo constar do Anexo X ao Protocolo 4, muito especialmente porque o específico contrato daí decorrente, mencionando expressamente a empresa argentina "X", foi aprovado pela Resolução 55/89 e rerratificado pela Resolução 23/91, ambas do Senado Federal.

Não se esqueça, acima de tudo, que no caso em exame não se tem como fundamento da dispensa de licitação apenas um texto isolado de um específico acordo internacional. Conforme já foi referido anteriormente, a contratação aqui discutida integra um conjunto bastante amplo de acordos, atos e contratos destinados a dar eficácia concreta ao tratado constitutivo do Mercosul. Tal complexo de normas destinadas a reger as relações entre os signatários do Tratado de Assunção cria um Direito novo ou, mais exatamente, um conjunto articulado e sistemático de princípios c normas que recebeu da doutrina a designação de direito comunitário.

"El tratado constitutivo se erige en la principal fuente del derecho de la integración. Es virtualmente la 'Constitución de los Estados integrados'. El tratado de integración implica para todos los países que forman parte de él un cierto grado de interdependencia que origina integración política cuando dichos países facultan a un 'ente supranacional' a ejercer el monopolio en la formación y aplicoción de su derecho comunitario. Así, el tratado constitutivo es la fuente principal del derecho comunitario" Dromi/Ekmekdjian/Rivera, *Derecho Comunitario*, Ediciones Ciudad Argentina, p. 146).

Fica, portanto, evidente a impropriedade de se tentar resolver problemas inerentes a um relacionamento internacional regido por normas próprias pela aplicação direta e isolada do direito interno de um dos países signatários do tratado que deu nascimento a esse referido direito comunitário.

Evidentemente, essas normas de direito internacional vão repercutir no direito interno dos países por elas integrados, mas sem que isso lhes afete a soberania, pois a própria adesão ao tratado internacional é uma efetiva manifestação de soberania.

Esta questão das implicações do direito comunitário com a soberania foi enfocada, com extrema felicidade, pelo Chefe de Estado Argentino, Presidente Carlos Saúl Menem, em um pequeno trabalho destinado exatamente a explicar, de maneira clara e compreensível até para leigos, o significado e as implicações da criação de uma Comunidade pelo Tratado do Mercosul (*Que é o Mercosul?*, Ediciones Ciudad Argentina, p. 38):

"A Comunidade tem uma ordem jurídica objetiva estabelecida pelo tratado fundacional, que tem a característica de que, nascendo de direito internacional, chega a gerar normas de direito interno. O contraste pode parecer excessivo, mas, certamente, a qualidade obrigatória das decisões, resoluções e diretrizes que estabelecem os arts. 9, 15 e 20 do Protocolo de Ouro Preto, em concordância com o art. 38 do mesmo instrumento, em tanto estabelece o compromisso dos Estados-Partes de adotarem todas as medidas necessárias para assegurar, em seus respectivos territórios, o cumprimento de tais normas, nos está indicando a aplicação direta das normas comunitárias, reduzindo ao mínimo a necessidade de uma norma receptiva nacional. Assim, o direito interno se vê perforado por uma nova ordem jurídica que não é estrangeira, mas sim comunitária".

"As relações de direito comunitário da integração não negam, nem limitam, nem excluem a soberania, mas a localizam em um marco ampliado, onde se estende ou prolonga o poder soberano do Estado em outras matérias que não tinha, mas agora compatibilizado com o poder soberano de outro Estado-membro. Ou seja, a integração aumenta qualitativamente a soberania dos Estados-membros."

A rigor, a contratação objeto de exame neste parecer, por estar inserida no complexo normativo comunitário do Mercosul, nem poderia ser questionada no foro interno de um dos países signatários do Tratado de Assunção, mas, sim, se motivo houvesse para algum eventual questionamento, deveria ser submetida aos meios e modos de solução de conflitos estabelecidos pelo direito comunitário.

IV – Conclusões

Em face do exposto, pode-se, agora, responder objetivamente ao que foi especificamente perguntado:

1. Quais os preceitos legais que disciplinam os contratos celebrados entre "X" e CEMIG?

Os contratos celebrados entre a "X" e a CEMIG regem-se pelas normas dos acordos internacionais dos quais se originam.

Subsidiariamente podem ser aplicadas as normas da Lei 8.666/93, as quais indicam que, mesmo que tenha havido alguma ilicitude originária, os questionados contratos já estariam convalidados, pois correspondem, efetivamente, ao que a lei vigente considera ser de interesse público.

2. A CEMIG estava obrigada a instaurar procedimento licitatório para a celebração dos contratos tratados na presente? Caso a resposta seja negativa, estava a CEMIG obrigada a instaurar o procedimento da dispensa ou inexigibilidade de licitação de que tratam os arts. 22 e 23 do Decreto-lei 2.300/86 e 24 e 25 da Lei 8.666/93?

Em face do disposto nos acordos internacionais que ensejaram a celebração dos contratos, não há que se falar em licitação, pois o financiamento e sua aplicação estavam umbilicalmente ligados.

Assim sendo, considerando que os contratos e especialmente a inexigibilidade de licitação não decorreram das mencionadas leis, mas sim, diretamente, das normas internacionais, não há que se falar, também, na aplicabilidade de preceitos complementares, procedimentais ou acessórios previstos na legislação não aplicável à disciplina do principal.

3. O Congresso Nacional deveria declarar a dispensa ou inexigibilidade de licitação?

No acordo internacional aprovado pelo Congresso Nacional já estava implícita a não realização de licitação. Além disso, a contratação direta foi expressamente autorizada pelo Senado Federal quando autorizou a realização da operação de crédito. De qualquer maneira, o simples bom senso mostra o descabimento de se exigir manifestação expressa do Congresso Nacional para cada ato de execução de acordo por ele já aprovado.

4. Quais seriam os pressupostos legais que autorizam a procedência da ação popular? Para a procedência desta ação, a lesividade do contrato poderia ser enfocada somente a partir da análise de eventual inobservância da instauração do processo de licitação?

Os pressupostos da ação popular constitucional são a ocorrência concreta e simultânea de uma ilicitude inconvalidável e de um dano concreto ao patrimônio público. Não existe lesividade implícita, pois a ação visa, exatamente, à reparação de um determinado e específico dano.

A simples ilicitude, da qual não tenha resultado qualquer dano concreto, não é suficiente para acarretar a decretação de nulidade do ato impugnado por meio de ação popular.

5. Quais são os critérios legais que caracterizam a "manifesta vantagem" tratada no art. 24, XIV, da Lei 8.666, de 21.6.93? Essa vantagem pressupõe a análise de todo o tratado internacional, ou pode ser aquilatada a partir da análise de cada contrato nele previsto?

É totalmente absurda a pretensão de se aferir a vantagem em cada específico contrato. O único sentido do acordo internacional é a existência de vantagens recíprocas em seu conjunto, sendo elementar que determinadas medidas sejam mais favoráveis a uma ou outra parte. Uma eventual desvantagem pode ser compensada por uma vantagem, sendo que cabe a cada uma das partes interessadas aferir a conveniência ou inconveniência do acordo global.

No caso em exame, a conveniência da contratação já foi afirmada pelo Senado Federal no momento em que essa Casa do Congresso Nacional, tendo tomado conhecimento completo do assunto, com todas as suas implicações, autorizou expressamente a operação de crédito que deu viabilidade concreta ao específico e predeterminado contrato de fornecimento de equipamentos.

S.m.j., é o parecer.

São Paulo, 5 de março de 1997

AINDA O EFEITO VINCULANTE

SÉRGIO SÉRVULO DA CUNHA
Advogado

1. Objeto deste estudo. 2. Eficácia. Existência. Força. Vigor. Efeitos. 3. Coisa julgada. Eficácia geral. Eficácia coletiva. 4. Aspectos da jurisdição constitucional. 5. Mandado de segurança e efeito vinculante. 6. Recurso extraordinário e efeito vinculante. 7. Ação direta de inconstitucionalidade e efeito vinculante. 8. Ação declaratória de constitucionalidade. 9. Ação declaratória de constitucionalidade e efeito vinculante. 10. Efeito vinculante e reclamação. 11. Súmula vinculante. 12. Questão constitucional incidente. 13. Modificabilidade da decisão de constitucionalidade. 14. Conclusões. Observações finais.

1. Objeto deste estudo

No início de 1997, o Supremo Tribunal Federal, julgando recurso em mandado de segurança impetrado por alguns servidores civis da União, estendeu-lhes um reajuste de 28,86%, que fora concedido anteriormente, por lei, aos servidores militares.

O *Correio Brasiliense,* de 25.2.97, reproduz frase atribuída ao Ministro Marco Aurélio: "Imaginem se estivesse em vigor o efeito vinculante. O Executivo ver-se-ia obrigado a estender, automaticamente, o reajuste de 28,86% a todos os servidores públicos e a pagar os atrasados na boca do cofre!".

A locução "efeito vinculante" aparece pela primeira vez, no ordenamento jurídico brasileiro, com a Emenda Constitucional n. 3/93,[1] que deu ao art. 102 da lei magna, em seu § 2º, a seguinte redação: "As decisões definitivas de mérito, proferidas pelo Supremo Tribunal Federal nas ações declaratórias de constitucionalidade de lei ou de ato normativo federal produzirão eficácia contra todos e efeito vinculante, relativamente aos demais órgãos do Poder Judiciário e ao Poder Executivo".

Fez mal o legislador, por várias razões, em incluir no texto constitucional esse neologismo enganadoramente fácil. (Quando a Constituição de Weimar criou tribunal para dirimir litígios constitucionais, observou Carl Schmitt – face à indeterminação do

1. O regimento interno do Supremo Tribunal Federal (publicado no *DOU* de 27.10.1980) assim dispunha a propósito da "representação para interpretação de lei ou ato normativo" (criada pela EC n. 7/

que fosse "litígio constitucional" – que a Corte se tornaria árbitro exclusivo da amplitude de sua própria competência.)[2]

Propostas de emenda constitucional, em curso no Congresso, repetem esse erro, tentando conferir "efeito vinculante" a outras decisões do Supremo Tribunal Federal.

Substitutivo do relator (o deputado Jairo Carneiro) – datado de 17.6.96 – à Proposta de Emenda Constitucional n. 96/92, estende esse efeito às decisões proferidas em ação direta de inconstitucionalidade e ao processo que denomina *questão constitucional incidente*, além de criar súmulas *vinculantes*. Esta a redação que propõe ao § 2º do art. 106: "As decisões definitivas de mérito do Supremo Tribunal Federal, nos casos previstos nas alíneas 'a' e 'l' do inciso I, a partir de sua publicação oficial, serão oponíveis a todos e terão efeito vinculante relativamente aos demais órgãos do Poder Judiciário e à administração pública direta e indireta da União, dos Estados, do Distrito Federal ou dos Municípios".[3]

Por sua vez, a PEC n. 54/95, do senador Ronaldo Cunha Lima, pretende que assim se escreva o art. 102 da Constituição, em seu § 2º: "As decisões definitivas de mérito, proferidas pelo Supremo Tribunal Federal, após sumuladas, produzirão eficácia contra todos e efeito vinculante relativamente aos demais órgãos do Poder Judiciário e ao Poder Executivo".

O Supremo Tribunal Federal vem insistindo na adoção do efeito vinculante de suas decisões, como se viu nos discursos pronunciados na cerimônia de posse, como seu Presidente, do Ministro Sepúlveda Pertence.

No relatório dos trabalhos realizados por essa Corte no exercício de 1995, anota seu Presidente: "No período de outubro de 1988 a março de 1995, 68,32% dos acórdãos proferidos pelo Supremo Tribunal são repetitivos. A pesquisa revela, ademais: em 1988, outubro a dezembro, o percentual de acórdãos repetitivos foi de 61,54%; em 1989, 50,40%; em 1990, 36,83%; em 1991, 38,90%; em 1992, 49,15%; em 1993, 71,90%; em 1994, 82,41%; em 1995, até o mês de março, 88,88%. Quer dizer que, neste ano, praticamente nos limitamos a repetir decisões já proferidas. Ora, isto não é racional e não ocorreria se as decisões tivessem efeito vinculante" (p. 44).

"O efeito vinculante", segundo o Ministro Sepúlveda Pertence, "seria estendido às decisões proferidas nos recursos extraordinário (STF), especial (STJ e TSE) e de revista (TST), desde que sumuladas as decisões. O efeito vinculante seria, portanto, da súmula da jurisprudência, súmula que, aprovada por votação qualificada, produziria eficácia 'erga omnes' e efeito vinculante relativamente aos órgãos judiciários sujeitos à jurisdição do Tribunal e relativamente ao Poder Executivo" (id., p. 43).

Entretanto, o que é "efeito vinculante"?

Os autores da proposta que originou a EC 3/93, os seus intérpretes, os parlamentares que propõem a extensão do "efeito vinculante" a outros tipos de decisão, e os interlocutores no debate que a propósito se estabeleceu, têm em vista a mesma coisa, quando falam em "efeito vinculante"? Veja-se a diversidade das locuções contidas nos textos que há pouco mencionei: "As decisões... serão oponíveis a todos e terão efeito vinculante relativamente aos demais órgãos do Judiciário e ao Poder Executivo" (EC 3/93; e também, no essencial, a proposta Jairo Carneiro); "força vinculante para todos os efeitos" (RISTF);

77): "Art. 187: A partir da publicação do acórdão, por suas conclusões e ementa, no *Diário da Justiça da União*, a interpretação nele fixada *terá força vinculante para todos os efeitos*" (grifo meu).

2. Esse fato é lembrado por Raul Machado Horta (*Estudos de Direito Constitucional*, Del Rey, 1995, p. 168).

3. As alíneas "a" e "l" do inciso I desse artigo tratam, respectivamente, da "ação direta de constitucionalidade ou inconstitucionalidade de lei ou ato normativo federal ou estadual e súmula vinculante" (alínea "a") e da "questão constitucional incidente" (alínea "l").

"eficácia contra todos e efeito vinculante relativamente aos demais órgãos do Judiciário e ao Poder Executivo" (proposta Ronaldo Cunha Lima). Quando se vai à busca de figuras semelhantes no direito de outros países, encontramos expressões como "As decisões do Tribunal Constitucional são obrigatórias para todas as entidades públicas e privadas e prevalecem sobre as dos restantes tribunais e de quaisquer outras autoridades" (lei portuguesa de organização, funcionamento e processo do Tribunal Constitucional, art. 2º); a Constituição portuguesa, por sua vez, fala em "força obrigatória geral" da declaração de ilegalidade (art. 281).

A locução contida na EC 3/93 corresponde à do direito alemão, de que se originou. É conhecida a distinção que se faz entre *Gesetzeskraft* (força de lei) e *Bindungswirkung* (efeito vinculante). Embora designando coisas diferentes, o fato de serem utilizados esses termos sempre em conjunto (como vimos nas locuções acima reproduzidas), indica uma certa inseparabilidade, ou dependência de um com relação ao outro.

No estudo intitulado "Nota breve sobre o efeito vinculante"[4] examinei alguns aspectos dessa nova figura. É preciso agora retomar o tema, para analisá-lo sob o prisma processual. Remeto o leitor previamente àquele estudo, que embora não sendo necessário à compreensão deste, ajuda a contextualizá-lo sob os pontos de vista histórico e político.

2. *Eficácia. Existência. Força. Vigor. Efeitos*

Em física, efeito é pólo (o conseqüente) na relação de causalidade, aquilo que existe em decorrência da causa (ou antecedente).

Pretendendo conferir, à norma jurídica, a mesma automaticidade das leis da natureza, o homem concebeu o efeito jurídico como o movimento que decorre, necessariamente, da incidência da norma.

Essa relação acontece no plano das nossas representações. Direitos e obrigações nascem pela mera incidência abstrata da norma, independentemente de que os bens que lhes dão conteúdo se materializem.

O primeiro cuidado, ao definir "eficácia", é não confundi-la com "efetividade". Esta, referida à imponibilidade do ordenamento jurídico, alude à coincidência entre o direito que está nas leis (dever-ser) e o direito cujo conteúdo se realiza como fato concreto da vida. A incidência da lei pertence ao plano lógico da eficácia; sua aplicação, ao plano concreto da efetividade.

Essa distinção envolve o reconhecimento de vários tipos, ou níveis de realidade. As normas jurídicas são enunciados de linguagem. O plano em que elas operam é uma instância performativa, isto é, um universo construído de significações.[5]

Eficácia é qualidade daquilo que tem força, e daquilo que produz efeito.[6] Esses termos são utilizados não só com relação à norma, mas também com relação ao fato jurídico e à sentença.

A força é elemento inerte, simples emanação da existência. Equivale, em termos físicos, à resistência oposta por um corpo, que ocupa lugar no espaço e cuja existência, por isso, não pode ser ignorada pelo observador ou pelo operador.[7]

4. *RIL* 129/5; *Rev. do Conselho Federal da OAB* 61/107; *RTDP* 12/143.

5. V. Sérgio Sérvulo da Cunha, "Eficácia do enunciado performativo (os atos de linguagem no campo do Direito)", *RT* 658/73.

6. V. Pontes de Miranda, *Tratado de Direito Privado*, Ed. RT, t. V, §§ 505-509 e 530; *Tratado das Ações*, Ed. RT, 1976, *passim*, especialmente t. I/159, 161, 172; *Comentários ao Código de Processo Civil de 1973*, Forense, 1974, t. V/122. São efeitos dos fatos jurídicos, segundo Pontes de Miranda, as conseqüências que deles decorrem no mundo jurídico (*Tratado das Ações*, 1/5).

7. Pontes de Miranda define "eficácia" como "a propriedade de ter força ou efeitos" (*Tratado das

O casamento entre A e B não tem, ordinariamente, qualquer efeito com relação a C; não emite energia que alcance a esfera jurídica de C, provocando-lhe modificações. Mas a existência desse fato do mundo jurídico não pode ser ignorada quando se trata das relações negociais entre A e C. Note-se a diferença se A e B vivessem como casados, sem serem casados; essa comparação entre casamento e concubinato (ou união livre, ou união estável), mostra que o conceito de força oculta-se geralmente atrás de referências à forma, prova ou publicidade do ato.

O art. 135 do Código Civil fornece exemplo interessante: "O instrumento particular, feito e assinado, ou somente assinado por quem esteja na administração e disposição livre de seus bens, sendo subscrito por duas testemunhas, prova as obrigações convencionais de qualquer valor; mas os seus efeitos, bem como os da cessão, não se operam, a respeito de terceiros, antes de transcrito no registro público".

Consideremos esse terceiro (C) como um credor de A. Parece evidente que um contrato entre A e B (*res inter alios acta*) não atinge a esfera de direitos de C, ou seja, não produz normalmente qualquer efeito com relação a C, antes ou depois de registrado. O legislador utilizou inadequadamente o termo "efeitos": o que decorre da norma é que o instrumento particular, se não foi registrado, não obsta a atuação de C, isto é, não lhe pode ser oposto como barreira ou impedimento à cobrança do seu crédito. Esse termo "opor" (oposição, oponível) aparece em alguns textos, apropriadamente, como reflexo da força.

Nesses dois exemplos acima, tratamos da força do fato jurídico. Entretanto, as normas também têm força, que não se confunde com seu vigor. Ainda que não venham a incidir, ou enquanto não incidem, elas demarcam o mundo jurídico, conformam as nossas expectativas, orientam nosso comportamento. Essa a sua força. Já o vigor da norma é sua capacidade de produzir efeitos, expressa na previsão abstrata de um fato, a que se liga o efeito correspondente; ocorrendo concretamente esse fato, produz-se automaticamente o efeito. Daí dizer-se que o fato produz o efeito (pela incidência da norma), ou que, ocorrendo o fato, a norma produz o efeito.

Se a lei não é aplicada espontaneamente, é a sentença que opera a mediação entre o plano da eficácia e o plano da efetividade. Assim, há diferença entre a eficácia da lei (a que corresponde sua incidência, que opera abstratamente) e a eficácia da sentença (correspondente à aplicação da lei), que opera mais rente à realidade dos fatos, buscando a efetivação da lei.

A distinção entre força e efeitos contribui para desfazer alguns equívocos achadiços na doutrina e nos enunciados legais, notadamente quando se fala em "efeitos" da sentença contra todos, em "efeitos naturais", ou em "eficácia probatória" da sentença.

Se a sentença é meramente declaratória, sua eficácia esgota-se na força: não produz efeitos. A sentença declaratória posta-se entre A e B (as partes figurantes no processo) do mesmo modo como o ato jurídico "x", acima referido. Se o objeto da sentença fosse a existência ou não da relação jurídica decorrente desse ato "x", a sentença nada acrescentaria, que já não estivesse nele. A força dessa sentença – dada sua publicidade – também avulta perante terceiros, de igual modo como se ergue aquele ato "x", após seu registro.

Ações, Ed. RT, 1976, t. I/159, *Comentários ao Código de Processo Civil de 1973*, Forense, 1974, t. V/76); entretanto, cuidando da força ao estudar a coisa julgada, utiliza o termo em sentido diverso do que emprego aqui. Para ele, "força sentencial é a eficácia preponderante" (*Comentários ao Código de Processo Civil de 1978*, t. V/76). É força, no sentido em que emprego esse termo, aquilo que Pontes designa como eficácia *erga omnes* (*Tratado das Ações*, id., p. 307), como eficácia probatória (id., p. 213), e como eficácia da constitutividade (id., p. 200).

É isso que tem em vista, por exemplo, o art. 472 – fim do Código de Processo Civil: "Nas causas relativas ao estado da pessoa, se houverem sido citados no processo, em litisconsórcio necessário, todos os interessados, a sentença produz coisa julgada contra terceiros".

Se a sentença é constitutiva, é efeito o que resulta para as partes, quanto à relação jurídica material que se constituiu. E é força a presença, face a todos os demais, dessa relação.

O mesmo acontece com o elemento declaratório das sentenças condenatórias, constitutivas, mandamentais e executivas.[8] Se a força do fato não lhe dava suficiente visibilidade, essa visibilidade, com a sentença, faz-se induvidosa.

A utilidade última da decisão declaratória reside em que, se necessário, ela pode ser invocada como *quaestio praejudicialis*, em ação de efeito (ação condenatória, ou constitutiva, ou mandamental, ou executiva).

Efeito é o fator ativo da eficácia. Transitada a sentença em julgado, configura-se sua existência imutável. Operam-se seus efeitos próprios, esgota-se a função jurisdicional pertinente ao pedido. Isso nada tem a ver, por exemplo, com a repercussão ética de uma condenação, tão forte que tornasse desnecessária a execução por parte do credor. Isso também nada tem a ver com a execução da condenação, fato (externo à sentença condenatória) que pode ou não ocorrer. Transitada a sentença em julgado, o que passa a existir no mundo jurídico, que não estava antes? Além dela mesma – a decisão formalmente considerada – passa a haver uma condenação, ou uma relação jurídica nova, ou um mandamento, ou uma transferência patrimonial. Essas modificações ocorreram no plano da realidade lógica correspondente à instância performativa (plano da eficácia), em razão do mero trânsito em julgado, e independentemente de qualquer ato posterior de execução ou de efetivização. Em alguns casos cessa aí a incursão na realidade: aplicando a lei ao caso concreto, a sentença produziu toda sua efetivação possível. Isso nada tem a ver, também, com a efetivização da sentença executiva ou da sentença mandamental, que embora desdobrada no tempo incrusta-se ontologicamente na sentença.

Muito de confusão ou desencontro na lei, jurisprudência e doutrina brasileiras em matéria de jurisdição constitucional, advém de imprecisão terminológica, que não observou, situou ou nomeou adequadamente os fenômenos, a partir da distinção primária entre existência, eficácia e validade.

3. *Coisa julgada. Eficácia geral. Eficácia coletiva*

3.1 O art. 472 do Código de Processo Civil diz que a sentença faz coisa julgada às partes entre as quais é dada, não beneficiando nem prejudicando terceiros.

Parte é quem figura no processo como autor, réu ou interveniente (assistente, opoente, nomeado à autoria, denunciado à lide, chamado ao processo).[9] O conceito de parte, diz com precisão Clóvis do Couto e Silva, é meramente formal (*Comentários ao CPC*, Ed. RT, 1982, p. 489). É indiferente saber se a parte no processo é parte na relação material de direito que se discute; porque, se não for parte na relação material de direito (ou não tiver nela interesse) será parte ilegítima no processo, mas parte.

Não tendo sido parte no processo, o terceiro *não pode ser prejudicado pela sen-*

8. Na jurisdição pode haver simplesmente o dizer (ação declaratória), ou ato (ações de constituição, de condenação, de mandamento, de execução = ações de efeito). Sobre a classificação das ações, e a eficácia das sentenças favoráveis nas ações típicas, v. Pontes de Miranda, *Tratado das Ações*, I/117 e ss., e *Comentários ao CPC*, V/77 e ss.

9. Sobre se o assistente é parte, v. Cândido Rangel Dinamarco, *Execução Civil*, Malheiros Editores, 1997, p. 440, nota 181.

tença: são ineficazes, a seu respeito, a condenação, o mandamento, a constitutividade da sentença; se ato executivo se pratica contra terceiro, ele tem direito a embargos (Código de Processo Civil, art. 1.046).

"Como o conceito de parte envolve a idéia de destinatário dos atos judiciais" – diz Cândido Rangel Dinamarco (*Litisconsórcio*, Malheiros Editores, 1994, p. 20) – é relevante associar a noção de parte à presença da pessoa como integrante de uma das posições inerentes à relação jurídica processual. Tal constitui uma projeção da garantia constitucional do contraditório, à luz da qual se constrói então o conceito de parte apto a possibilitar distinção entre pessoas que podem e pessoas que não podem ser atingidas pelos efeitos do processo".

O primeiro dever do juiz é ouvir. Se a parte é dispensada de discutir o direito e se o direito se presume conhecido pelo juiz, isso não o dispensa de ouvir, a parte, no que diga sobre o direito. Parte é quem participa na produção da sentença, e o direito não está todo ele, *a priori*, no pensamento do juiz.

"Tem-se como certo" – sumaria Cândido Rangel Dinamarco – "que seria arbitrário o poder exercido sem a participação dos próprios interessados diretos no resultado do processo. Essa participação constitui postulado inafastável da democracia e o processo é em si mesmo democrático e participativo, sob pena de não ser legítimo" (*A instrumentalidade do processo*, Ed. RT, 1987, p. 185).

Ao dizer que a sentença não prejudica a terceiros, o Código de Processo Civil incorpora dogma do direito processual, revela princípio da relação processual, e traduz direito fundamental: "ninguém será privado da liberdade ou de seus bens sem o devido processo legal" (Constituição da República, art. 5º, LIV); o devido processo legal inclui o direito ao contraditório (id., inc. LV), e o direito de ver apreciada, em juízo, toda lesão ou ameaça a direito individual (id., inc. XXXV).

Esse o efeito subjetivo da sentença: o de vincular a parte. Vincular é ligar, estabelecer laço, relação de subordinação.

Por sobre o vínculo material preexistente, põe-se agora o efeito da decisão judicial: a parte sofre, na sua esfera de direitos, as modificações operadas objetivamente pela sentença; se vencida, e conforme o caso (se a sentença não basta à efetivação), expõe-se à efetivação coercitiva.

Esse efeito nada tem a ver com a coisa julgada, emanação primária da existência da sentença. O que faz, a coisa julgada, é estabelecer a imutabilidade judicial do que se decidiu, desenhar o contorno definitivo da decisão: se uma das partes voltar a juízo, pleiteando nova decisão sobre o que decidido foi, esbarrará na coisa julgada. *A coisa julgada é força da sentença, não é efeito da sentença.*

São duas, portanto, as figuras abrigadas no art. 472, CPC; a frase final "não beneficiando nem prejudicando terceiros" não é expletiva da primeira. A coisa julgada opera *secundum eventum litis*, mas independentemente de requerimento das partes; já o efeito da sentença depende de requerimento das partes.

3.2 Todavia, o art. 18 da Lei 4.717, de 29.6.65 (Lei da Ação Popular) veio dizer que "a sentença terá eficácia de coisa julgada oponível *erga omnes* exceto no caso de haver sido a ação julgada improcedente por deficiência de prova; neste caso qualquer cidadão poderá intentar outra ação com idêntico fundamento, valendo-se de nova prova".[10]

Essa norma estende com relação a todos, nessa hipótese, a força de coisa julgada. Em conseqüência dessa eficácia *erga*

10. A ação popular da Lei 4.717/65 (ação que qualquer do povo pode mover contra atos ilegais ou lesivos ao patrimônio público praticados por autoridade pública é espécie de ação popular *lato sensu*. A ação popular já era conhecida e utilizada em Roma (*actio popularis*) e na Grécia (*v.g. graphé paranomon*).

omnes (contra todos, ou geral), nenhum outro cidadão, mesmo não tendo sido parte no processo, poderá (salvo o caso de improcedência por insuficiência de prova) pleitear nova decisão sobre o que se decidiu na ação popular. Não se vê, nessa norma, ofensa aos direitos fundamentais acima referidos, dado que, em ação popular *stricto sensu*, não se litiga sobre direitos individuais.

Julgada procedente ação popular, desfaz-se o ato ilegal ou lesivo ao patrimônio público, condenando-se ao pagamento de perdas e danos os responsáveis pela sua prática e os que por ele foram beneficiados; estes os efeitos da sentença, que vinculam os sujeitos passivos da ação (pessoas públicas ou privadas, autoridades, funcionários ou administradores, beneficiários do ato impugnado; v. art. 6º da Lei 4.717). Julgada improcedente, nenhum efeito constitutivo se opera. A eficácia referida no art. 18 da Lei 4.717 é força de coisa julgada, oponível a qualquer cidadão que venha a ajuizar pedido idêntico.

As normas do Código de Processo Civil de 1973 foram modeladas tendo em vista a solução de conflitos individuais, em que se refletem relações materiais subjetivas. A Lei da Ação Popular, cuidando de matéria diversa (direitos da coletividade), precisou dispor de modo diverso quanto à titularidade da ação, recorribilidade, efeitos da sentença, efetivação. O autor, aí, exerce representação pública. Além disso, a) o réu poderá abster-se de contestar, passando a atuar ao lado do autor (art. 6º, § 3º); b) qualquer cidadão poderá habilitar-se como litisconsorte ativo (art. 6º, § 5º); c) se o autor desistir da ação ou der motivo à extinção do processo, o Ministério Público, ou qualquer cidadão, poderá promover o prosseguimento (art. 9º); d) omitindo-se o autor, o Ministério Público deverá promover a execução da sentença (art. 16); e) quem foi réu pode promover a execução contra os demais (art. 17); f) a sentença que concluir pela carência ou pela improcedência da ação está sujeita ao duplo grau de jurisdição (art. 19, *caput*); e, finalmente, g) o Ministério Público, e qualquer cidadão, poderá interpor o recurso cabível das decisões proferidas contra o autor (art. 19, § 2º).

O art. 18 da Lei da Ação Popular reproduziu-se, quase *ipsis litteris*, no art. 16 da Lei 7.347, de 24.7.85 (Lei da Ação Civil Pública), destinada a proteger determinados interesses difusos ou coletivos.

Por sua vez, a Lei 8.078, de 11.9.90 (Código de Defesa do Consumidor) traz regras minuciosas quanto à eficácia das sentenças proferidas em ações de defesa do consumidor.

Tratando-se de interesses ou direitos individuais homogêneos – assim entendidos os de origem comum (art. 81, parágrafo único III) – a sentença aproveita a todas as vítimas do mesmo ato ofensivo a direito do consumidor (art. 103, III); ou seja, mesmo o consumidor que não foi parte no processo como autor, poderá promover em seu benefício a execução da sentença condenatória.

Tratando-se de interesses ou direitos coletivos ("interesses ou direitos transindividuais de natureza indivisível de que seja titular grupo, categoria ou classe de pessoas ligadas entre si, ou com a parte contrária por uma relação jurídica base", art. 81, parágrafo único, II) a sentença fará coisa julgada – salvo improcedência por insuficiência de provas – com respeito a todas as pessoas do mesmo grupo, categoria ou classe (art. 103, II); ou seja, analogamente ao que acontece na ação popular, a qualquer outra entidade que formule pedido semelhante em juízo, poderá ser oposta a exceção de coisa julgada. O mesmo acontece, *mutatis mutandis*, tratando-se de interesses ou direitos difusos (os transindividuais, de natureza indivisível, de que sejam titulares pessoas indeterminadas e ligadas por circunstâncias de fato; art. 81, parágrafo único, I, e art. 103, I).

Em nenhuma dessas hipóteses fica o terceiro – aquele que não foi parte no processo – comprometido pela sentença, ou exposto à sua execução (esse o sentido do art. 103, § 2º, aliás meramente expletivo); apenas fica impedido, o terceiro, de pleitear – como autor ou *como réu* – outra decisão sobre a mesma matéria (a não ser no caso de danos sofridos individualmente, se a decisão anterior tiver sido proferida em ação civil pública: Lei 8.078, art. 103, § 3º).

É importante sublinharmos *como réu*. O terceiro, quando demandado, não poderá pleitear decisão diversa quanto ao fato e quanto ao direito objeto da ação coletiva em que não foi parte. A coisa julgada, nessas ações, estabelece para os terceiros (respectivamente, todos os demais cidadãos, todas as demais pessoas, todos os demais titulares dos mesmos direitos difusos, ou dos mesmos direitos coletivos), um precedente imutável. A única discussão possível aí será sobre a limitação, dos efeitos da coisa julgada, ao âmbito da jurisdição em que a decisão foi proferida.

Ações coletivas (gerais ou restritas), destarte, além das vantagens quanto à economia processual e ao acesso à justiça, acrescentam certeza ao ordenamento jurídico. Se as sentenças aí proferidas são imutáveis, dentro de seus amplos e abstratos limites subjetivos, têm os respectivos enunciados decisórios, dentro desses limites, força análoga à da lei, e só por lei podem ser modificados.

Uma cautela se impõe: a de não se tomar, como ação coletiva, o que for ação plúrima ou potencialmente plúrima. E uma conclusão ressalta: a de que *ações coletivas são ações do público, e não ações contra o público*. Ou seja, o interesse público está ou presume-se estar no pólo ativo da ação, mesmo que se trate de ação contra autoridade pública ou o governo. Sob esse aspecto, a ação coletiva é ação de controle dos atos da autoridade pública ou do governo, exercido pela sociedade. Nenhuma das ações coletivas acima examinadas admite que se ponha, a coletividade, em seu pólo passivo; em nenhuma delas cabe sentença gerando efeitos contra a coletividade; inexiste, em nosso ordenamento jurídico, ação cuja sentença possa condenar a coletividade, constituir relação jurídica nova gerando obrigações para a coletividade, gerar mandamento contra a coletividade, arrancar bem que estivesse no domínio da coletividade ou de cada um dos seus membros.

4. Aspectos da jurisdição constitucional

4.1 Jurisdição constitucional é garantia da Constituição; meio de controle do povo sobre o governo; meio de controle do povo sobre a classe política e os interesses políticos, que vai além da atribuição periódica do voto; meio de controle que o autor da Constituição exerce para preservá-la contra abusos do governo.

"Garantia da Constituição" – diz Kelsen – "significa garantia da regularidade das regras subordinadas imediatamente à Constituição, isto é, essencialmente, garantia da constitucionalidade das leis".[11]

Não basta à caracterização de um julgamento como jurisdicional – como parece às concepções convencionalistas – que ele tenha sido proferido por órgão do Poder Judiciário. Pontes de Miranda afirmou, no *Tratado das Ações* (Ed. RT, 1976, 1/237), que "jurisdição é a atividade do Estado para aplicar as leis como função específica. O Poder Legislativo, o Poder Executivo e os próprios particulares aplicam a lei, porém falta a todos a especificidade da

11. "Wesen und Entwicklung der Staatsgerichtsbarkeit", in *Veröffentlichungen der Vereinigung der deutschen Staatsrechtslehre*, Heft 5, Berlin und Leipzig, 1929, s. 31-88. O texto foi publicado pela primeira vez em francês: "La garantie jurisdictionnelle de la Constitution (La justice constitutionnelle)", in *Revue de droit publique et science politique*, XXXV, 1928, pp. 197-257; cito a partir do texto italiano, inscrito na compilação publicada por Giuffrè, Milano, 1981, sob o título "La giustizia costituzionale", p. 148.

função". Entretanto, para que uma decisão seja jurisdicional, não basta designar como judicial o órgão incumbido de proferi-la; nem atribuir, essa competência, a órgão que exerce habitualmente funções jurisdicionais. Na chamada "jurisdição voluntária", por exemplo, não existe verdadeira jurisdição, mas exercício de função estatal judicialiforme (v., p. ex., Ovídio A. Baptista da Silva, *Curso de Processo Civil*, Sérgio A. Fabris Ed., 1987, p. 29; Gabriel de Rezende Filho, *Curso de Direito Processual Civil*, Saraiva, 1948, 1/99).

O fato de que se incumba, ao Supremo Tribunal Federal, o exercício de função não-jurisdicional, foi discutido no julgamento de agravo regimental na representação n. 700; ali, contra o ponto de vista do Min. Moacir Amaral Santos, sustentando, a par de Alfredo Buzaid, ser a representação de inconstitucionalidade uma verdadeira ação de inconstitucionalidade, manifestou-se o Min. Aliomar Baleeiro: "O Ministro Eloy da Rocha tocou num ponto também político, quando disse que isso que meu eminente mestre de processo, Prof. Amaral Santos, chama de 'ação direta' não era uma ação direta. Era algo diferente. Foi sempre a idéia que eu tive. Essa coisa de, por um processo de representação encaminhado pelo Procurador Geral da República, segundo a Constituição de 1946, poder o STF declarar a inconstitucionalidade em tese de uma lei estadual, e hoje, depois da EC 16, de uma lei federal, para mim não é uma ação... Para mim não é uma ação no sentido clássico, genuíno do Direito Processual. Para mim é uma instituição de caráter político, à semelhança do *impeachment*, que, por mais que queiramos pôr dentro do processo penal, não é processo penal. É uma medida política, pouco importando que ela adote alguns dos ingredientes processualistas" (*RTJ* 45/690-714).

Tem-se apontado, como característica da jurisdição, a aplicação da lei ao caso concreto. Todavia, aplicar a lei ao caso concreto é o que fazem, nos seus atos quotidianos, os destinatários da lei: poder público e particulares. Há diferença, entretanto, no fato de que estes aplicam a lei rotineiramente nos negócios de seu interesse, ao passo que o Judiciário aplica a lei com relação ao interesse manifestado pelas partes.

Esse o sentido da "imparcialidade", ou "neutralidade" da jurisdição: o fato de que, não podendo ninguém julgar em causa própria, o juiz deve ser alguém estranho às partes. O juiz não julga a si mesmo, o Estado não julga a si mesmo. Só se instaura em plenitude a jurisdição estatal quando, deixando a autoridade de ser irresponsável, cria-se uma cisão no poder estatal; o Judiciário é metapoder, poder de julgar o próprio Estado.

Também não está exclusivamente na definitividade de suas decisões a característica específica da jurisdição; o Direito pode reservar áreas de autonomia e discricionariedade a pessoas de direito privado e de direito público cujas decisões, em seu mérito, sejam irretocáveis.

Estaria então, no contraditório, a característica específica da jurisdição, não fosse o fato de que, em vários outros tipos de processo, entre eles os administrativos, possam os interessados alegar, produzir provas, debater. A semelhança é maior entre o processo administrativo e o processo judicial quando, naquele, a iniciativa é do particular, que provoca a administração requerendo-lhe uma decisão ou uma providência. Essa semelhança também existe entre o processo administrativo disciplinar e a ação penal; a diferença está em que, no primeiro, o poder punitivo opera nos limites da relação administração-agente público, e na ação penal o poder punitivo decorre do *imperium* geral, ou soberania.

A angularidade da relação processual não será nota distintiva se, em processo criminal, a relação se estabelecer entre o Estado de um lado e o acusado, de outro. A busca da angularidade é que impõe: a) que o acusador seja outro que não o julgador; b) que o acusado possa constituir livremente seu defensor, e, de preferência, escolhê-lo dentre os que não sejam empregados públicos; c) que o juiz seja independente, posto acima do Estado-acusador. A função jurisdicional se ilumina quando se fixam as garantias constitucionais do processo. Essas garantias se estendem a toda instância cuja decisão possa conter lesão ou ameaça a direito. Dizer que "a lei não excluirá da apreciação do Poder Judiciário lesão ou ameaça a direito" (Constituição brasileira, art. 5º, XXXV) significa que a lei pode criar, modificar ou extinguir direitos, mas não pode suprimir a ação, como *jus persequendi in judicio quod sibi debeatur*.

Esse tema (a natureza da função jurisdicional) voltou a ser tocado, no STF, a propósito do processo de responsabilização do Presidente Collor. No julgamento do mandado de segurança n. 21.564-0 – impetrado contra o Presidente da Câmara dos Deputados durante a fase autorizatória daquele processo – o Tribunal conheceu da matéria e concedeu a segurança em parte, por entender que houvera violação de direito individual. Ficou vencido o Ministro Paulo Brossard (Supremo Tribunal Federal, *Impeachment*, Brasília, p. 188), que não conheceu do pedido, reportando-se ao voto proferido no julgamento da respectiva medida cautelar; sustentou, em resumo, que "o *impeachment* é um processo estranho ao Poder Judiciário, que começa e termina no âmbito parlamentar, por expressa disposição constitucional. Nele o Judiciário não interfere" (ib., pp. 84 e ss.). O voto do Ministro Paulo Brossard não examina a questão da garantia prevista no art. 5º, XXXV da Constituição, mas seu resultado é que a desconhece, face à competência do Senado para julgar o Presidente da República (Constituição, arts. 52, I e 86).

Reconhecer a existência de poderes discricionários implica o respeito, pelo Judiciário, das decisões proferidas por essas instâncias autônomas, sejam privadas, administrativas ou políticas; a injusticiabilidade, nessas hipóteses, cobre o mérito dessas decisões, nos limites de sua discricionariedade. Mas é impossível negar ação, sob o fundamento de ser injusticiável o mérito do ato impugnado, a quem alega lesão ou ameaça de lesão a direito individual.

A bela e engenhosa definição que dá Chiovenda à jurisdição – atuação da lei mediante a substituição da atividade dos órgãos públicos à atividade de outro[12] – parece não se realizar sempre, nem reunir todos os elementos distintivos dessa função estatal. Segundo Antonio Carlos Araújo Cintra, Ada Pellegrini Grinover e Cândido R. Dinamarco (*Teoria Geral do Processo*, Malheiros Editores, 1996, p. 24), a jurisdição "é uma das expressões do poder estatal, caracterizando-se este como a capacidade, que o Estado tem, de decidir imperativamente e impor decisões. O que distingue a jurisdição das demais funções do Estado (legislação, administração) é precisamente, em primeiro plano, a finalidade pacificadora com que o Estado a exerce". Nessa mesma linha a definição de Cármen Lúcia Antunes Rocha, para quem "a jurisdição é a atividade estatal soberana pela qual se deslinda uma situação social de conflito, afirmando-se e aplicando-se o direito objetivo".[13]

Em todas as formas de atuação consideradas como jurisdicionais, vemos que o julgador deve ser neutro ou imparcial, e somente agir mediante provocação; e que ele interpreta e aplica o direito, em procedimento contraditório. As decisões adotadas internamente às associações, pelos seus órgãos julgadores, também são definitivas,

12. *Principi di diritto processuale civile*, N. Jovem & C., Napoli, 3ª ed., 301: "la giurisdizione consiste nell'attuazione della legge mediante la sostituzione dell'attività di organi pubblici all'attività altrui, sia nell'affermare l'esistenza di una volontá di legge sia nel mandarla ulteriormente ad effetto".

13. "O direito constitucional à jurisdição", in *As garantias do cidadão na justiça*, Sálvio de Figueiredo Teixeira (org.), Saraiva, 1993, p. 33.

no âmbito interno dessas associações (sua reformabilidade pelo Estado é extra-sistêmica). Onde se reúnem esses elementos há jurisdição. Jurisdição estatal é a que, a esses elementos, acrescenta a supremacia. Assim, pode haver jurisdição exercida por ente não estatal, e pode haver jurisdição estatal exercida por ente não-estatal, exercente de função estatal.

Creio poder-se afirmar, em resumo, que jurisdição é poder conferido, a órgão inerte e neutro, de interpretar e aplicar o direito, em procedimento contraditório; e que estatal é a jurisdição conferida a órgão soberano, ou integrante de sistema soberano.

4.2 As pessoas em geral, e a administração pública, aplicam a lei em suas atividades diárias. É inadmissível que, ao fazê-lo, deixem de lado a Constituição; ou que, deixando de aplicar a norma constitucional incidente, apliquem, em seu lugar, uma lei incompatível com a Constituição. Nem é possível, sem dano potencial à Constituição, evitar que as pessoas possam defender, em juízo, interesses feridos por ato inconstitucional. O controle concreto de constitucionalidade decorre da natureza das coisas.

A instituição de controle abstrato (a possibilidade de declarar-se a inconstitucionalidade de uma lei em tese) representa amplificação, e não restrição do controle difuso. Milhões de pessoas, através da declaração de inconstitucionalidade, em ação coletiva, ganham proteção contra o arbítrio do governo. Essa amplificação mostra-se com nitidez na história constitucional brasileira, na evolução gradual da representação de inconstitucionalidade, que a transforma em ação da cidadania.[14]

Há países, porém, que não possuem controle difuso (o controle concreto, difundido por todas as instâncias judiciárias). Admite-se aí apenas controle abstrato, concentrado de preferência em somente um tribunal. A par do controle abstrato, pode haver controle concreto concentrado de preferência em somente um tribunal, como acontece na Alemanha, com a *Verfassungsbeschwerde* (recurso constitucional; Constituição alemã, art. 93, I, 4a) e na Espanha, com o recurso de amparo (Constituição espanhola, art. 161, I, "b", e 162, I, "b").

Instituir controle concentrado é estabelecer instâncias especiais, e exclusivas, para julgar matéria constitucional. De modo que, suscitada matéria constitucional em outro juízo que não aquele(s), as partes poderão argüir incompetência do juízo, ou requerer que a matéria não seja conhecida. Se for hipótese simplesmente de não conhecimento, o juízo dela não conhecerá, ou poderá, antes de passar ao mérito, suspender o processo remetendo a prejudicial de inconstitucionalidade ao tribunal competente (Constituição alemã, art. 100, I; Constituição espanhola, art. 163).

Há distinção entre sistema concentrado e controle concentrado. No sistema brasileiro de controle de constitucionalidade, existe controle concentrado – exercido mediante a ação direta de inconstitucionalidade – mas não há sistema concentrado.

Sistemas concentrados são, entre outros, os da Alemanha e Espanha, em que somente a Corte Constitucional pode proferir decisão de inconstitucionalidade.

A Constituição espanhola não inclui o Tribunal Constitucional no Poder Judiciário. Nem inscreve, na competência de qualquer órgão do Judiciário, a faculdade de

14. Durante a fase final da ditadura militar, e no subseqüente período de transição democrática, a cidadania insurgia-se contra o monopólio do Procurador Geral da Justiça, como único legitimado ativo à ação direta de inconstitucionalidade. A ampliação dessa legitimação era tema recorrente na imprensa, e nos congressos de advogados. Vejam-se, por exemplo, as teses apresentadas à 7ª Conferência Nacional da OAB, 1978, Curitiba (Víctor Nunes Leal), à 8ª Conferência, 1980, Manaus (José Inácio Botelho de Mesquita), à 9ª Conferência, 1982, Florianópolis (Luiz Carlos Valle Nogueira) e ao Congresso Nacional de Advogados Pró-Constituinte, 1983 (Miguel Reale Jr.).

afastar a incidência de uma norma, por vício de inconstitucionalidade. À parte os conflitos de competência, as argüições de inconstitucionalidade podem chegar àquela Corte, seja na forma do art. 163 acima referida (denominada "questão de inconstitucionalidade"), seja mediante ação de segurança ("recurso de amparo"), seja mediante "recurso de inconstitucionalidade" (interposto pelo Presidente do Governo, ou pelo Defensor do Povo, ou por cinqüenta senadores, ou pelos órgãos colegiais das comunidades autônomas, ou se for o caso pelas assembléias das comunidades autônomas).

4.3 Na vigência da Constituição brasileira de 1946, discutia-se se a "representação de inconstitucionalidade" era ou não verdadeira ação.

Para a resposta negativa concorriam ao menos dois motivos. O primeiro, tocante à natureza da representação. O segundo, relativo à natureza da função jurisdicional.

Representação é manifestação com que se cobra, da autoridade, providência que já deveria ter adotado de ofício; ou com a qual se dá ciência de um fato à autoridade, para que adote a providência cabível, de ofício. O direito de representação inclui-se no direito de petição, mas nela só existe *provocatio ad agendum* e não requerimento. A autoridade não pode negar-lhe conhecimento, dizendo que nela se omitiu menção à providência a ser adotada.

A propósito de representação dissertava Alfredo Buzaid: "... o direito de representar tem, na sistemática constitucional brasileira, características próprias; consiste em denunciar abusos de autoridades e promover a responsabilidade delas. É o que está definido no art. 141, n. 37, da Constituição Federal: 'É assegurado a quem quer que seja o direito de representar, mediante petição dirigida aos poderes públicos, contra abusos de autoridades e promover a responsabilidade delas'.

"O direito de representar foi atribuído a qualquer um, independentemente de sua capacidade política, e pode ser exercido contra todas as autoridades indistintamente, desde que pratiquem abuso na função pública" (*Da ação direta declaratória de inconstitucionalidade no Direito brasileiro*, Saraiva, 1958, pp. 102-103).

Acrescentava não ser representação o previsto na Lei 2.271/54 que atribuía ao Procurador-Geral da República a faculdade de pleitear, perante o STF, a declaração de inconstitucionalidade de ato ofensivo aos princípios enunciados no art. 7º, VII da Constituição de 1946. Afirmava que nem a lei nem a Constituição empregavam o termo "representação"; fora Pontes de Miranda que assim designara o que, a seu ver, era verdadeira ação, e arrematava: "Toda ação pressupõe necessariamente três elementos subjetivos: autor, réu e juiz. O exercício da ação abre a via ao direito de defesa, pois ninguém deve ser condenado sem ser ouvido: *audiatur et altera pars*. Não há processo validamente constituído sem que a outra parte seja citada a fim de defender-se.

"(...)

"O Procurador-Geral da República é o autor da ação e opera como substituto processual, isto é, age em nome próprio, mas por interesse alheio. Não o move um interesse pessoal; ele representa toda a coletividade, empenhada em expurgar a ordem jurídica de atos políticos, manifestamente inconstitucionais e capazes de pôr em risco a estrutura do Estado" (id., pp. 105-107).

Acreditava-se, de modo generalizado, que a função do Judiciário resumia-se a aplicar a lei ao caso concreto, para dirimir um litígio. Não obstante, as ações declaratórias já sinalizavam ser possível cindir a lide, requerendo ao Judiciário, em processo autônomo, a emissão de uma declaração, que de outra forma viria incluída como elemento da sentença de efeito. Custou mais um passo perceber-se que, sendo muitas vezes elemento da decisão uma declaração de inconstitucionalidade, essa declaração poderia ser proferida em processo autônomo. E apenas outro passo para construir-se a ação coletiva, tendo como objeto essa declaração de inconstitucionalidade, em tese.

Ora, o particular, e a Administração Pública, podem recusar-se a aplicar norma inconstitucional. Mas declarar a inconstitucionalidade de uma norma não é função de qualquer outro Poder, senão o Judiciário. Quando afigurou-se útil a possibilidade dessa declaração, em processo autônomo, criou-se o respectivo instrumento, que a EC n. 16/65 ampliou e chamou de "representação". Os ministros Aliomar Baleeiro (*RTJ* 45/714), Moreira Alves (*RTJ* 94/58), Djaci Falcão (*RTJ* 94/59), viram-na como um meio excepcionalíssimo ou peculiaríssimo de controle político, enquanto o Ministro Amaral Santos, invocando as Leis 2.271, de 22.7.54 e 4.337, de 1.6.64, assim como o magistério de Alfredo Buzaid, enxergava, aí, verdadeira ação (*RTJ* 45/706 e ss.).

4.4 A doutrina e a prática do controle de constitucionalidade criaram um conjunto de regras sobre o exercício da jurisdição constitucional.

Entre elas, a quarta, a quinta e a nona das "regras de bom aviso", arroladas por Lúcio Bittencourt (*O controle jurisdicional da constitucionalidade das leis,* Forense, 1968, pp. 116 e ss.):

"O juiz deve abster-se de se manifestar sobre a inconstitucionalidade toda vez que, sem isso, possa julgar a causa e restaurar o direito violado". (4ª)

"Sempre que possível, adotar-se-á a exegese que torne a lei compatível com a Constituição". (5ª)

"Se apenas algumas partes da lei forem incompatíveis com a Constituição, estas serão declaradas ineficazes, sem que fique afetada a obrigatoriedade dos preceitos sadios". (9ª)

Essas regras, que não são restritivas da prestação jurisdicional em si mesma, mas do seu conteúdo, condensam-se num princípio, que podemos chamar *princípio de intervenção mínima.* Se já na jurisdição comum não se admite ir além do pedido, a jurisdição constitucional contém-se no estritamente necessário. O fato a que se reporta o autor, na ação de inconstitucionalidade, é a incompatibilidade entre a norma impugnada e a Constituição. Assim, embora se presuma que o juiz conhece o direito (*iura novit curia*), não basta ao autor aludir a essa incompatibilidade, devendo dizer precisamente em que ela consiste, apontando o preceito ou preceitos da Constituição vulnerados pela norma.

Tem-se aplicação do princípio de intervenção mínima no aforismo segundo o qual, no controle de constitucionalidade, o Judiciário age como "legislador negativo", não podendo assumir o papel de "legislador positivo"; no enunciado que mande suspender eficácia, ao invés de suprimi-la; e no enunciado que mande apenas suspender eficácia, ao invés de suprimir eficácia mais existência. Se falta indicação clara a respeito de sua extensão, o conteúdo do *decisum* (ou o objeto da sentença) será o mínimo possível, desde que compatível com a Constituição, e suficiente à preservação do preceito constitucional vulnerado.

O princípio de intervenção mínima não se confunde com a autolimitação (*self restraint*), que se pretendeu copiar, no Brasil, através da malfadada "argüição de relevância". O que há em outros sistemas – e às vezes nos desperta inveja como índice de bom funcionamento das instituições – pode não passar de elitismo social, ou elitismo judicial. Ou a jurisdição constitucional é aberta, ou põe-se em risco a supremacia da Constituição. Onde há mais juízes, não é preciso mais policiais.

5. Mandado de segurança e efeito vinculante

A ação especial de segurança – que a praxe designou como mandado de segurança – é espécie de ação mandamental.[15] Na dicção da Lei 1.533/51, e da Constituição em seu art. 5º, LXIX, mandado de segurança é o que se concede, se procedente o pedido, a quem ajuizou ação, impetrando segurança. Segurança é a garantia, dada por órgão jurisdicional, de respeito a direito líquido e certo, ameaçado por ato de autoridade. Não podendo o Estado, criatura do Direito, afastar-se dele, a infração praticada pelo agente público entende-se como infração *do agente público*, que o Estado corrige mediante ato do juiz. É esclarecedor esse texto: "A força específica do mandado de segurança é a mandamentalidade: órgão do poder público dirige-se a outro órgão, mandando. A construção científica é, pois, a seguinte: o legislador (no Brasil, legislador constituinte) que, na esteira das regras constitucionais anteriores, tratou o ato do poder público como existente, mas nulo, permitiu o mandamento, em vez da só desconstituição, se a tempo foi usada a ação de mandado de segurança" (Pontes de Miranda, *Comentários ao CPC*, Forense, 1977, XIV/319).

O mandado com o qual se presta segurança não é simples ordem do juiz à autoridade coatora: é ato com o qual o Estado – através de órgão jurisdicional – restaura o ordenamento violado pela autoridade coatora; gera, por isso, fato da administração, em que o juiz se substitui à autoridade administrativamente competente para satisfazer ao impetrante; o que faltar, além disso, à efetivização do direito líquido e certo, é ato de instrumentação; se a autoridade coatora recusa a instrumentação, afasta-se a autoridade coatora – sujeita então às penalidades administrativas ou políticas por descumprimento de dever funcional – pondo-se substituto em seu lugar. Não há que falar nesse caso em crime de desobediência, tampouco em pena de prisão por desobediência a ordem judicial, como sanção por falta de efetivização. Fazê-lo, seria admitir alternativa à efetivização, e que o agente possa frustrar a vontade estatal. Mandamento é mais do que ordem. Isso se observa, com bastante claridade, no caso de mandado de segurança contra ato judicial. É impensável, aí, a desobediência do juiz, não apenas porque sua obediência faz parte da nossa cultura: mas porque a decisão superior, concessiva da segurança, é substitutiva da sua.

Inexiste, na Lei 1.533/51 (Lei do Mandado de Segurança), ou em qualquer outra relativa à ação especial de segurança, norma análoga à do art. 81, parágrafo único, III da Lei 8.078/90 (Código de Defesa do Consumidor), de tal modo que outro, que se ache na mesma situação do impetrante, venha a beneficiar-se com a concessão, a este, do mandado de segurança. E, para instituir-se essa extensibilidade, haveria problemas a considerar, quer pelo lado de quem impetra, quer pelo lado da autoridade com respeito à qual se impetra.

A concessão do mandado – efeito preponderante da sentença – supõe a declaração (efeito imediato) da existência do direito líquido e certo. Quando se fala da extensão, a outros, dos efeitos benéficos da segurança, pode-se estar cuidando da extensão do efeito declaratório (isto é, da desnecessidade de se rediscutir, em cada novo caso individual, a tese sobre a existência ou não do direito líquido e certo). Essa extensão, portanto, caso não haja adimplemento espontâneo da administração, não dispensaria o terceiro de requerer o benefício, e sendo este negado, de impetrar segurança; seu efeito apenas consistiria em dispensar, o terceiro, de redemonstrar a tese consubstanciada no enunciado declaratório da sentença matriz.

15. Segundo Pontes de Miranda, "a ação mandamental prende-se a atos que o juiz ou outra autoridade deve mandar que se pratique. O juiz expede o mandado, porque o autor tem pretensão ao mandamento" (*Tratado das Ações*, 1/122). "Na sentença mandamental, o *ato* do juiz é junto, *imediatamente*, às palavras (verbos) – o ato, por isso, é dito imediato. Não é mediato, como o ato executivo do juiz a que a sentença condenatória alude (anuncia); nem é incluso, como o ato do juiz na sentença constitutiva" (id., p. 211).

Mas pode acontecer que se esteja cuidando da extensão, ao terceiro, do efeito preponderante da sentença concessiva da segurança: bastaria ao terceiro, por exemplo, no caso da negativa de um reajuste, dirigir-se à boca do cofre; esta hipótese também não afasta, em tese, a necessidade de um novo procedimento judicial – praticamente um novo mandado de segurança – pois o juiz não poderia expedir o ofício comunicando a extensão da segurança ao servidor "x", sem antes solicitar informações à autoridade coatora: como esta não dispõe de embargos contra a decisão extensora da segurança, deve-lhe ser aberta oportunidade (Constituição da República, art. 5º, incisos LIV, LV e XXXV) para dizer, ao menos, que o terceiro não está em situação idêntica à do impetrante.

Em qualquer dessas hipóteses, a extensão possível não terá como ultrapassar a área sob jurisdição do tribunal competente para conhecer do recurso ordinário cabível contra a sentença concessiva da segurança.

6. Recurso extraordinário e efeito vinculante

6.1 Cabe recurso extraordinário, para o Supremo Tribunal Federal, de decisão proferida em única ou última instância que a) contrariar dispositivo da Constituição, ou b) declarar a inconstitucionalidade de tratado ou lei federal, ou c) julgar válida lei ou ato de governo local contestado em face da Constituição (v. Constituição brasileira, art. 102, III).

Ao julgar recurso extraordinário, o STF pode cassar a decisão contrária à Constituição, e pôr outra em seu lugar. Trata-se, por isso, de poderoso meio de controle de constitucionalidade; dificilmente pode considerar-se, como Estado Democrático de Direito, aquele em que a pessoa não tenha como levar, ao Judiciário, pleito de inconstitucionalidade.

Já se foi o tempo em que era a Constituição, basicamente, instrumento de organização do governo; ela é chave do ordenamento, sede de direitos subjetivos, direitos fundamentais, direitos individuais, direitos coletivos, direitos sociais. Pertence àquele passado a concepção de um recurso extraordinário voltado à proteção do ordenamento como conjunto lógico. O ordenamento serve à vida, não a si mesmo.[16]

O Brasil atravessa fase de constitucionalização e federalização de direitos análoga à experimentada pelos Estados Unidos desde o último século. As oligarquias locais resistem à aplicação da Constituição, e delas dificilmente se distanciam os judiciários estaduais. A necessidade de federalização dos crimes cometidos contra os direitos humanos, por exemplo, confirma a lei sociológica enunciada por Pontes de Miranda, no sentido de que o *quantum* despótico diminui à medida que se alarga o espaço social.

O próprio governo da República mantém a "indústria da inconstitucionalidade" – a reiterada desobediência à Constituição, especialmente em algumas matérias tributárias, previdenciárias e sociais – confiante na debilidade da cidadania e nas limitações do Judiciário.

Favorecer o controle concreto de constitucionalidade – ao invés de cerceá-lo – é diretriz para a efetividade da Constituição. Sistemas que só possuam o controle abstrato são deficitários de efetividade; a inconstitucionalidade costuma estar não apenas em atos normativos, mas também em atos concretos do exercício de poder, seja da administração, seja do particular.

6.2 Quando se fala em efeito vinculante de decisão do Supremo Tribunal Fede-

16. "O Supremo Tribunal Federal representa para os jurisdicionados a esperança derradeira na busca da reparação de direitos inobservados, mormente quando possuidores de contornos constitucionais" (Ministro Marco Aurélio, MS 21.329, *RTJ* 151/469). Em contrário, veja-se o libelo dirigido a Louis Favoreu por Klaus Schlaich, citado por Oscar Dias Corrêa (*A Constituição de 1988*, Forense, 1991, p. 148).

ral, é importante distinguir entre decisões proferidas em processos de sua competência originária (p. ex., ação direta de inconstitucionalidade, ação declaratória de constitucionalidade) e em processos de sua competência recursal.

Efeitos do recurso – que operam dentro do processo – são o devolutivo e o suspensivo. O que opera fora do processo, nas relações materiais de direito, é a sentença, que pode ser reformada pelo tribunal, no julgamento do recurso (v. art. 512, CPC).

Inexiste no Brasil, até este momento, norma conferindo eficácia geral a decisão proferida em ação direta de inconstitucionalidade. Quanto à ação declaratória de constitucionalidade, vige a regra do art. 102, § 2º, da Constituição (v. acima, item 1), na redação dada pela Emenda Constitucional n. 3/93.

Já com relação às decisões proferidas em recurso extraordinário, incidem, conforme o caso, as regras dos arts. 472, CPC, 18 da Lei 4.717/65, 16 da Lei 7.347/85, 103 da Lei 8.078/90, ou outras. Isto é, o fato de que a decisão tenha sido proferida pelo STF não altera a eficácia subjetiva da sentença, segundo a lei processual de regência.

Atribuir eficácia geral a essa decisão recursal, ampliando a extensão subjetiva da eficácia da sentença, equivaleria a apagar da Constituição a garantia inscrita em seu art. 5º, incisos LIV, LV e XXXV. Isso é impossível sem ruptura da Constituição. A decisão proferida em recurso extraordinário, destarte, passaria a ter dupla eficácia: a primeira, sua eficácia própria e original de, modificando a sentença, alcançar a esfera de direitos das partes, segundo a lei de regência; a segunda, a eficácia extraprocessual geral, superposta à primeira.

Conseqüência de emenda constitucional que conferisse eficácia geral a decisões do STF no julgamento de recurso extraordinário, seria a derrogação tácita do inciso X do art. 52 da Constituição. Essa disposição fixa a competência privativa do Senado para "suspender a execução, no todo ou em parte, de lei declarada inconstitucional por decisão definitiva do Supremo Tribunal Federal".

No sistema em vigor, a declaração de inconstitucionalidade de uma lei, proferida incidentalmente pelo STF, pode ser estendida a todos mediante resolução do Senado. Podemos dizer, assim, que já existe eficácia geral nas decisões declaratórias de inconstitucionalidade de lei proferidas pelo STF em recurso extraordinário, desde que aprovada pelo Senado. Isso não é mero mecanismo processual, mas expressão de um teorema político, que atribui basicamente ao Legislativo o exercício de função legislativa. A essa Casa política deu-se a competência de transformar aquela decisão, proferida em caso isolado, em norma rígida, impermeável a alteração por via judicial.

O regimento interno do Supremo Tribunal Federal, em seu art. 178, determina que, declarada incidentalmente a inconstitucionalidade de lei ou ato normativo federal, seja dada ciência dessa decisão ao Senado.

O regimento interno do Senado, por sua vez, dispõe sobre a matéria principalmente em seu art. 386: "O Senado conhecerá da declaração, proferida em decisão definitiva pelo Supremo Tribunal Federal, de inconstitucionalidade, total ou parcial de lei, mediante: a) comunicação do Presidente do Tribunal; b) representação do Procurador-Geral da República; c) projeto de resolução de iniciativa da Comissão de Constituição, Justiça e Cidadania".

Como se vê, o regimento interno do Senado prescinde de comunicação do STF, para dar início ao procedimento previsto no art. 52, X, da Constituição.

O Parecer n. 154/71, da Comissão de Constituição e Justiça do Senado (relator o senador Accioly Filho), não via diferença procedimental conforme a decisão de inconstitucionalidade do STF tivesse sido proferida em sede de controle concreto, ou em sede de controle abstrato. Para que a decisão ganhasse eficácia geral seria necessária, em qualquer desses casos, a resolução do Senado:

"Ao Supremo cabe julgar da inconstitucionalidade das leis ou atos, emitindo a decisão declaratória quando consegue atingir o *quorum* qualificado.

"Todavia, aí não se exaure o episódio se aquilo que se deseja é dar efeitos *erga omnes* à decisão.

"O Judiciário julga o caso *in specie*, desata a lide entre as partes e pode chegar à negativa de aplicar uma lei, ou parte dela, por julgá-la inconstitucional.

"Ainda mais distante, tem condições de ir o Supremo Tribunal Federal: faculta-se-lhe declarar inconstitucional ato ou lei debruçado exclusivamente sobre esse ato ou lei, após provocação do Procurador-Geral da República.

"Essas decisões, porém, não têm executoriedade com relação a todos, nem mesmo ao próprio Supremo, que pode rever seus julgados sobre inconstitucionalidade (art. 99 do Regimento Interno do Supremo), reabrindo o debate sobre matéria dessa natureza e ainda que a decisão anterior tenha sido tomada pelo *quorum* qualificado.

"A simples declaração de inconstitucionalidade não é, pois, irretratável, se não chega a ultrapassar a área de atividade do Supremo e vir para o Senado. Pode constituir coisa julgada, mas entre as partes, e assim mesmo, sujeita a modificação numa ação rescisória.

"A declaração de inconstitucionalidade, só por ela, não tem a virtude de produzir o desaparecimento da lei ou ato, não o apaga, eis que fica a produzir efeitos fora da relação processual em que se proferiu a decisão" (v. *RIL* 48/267).

7. *Ação Direta de Inconstitucionalidade e efeito vinculante*

7.1 A Ação Direta de Inconstitucionalidade (ADIn) é meio para o controle abstrato de constitucionalidade de lei ou ato normativo federal ou estadual (Constituição da República, arts. 102, I, *a*, e 103), a ser exercido exclusivamente pelo Supremo Tribunal Federal (controle concentrado).[17]

Trata-se de ação movida pelo povo contra o governo, desdobramento do *munus* que cabia, antes de 1988, apenas ao Procurador-Geral da República.[18] Seus legitimados ativos (art. 103, I a IX) não buscam direito próprio, mas agem no interesse de todos.[19]

A ação direta de inconstitucionalidade na forma da Constituição brasileira de

17. As atas da Constituinte de 1934 registram: "O sr. Oswaldo Aranha... propõe o seguinte: declarar em tese a inconstitucionalidade das leis por meio de ação declaratória, em virtude das provocações das câmaras legislativas, dos institutos superiores e das associações científicas, conforme sugeriu o Sr. Oliveira Vianna. O Sr. Oliveira Vianna observa que não quis se referir às associações científicas, mas aos institutos de advogados" (v. José Affonso Mendonça de Azevedo, *Elaborando a Constituição Nacional*, ed. fac-similar, Senado Federal, Brasília, 1993, p. 536). De 1934 a 1988 passaram-se 54 anos; até chegarmos à ADIn 88 tivemos de permeio as chamadas representações interventivas (Lei 2.271/56) e geral (EC 16/65).

18. A Emenda Constitucional n. 16/65 dera, ao STF, competência para processar e julgar originariamente "a representação contra a inconstitucionalidade de lei ou ato de natureza normativa, federal ou estadual, encaminhada pelo Procurador Geral da República".

19. Vai contra a Constituição a diferença que o STF vem estabelecendo quanto a esses legitimados, ao exigir, de alguns dentre eles, o requisito da pertinência entre o seu interesse específico e o ato normativo argüido como inconstitucional (*RTJ* 147/372 e 376, 133/1.011, 145/735, 153/428, 151/435, 157/816, 159/756 e 771). Essa diferença é inadmissível porque transforma a natureza da ADIn: de *actio popularis* que é (legitimação ativa por representação pública) em ação coletiva (legitimação ativa por "substituição" processual). No julgamento da ADIn n. 305 (*RTJ* 153/428), o Ministro Paulo Brossard afirmava: "Entendo que não há necessidade de pertinência entre a norma argüida e os objetivos sociais da entidade de classe para legitimá-la nas ações diretas, embora reconheça que razões em contrário, de utilidade e conveniência, são abundantes".... "Sou o primeiro a reconhecer que, pelo número de ações ajuizadas, caminhamos para um número inquietante e noto que os partidos políticos com representação no Congresso ainda não descobriram essa via".

1988, é *actio popularis* de legitimação restrita, tal como indicado por Kelsen em estudo sobre a jurisdição constitucional.[20] O § 3º do art. 103 – incumbindo o Advogado-Geral da União (representante judicial da União) de defender o ato impugnado – mostra até que ponto é enxerto a inclusão do Presidente da República, e das Mesas do Senado e da Câmara dos Deputados, como legitimados para propor essa ação.

O fato de que o Executivo e órgãos legislativos também possam intentá-la, não afasta sua característica básica de ação popular, *lato sensu*. Réu nessa ação é sempre o poder político, responsável pela edição da norma impugnada; autor é quem assume a defesa da Constituição, em nome de todos. Não existe aí "processo objetivo"; o contraditório se estabelece com o órgão do governo que tenha, presumivelmente, interesse em sustentar a constitucionalidade da norma impugnada, de cuja edição participou. Se a ação é proposta pelo Presidente da República, deverá ser citado o Congresso; é evidente a impossibilidade de confiar-se ao Advogado-Geral da União – que representa em juízo o autor – a defesa da norma impugnada.

Resultado da ADIn é que, declarada a inconstitucionalidade, a administração fica autorizada a afastar, espontaneamente, os efeitos da norma inconstitucional; ou ficam, os litigantes em ação de efeito, dispensados de discutir essa inconstitucionalidade. Caso o juiz contrarie a decisão do STF, a parte prejudicada terá ao seu alcance os recursos cabíveis, para modificar a sentença.

O recurso extraordinário e a ADIn inscrevem-se entre os meios de defesa de que dispõe, o povo, contra os excessos da autoridade. Põe-se mal desde o início, face ao controle de constitucionalidade, quem ignora essa referência. A elaboração da lei é ato de governo, mas não assim a elaboração da Constituição, que é ato do povo.

20. Ob. cit., p. 194.

"Por sua vinculação ideológica e histórica com as técnicas de controle e limitação do poder estatal" – afirma Vanossi – "a prática do controle ou 'revisão judicial' da constitucionalidade das leis é parte do patrimônio doutrinal do republicanismo liberal; não sendo tampouco exagerada a tão conhecida asseveração de que talvez seja a contribuição mais importante da civilização norte-americana para o desenvolvimento do constitucionalismo no mundo" (Jorge R. Vanossi, *Teoría Constitucional*, II/122, Ed. Depalma, Buenos Aires, 1976).

7.2 A propósito da ação direta de inconstitucionalidade dos arts. 102, I, "a" e 103, I, e § 1º da Constituição brasileira, cinco problemas principais se apresentam: a) se essa ação é declaratória ou constitutiva; b) se a eficácia da decisão compreende força e efeito, ou somente força; c) se a decisão de mérito pode vir a ser modificada, mediante outra ação direta de inconstitucionalidade; d) se a coisa julgada inclui a *ratio decidendi*; e) se a decisão possui eficácia geral.

Essas questões se interpenetram.

7.2.1 A ação direta de inconstitucionalidade do art. 102 da Constituição brasileira é ação declaratória. A declaração de inconstitucionalidade é declaração de que a norma impugnada não tem vigor: inexiste, nela, capacidade de produzir efeitos. Assim, todo efeito que se lhe atribuiu, falsa ou equivocadamente se atribuiu. A declaração não retroage; exibe o que já estava na norma impugnada: sua incompatibilidade com a Constituição.

Lei inconstitucional existe, mas existe como lei inconstitucional, e, portanto, ineficaz. A solução poderia ser outra, *de lege ferenda*, se a decisão desconstituísse a lei, retirando-lhe existência (o que só seria possível *ex nunc*) e suprimindo-lhe todo efeito (o que poderia ser *ex nunc* ou *ex tunc*). Se o sistema admitisse que a decisão de inconstitucionalidade (declaração de inconstitucionalidade, ou decretação de inconstitucionalidade) só operasse *ex nunc*, estaria admitindo que, até a manifestação judicial, a lei inconstitucional prevalecia sobre a Constituição. Portanto, o Judiciário só tem esse poder se a própria Constituição o instituir expressamente.

O art. 52, X, da Constituição de 1988, cuja fórmula vem de 1946, é exemplo dessas distinções. O que o Senado faz não é revogar (desconstituir) a lei declarada inconstitucional, mas suspender-lhe a execução. Para trás ficam seus efeitos já produzidos e consumados; a lei continua a existir, de tal modo que, se vier a ser revogado o preceito constitucional com que é incompatível, recobrará o vigor (o caso não é de repristinação).[21]

7.2.2 Ação declaratória, vimos acima, não tem efeito, só força. A sentença declaratória (*lato sensu*, mais do que a sentença na ação declaratória em sentido estrito do art. 4º, CPC), faz certa a existência de um fato ou de uma relação jurídica face aos interessados, e, de modo mediato, face a todas as demais pessoas cuja atuação possa esbarrar nesse fato ou relação. As partes ficam impedidas, pela força da coisa julgada, de rediscutir a existência desse fato ou relação; a decisão declaratória, assim, pode ser utilizada para integrar, como elemento declaratório, a decisão a ser proferida em ação de efeito.

Muitas pessoas esperavam, da ADIn 88, mais do que ela pode dar. Imaginando-a ação de efeito, não concebiam, como seu resultado último, apenas aquela eventual integração. Na ânsia de que a declaração de inconstitucionalidade produza "efeitos concretos", querem saltar etapas processuais que consideram, em tal caso, como "monstruosidades". Alguns chegam a propor a prisão de juízes que decidam contrariamente à tese firmada pelo STF no julgamento de ADIn. Ora, não se prende um juiz que tenha decidido contrariamente à lei, ou contrariamente àquilo que a instância superior entende ser contrário à lei: reforma-se a sua decisão. Restrições a direitos da cidadania não podem vir acobertadas por pretensas preocupações com seu exercício. A negativa de vigência da lei, e a negativa de vigência da Constituição, operadas por decisão judicial, são previstas, na lei magna, como objeto de recurso específico. É discutível a tese de que, no sistema vigente, caiba "reclamação" (Constituição, art. 102, I, "l"), perante o STF, para obter ato de execução, constrangendo alguém a uma prática conforme ao que se tenha declarado em ação direta de inconstitucionalidade.

7.2.3 A falta de contestação da ADIn não acarreta sua procedência: o Tribunal poderia julgar improcedente a ação, com apoio na presunção de constitucionalidade da norma impugnada, e apontando o ônus, que tem o autor, de demonstrar-lhe a inconstitucionalidade.

Houve precipitação ao dizer-se que, em toda decisão de improcedência de ação de inconstitucionalidade, contém-se uma declaração de constitucionalidade. No controle de constitucionalidade (garantia da Constituição), o juiz atua, segundo tem dito o STF, apenas como "legislador negativo".

A sentença que julga improcedente ação executiva não é sentença executiva de sinal contrário, mas sentença declaratória

21. É curiosa a origem da solução que manda suspender a execução da lei inconstitucional. Os trabalhos preparatórios da Constituição de 1934 tinham outro escopo: viam essa suspensão como um ato provisório do Executivo até que sobre a matéria se manifestasse o Legislativo: "As decisões do Supremo Tribunal Federal, declaratórias da inconstitucionalidade de lei da Assembléia ou de decretos ou regulamentos do Poder Executivo serão encaminhadas ao Conselho para que este, de acordo com as conclusões do julgado, ou julgados, forme projeto que o Presidente da República baixará sob a forma de decreto, declarando, desde logo, revogado total ou parcialmente o ato, se for Executivo, ou apenas suspensa a sua execução, se se trata de lei da Assembléia, até que esta o revogue ou modifique" (v. Atas da Subcomissão autora do anteprojeto de Constituição, in José Affonso Mendonça de Azevedo, *Elaborando a Constituição Nacional*, ed. fac-similar, Senado Federal, Brasília, 1993).

de rejeição, ou não-acolhimento de execução; ela nada retira ao patrimônio do autor, apenas deixa as coisas como estavam. É preciso cuidado ao dizer que na sentença de rejeição há decisão contrária ao pedido.

O mesmo acontece com a sentença que julga improcedente ação constitutiva (ela não desconstitui), ação condenatória (ela não condena o autor) ou ação mandamental (ela não manda ao autor, ou contra ele).

A sentença é conforme ao pedido e à contestação. Se o réu pede que a ação seja julgada improcedente, a sentença que julga a ação improcedente é sentença declaratória de improcedência. Ela só poderá constituir, condenar, mandar, executar, se tiver havido reconvenção, ou se a ação for dúplice. Ora, nem a reconvenção, nem a natureza dúplice da ação se presumem.[22] Dependem, a primeira, de ato do réu, e, a segunda, de expressa disposição legal.

O que se disse, acima, das ações constitutivas, condenatórias, mandamentais e executivas, vale para as ações declaratórias. A improcedência da ação de falsidade de documento não contém declaração de autenticidade do documento: contém recusa a declarar a falsidade do documento. Uma coisa é o *decisum*, e outra seus motivos. "Do princípio da declaratividade da prestação jurisdicional negativa" – diz Pontes de Miranda – "provém a eficácia da coisa julgada material de toda sentença final desfavorável" (*Comentários ao CPC*, Forense, 1975, V/40). E Alfredo Buzaid afirma que toda sentença de rejeição é declaratória negativa, porque absolve o réu do pedido (*Da ação renovatória*, Saraiva, 1958, p. 425).

Ir além disso seria vulnerar o princípio do pedido (*sententia debet esse conformis libello, ne eat iudex ultra petita partium*; *secundum allegata et probata partium iudex iudicare debet*), em que se inclui princípio de economia, e de razão suficiente. Não fosse assim, poderia haver decisão *extra petita*, decisão *ultra petita*, e decisão *in pejus* (*nemo enim in persequendo deteriorem causam, sed meliorem facit – Dig.* L. 17, 87). Esses princípios, vigentes no processo comum, são realçados na jurisdição constitucional, onde a decisão jamais irá além do estritamente necessário, seja acolhendo, seja rejeitando o pedido.

Dizer que, em ação direta de inconstitucionalidade, não se aplica o princípio *jura novit curia* significa que o autor não pode simplesmente argüir a inconstitucionalidade da norma, sem apontar em que consiste a inconstitucionalidade, e qual a norma constitucional vulnerada. Seria um *plus* que a decisão, ao recusar a declaração de inconstitucionalidade, dissesse que fica mantida a presunção de constitucionalidade da norma impugnada; como seria um *plus* se a decisão dissesse que essa presunção (relativa) fica transformada, a partir daí, em absoluta. A impossibilidade de rediscutir a matéria em juízo será força de coisa julgada, e não efeito da decisão. Se a decisão, rejeitando o pedido, afirma que a norma impugnada é constitucional, esse fundamento (*ratio decidendi*) não integra a coisa julgada. Reza o art. 459 do Código de Processo Civil que "o juiz proferirá a sentença acolhendo ou rejeitando, no todo ou em parte, o pedido formulado pelo autor". Diz, por isso, Pontes de Miranda: "Elemento que pode servir de base para se saber qual a significação e extensão das proposições contidas na decisão é o pedido; depois, a defesa do réu" (*Comentários ao CPC*, V/84); e que a lei impôs ao juiz "o dever de se ater àquilo que lhe foi pedido, quer na decisão a favor do autor, quer contra o réu, salvo se há texto de lei que lhe dê o dever de aplicar regra jurídica que não foi invocada pelo autor" (id., p. 94). Afirma, por sua vez, Ovídio A. Baptista da Silva: "o Código de 73 declara, sim, que a

22. São ações dúplices, no ordenamento jurídico brasileiro, as possessórias (art. 922-CPC), as de divisão e demarcação (art. 946-CPC), a renovatória de locação (Lei 8.245/91, art. 72, §§ 4º e 5º).

sentença que julgar a lide terá força de lei nos limites dessa lide (art. 468), envolvendo todas as alegações e defesas a ela pertinentes, quer as partes as tenham controvertido, efetivamente, nos autos, quer não as tenham (art. 474); mas as premissas, os fundamentos, ou, como prefere chamá-los o art. 469, os motivos que serviram ao julgador para sustentar sua conclusão não fazem coisa julgada" (*Sentença e coisa julgada*, Sérgio A. Fabris Ed., Porto Alegre, 1979, p. 148).

Portanto, a sentença de rejeição da ação de inconstitucionalidade não possui a força de uma declaração de constitucionalidade. É o que sublinham Franco Pierandrei – quanto ao ordenamento jurídico italiano,[23] – e Jorge Miranda, quanto ao ordenamento jurídico português. Após afirmar que "nenhuma relevância possuem as sentenças de rejeição da inconstitucionalidade", este conclui: "Só esta concepção é compatível com a defesa da Constituição; só ela impede que tais sentenças venham como que a adquirir força constitucional, por não mais poderem ser reformadas; só ela assegura plena liberdade de julgamento do Tribunal Constitucional e dos demais tribunais; só ela obsta à fraude à Constituição que seria qualquer órgão ou entidade com poder de iniciativa requerer a apreciação de certa norma para, uma vez obtida uma decisão de não inconstitucionalidade, impedir que noutro momento, em qualquer tribunal ou no próprio Tribunal Constitucional, com ou sem a mesma composição, essa norma viesse a ser argüida" (*Manual de Direito Constitucional*, Coimbra Ed., 1991, II/483).

7.2.4 O disposto no art. 52, X, da Constituição de 1988 estava quase todo no art. 64 da Constituição de 1946: "Incumbe ao Senado Federal suspender a execução, no todo ou em parte, de lei ou decreto declarados inconstitucionais por decisão definitiva do Supremo Tribunal Federal".

Discutia-se, na vigência da Constituição de 1946, se o Senado era jungido pela decisão do STF, e se era homologatório o ato que praticasse. É magnífica, a propósito, a lição de Aliomar Baleeiro: "O que sustento é que o Senado tem o direito de dar ou não dar a suspensão de lei impugnada como inconstitucional. Pode fazê-lo, para observar se o Supremo Tribunal se estabiliza na matéria e vem a ter uma jurisprudência predominante sobre ela. Não

23. "Le sentenze di rigetto non hanno una portata generale corrispondente a quella propria delle sentenze di accoglimento, di guisa che, come queste fanno sì che la legge perda efficacia 'erga omnes', esse confermino la validità della legge nei confronti della generalità. Ciò deriva dagli stessi precetti del diritto positivo, che contemplano in modo esplicito, quanto all'efficacia, soltanto le sentenze di accoglimento (art. 136 cost., art. 3º legge n. 87 del 1953), e nulla dicono riguardo alle pronunce ora in esame; e così, mentre le sentenze di accoglimento si concludono con un dispositivo che dichiara l'illegittimità, le pronunce di rigetto non hanno un dispositivo che in modo analogo affermi la legitimità delle leggi. Vale comunque il rilievo che la Corte deve giudicare, come si è visto, 'nei limiti dell'impugnazione' (art. 27 legge n. 87 del 1953): e poiché l'impugnazione, in quanto tale, ha per oggetto l'incostituzionalità della legge, la Corte, ove non creda di accoglierla, a null'altro deve provvedere se non a 'respingere' la questione: essa non può né deve pronunciarsi su tutti i possibili vizi e, in ogni caso, non si avrebbe la sicurezza che essa abbia potuto condurre il suo esame in modo esauriente. Inoltre non si può escludere che una legge, considerata favorevolmente una prima volta, ad un secondo giudizio, 're melius perpensa', appaia incompatibile con la Costituzione; e ancor meno si può escludere che essa, non risultando viziata per un certo motivo o sotto un determinato profilo o rispetto ad uso specifico precetto costituzionale, possa successivamente venire impugnata ed essere riconosciuta invalida in rapporto ad altro motivo o profilo o precetto. La validità della norma non deriva, né può essere proclamata, da una pronuncia giurisdizionale: se esiste, consegue dalla conformità della norma alle disposizioni costituzionali, se non esiste, la sua mancanza deve poter sempre essere accertata. Infine si può osservare che, diversamente, verrebbero gravemente lesi i principi di giustizia e di eguaglianza, giacché i soggetti dell'ordinamento, che dubitassero della costituzionalità della norma per ragioni non fatte valere con la questione proposta per la prima volta, si vedrebbero sbarrato l'accesso alla Corte per il solo fatto materiale e accidentale di essere stati preceduti da altri" (*Enciclopedia del diritto*, Giuffrè Ed., X/977, "Corte costituzionale")

podemos negar que, na história do Supremo Tribunal, a respeito de inúmeras teses, a sua jurisprudência tem vacilado, e encontramos, às vezes, num espaço pequeno de tempo, decisões declarando que tal lei é inconstitucional, e outras, que é constitucional, acerca de vários problemas. (...) O Senado tem o direito, mesmo depois da Súmula, de esperar que se pacifique, que afinal se tranqüilize o entendimento do Supremo Tribunal; porque pode acontecer que passe a resolução numa tarde e, nessa mesma tarde, resolva o Supremo que aquela lei, que era inconstitucional, seja constitucional... pode, também, não fazer nada, cruzar os braços, deixar a matéria em ponto morto, que nada lhe acontece, porque não há sanção para a sua resistência" (*RTJ* 38/68).[24]

Atribuir supremacia ao Legislativo é opção política do constituinte. Se Constituição fora o que com esse nome se ordenou em 1937, a opção política aí teria sido mais em prol do Executivo: "Art. 96, parágrafo único – No caso de ser declarada a inconstitucionalidade de uma lei que, a juízo do Presidente da República, seja necessária ao bem-estar do povo, à promoção ou defesa de interesse nacional de alta monta, poderá o Presidente da República submetê-la novamente ao exame do Parlamento; se este a confirmar por dois terços de votos em cada uma das Câmaras, ficará sem efeito a decisão do Tribunal".

Por mais anômala que seja essa fórmula, não exorbita do Estado Democrático de Direito. Já a edição de norma interpretativa de lei, com eficácia geral (força e vigor de lei), pelo Judiciário, embora não contenha ofensa ao princípio da divisão dos poderes (pois o próprio Executivo pode editar regulamentos para a fiel execução das leis), vulneraria o princípio da representatividade: não pode editar norma geral quem não foi eleito pelo povo.

Ao se discutir a competência do STF para dispor, em seu regimento interno, sobre direito processual, assim votou o Ministro Prado Kelly: "A ação e os recursos são direitos públicos subjetivos, dirigidos contra o Estado, para obter a tutela jurídica do mesmo por sentença favorável (J. Goldschmidt, *Derecho Procesal Civil*, pp. 96 e 398). Se apenas da lei podem nascer esses direitos, só o órgão representativo, de que a lei emana, pode exprimir a vontade popular, fonte da regra jurídica e insuprível condição da sua executoriedade e da sua força coercitiva. (...) saltará à vista, ao insistirmos em exercitar função legiferante, o risco de dar causa a eventuais conflitos com a legislatura, em sacrifício da harmonia entre poderes autônomos..." (*Repr.* n. 700, j. 8.11.1967, *RTJ* 45/700-701).

7.2.5 Não faz sentido indagar, *a priori*, sobre a eficácia da declaração de inconstitucionalidade: ela depende de como tenha sido construída, em determinado ordenamento, a ação de inconstitucionalidade.

São várias as fórmulas possíveis: a) declaração de inconstitucionalidade em ação declaratória típica; b) declaração associada a suspensão de aplicação (ação constitutiva negativa branda); c) declaração mais desconstituição de efeitos (ação constitutiva negativa média); d) declaração mais desconstituição de efeitos e existência (ação constitutiva negativa forte); e) declaração mais desconstituição mais mandamento (ação mandamental).

Alguns se perdem raciocinando sobre a eficácia da declaração em outros sistemas, como se eles tivessem aplicação aqui. En-

24. Sobre o tema há amplíssima literatura. Veja-se, p. ex., Carlos Roberto Pellegrino, "Suspensão da executoriedade das leis", in *Aliomar Baleeiro no Supremo Tribunal Federal*, Forense, 1987, p. 185; Saulo de Castro Abreu Filho, "A suspensão da execução de lei ou ato normativo pelo Senado e a coisa julgada material no controle concentrado de constitucionalidade", *RP*, Ed. RT, n. 74/7; Paulo Napoleão Nogueira da Silva, *A evolução do controle da constitucionalidade e a competência do Senado Federal*, Ed. RT, 1992; Paulo Brossard de Souza Pinto, "O Senado e as leis inconstitucionais", *RIL* 50/55.

tretanto, a maneira como ela foi construída em outros sistemas pode não ser a maneira como ela foi construída no Brasil.

Lembremo-nos de que a declaração, em si, somente possui força, mas não produz efeito. No controle concreto de constitucionalidade, por exemplo, ela é apenas um dos elementos (o elemento declaratório) da sentença de efeito. A ação declaratória fez-se possível ao se perceber que o elemento declaratório das sentenças de efeito podia ser isolado, para figurar como elemento preponderante na ação declaratória. Basicamente, portanto, a decisão de acolhimento da ação declaratória típica só faz declarar a inconstitucionalidade da norma impugnada.

Inexiste, na Constituição brasileira, qualquer outra norma sobre a eficácia da decisão de inconstitucionalidade, a não ser aquela do seu art. 52, X. Essa decisão, portanto, é meramente declaratória: i) porque é meramente declaratória a decisão, designada como declaratória, à qual a lei não conferiu efeito; ii) porque assim o diz o princípio da intervenção mínima; iii) porque assim o diz o art. 52, X, da Constituição: efeito que essa decisão possa provocar é a suspensão da aplicação da norma declarada inconstitucional.

No ordenamento brasileiro, adotou-se a fórmula judicial "a", com previsão de seu aproveitamento como elemento de fórmula política igual a "b".

Como se viu acima, uma coisa são os efeitos de uma decisão, e outra coisa a sua força subjetiva de coisa julgada.

Com relação a quem faz-se presente, no ordenamento brasileiro, a declaração judicial de inconstitucionalidade?

Ada Pellegrini Grinover, com justificada autoridade, afirma que "essa coisa julgada valerá *erga omnes*, por força da própria substituição processual que se opera na pessoa ou ente titular da ação, o qual age em nome próprio, mas como substituto processual da coletividade; e também por força da titularidade passiva da ação, que se configura no próprio órgão do qual emanou a lei ou ato inconstitucional" ("Ação rescisória e divergência de interpretação em matéria constitucional", *CDC* 17/50).

Esse é, sem discrepância, o entendimento da doutrina nacional, e também do STF, para quem, "... no controle concentrado há uma ação especialíssima, sem réu, sem relação jurídica e sem pretensão resistida" (*RTJ* 159/18).

É desejável, sem dúvida, que a decisão de acolhimento de ADIn ganhe eficácia geral. Entretanto, eficácia geral não se presume. O fato de que em outros países o controle abstrato tenha ganhado, desde o berço, eficácia geral, não nos autoriza a dizer que a decisão proferida na ADIn 88 tenha essa mesma força.

Falta, com relação à *actio popularis* de inconstitucionalidade do art. 102, I, "a", da Constituição brasileira de 1988 (ADIn 88) o enunciado de eficácia geral que, nos termos da EC 3/93, coube à ação declaratória de constitucionalidade; falta-lhe norma análoga à do art. 18 da Lei 4.717/65 (v. acima item 3.2). À falta dessa norma, a ADIn 88 não pode ser tratada como simples ação coletiva contra o governo, proposta por ente de representação coletiva, para a defesa de interesses individuais homogêneos.

A existência da ação de inconstitucionalidade pressupõe que uns tenham interesse nessa declaração, e que outros tenham interesse em obstá-la. Pressupõe-se que o público tenha interesse nessa declaração, mas não se pode presumir que alguns do povo – envolvidos nas relações materiais desenroladas à sombra da norma impugnada – tenham interesse nela. A sentença proferida na ação popular da Lei 4.717/65 tem eficácia geral, mas alguns do povo podem figurar no seu pólo passivo, e os efeitos da sentença só alcançam os que tenham aí figurado. Pode haver também órgão de governo (p. ex., governos estaduais, governos municipais) com interesse contrário ao do autor, que não tenha figurado no pólo passivo da ação. Nenhum desses é alcançado pela força de coisa julgada da decisão de inconstitucionalidade; assim, poderá discutir a mesma matéria em outro processo, pleiteando decisão divergente sem expor-se à exceção de coisa julgada, embora sabendo que ao resultado que pretende, opõe-se o entendimento do STF.

A atribuição expressa de eficácia geral (força de lei) à decisão de procedência em ADIn, faria reformável, em caso de recurso, a decisão judicial divergente, do mesmo modo como é hoje reformável, em qualquer processo, decisão judicial proferida contra a lei. Esse o alcance da eficácia geral, e – por via de conseqüência – do efeito vinculante da decisão de procedência em ADIn.

De qualquer modo, declarar ou decretar a inconstitucionalidade de uma norma, com eficácia geral, é solução mais radical do que a suspensão de sua aplicação.

O art. 52, X, da Constituição brasileira dispõe que compete ao Senado "suspender a execução, no todo ou em parte, de lei declarada inconstitucional por decisão definitiva do Supremo Tribunal Federal", sem distinguir entre a decisão proferida em processo de controle difuso ou abstrato. A literalidade da norma abrange ambos esses casos, e não há incompatibilidade sistemática entre ela e o disposto no art. 102, I, "a", da Constituição.

Sobre esse instituto, assim dissertava José Afonso da Silva, na vigência de Ordenação de 1967/1969: "... qualquer decisão, que decretasse a inconstitucionalidade, deveria ter eficácia genérica e obrigatória. Mas a Constituição Federal não lhe deu esse efeito. Não o tendo dado, incide a regra do art. 42, VII, que deu competência privativa ao Senado para suspender a execução de lei ou decreto declarado inconstitucional em decisão definitiva do Supremo Tribunal Federal. Por isso é que o art. 80 do seu Regimento Interno determina que, declarada a inconstitucionalidade, o seu Presidente remeterá cópia da decisão ao Senado Federal, para os fins daquele dispositivo" ("Da jurisdição constitucional no Brasil e na América Latina", *Rev. da Proc. Geral do Est. de São Paulo* 13-15/164-165, dez. 1979).

Parecer proferido pelo Ministro Moreira Alves em 1972, a propósito da *representação de inconstitucionalidade*, abordou o tema: "... a comunicação ao Senado só se faz em se tratando de declaração de inconstitucionalidade incidente, e não quando decorrente de ação direta, caso em que, se relativa à intervenção federal, a suspensão do ato é da competência do Presidente da República, e, se referente a declaração de inconstitucionalidade em tese não há que se falar em suspensão, pois, passando em julgado o acórdão desta Corte, tem ele eficácia *erga omnes* e não há que se suspender lei ou ato normativo nulo com relação a todos" (Proc. Adm. 4.477/72).

Essa orientação, transformada em norma administrativa em 18.4.77, incorporou-se ao regimento interno do STF e à sua jurisprudência (*RTJ* 97/1.371). Com base nela, o STF não encaminha, ao Senado, cópia das decisões de inconstitucionalidade, proferidas em processo de controle abstrato. Se o fizesse, talvez desse lugar a soluções mais claras, harmônicas e eficientes.

8. *Ação Declaratória de Constitucionalidade*

8.1 Na França, não existe controle de constitucionalidade. O Judiciário não tem, ali, o poder de fulminar regras ditadas pelo Parlamento; assim, é absoluta (*juris et de jure*) e não apenas relativa (*juris tantum*) – como aqui – a presunção de constitucionalidade de tais regras.

Ao registrar esse fato, não firmo juízo de valor sobre as instituições políticas francesas, em comparação com as de outros países. Quero assinalar, apenas, que é uma faceta do argumento de autoridade reclamar novas instituições pelo simples motivo de estarem em vigor em países desenvolvidos.

O Conselho Constitucional francês é órgão político não-eletivo, com poder definitivo de veto. Mediante provocação de sessenta deputados, ou de sessenta senadores, ou do presidente de uma das duas Casas do Parlamento, ou do Primeiro-Ministro, ou do Presidente da República, esse Conselho pode ser chamado a pronunciar-se sobre a constitucionalidade de qualquer projeto de lei em tramitação, e, assim fazendo, vir a abortá-lo (arts. 61 e 62 da Constituição francesa de 1958).

Sistema semelhante era estabelecido na Constituição portuguesa de 1976, antes de sua revisão: "Se o Conselho da Revolução se pronunciar pela inconstitucionalidade de qualquer diploma, o Presidente da República deverá exercer o direito de veto, não o promulgando ou não o assinando" (art. 278.1).

Nenhum mecanismo não-jurisdicional para aferição da constitucionalidade da lei, incluído no processo legislativo, merece reconhecimento como espécie do controle de constitucionalidade, ainda que adjetivado como "prévio". Também desmerece essa designação mecanismo semelhante, ainda que posto em movimento após a promulgação da lei: o controle de constitucionalidade possui alta dignidade histórica, que o emparelha a conquistas como a queda da monarquia absoluta e a divisão constitucional de poderes.

8.2 No início dos anos 90, o governo da União defrontou-se com inúmeras decisões judiciais contrárias, proferidas em ações plúrimas ou coletivas, sobre matéria previdenciária e tributária.

O mais importante desses conflitos, pelo número de interessados e circunstâncias que o envolveram, foi o relativo ao reajuste de benefícios previdenciários no valor de 147,06%.[25] Em seguida, vinham os casos do Finsocial (Fundo de investimento social) e da Cofins (Contribuição para financiamento da seguridade social), criada pela Lei Complementar n. 70, de 30 de dezembro de 1991.

Esses fatos levaram-no a editar um pacote de medidas previdenciárias e tributárias de emergência, em cujo bojo se incluiu a Emenda Constitucional n. 3, de 17.3.93, que entre outras providências autorizou a União a instituir um imposto provisório sobre movimentação ou transmissão de valores e de créditos de natureza financeira (IPMF), e criou a ação declaratória de constitucionalidade.

Por força da Emenda n. 3/93, o art. 102 da Constituição brasileira ficou assim redigido: "As decisões definitivas de mérito, proferidas pelo Supremo Tribunal Federal, nas ações declaratórias de constitucionalidade de lei ou ato normativo federal, produzirão eficácia contra todos e efeito vinculante, relativamente aos demais órgãos do Poder Judiciário e ao Poder Executivo".

Ao art. 103 da lei magna acrescentou-se o § 4º: "A ação declaratória de constitucionalidade poderá ser proposta pelo Presidente da República, pela Mesa do Senado Federal, pela Mesa da Câmara dos Deputados ou pelo Procurador-Geral da República".

25. Tratava-se, sob o ponto de vista dos aposentados, de aplicar a norma contida no art. 19 da Lei 8.222/91. Ao requerer, ao Supremo Tribunal Federal, a suspensão de seguranças concedidas pelo Superior Tribunal de Justiça, dizia o Procurador Geral do INSS: "... analisando a estimativa de despesas com benefícios, dos anos de 1991 e 1992, teremos que: 1991 – Cr$ 5.846.650.188.817,39; 1992 – Cr$ 52.430.681.955.552,05. Tal impacto por si só é capaz de produzir grave lesão à economia pública, pela falta de dinheiro capaz de suportar tais pagamentos, vez que não houve contribuição para isso" (*RTJ* 139/336). A controvérsia, que percorria todas as instâncias judiciais, ganhava cores dramáticas: delegados, agentes ou superintendentes do INSS, compelidos por mandado de segurança a efetuar esse reajuste, deixavam de pagá-lo, alegando falta de recursos; muitos eram presos, por desobediência a ordem judicial.

Lia-se na justificativa da proposta que resultou na EC 3/93: "A força outorgada aos juízes de 1ª Instância, sem um instrumento adequado de ação para os Tribunais Superiores, subverte a hierarquia necessária – e mais do que isso – a tranqüilidade para a preservação da ordem jurídica, pois qualquer questão constitucional da maior relevância pode ser decidida de forma satisfativa, desde que o Tribunal imediatamente superior não suspenda a eficácia de decisões que garantam benefícios ou direitos. Podendo um juiz de 1ª Instância, na hipótese aventada, ofertar satisfação definitiva do direito pleiteado e não podendo um Ministro de Tribunal Superior agir senão quando, na tramitação procedimental, as questões forem-lhe submetidas, não é desavisado dizer que hoje um juiz de 1ª Instância, mormente na Justiça Federal, em determinadas circunstâncias, é mais forte que um Ministro do STJ ou STF que só pode julgar os grandes temas, em ações diretas de inconstitucionalidade, ou nos processos em grau de recurso. Por outro lado, a avocatória objeto de emenda do Governo, está marcada pelo estigma do regime totalitário e é utilizada para suspender 'decisões jurídicas', à luz de 'argumentos políticos', como os de grave lesão à ordem pública, econômica ou financeira.

"Entre as vantagens do presente projeto sobre aquele que pretende reintroduzir a avocatória, militam: a) a competência do STF será originária e não decorrencial; b) os motivos para sua proposição serão 'jurídicos' e não meramente 'políticos'; c) não haverá interferência direta nas decisões de 1ª Instância suspendendo sua eficácia sem fundamentos jurídicos, mas decisões definitivas sobre a questão suscitada" (v. *RTJ* 157/380-381).[26]

Durante a tramitação dessa proposta, o Conselho Federal da OAB já denunciara a ação declaratória de constitucionalidade como uma tentativa de ressuscitar a avocatória, apontando a ameaça que continha ao controle difuso de constitucionalidade.

Promulgada a EC 3/93, foi severo o juízo de grande parte da doutrina brasileira, condenando a ação declaratória de constitucionalidade. Vejam-se, entre outras opiniões, as de Manoel Gonçalves Ferreira Filho ("Poder Judiciário na Constituição de 1988", *RDA* 198/11), Ives Gandra da Silva Martins e outros (*Ação declaratória de constitucionalidade*, Saraiva, 1994, pp. 121, 122, nota 2 e 123); José Rogério Cruz e Tucci (ib., p. 137).

Geraldo Ataliba sintetiza essa reprovação: "A Ação Declaratória de Constitucionalidade viola o art. 2º da CF: põe o STF no plano de cooperador da formulação de normas gerais e abstratas, completando a função de formulação da Justiça Comutativa. Implica comprometer o STF com a elaboração da lei, antes de qualquer ato de aplicação concretamente resistido ou questionado. Conhecendo a ADC, o STF atua como aperfeiçoador ou sancionador da edição da norma e não como seu aplicador jurisdicional.

"Configura execução de funções legislativas, colaboração direta com o legislador, com o fito de inibir a jurisdição dos órgãos próprios, inclusive do próprio STF, ulteriormente. É expediente para amarrar as mãos, amordaçar, paralisar todo o Judiciário. Significa concentração de poderes repugnante ao espírito da Constituição e negador do Estado de Direito.

"Conhecendo uma ADC, o STF não exerce jurisdição, mas função de aprovação abstrata e geral de ato normativo dos Poderes Legislativo e Executivo. Não há jurisdição sem ação, no estado de direito. O que o STF vai fazer não será julgar (no sentido constitucional de "exercício da jurisdição"), mas legislar, sancionar (homologar) legislação. A jurisdição é função dirimente de conflitos. Supõe dissídio concreto. Exige dedução processual de uma

26. Ives Gandra da Silva Martins e Gilmar Ferreira Mendes, "Da eficácia das decisões do Supremo Tribunal Federal", *CDT* 2/9 e 11 (itens 3 e 3.1), jan.-mar., 1993.

lide. Implica existência de partes, que estabelecem o contraditório. Não há jurisdição sem lide, sem processo, sem partes e sem contraditório. A jurisdição suprema constitucional do STF só se instaura diante de provocação de parte legítima, em litígio concreto (seja originariamente, seja em grau de recurso).

"A única exceção (ADIn) abre-se para defender a Constituição. Jamais para proteger o Poder, seja ele qual for.

"A Emenda Constitucional 3/93 viola o contraditório (art. 5º, LV), o devido processo legal (LVI), o duplo grau de jurisdição, o direito de acesso ao Judiciário (XXXV), o juiz natural, anula o controle difuso de constitucionalidade do art. 2º, já que – confundindo justiça comutativa com distributiva, distinção que está na base da separação de poderes – põe o STF na função de aprovador e apreciador de preceitos gerais e abstratos, num procedimento (não processo) sem partes, sem contraditório, sem causa, sem lide. Enfim, uma hipótese impossível (primária, primitiva, tribal) de jurisdição sem processo" ("Ação declaratória de constitucionalidade", *RDA* 192/361, *RIL* 121/33, *RP* 78/7).

A Associação dos Magistrados Brasileiros, por sua vez, ajuizou ação direta impugnando como inconstitucional o art. 1º da EC 3/93, na parte em que alterava a redação dos arts. 102 e 103 da Constituição.

Entre as manifestações favoráveis à ação declaratória de constitucionalidade ressalta a de Gilmar Ferreira Mendes, na verdade o inspirador da proposta de Emenda Constitucional n. 130/92, de autoria do deputado Roberto Campos, que deu origem à EC n. 3/93. Veja-se, a propósito, seu brilhante estudo sobre "A ação declaratória de constitucionalidade: inovação da Emenda Constitucional 3/93" (*CDC* 4/98).

Pouco após editada a EC 3/93, o Presidente da República, a Mesa do Senado e a Mesa da Câmara dos Deputados ajuizaram ação declaratória de constitucionalidade, tendo como objeto vários artigos da Lei Complementar n. 70/91. Merece registro, para a compreensão do tema, essa passagem da inicial: "Sob o regime da Constituição de 1988, diante do reforço do papel do Supremo Tribunal Federal, estava-se a exigir que, a par do efeito *erga omnes* de suas declarações de inconstitucionalidade, fosse, também, reconhecido o efeito vinculante de suas decisões.

"Vê-se, sob o pálio da nova ordem constitucional, acentuada valorização do juizado de primeira instância, sem a correspondente e necessária identificação de um instrumento processual de ágil uniformização de divergências existentes entre o controle difuso e o controle concentrado.

"A inexistência desse instrumento provoca grande intranqüilidade no esforço de preservação da ordem pública, pois questões de grande relevância importam, freqüentemente, numa pretensão de natureza financeira positiva ou negativa, cuja concessão pelos juízes de primeira instância e tribunais inferiores, até mesmo em sede liminar, acarreta irreversível dilapidação ao patrimônio público.

"Com o intuito de suprimir a lacuna causada pela ausência desse instrumento processual especialíssimo, criou-se a ação declaratória de constitucionalidade, para que a decisão nela proferida, pelo Supremo Tribunal Federal, possa produzir 'eficácia contra todos e efeito vinculante, relativamente aos demais órgãos do Poder Judiciário e ao Poder Executivo' (art. 102, § 2º, da CF/88).

"O expressivo número de ações – substancialmente idênticas – em curso no judiciário, amparadas na suposta inconstitucionalidade da Lei Complementar n. 70/91, vem acarretando enormes prejuízos para a realização da receita pública destinada à saúde, assistência social e outras áreas da Seguridade Social, além de gerar incerteza e absoluta insegurança jurídica.

"Isto porque o volume de liminares concedidas em primeira instância, além de autorizar o contribuinte de se abster do pagamento ou de depositar em juízo os valores questionados, tem ainda o agravante, de motivar outros incontáveis contribuintes de, simplesmente, não efetuarem o pagamento da contribuição em favor da seguridade, independentemente de amparo judicial.

"Levando-se em conta apenas os efeitos das ações judiciais, os registros da Procuradoria-Geral da Fazenda Nacional já indicam um volume em torno de 9.000 demandas questionando a constitucionalidade da Lei Complementar n. 70/91, com decisões diferentes, o que vem a evidenciar a controvérsia jurídica a respeito da matéria.

"A União Federal tem justo receio de que o número de ações venha a crescer de maneira expressiva e atinja os desastrosos níveis ocorridos quando da discussão travada a respeito do FINSOCIAL.

"Estão caracterizados, pois, os requisitos exigidos pela doutrina estrangeira e brasileira para o ajuizamento da Ação Declaratória de Constitucionalidade: *a instauração de controvérsia no judiciário sobre determinada matéria e a insegurança jurídica que isso provoca* (*RTJ* 156/725 e 726)".

O Relator, Ministro Moreira Alves, suscitou então prejudicial de inconstitucionalidade, processada como questão de ordem, em cujo julgamento o Ministro Francisco Rezek assim se manifestou: "Quando da promulgação da Emenda 3 e da instituição por ela da ação declaratória de constitucionalidade, não houve um único cidadão que em boa-fé não tivesse, de logo, perfeita percepção daquilo que estava sendo criado e das razões pelas quais o legislador brasileiro tomara aquele caminho. O país inteiro tinha a memória recente de acontecimentos, no plano judiciário, extremamente deploráveis. A colocação, ante um número elevado de juízos de primeiro e de segundo grau, de uma mesmíssima questão jurídica – às vezes bem simples, e do interesse de milhões de pessoas, de norte a sul do Brasil –, e o deslinde desencontrado dessa mesma questão jurídica por juízos de primeiro e de segundo grau, com o Supremo aparentemente inabilitado para dar pronta solução à controvérsia. Invocavam-se princípios, como o do juiz natural, para tentar convencer a sociedade de que aquilo era de algum modo sadio, de que ninguém devia ter saudades do instituto da avocatória; mas cada vez menos os patrocinadores de uma política conducente ao inchaço do foro e a fenômenos como aquele que o país teve a infelicidade de viver no caso dos 147% dos aposentados, conseguiam convencer as pessoas de que estavam realmente homenageando um princípio. Criava-se na consciência do brasileiro comum a convicção, a cada dia mais firme, de que aquilo que essa política na realidade objetivava era a multiplicação de demandas e a conseqüente multiplicação de honorários. Não era só o Judiciário que corria risco de desmoralização, era toda a comunidade das pessoas entregues ao ofício jurídico, ao culto do direito.

"Foi para evitar a reprodução de situações como aquelas que em passado recente o país enfrentou, foi para simplificar o procedimento, foi para fazer com que quem tem qualidade para isso, o mais cedo possível dissesse uma palavra final sobre a questão jurídica controvertida, que o legislador entendeu de instituir a declaratória de constitucionalidade". (*RTJ* 157/391).

8.3 Após esse imperfeito inventário histórico, debrucemo-nos sobre a função processual da ação declaratória de constitucionalidade.

O nome que se deu a esse procedimento – ação declaratória de constitucionalidade – induz imaginar estarmos ante a ação direta de inconstitucionalidade, com sinal invertido: toda decisão julgando improcedente uma ação direta de inconstitucionalidade incluiria uma declaração de constitucionalidade. Assim, para evitar a incerteza decorrente de muitas e variadas decisões sobre a mesma matéria, em instâncias inferiores, cometia-se ao governo legitimação para antecipar seu exame pelo STF, sepultando-se a controvérsia. Em seu substitutivo já referido, o deputado Jairo Carneiro perfaz essa ilusória identificação, ao inscrever (art. 106) que compete ao Supremo Tribunal Federal processar e julgar, originariamente, "a ação direta de constitucionalidade ou inconstitucionalidade de leis ou ato normativo federal ou estadual e de súmula vinculante".

Na verdade, o que se busca, com a ação declaratória de constitucionalidade, é transformar, em absoluta, a presunção relativa de constitucionalidade de que goza a lei.

De fato, declaração governamental de constitucionalidade com eficácia *erga omnes* imuniza a norma contra o controle popular de sua constitucionalidade; sob o ponto de vista histórico, sua admissão representa regresso à época em que inexistia controle de constitucionalidade: a supremacia do Legislativo imunizava a lei contra qualquer ineficacização ou nulificação pelo Judiciário. Quando emitida por órgão supremo do Judiciário, essa declaração opera a supressão de função judiciária pertinente aos demais órgãos do Judiciário.

Se o povo fez a Constituição como instrumento de controle dos atos do governo, não parece atender aos fins da lei magna que o governo, tão logo constituído, a altere para impedir que alguns dos seus atos escapem ao sistema criado, pela Constituição, para controle de seus atos. As normas de controle de constitucionalidade, constantes de uma Constituição, são tão pétreas quanto as pertinentes à sua reforma.

A força obrigatória da lei decorre, sob o ponto de vista formal, de que tenha sido elaborada por representantes do povo; e a eficácia subjetiva da decisão judicial decorre de que aquele, a quem vincula, tenha-se representado no respectivo processo. É impossível editar-se regra obrigatória, na democracia, sem que da respectiva elaboração haja participado seu destinatário, por si mesmo ou por representante. Ninguém pode ser impedido, sem agravo a direito fundamental, de impugnar incidentalmente, em juízo, decisão administrativa ou política que lese ou ameace direito seu; e qualquer juiz, nesse caso, pode afastar o vigor de norma inconstitucional. Ato governamental prévio, ratificatório da constitucionalidade de ato governamental, ainda que editado judicialmente, não suprime esse direito fundamental.

A certeza jurídica não pode ser supervalorizada, a ponto de sobrepor-se às garantias fundamentais. Esse horror ao dissenso (que, designado como "controvérsia", parece resumir-se a mera questiúncula processual), essa aversão ao debate (que faz parecer um "inchaço" o desempenho efetivo da função jurisdicional), traz à lembrança advertência de Vanossi: "no fundo, a concepção do racionalismo francês, da desconfiança com relação ao juiz, que pretendeu ser arquidemocrática, coincidiu historicamente, com a concepção da desconfiança com relação ao juiz inspirada pelo decisionismo de Carl Schmitt na Alemanha. Este último também significou, por inspiração também de Schmitt, a tremenda crítica desse autor ao papel que os juízes alemães se estavam atribuindo na república de Weimar, papel semelhante ao dos juízes americanos, o que foi mudado quando Hitler subiu ao poder". (ob. cit., II/116).

Na medida em que milhares de juízes, espalhados pelo território nacional, exercem em jurisdições distintas, competências concorrentes sobre matérias de direito civil, penal, comercial, administrativo, tributário, previdenciário, constitucional etc., a incerteza é parte orgânica do ordenamento. Fatores processuais e extraprocessuais (recurso de revista, recurso para uniformização de jurisprudência, embargos de divergência, exigência de maiorias qualificadas para decidir, súmulas de jurisprudência, suspensividade de liminares, doutrina) podem ser mobilizados para diminuir o grau de incerteza. Mas o grau de certeza máximo só pode ser obtido se houver um único julgador, decidindo de modo perpetuamente invariável sobre todas as questões de direito. A existência dessa autoridade absoluta implicaria a supressão de todas as demais jurisdições.

É incompatível com a república, e com a própria essência da jurisdição, a existência de dois judiciários, com estatutos distintos: um para o povo, nas suas relações civis, e outro para o Estado, nas suas relações com o povo.

8.4 No julgamento da questão de ordem acima referida ficou integralmente vencido o Ministro Marco Aurélio, que entre outras razões sustentava: "A meu ver, a ação direta de constitucionalidade, tal como criada, mostra-se com efeitos que superam os da criticada avocatória e que tinha como estigma o fato de ter sido prevista quando em vigor a Carta de 1969, em pleno período revolucionário. Ao menos naquela época ficava a critério do Supremo Tribunal Federal o exercício do crivo sobre a conveniência e oportunidade da avocação, sendo certo ainda que, positiva a deliberação, o processo era deslocado para esta Corte, mantendo-se íntegra a relação processual subjetiva, ficando preservado, destarte, o devido processo legal e ocorrendo, ao final, o julgamento da lide pelo critério da persuasão. Os envolvidos continuavam a desenvolver defesa com a expectativa de um verdadeiro julgamento. Com a ação de constitucionalidade e o efeito vinculante do provimento positivo do Supremo, as lides em andamento são apanhadas e aí os desfechos respectivos decorrerão de simples e obrigatória observância do que decidido em processo diverso, sem dele ter participado os verdadeiramente interessados e que integram uma minoria. Neste caso, a situação é mais clara do que aquela que levou esta Corte a suspender a eficácia de preceito da Emenda que afastou a observância do princípio da anterioridade em relação ao IPMF. Aqui, os direitos e garantias individuais em jogo estão previstos de forma precisa no próprio rol do art. 5º – incisos XXXV, LIV e LV da Carta" (*RTJ* 157/399-400).

Ficaram vencidos, em parte, os Ministros Sepúlveda Pertence e Carlos Velloso.

O primeiro repeliu o argumento de inconstitucionalidade da EC 3/93 por ofensa às garantias constitucionais do processo, ao assinalar que essa emenda não esgotou "a disciplina processual da ação declaratória de constitucionalidade. É manifesto que o legislador ordinário tem competência para discipliná-la". Propunha, como "solução adequada a assegurar o contraditório", possibilitar-se "a intervenção, para contrariar o pedido de declaração de constitucionalidade, de quantos estejam legitimados para propor a ação direta de inconstitucionalidade da mesma norma" (*RTJ* 157/390). O Ministro Carlos Velloso, admitindo a ação de constitucionalidade em caso de "controvérsia séria a respeito da constitucionalidade de uma lei ou ato normativo", sustentou que "um mínimo de contraditório é indispensável na ação de constitucionalidade"; concordava, por isso, com o Ministro Pertence, e propunha que, ajuizada ação de constitucionalidade, dela deveria ser dado conhecimento, mediante edital, aos legitimados para a ação direta de inconstitucionalidade (ib., pp. 400 e 402).

No julgamento do mandado de segurança n. 21.564, acima referido, já acentuara o Ministro Sepúlveda Pertence: "... a própria linguagem da Constituição Federal, não restringe o conceito de processo ao processo jurisdicional *stricto sensu*: no art. 5º, inciso LV, as garantias da ampla defesa se aplicam expressamente ao processo judicial e ao processo administrativo; o mesmo está implícito no inciso LVI do art. 5º, o *due process of law*, que, suponho, nenhum intérprete de tomo tentará reduzir à área do processo jurisdicional, sob pena de esvaziar as potencialidades da garantia. Isso sem lembrar as alusões ao processo legislativo e ao processo eleitoral, obviamente com significado diverso ou pelo menos muito maior que o de processo judicial" (Supremo Tribunal Federal, *Impeachment*, p. 149).

Por onde se vê que não há, no direito brasileiro, o procedimento solipsista que se designou como "processo objetivo". A falácia do processo "objetivo" é uma dessas ficções, excrescências pseudocientíficas postas a serviço do autoritarismo. Se o juiz não ouviu, é irrelevante o que possa haver sentido: não há *sententia* onde não se ouviu a parte. Nem pode haver, processo "objetivo", com efeitos subjetivos.

8.5 A "ação declaratória de constitucionalidade" da EC 3/93 possui algumas particularidades que a distinguem da ação declaratória comum.

Digamos que A, devedor de prestações periódicas a B, ingresse em juízo, pedindo a declaração de que está quite quanto às prestações 1 a 10; exibe o recibo n. 10, diz que perdeu os recibos 1 a 9, e invoca o art. 943, CC: "Quando o pagamento for em cotas periódicas, a quitação da última estabelece, até prova em contrário, a presunção de estarem solvidas as anteriores".

Essa ação, suponho, não tem como prosperar. A existência da presunção de que A está quite faz inócua a prestação jurisdicional; A não tem interesse legítimo em obter essa declaração autônoma, mesmo se B apregoa que A não pagou e isso abala seu conceito, ou crédito.

Digamos que o credor, B, pede a declaração de que A não está quite, e consegue elidir a presunção. A força da coisa julgada, com relação a A e B, consiste em que B tem todos os direitos, pretensões e ações decorrentes do seu crédito. Pode apregoar-se licitamente como credor, efetuar protestos, e, sendo o crédito exigível, ajuizar-lhe a cobrança por falta de pagamento; A, por sua vez, não tem ação ou defesa fundada em inexistência do crédito. A sentença não tem força de coisa julgada com relação a terceiros, mas nenhum terceiro pode negar a existência do crédito que é em razão da sentença – tanto quanto a própria sentença – fato inegável da vida. Além do fato de sua simples existência, a sentença não produziu nenhuma alteração na realidade. Na ação declaratória comum, pede-se a declaração de existência ou inexistência de uma relação jurídica. O vínculo subjetivo que a sentença venha a reconhecer tem força de coisa julgada material.

Voltemos, agora, à ação declaratória de constitucionalidade. Como é sabido, todas as leis gozam de uma presunção de constitucionalidade. Caso se pretendesse inadmitir uma ação declaratória de constitucionalidade, com base nessa presunção, o governo retrucaria: "De fato, existe essa presunção, mas esta não é uma ação declaratória comum; na verdade, o que eu estou pedindo, de acordo com o art. 102, § 2º da Constituição, é que a declaração de constitucionalidade a ser proferida (elemento declaratório da decisão), não possa mais ser discutida, nem modificada".

Vê-se, por aí, que o objetivo inexpresso do pedido, em ação declaratória de constitucionalidade, é a transformação de uma presunção relativa (*juris tantum*) de constitucionalidade, em uma presunção absoluta (*juris et de jure*).

Transformar uma presunção relativa em absoluta, dar força de lei a enunciado sentencial, é ir além de uma simples declaração: significa modificar a realidade. Aqui, o vínculo que a decisão cria, com relação a todos, não é força de coisa julgada, mas efeito da decisão. Ou seja: a "ação declaratória de constitucionalidade" não é declaratória, mas constitutiva de uma relação entre o governo – que editou a norma – e o povo, que a deve cumprir. O elemento constitutivo tem nela peso 5 (eficácia preponderante), e o elemento declaratório tem peso 4 (eficácia imediata).

9. Ação Declaratória de Constitucionalidade e efeito vinculante

Ao ajuizar a Ação Declaratória de Constitucionalidade n. 1, o governo deixou claro o que entendia por "efeito vinculante". "A sentença proferida na ação declaratória de constitucionalidade, em realidade, tem efeito vinculante para os órgãos do Poder Judiciário, de modo que, no julgamento dos casos concretos em que a mesma questão constitucional deva ser decidida *incidenter tantum*, o juiz ou tribunal competentes deverão observar aquele pronunciamento. Decisão em sentido contrário constitui afronta à autoridade do julgado do Supremo Tribunal Federal, que pode ser proclamada pelas instâncias superiores nos julgamentos dos recursos, ou mesmo por via de reclamação ao Supremo Tribunal Federal, na forma dos arts. 156 a 162 do Regimento Interno".

E: "A eficácia contra todos ou *erga omnes* já significa que todos os juízes e tribunais, inclusive o Supremo Tribunal Federal, estão vinculados ao pronunciamento judicial. A diferença residiria apenas em que a EC n. 3, de 1993, ao dar nova redação ao § 2º do art. 102 da Constituição, além de atribuir 'eficácia contra todos', aludiu também a 'efeito vinculante, relativamente aos demais órgãos do Poder Judiciário e ao Poder Executivo'" (*RTJ* 157/376 e 377).

Essa concepção já vinha acenada na justificativa da PEC 130/92, de autoria do deputado Roberto Campos: "Além de conferir eficácia *erga omnes* às decisões proferidas pelo Supremo Tribunal Federal em sede de controle de constitucionalidade, a presente proposta de emenda constitucional introduz no Direito brasileiro o conceito de *efeito vinculante em relação a órgãos e agentes públicos*" (grifo meu) (cf. Gilmar Ferreira Mendes, texto citado, p. 120).

Esse foi o conceito adotado pelo Ministro Moreira Alves, no voto que proferiu ao relatar a questão de ordem supramencionada: "(as decisões)... não apenas terão eficácia *erga omnes*, mas também força vinculante relativamente aos demais órgãos do Poder Judiciário e ao Poder Executivo. É um *plus* com relação à ação direta de inconstitucionalidade, graças ao qual se dá ao novo instrumento de controle de constitucionalidade a eficácia necessária para enfrentar o problema – como salientado anteriormente – que deu margem à sua criação. De feito, se a eficácia *erga omnes* que também possuem suas decisões de mérito lhe dá a mesma eficácia que têm as decisões de mérito das ações diretas de inconstitucionalidade (e – note-se – é em virtude dessa eficácia *erga omnes* que esta Corte, por ser alcançada igualmente por ela, não pode voltar atrás na declaração que nela fez anteriormente), do efeito vinculante que lhe é próprio resulta: a) se os demais órgãos do Poder Judiciário nos casos concretos sob seu julgamento, não respeitarem a decisão prolatada nessa ação, a parte prejudicada poderá valer-se do instituto da reclamação para o Supremo Tribunal Federal, a fim de que este garanta a autoridade dessa decisão..." (*RTJ* 157/381 e 382).

Com relação a esse entendimento não discreparam os demais membros da Corte Suprema, como se vê manifestado expressamente nos votos dos Ministros Marco Aurélio (ib., p. 396), Sydnei Sanches (p. 406), e Néri da Silveira. Este sublinhou: "Não se limita, com a ação em análise, em tese, a independência de juízes e Tribunais, quanto ao exercício de seu *munus*. Se for ajuizada ação, nas instâncias inferiores, com base na lei ou ato normativo federal, objeto da ação direta de constitucionalidade, os magistrados, à evidência, não estarão impedidos de decidi-la, no exercício de sua independência, como entenderem de direito. Se já existente a decisão definitiva do STF, na ação direta de constitucionalidade, com eficácia *erga omnes* e caráter vinculante aos demais órgãos do Judiciário, não ficarão, como é óbvio, sujeitos a qualquer sanção disciplinar os magistrados que entenderem de decidir diferentemente. Julgarão a causa que pende de seu *decisum*, como indicar sua consciência. Certo é que o caráter prático do ofício de julgar não estaria a aconselhar decisão judicial em sentido diferente do pronunciamento definitivo do Alto Pretório. É que, se isso ocorrer, caracterizado estará o desrespeito à decisão do STF, com eficácia *erga omnes* e vinculante aos demais órgãos do Judiciário, abrindo-se, então, ensejo ao interessado para o ajuizamento, nesta Corte, de Reclamação, em ordem a ver resguardada a eficácia do *decisum* e garantida a autoridade do julgado do STF, na ação direta de constitucionalidade" (ib., p. 408).

Efeito vinculante, no contexto da "ação declaratória de constitucionalidade", é efeito extraprocessual, em razão do qual os órgãos judiciais, em ações postas a seu exame, não podem conhecer da alegação de inconstitucionalidade da lei declarada constitucional. A parte contra a qual se produzir essa alegação não oporá exceção de coisa julgada, mas exceção de injusticiabilidade da questão.

Assim, segundo o disposto no art. 102, § 2º da Constituição brasileira, a decisão de constitucionalidade: a) terá a força de coisa julgada *erga omnes*; b) produzirá os efeitos constitucionais de uma presunção absoluta de inconstitucionalidade, impedindo que, contra a norma ratificada, se levante argüição de inconstitucionalidade; e c) conterá mandamento genérico, aos órgãos judiciais, proibitivo de apreciação dessa argüição.[27]

Toda norma constitucional declarando injusticiável uma questão, contém preceito geral, que vincula os órgãos judiciais. Assim, a decisão judicial que aprecie questão constitucional injusticiável, estará sujeita a reforma, mediante recurso. No contexto da ação declaratória de constitucionalidade, porém, não é apenas isso que ensejaria uma sentença, se apreciasse questão declarada injusticiável pelo STF: o juiz recalcitrante poderia ser afastado do processo, para que não se frustrasse o mandamento, e a via processual adequada para provocar a efetivação do mandamento seria a reclamação. Hipótese como essa não se apresentou concretamente até hoje, porque não se tem notícia de que, concedida segurança contra ato de juiz, este lhe haja negado efetivização.[28]

10. Efeito vinculante e reclamação

10.1 Tendo proferido decisão em processo de sua competência originária, cabem ao STF as providências para sua efetivação, *ex officio*, ou a requerimento do interessado (v. Constituição, art. 102, I, "m"). É o que acontece, por exemplo, nas ações de *habeas corpus* (v. arts. 193 a 197 do RISTF), mandado de segurança, extradição. Essas três são ações mandamentais; concedido o mandado, e expedidas as respectivas comunicações, entre o emissor do mandado e a sua efetivação não se interpõe nenhuma instância judicial inferior.

Nesses três tipos de ação o STF examina fatos, e não só direito em tese. A tendência, porém, é no sentido de que, tanto quanto possível, se afastem de sua competência seja processos que envolvam o conhecimento de fatos, seja a adoção de medidas de efetivação ou de execução.

No caso em que o STF haja exercido competência recursal, qualquer providência de efetivação ou execução está a cargo da instância inferior, cuja decisão manteve ou modificou. Decisões proferidas pelas instâncias superiores vinculam as instâncias inferiores. Esse "efeito vinculante" é efeito

27. Este seria caso único de decisão com eficácia dupla: a eficácia constitutiva, produtiva de efeito material que alcança a todos, e a eficácia mandamental, produtiva de efeito processual difuso, que não é dirigida contra o réu, mas aos órgãos judiciais.

28. Há muitos casos de descumprimento, por parte de tribunais estaduais, de decisões proferidas por tribunais superiores. Isso já não acontece com os juízos singulares: o acatamento, pelo juiz, das decisões superiores, faz parte da nossa cultura judiciária, tanto quanto o *stare decisis* faz parte da cultura judiciária nos países de *common law*.

intraprocessual da decisão proferida em grau de recurso; não se confunde com a eficácia sentencial.

Ao julgar-se a questão de ordem sobre a constitucionalidade da EC 3/93, assim se manifestou o Ministro Francisco Rezek: "Houve uma época – membros mais antigos deste Tribunal o recordam – em que determinado Tribunal de Justiça, numa prestigiosa unidade da Federação, dava-se crônica e assumidamente a desafiar a jurisprudência do Supremo a respeito de um tema sumulado (um tema, por sinal, menor: a representatividade da ofendida em caso de crime contra os costumes). O Supremo tinha posição firme, constante e unânime a tal respeito, e certo Tribunal de Justiça, porque pensava diferentemente, dava-se à prática de decidir nos termos de sua própria convicção, valorizando a chamada 'liberdade de convencimento', própria de todo juiz ou tribunal. Resultado: todas essas decisões eram, mediante recurso, derrubadas por esta casa. Aquilo que deveria acabar na origem, à luz da jurisprudência do Supremo, só acabava aqui, depois de um lamentável dispêndio de recursos financeiros, de tempo e de energia, num Judiciário já congestionado e com tempo mínimo para cuidar de coisas novas. E quando acontecia de a jurisprudência do Supremo acabar não prevalecendo, e de a decisão do tribunal rebelde encontrar seu momento de glória? Quando o réu, porque assistido por advogado relapso, ou porque carente de outros meios, não apresentava recurso... Só nessa circunstância infeliz a rebeldia contra a jurisprudência do Supremo dava certo. Com todo o respeito pelo que pensam alguns processualistas, não vejo beleza alguma nisso. Pelo contrário, parece-me uma situação imoral, com que a consciência jurídica não deveria, em hipótese alguma, contemporizar. De modo que me pergunto: faz sentido não ser vinculante uma decisão da Suprema Corte do país? Não estou falando, naturalmente, de fatos concretos, cada um com seu perfil, reclamando o esforço hermenêutico da lei pelo juiz que conhece as características próprias do caso. Estou me referindo a hipóteses de pura análise jurídica. Tem alguma seriedade a idéia de que se devam fomentar decisões expressivas de rebeldia? A que serve isso? Onde está o interesse público em que esse tipo de política prospere?" (*RTJ* 157/393).

No mesmo julgamento, ponderava avisadamente o Ministro Paulo Brossard: "Quanto ao efeito, Senhor Presidente, efeito vinculante, creio que é uma medida de utilidade, que o legislador entendeu oportuno adotar. É uma medida de utilidade porque, por essa ou aquela razão, acontece entre nós o que não acontece em outros países de diferente tradição histórica e jurídica, em que uma decisão de Tribunal Superior, não pela lei, mas pela teoria do 'stare decisis', se faz respeitável e respeitada. Não há lei que determine o respeito a um acórdão da Suprema Corte; respeita-se porque é da Suprema Corte. Entre nós, por esta ou por aquela razão, durante decênios se controverte sobre um tema, e não chega a termo o dissenso. Dou um exemplo: o Banco do Brasil está sujeito aos impostos municipais ou não está. É possível arrolar mil decisões num sentido e mil e uma em sentido inverso. Ora, isto não pode continuar indefinidamente. O princípio da utilidade tem de se fazer sentir, ainda que isso importe, aqui ou ali, em certas situações menos confortáveis, mas é como o limite dos recursos: um, três, cinco, dez recursos; esgotados os recursos, o feito tem de ter fim e com ele as divergências. É um princípio de utilidade jurídica, social, política, utilidade no seu sentido mais amplo" (*RTJ* 157/403 e 404).

Entretanto, não sendo as ações de inconstitucionalidade ações de efeito, e consistindo sua decisão numa simples declaração, como atribuir-lhe coercitividade direta? Esse é problema da quadratura do círculo, que alguns pretendem resolver, como se viu acima, mandando prender os juízes dissidentes, recalcitrantes, ou rebeldes.

10.2 O regimento interno do STF, editado em 1980, previu "reclamação do Procurador-Geral da República ou do interessado na causa, para preservar a competência do Tribunal ou garantir a autoridade das suas decisões" (art. 156). Julgada procedente a reclamação, o Plenário podia "I – avocar o conhecimento do processo em que se verifique usurpação de sua competência; II – ordenar que lhe sejam remetidos, com urgência, os autos do recurso para ele interposto; III – cassar decisão exorbitante de seu julgado, ou determinar medida adequada à observância de sua jurisdição" (art. 161).[29]

A regra do art. 156 foi constitucionalizada a partir de 1988. O constituinte incluiu, na competência do STF, processar e julgar, originariamente, "a reclamação para a preservação de sua competência e garantia da autoridade de suas decisões" (Constituição, art. 102, I, "l").

A reclamação, assim, é remédio incidental, admissível mediante provocação do interessado, a partir de processo de conhecimento (para preservar-se a competência do STF) ou a partir de processo de execução (para garantir-se a autoridade das decisões do STF).

Dizia por isso o Ministro Amaral Santos serem pressupostos desse remédio: a) a existência de uma relação processual em curso; e b) um ato que se ponha contra a competência do Supremo Tribunal ou contrarie decisão deste proferida nessa relação processual ou em relação processual que daquela seja dependente (v. *RTJ* 112/505 e 522).

Firmara-se a jurisprudência do Supremo Tribunal Federal, como refere o Ministro Celso de Mello, relator da reclamação n. 354 (maio de 1991), no sentido "do não cabimento de reclamação na hipótese de descumprimento de decisão tomada em sede de controle concentrado de constitucionalidade, dada a natureza eminentemente objetiva do processo de ação direta" (*RTJ* 136/467; v. tb. *RTJ* 146/416).

Pesara nesse entendimento a advertência do Ministro Moreira Alves ao julgar-se a Rcl. n. 208: "Estamos diante de caso que vai eternizar-se, porque, toda vez que houver representação encaminhada pelo Procurador-Geral da República, qualquer terceiro interessado – no caso, o Estado de São Paulo – poderá apresentar reclamação, sob a alegação de que o ato normativo foi declarado inconstitucional, e, apesar disso, um Tribunal a aplicou, ou o Presidente da República nomeou alguém com base nele. Portanto, se qualquer Tribunal no País aplicar lei declarada inconstitucional em representação, a parte prejudicada poderá reclamar ao Supremo como terceiro interessado; ainda depois de escoado o prazo da ação rescisória, certo como é que a reclamação não tem, sequer, prazo para ser proposta" (*RTJ* 136/470).

Essa orientação, entretanto, sofreu mudança, como se vê no julgamento da Rcl. n. 397 (25.11.92), sendo relator o mesmo Ministro Celso de Mello: "A natureza eminentemente objetiva do controle normativo abstrato afasta o cabimento do instituto da reclamação por inobservância de decisão proferida em ação direta (Rcl. 354). Coloca-se, contudo, a questão da conveniência de que se atenue o rigor dessa vedação jurisprudencial, notadamente em face da notória insubmissão de alguns tribunais judiciários às teses jurídicas consagradas nas decisões proferidas pelo Supremo Tribunal Federal em ações diretas de inconstitucionalidade" (*RTJ* 147/31).

Todavia, ao julgar a Rcl. n. 447, entendeu a Corte Suprema que tratando-se de decisão proferida no julgamento de mérito de ADIn, *que não comporta execução*, é

29. Sobre a origem e natureza da "reclamação" – que não se confunde com a providência do mesmo nome também conhecida como "correição parcial", v. *RTJ* 112/504; v. ainda José da Silva Pacheco, "A reclamação no STF e no STJ de acordo com a nova Constituição", *RT* 646/19.

"excepcionalíssima" a admissão de reclamação (*RTJ* 159/15).

Não deixa de oferecer dificuldades, portanto, a inflexão ocorrida no julgamento da questão de ordem acima aludida (v. item 8.2) ao sugerir a reclamação na seqüência da ação declaratória de constitucionalidade (cf. *RTJ* 157/382, 396, 406, 408). A menor dessas dificuldades seria a ofensa ao princípio da unirrecorribilidade (pois o interessado teria a seu dispor dois meios de impugnação do ato contrário à decisão de inconstitucionalidade: o recurso cabível à instância imediata, e a reclamação ao STF), e a eventual supressão – por via de reclamação – da competência recursal comum.[30]

Outra dificuldade seria a prevista pelo Ministro Moreira Alves. Ações de controle abstrato não são ações mandamentais contra réus incertos; deve-se refletir na hipótese de centenas de reclamações autônomas chegando ao STF e sendo julgadas massivamente procedentes contra réus que nem foram parte na ação de conhecimento, nem foram ouvidos nesse anômalo processo de execução; ou que devem ser citados em todo o país para que venham nele defender-se.

Embora a disciplina da reclamação esteja, hoje, na Lei 8.038/90 (arts. 13 a 18, que reproduziram o que se achava no RISTF), esse processo tem sua natureza determinada pela norma constitucional: não é ação autônoma, nem pode pretender efetivação mais ampla do que a prevista na decisão de cujo cumprimento se trata. Por outra: decisão declaratória, ou constitutiva, não pode obter efeito condenatório, mandamental ou executivo, através da reclamação.

30. Diz Jorge Miranda que, se um tribunal qualquer aplica uma norma que a Corte constitucional tenha declarado inconstitucional, ou se busca remédio nos recursos cabíveis ou em recurso atípico, sendo a última solução a que vem sendo adotada pelo Tribunal constitucional português (ob. cit., p. 445).

Os riscos dessa inflexão acentuam-se no julgamento da Rcl. n. 399 (*RTJ* 157/433). Aí não se tratou de processo incidental, mas de medida autônoma, requerida pelo Procurador-Geral da República contra atos administrativos praticados pelo TRF da 5ª Região. Julgando a ADIn n. 658, o STF suspendera cautelarmente os efeitos de decisão administrativa dessa Corte (considerada, no julgamento, como ato normativo de caráter geral), que concedera reajuste a juízes e a servidores do seu quadro. A reclamação, proposta "contra ato do Tribunal Regional Federal da 5ª Região, que tem deferido a incorporação do percentual de 84,32%, relativo ao IPC de março de 1990, em requerimentos formulados por magistrados e servidores do Tribunal", foi julgada procedente nos termos do pedido. Votaram contra seu conhecimento os ministros Carlos Velloso e Marco Aurélio, este pelo fato de que "decisão proferida na ação direta de inconstitucionalidade não sugere execução".

11. Súmula vinculante

Nos tópicos 5 e 6 examinamos a possibilidade e significado da atribuição de eficácia *erga omnes* a decisões proferidas pelo Supremo Tribunal Federal em processos de natureza individual, através dos quais se exerce o controle concreto de constitucionalidade.

Aqui, a figura é substancialmente diferente. Não se trata de atribuir eficácia *erga omnes* a decisões proferidas nesses processos, mas de autorizar o Supremo Tribunal Federal, com base em decisões semelhantes proferidas nesses processos, a editar enunciados autônomos, com força e vigor de lei. Ressalta, com mais evidência, a natureza legislativa dessa figura.

A pressão exercida sobre o Senado para que aprove a PEC 54/95, independentemente do que a súmula vinculante possa significar em si mesma, expõe-nos à eventualidade de ser adotada uma fórmula extremamente imperfeita. A PEC 54/95, de autoria do senador Ronaldo Cunha Lima, tenciona dar ao art. 102 da Constituição, em seu § 2º, a seguinte redação: "As decisões definitivas de mérito, proferidas pelo Supremo Tribunal Federal, após sumuladas, produzirão eficácia contra todos e efeito vinculante, relativamente aos demais órgãos do Poder Judiciário e ao Poder Executivo".

Os defeitos dessa fórmula ressaltam quando comparada à fórmula Jairo Carneiro, *verbis*: "Art. 98. O Supremo Tribunal Federal, sem prejuízo do disposto no artigo 107, § 2º, e os Tribunais Superiores, após decisões reiteradas da questão e mediante o voto de três quintos dos seus membros, poderão editar súmula com efeito vinculante em relação aos demais órgãos do Poder Judiciário submetidos a sua jurisdição e à administração pública direta e indireta, da União, dos Estados, do Distrito Federal e dos Municípios, bem como proceder a sua revisão ou cancelamento.

"§ 1º. A súmula vinculante terá por objeto a validade, a interpretação e a eficácia de normas determinadas, acerca das quais haja controvérsia atual entre órgãos judiciários ou entre esses e a administração pública que acarrete grave insegurança jurídica e relevante multiplicação de processos sobre questão idêntica.

"§ 2º. A aprovação, alteração ou cancelamento da súmula poderão ocorrer de ofício ou por proposta de qualquer tribunal competente na matéria; pelo Ministério Público da União ou dos Estados; pela União, os Estados ou o Distrito Federal; pelo Conselho Federal da Ordem dos Advogados do Brasil e pela entidade máxima representativa da magistratura nacional, reconhecida pelo Supremo Tribunal Federal.

"§ 3º. Do ato administrativo ou decisão judicial que contrariar a súmula vinculante aplicável ou que indevidamente a aplicar, caberá reclamação para o Tribunal que a houver editado, o qual, julgando-a procedente, anulará o ato administrativo ou cassará a decisão judicial reclamada e determinará que outra seja proferida com ou sem a aplicação da súmula, conforme o caso."

Como se vê, a proposta Jairo Carneiro a) define a súmula vinculante no próprio texto constitucional, enquanto o texto Ronaldo Cunha Lima mantém para a súmula vinculante a mesma disciplina que já consta, para a súmula comum, no regimento interno do STF; b) restringe a possibilidade de sua edição aos casos em que haja "controvérsia atual entre órgãos judiciários ou entre esses e a administração pública que acarrete grave insegurança jurídica e relevante multiplicação de processos sobre questão idêntica"; c) disciplina a alteração ou cancelamento de súmula vinculante, dando a órgãos públicos ou a várias entidades civis representação para provocar essa alteração ou cancelamento. Além disso, o art. 106 do substitutivo subordina a constitucionalidade da súmula a exame em "ação direta de constitucionalidade ou inconstitucionalidade".

Todavia, apesar de sua deficiente redação, a proposta Ronaldo Cunha Lima possui uma grande vantagem sobre o substitutivo Jairo Carneiro. É que este acrescenta ao seu art. 98, acima reproduzido, o seguinte: "§ 4º. O reiterado descumprimento de súmula com efeito vinculante, ou desobediência às decisões de que tratam o parágrafo anterior e o § 2º do art. 106, configurará crime de responsabilidade para o agente político e acarretará a perda do cargo para o agente da Administração, sem prejuízo de outras sanções".

A aprovação desse texto de incrível truculência – que incorpora à súmula vinculante sanção mais forte do que tem em geral a própria lei – criaria o que Evandro Lins e Silva, relembrando Rui Barbosa, designou como "crime de hermenêutica".[31]

31. Evandro Lins e Silva, *A reforma do Poder Judiciário*, mimeo; acrescento que não há crime de

12. Questão constitucional incidente e efeito vinculante

A Constituição espanhola, como se viu acima, cria em seu art. 163 a "questão constitucional": "Quando um órgão judicial considere, em algum processo, que uma norma de nível legal, aplicável ao caso de cuja vigência dependa a decisão, possa ser contrária à Constituição, suscitará a questão perante o Tribunal Constitucional..." O substitutivo Jairo Carneiro atribui, ao Supremo Tribunal Federal, competência para julgar a "questão constitucional incidente", que assim desenha, no § 5º de seu art. 107: "Suscitada, em determinado processo, questão relevante sobre a constitucionalidade de lei ou ato normativo federal, estadual ou municipal, incluídos os anteriores à Constituição, e concorrendo os pressupostos do art. 98, § 1º, o Supremo Tribunal Federal, a requerimento dos órgãos ou entes referidos no *caput* deste artigo poderá processar o incidente e determinar a suspensão do processo a fim de proferir decisão com efeito vinculante exclusivamente sobre a matéria constitucional".[32]

Trata-se da ressurreição da avocatória.[33] No sistema espanhol, o juiz não tem jurisdição em matéria constitucional: inexiste, nele, o controle difuso. No Brasil, o juiz e os tribunais inferiores têm jurisdição constitucional, mas nos termos do substitutivo Jairo Carneiro podem perdê-la, com relação a determinado caso sob seu exame, se o STF resolver avocá-lo. A diferença entre a avocatória Jairo Carneiro e a avocatória do "pacote de abril" ("Emenda Constitucional" n. 7/77) consiste em que, nesta, o STF age *ex officio*, e, naquela, a requerimento de alguns órgãos ou entidades, os mesmos legitimados a propor a "ação de constitucionalidade e de inconstitucionalidade".

São particularidades dessa "questão incidente": a) a intenção de se permitir seja levado através dela, ao Supremo Tribunal Federal, o exame da constitucionalidade de lei ou ato normativo anterior à Constituição. Como é sabido, o STF inadmite o controle da constitucionalidade, face a Constituição nova, de lei ou ato normativo editado na vigência de estatuto constitucional anterior; em caso de incompatibilidade dessa lei ou ato normativo com a nova Constituição, esta o teria revogado automaticamente, não havendo como cogitar-se de inconstitucionalidade; b) a intenção de se permitir seja levada através dela ao STF, *per saltum*, e para o fim de obter-se decisão com força e vigor de lei (própria do controle concentrado) matéria pertinente à constitucionalidade de lei ou ato normativo municipal (que, no sistema vigente, não pode ser submetida a controle concentrado).

Se aqueles órgãos e entidades já podem submeter diretamente ao STF a matéria constitucional em causa, qual a razão de admitir-se que o façam a partir de um determinado processo individual? É evidente a duplicidade de formas, salvo se considerarmos que, na "questão incidente", a relação processual continuará a ser entre as partes figurantes no processo original (possivelmente órgão do governo de um lado, e um particular de outro), de modo que se terá decisão de eficácia geral em processo com contraditório mas sem representação popular; como no processo original provavelmente será sempre parte o governo (e

hermenêutica sem concurso de pessoas. Como condenar somente o juiz, e não condenar também a parte e seu advogado? Dessa condenação não haverá como excluir a doutrina, senão como co-autora, no mínimo por incitação.

32. No relatório do STF, relativo ao ano de 1995, consta: "A idéia é esta, tal como a expus, em 1992, em conferência que pronunciei no Tribunal de Contas do Município de São Paulo: tratando-se de questão constitucional controvertida, de repercussão nacional, o juiz ou o tribunal de causa poderá, a requerimento do Procurador-Geral da República, ou do Conselho Federal da OAB, suspendendo o processo, submeter a questão constitucional à decisão do STF" (p. 43).

33. V. Sérgio Sérvulo da Cunha, "Nota breve sobre o efeito vinculante", *RIL* 129/5; *Rev. Do Conselho Federal da OAB*, 61/107; *RTDP* 12/143.

raramente uma das outras entidades legitimadas) a "questão incidente" parece um duplo da ação declaratória de constitucionalidade, talvez sem os mesmos riscos políticos e processuais a que se expõe, com ela, o governo.

13. Modificabilidade da decisão de controle abstrato

Só com base em disposição constitucional expressa pode o legislador reeditar a lei declarada inconstitucional, contrapondo-se assim à decisão tomada em sede de controle abstrato. À falta de disposição como essa, a decisão judicial se enrijece: só por emenda à Constituição poderia ser revogada. Ou por outra decisão judicial, caso não se reconheça, nela, a força de coisa julgada material, oponível *erga omnes*.

Se a Constituição disser que a decisão de inconstitucionalidade (ou a decisão de constitucionalidade) tem essa força, o próprio órgão de controle abstrato estará impedido, de direito, de reapreciar a matéria.

Ao contrário, se o obstáculo à reapreciação da matéria for a jurisprudência, esta poderá ser mudada amanhã, ao modo como costuma mudar.

Foi o que – ciente das dificuldades decorrentes da absoluta definitividade dessas decisões – sugeriu o Ministro Paulo Brossard, no julgamento da acima referida questão de ordem (*RTJ* 157/404). Assim, teríamos força de lei até que o órgão de controle entendesse de alterar seu entendimento. Ou seja: elevado grau de certeza aliado a elevado grau de incerteza. Se é possível esperar-se que o STF mude sua jurisprudência, à força de alguma circunstância imprevista, os interessados continuarão batendo à sua porta para que a reveja, e os órgãos judiciais inferiores, ao decidirem contrariamente ao paradigma, talvez afirmem que não se alinham com a jurisprudência vigente, mas com a que virá em seguida.

No julgamento daquela mesma questão de ordem, assim votou o Ministro Carlos Velloso: "... a declaração de constitucionalidade da lei não impede, a meu ver, diante de alteração das circunstâncias fáticas ou da realidade normativa, a propositura da ação direta de inconstitucionalidade. Penso que esta é uma posição que a Corte constitucional deve assentar. É que, como foi dito: hoje, a lei pode ser constitucional, amanhã não" (*RTJ* 157/401).

Esse entendimento, aliás, é compatível com o disposto no art. 103 do RISTF; segundo essa regra "qualquer dos Ministros pode propor a rescisão da jurisprudência assentada em matéria constitucional...".

Gilmar Ferreira Mendes busca também escapatória à rigidez afirmando: "declarada a constitucionalidade de uma lei, ter-se-á de concluir pela inadmissibilidade de que o Tribunal se ocupe, uma vez mais, da aferição de sua legitimidade, salvo no caso de significativa mudança das circunstâncias fáticas ou de relevante alteração das concepções jurídicas dominantes" (id., p. 130).

Entretanto, a orientação prevalecente na doutrina européia é mais flexível. Como se vê nos textos já referidos de Jorge Miranda e Franco Pierandrei, nova ação de inconstitucionalidade pode ser intentada por legitimado que não tenha sido autor em outra, rejeitada. Na Itália, o debate está entre os que sustentam que a coisa julgada firma-se para o caso decidido, e os que afirmam, como Cappelletti, que em nenhum caso se opera preclusão (v. P. B. di Ruffia, *Diritto Costituzionale*; cito a edição espanhola, Ed. Tecnos, Madrid, 1982, p. 573).

14. Conclusões. Observações finais

14.1 Antes de passarmos às observações finais, alinhemos, à guisa de conclusão, alguns tópicos desta investigação:

a) Eficácia é propriedade do que tem força ou efeito. Força é elemento inerte, simples emanação da existência. Efeito é fator ativo da eficácia.

b) A incidência da lei situa-se no plano lógico da eficácia; sua aplicação, no plano concreto da efetividade. Em juízo produz-se o trânsito da eficácia para a efetividade.

c) Toda sentença vincula as partes. Coisa julgada é força da sentença. Condenação, constituição, execução, mandamento, são efeitos da sentença. Neste sentido, pode-se falar em "efeito vinculante" da sentença.

d) Há casos, no ordenamento jurídico brasileiro, de decisão judicial cuja eficácia alcança quem não figurou nominalmente no processo (eficácia coletiva, eficácia geral); neles, ou não está em jogo direito subjetivo, ou se entende que houve representação ou substituição processual. Mas em nenhum deles há efeito condenatório, mandamental ou executivo *erga omnes*. Mesmo essas exceções não afastam a possibilidade, por quem se entenda lesado ou ameaçado, de acesso ao controle jurisdicional.

e) Jurisdição é poder conferido, a órgão inerte e neutro, de interpretar e aplicar o direito, em procedimento contraditório. Estatal é a jurisdição conferida a órgão soberano, ou integrante de sistema soberano.

f) Não é possível, sem dano à Constituição, evitar que as pessoas possam defender, em juízo, interesses feridos por ato inconstitucional. O controle concreto de constitucionalidade decorre da natureza das coisas.

g) A instituição de controle abstrato (a possibilidade de declarar-se a inconstitucionalidade de uma lei em tese) representa amplificação, e não restrição do controle concreto.

h) Decisão proferida pela instância superior, no julgamento de recurso, vincula a instância inferior. Esse "efeito vinculante" é efeito intraprocessual, que não se confunde com a eficácia sentencial. Quando se fala em efeito vinculante de decisão do Supremo Tribunal Federal, deve-se distinguir entre decisões proferidas em processos de sua competência originária e em processos de sua competência recursal.

i) O controle de constitucionalidade é meio de defesa do povo contra o governo. O sistema de controle, estabelecido em defesa de si própria pela Constituição, não pode ser alterado sem ruptura constitucional.

j) A ação direta de inconstitucionalidade, tal como criada pela Constituição brasileira de 1988 (ADIn 88), é *actio popularis* de legitimação restrita.

k) Resultado da ADIn é que, declarada a inconstitucionalidade, a administração fica autorizada a afastar os efeitos da norma inconstitucional; ou ficam, os litigantes em ação de efeito, dispensados de discutir essa inconstitucionalidade. Se o juiz contraria a decisão do STF, o prejudicado terá ao seu alcance os meios adequados de impugnação.

l) No sistema da Constituição de 1988, a decisão de inconstitucionalidade só ganha eficácia geral mediante resolução do Senado.

m) É incorreto dizer que, na decisão de improcedência de ADIn, contém-se declaração de constitucionalidade da norma impugnada.

n) Não há, no ordenamento brasileiro, processo jurisdicional objetivo; igualmente, é impossível existir processo objetivo com efeitos subjetivos.

o) A ação declaratória de constitucionalidade da EC 3/93 atenta contra a imodificabilidade do sistema de controle de constitucionalidade da Constituição brasileira de 1988, e contra várias de suas garantias. Sem disposição legal que a discipline não chega a ser ação, e se ação for, não será ação declaratória, mas ação constitutiva ou mandamental, segundo a fórmula pela qual venha a ser concebida.

p) No contexto da ADC, "efeito vinculante" é efeito extraprocessual mandamental difuso, dirigido à totalidade dos órgãos judiciais.

14.2 O conceito de vínculo associa-se ao de eficácia. As leis, pela sua generalidade, têm eficácia com relação a todos. A sentença tem, com relação às partes, força de coisa julgada e efeitos. A decisão proferida em sede de recurso tem efeito intraprocessual, vinculando o prolator da sentença. A acepção mais radical de "efeito vinculante", como vimos, é a contida na Emenda Constitucional n. 3/93. Nesse sentido, "efeito vinculante" é indissociável de "eficácia geral".

Para o caso de que se admita eficácia geral à decisão sobre constitucionalidade, é porque ou se abriu a todos efetiva possibilidade de participação no processo, ou porque o juízo agiu como órgão legislativo.

Discursos em defesa do efeito vinculante começam invariavelmente com afirmações sobre a pletora de processos – e de processos repetitivos – no Supremo Tribunal Federal. Todavia, a existência desses recursos não significa que as instâncias inferiores hajam contrariado a jurisprudência do STF: *trata-se, em sua maioria, de recursos contra decisões que adotaram a orientação do STF!* O remédio contra a pletora dos recursos repetitivos não parece estar, portanto, no efeito vinculante.

Um modelo de Suprema Corte concebido para julgar apenas mil processos por ano só serviria para um sistema que produzisse não mais de mil argüições de inconstitucionalidade por ano.

Conseqüência do monopólio estatal da jurisdição, e da proibição da justiça de mão-própria, é a coextensão entre os direitos e as ações. A amplitude de defesa é princípio pré-processual, coincidente com o do acesso ao Judiciário, que veda a denegação de justiça. Cláusulas impeditivas de recursos, argüições de relevância, exigências nominalistas de prequestionamento explícito, são artifícios que agridem esse princípio. A lei deve sancionar o litigante de má-fé, mas a má-fé do recorrente, ou do seu advogado, não se presumem. O Judiciário deve respeito a quem nele põe confiança, ainda que vã ou romântica a esperança de vencer. É dessa confiança que nasce a sua autoridade. Se não fosse assim, o Judiciário não se prestaria à realização do direito, mas à legitimação do poder. Afinal, tudo se resume em saber se o Brasil deve adequar-se às dimensões do seu Judiciário, ou se o Judiciário deve adequar-se às dimensões do Brasil.

Santos, maio de 1997

ESTUDOS & COMENTÁRIOS

REFORMA ADMINISTRATIVA E DIREITO ADQUIRIDO*

PAULO MODESTO

Assessor Especial do Ministro da Administração Federal e Reforma do Estado do Brasil – Professor de Direito da Universidade Federal da Bahia – Membro do Instituto Brasileiro de Direito Administrativo, do Ministério Público e do Instituto de Advogados do Estado da Bahia

1. Do conceito de direito adquirido em vigor no Brasil

A CF enuncia no art. 5º, XXXVI: "a lei não prejudicará o direito adquirido, o ato jurídico perfeito e a coisa julgada". Mas não define a extensão e o conteúdo desses conceitos jurídicos.

A Lei de Introdução ao Código Civil (Decreto-lei 4.657/42, com as alterações produzidas pela Lei 3.238/57), entretanto, dispõe:

"Art. 6º. A lei em vigor terá efeito imediato e geral, respeitados o ato jurídico perfeito, o direito adquirido e a coisa julgada.

"(...)

"§ 2º. Consideram-se adquiridos assim os direitos que o seu titular, ou alguém por ele, possa exercer, como aqueles cujo começo de exercício tenha termo prefixo, ou condição preestabelecida inalterável, a arbítrio de outrem"

Diante dessa definição legal duas orientações tiveram curso.

Segundo a primeira, não tendo a Constituição definido o conceito de direito adquirido, caberia à lei ordinária preencher o conceito, estabelecendo os seus limites, considerando desde logo de forma necessária apenas a garantia do ato jurídico perfeito e da coisa julgada (*v.g.*, na doutrina, R. Limongi França, *A Irretroatividade das Leis e o Direito Adquirido*, 4ª ed., São Paulo, Ed. RT, 1994, pp. 210 e 211; nos Tribunais, no STF consta apenas o AI 135.632, rel. Min. Celso de Mello, *BDA*, dez./95, p. 773, com a seguinte ementa: "Embora a Constituição mencione a garantia do direito adquirido, o conceito da expressão é regulado pela Lei de Introdução. Não cabe, assim, recurso extraordinário, posto que a alegada violação operaria por via reflexa").

Para a segunda orientação, porém, a definição legal de direito adquirido não vincula a jurisdição constitucional, nem aprisiona a interpretação da norma constitucional que tutela os direitos adquiridos aos limites enunciados na Lei de Introdução ao Código Civil. Entende-se que, embora possa influenciar a interpretação da matéria, a definição legal não pode dispor do núcleo

* Texto redigido originalmente em forma de perguntas e respostas e utilizado como subsídio para discussão da PEC 41/97 no Senado Federal. É dedicado a Carlos Ayres Britto e Valmir Pontes Filho, professores eminentes e amigos fraternais, porque me permitiram, com o estímulo da divergência elegante e elaborada, repensar o tema em novas bases.

essencial da norma constitucional de proteção aos direitos adquiridos, nem subtrair do plano constitucional o problema do alcance e do conteúdo da norma de garantia.

Esta última é a orientação adotada neste trabalho. A Constituição não se interpreta mediante a lei ordinária; a lei é que tem a sua interpretação condicionada pela Constituição. A garantia constitucional inscrita no art. 5º, XXXVI, por expressa determinação constitucional, tem aplicação imediata (art. 5º, § 1º, da CF), independendo de preceito legal regulador. Se o conceito de direito adquirido constituísse matéria de caráter ordinário, a garantia constitucional do direito adquirido estaria de modo indireto à disposição do legislador, subordinada aos seus humores, esvaziada enquanto norma de proteção individual. Além disso, teríamos de admitir o paradoxo de um limite ao legislador depender da atuação do próprio legislador.

Na doutrina nacional, diversos autores adotam perspectiva semelhante. Pontes de Miranda, por exemplo, considera as definições da Lei de Introdução ao Código Civil sobre direito adquirido, ato jurídico perfeito e coisa julgada sem qualquer "significação no plano do direito constitucional" e, de outra parte, "tautológicas". O conceito de direito adquirido é tratado pelo autor como um conceito "científico" que foi "constitucionalizado" (*Comentários à Constituição de 196, com a Emenda n. 1 de 1969*, 3ª ed., Rio de Janeiro, Forense, 1967, pp. 64, 65 e 72). Ovídio Bernardi, por sua vez, enfatiza que, "se um legislador elabora uma lei, deve respeitar o direito adquirido. Mas se fica a seu cargo dizer o que é direito adquirido, então nada vale a exigência constitucional" ("O direito adquirido e o seu problema conceitual", *RT* 284/24-27, 1959).

Neste contexto, adotada a segunda orientação, parece evidente o papel insubstituível que ocupa a construção pretoriana e permanente dos Tribunais, em especial do STF, com o auxílio da doutrina jurídica, na tarefa de concretizar a cada passo o conteúdo e a extensão da norma de proteção ao direito adquirido em vigor no Brasil, uma vez que esta garantia entre nós possui matriz constitucional. É a jurisprudência dos Tribunais superiores o veículo por excelência de tradução do Direito vigente entre nós para a matéria.

2. *Como funciona na prática a garantia que protege o direito adquirido?*

A função específica da garantia do direito adquirido é assegurar no tempo a manutenção dos efeitos jurídicos de normas modificadas ou suprimidas. Trata-se de garantia ocupada com os efeitos concretos da lei. Não se destina a inibir a evolução da legislação, a modificação ou a revogação das leis preexistentes, mas a fazer perdurar os efeitos individuais e concretos da lei alterada ou suprimida mais vantajosa na nova ordem legal. Direitos adquiridos são direitos subjetivos estabilizados no patrimônio jurídico individual e protegidos da aplicação da lei nova. Não são direitos vocacionados a impedir a inovação abstrata da lei. Na verdade, a garantia do direito adquirido pressupõe, como condição para ser aplicada, a efetiva ocorrência de processos de reforma legislativa. Se não há sucessão legislativa, modificação da norma jurídica anterior por norma superveniente mais gravosa, a garantia não tem oportunidade de incidir.

A garantia do direito adquirido funciona, no tempo, como um guarda-chuva. Não impede a aplicação geral e imediata da lei nova. Resguarda, no entanto, os indivíduos que titularizam uma situação jurídica vantajosa anterior da aplicação das novas disposições legais. Estes indivíduos seguem regidos pela regra alterada ou revogada, mais vantajosa, para certos e determinados efeitos, embora a norma nova seja desde logo aplicável aos demais indivíduos. Trata-se de uma garantia individual, que funciona como tal, pois tutela a situação subjetiva de um ou mais indivíduos determinados. Não funciona como um dique das reformas legislativas, não represa nem pode conter a alteração abstrata da lei, porque a sua função é apenas prolongar em concreto a aplicação da norma mais vantajosa, revogada ou modificada por lei sucessiva (tecnicamente, garantir a ultratividade ou a eficácia protraída da norma preexistente), porém apenas para os indivíduos que incorporaram em seu patrimônio individual a situação jurídica anterior.

Trata-se de garantia que opera no plano dos efeitos jurídicos, no plano concreto das relações jurídicas, não no plano lógico abstrato das normas jurídicas. Não diz, ordinariamente, respeito à validade da alteração normativa, mas aos seus efeitos. Ao se alterar a norma abstrata não se fere direito adquirido, menos ainda a norma de sua garantia, desde que a nova norma abstrata não recuse expressamente a titularizem *(original truncado)*. O direito adquirido apenas manifesta o seu vigor e imutabilidade no plano concreto, em face de alguma interferência inovadora do legislador. Este fato produz conseqüências que o intérprete, inclusive no Poder Legislativo, não pode desconsiderar.

Conseqüência processual

A primeira e mais importante conseqüência diz respeito à impossibilidade de impugnação ou questionamento da validade da lei nova na via abstrata de controle da constitucionalidade, sob o fundamento de violação da garantia do direito adquirido, desde que a lei não determine expressamente sua incidência sobre situações anteriores.

No STF esse entendimento ficou assentado de modo expresso em decisão relatada pelo Min. Sepúlveda Pertence no curso de vigência da atual Constituição de 1988, mais precisamente a ADIn 1.161-8-DF (*DJU* 2.1.95, p. 446). Segundo o acórdão, a questão sobre violação de direito adquirido "não é suscetível de deslinde na via do controle abstrato: salvo quando a própria lei determina sua incidência sobre situações anteriores (*v.g.*, ADIn 493, medida cautelar, M. Alves, 7.5.91, *RTJ* 142/52), a impugnação não diz com a validade da lei, mas com a sua eficácia no tempo, e há de ser dirimida pela via difusa adequada, por provação dos prejudicados (*v.g.*, ADIn 174, Pertence, 21.3.90, *RTJ* 131/498; ADIn 613, Rezek, 29.4.93)".

No mesmo sentido, com enunciado didático, registra a ementa da ADIn 1.434-SP (rel. Min. Celso de Mello, *DJU* 22.11.96, p. 45.684):

"(...) O controle normativo de constitucionalidade qualifica-se como típico processo de caráter objetivo, vocacionado exclusivamente à defesa, em tese, da harmonia do sistema constitucional. A instauração desse processo objetivo tem por função instrumental viabilizar o julgamento da validade abstrata do ato estatal em face da Constituição da República. O exame de relações jurídicas concretas e individuais constitui matéria juridicamente estranha ao domínio do processo de controle concentrado de constitucionalidade.

"A tutela jurisdicional de situações individuais, uma vez suscitada a controvérsia de índole constitucional, há de ser obtida na via do controle difuso de constitucionalidade, que, supondo a existência de um caso concreto, revela-se acessível a qualquer pessoa que disponha de interesse e legitimidade (CPC, art. 3º) (...)."

Confira-se ainda, adotando a mesma orientação, no âmbito da jurisprudência do STF, a Repr. 891-GB e e Repr. 895 (rel. Min. Djaci Falcão, 13.6.73, *RTJ* 67/327 e 68/283), bem assim a Repr. 1.288-DF (rel. Min. Rafael Mayer, *RTJ* 119/548).

Essa orientação jurisprudencial, ao situar o tema da tutela dos direitos adquiridos no plano adequado, aplica-se perfeitamente também para o controle abstrato da validade de projeto de lei perante as Comissões de Constituição e Justiça da Câmara e do Senado Federal. Neste âmbito, por igual, parece deslocado e impróprio apreciar a questão da eficácia ou aplicação concreta futura do projeto, a sua eventual aplicabilidade ou inaplicabilidade imediata a todas as situações existentes, pois a missão precípua deste tipo de controle resume-se em avaliar se ocorre direta compatibilidade ou incompatibilidade do texto apreciado em face da Constituição.

Conseqüência material

A segunda conseqüência dessa clara separação de esferas lógicas (plano da validade/plano da norma abstrata e plano dos efeitos/plano das situações jurídicas individuais) é evidenciar a confusão muito comum entre direitos adquiridos e garantia dos direitos adquiridos diante do poder de reforma constitucional.

Os direitos adquiridos consubstanciam-se em situações jurídicas individuais concretas; a garantia dos direitos adquiridos apresenta-se como norma constitucional geral e abstrata. Os primeiros são incontáveis, de número incerto, consolidando-se no patrimônio individual a partir da implementação de atos jurídicos individuais (*v.g.*, atos administrativos ampliativos da esfera jurídica de particulares, como licenças e autorizações), atos negociais, fatos jurídicos (*v.g.*, transcurso do tempo para aquisição do direito a aposentadoria) ou declarações legislativas (*v.g.*, anistias), e podem tanto encontrar fundamento na Constituição quanto em leis ordinárias. A garantia do direito adquirido, de outra parte, é norma geral e abstrata, expressamente contemplada na Constituição Federal. Os direitos adquiridos situam-se no plano dos direitos subjetivos; a garantia dos direitos adquiridos insere-se no plano do direito objetivo. A distinção tem reflexos diretos na questão dos limites do poder de reforma constitucional.

3. Direitos adquiridos e reforma constitucional: a questão das cláusulas pétreas

Os direitos adquiridos não são cláusula pétrea da Constituição, e sim a garantia dos direitos adquiridos, isto é, a norma enunciada no art. 5º, XXXVI, do texto constitucional, inscrita no título "Dos Direitos e Garantias Fundamentais". Esta norma não pode ser suprimida do estatuto constitucional mediante o exercício do poder de emenda.

As cláusulas pétreas – também chamadas cláusulas de imutabilidade ou garantias de eternidade – são limites materiais ao poder de reforma constitucional. Referem-se a conteúdos, princípios, normas constitucionais que não podem ser objeto de deliberação pelo poder de reforma constitucional. Dizem respeito a normas que constam da Constituição, e não a situações jurídicas concretas titularizadas pelo Poder Público ou por particulares. Revestem-se de eficácia reforçada, na medida em que denotam normas constitucionais que somente podem ser derrogadas pelo poder constituinte originário. Constituem exceção ao poder de reforma constitucional e, como tais, reclamam interpretação estrita. Sintetizam a idéia fundamental de direito da coletividade, compondo a identidade básica da Constituição. Reformá-las é inviável para os órgãos constitucionais instituídos, pois significaria o mesmo que a retirada dos alicerces que os sustentam e a derrubada da Constituição.

As cláusulas pétreas são normas eminentíssimas da ordem constitucional. O seu conceito não pode ser trivializado ou banalizado. A garantia de imutabilidade qualificada que possuem frente ao poder de reforma constitucional não pode ser transferida para situações jurídicas individuais ou para normas infraconstitucionais, enunciadas em leis ordinárias ou até em atos normativos inferiores. Na ordem constitucional cumprem uma tarefa especialíssima: a função de bloqueio em relação a toda e qualquer alteração do Estatuto Fundamental. As cláusulas pétreas, por isso, não podem ser em número incerto, incontável, a ponto de instalar uma situação de imutabilidade de parcela significativa da ordem jurídica. Situam-se logicamente apenas na intimidade da Constituição, de forma expressa ou implícita, são em número limitado e referem-se apenas a normas constitucionais.

Não falta quem pense diversamente. Com respeito aos que assim entendem, pensar que o poder de reforma está condicionado a respeitar todo e qualquer direito adquirido é subverter a hierarquia das normas no sistema jurídico. O sistema jurídico estrutura-se em camadas sucessivas de normas, fundamentando-se as normas inferiores nas normas do estrato superior. No topo do sistema está a Constituição, e na base estão as normas individuais. O sistema jurídico é comumente descrito como uma pirâmide. Na medida em que se desce do topo da pirâmide para a base, da Constituição para as normas individuais, aumentam o número de normas e os limites e condicionamentos materiais ao órgão competente para edição de novas normas. Reversamente, na medida em que se sobe da base da pirâmide jurídica em direção ao seu vértice diminuem o número de normas e o número das limitações materiais ao órgão competente para alterar as normas existentes. Assim, o administrador que decide um caso concreto está limitado, em termos de conteúdo, por regulamentos, pela lei (ordinária ou complementar) e pela Constituição; o legislador que edita lei ordinária encontra-se limitado, em termos materiais ou de conteúdo, por toda a Constituição; o poder de reforma constitucional, por sua vez, diz-se limitado quanto ao conteúdo do seu objeto apenas pelas cláusulas pétreas expressas ou implícitas constantes da própria Constituição.

Os que defendem que a garantia do direito adquirido não é somente dirigida ao legislador ordinário e sim também ao poder de reforma constitucional esquecem a lógica que rege este sistema. Se o direito adquirido, qualquer que seja a sua fonte, como situação jurídica individual, for oponível também em face da Constituição ou de emenda que a modifique, o poder de reforma estará submetido a limites materiais semelhantes aos do legislador ordinário, contido segundo quase o mesmo grau de condicionamento, quando toda a lógica do sistema aponta para menores condicionamentos e maior liberdade de iniciativa quanto ao conteúdo possível de alteração. No sistema jurídico nacional, lei e emenda constitucional são entidades claramente distintas. A lei é veículo ordinário de expressão normativa, irrompe com certa agilidade no processo legislativo, mas encontra ampla delimitação material fornecida pela Constituição. A emenda, de revés, é veículo normativo extraordinário, episódico, de dificílima produção no plano processual, mas, em contraponto, dotado de maior abertura no campo material, pois está limitado apenas pelas "cláusulas pétreas" previstas na própria Constituição. O poder de reforma constitucional – recorde-se –, embora não se confunda com o poder constituinte originário (força político-social incondicionada em termos jurídicos e fixadora de uma nova idéia fundamental de Direito), expressa também de forma especial ou incomum a soberania popular través do Parlamento, uma vez que opera apenas após quatro votações sucessivas de Plenário, duas em cada Casa legislativa, observado um *quorum* qualificado de três quintos na Câmara dos Deputados e no Senado da República.

Os autores que defendem que a garantia do direito adquirido é também limite à eficácia do poder de reforma dizem que a palavra "lei", empregada expressamente no enunciado do art. 5º, XXXVI, da CF, não é somente dirigida ao legislador ordinário, e sim também ao poder de reforma constitucional. A Constituição – lembram – é também uma lei. Ninguém o contesta. Porém, o que se esquece de mencionar é que o STF, a quem cabe a última palavra em matéria de interpretação constitucional, entende que a palavra "lei", no art. 5º, XXXVI, da CF de 1988, constante também de normas semelhantes de Constituições anteriores, vem empregada na Constituição em sentido formal, colhendo apenas o legislador infraconstitucional. A Constituição é lei em sentido material; em sentido formal excede as leis ordinárias, gozando de supralegalidade – vale dizer, eficácia inaugural e sobranceira na ordem jurídica. A Constituição não conhece limites anteriores ou posteriores aos constantes dos seus próprios comandos. Disto se vale a Constituição tanto para atribuir quanto para retirar a base de validade de disposições legislativas ordinárias e limitar ou ampliar situações jurídicas individuais, não ficando de modo algum condicionada pelas normas infraconstitucionais que lhe desdobram o conteúdo, sejam ou não declaratórias de direitos ou obrigações. Esse fato vincula-se também ao caráter político eminente das normas constitucionais. Presume-se que as normas constitucionais condensam a vontade fundamental da nação, o interesse público em seu sentido mais amplo, as aspirações coletivas mais densas, frente às quais não caberia perpetuar situações individuais mais vantajosas.

Contra a Constituição inexiste o princípio do direito adquirido, e tampouco o princípio da irretroatividade. As normas constitucionais não apenas incidem imediatamente (o que se presume, salvo inequívoca disposição em contrário), como é-lhes permitido retroagir, para alcançar "efeitos passados de fatos passados", nesse último caso desde que se faça a ressalva mediante declaração expressa. A regra é a imediatidade eficacial das normas jurídicas constitucionais. Se se deseja manter no tempo, ou por certo tempo, a aplicação de normas anteriores contrárias a novo mandamento constitucional, exige-se norma de transição expressa. Se o objetivo é a aplicação do novo dispositivo constitucional também para alterar no passado efeitos jurídicos já consolidados, a mesma exigência de explicitude é feita.

Essas afirmações são quase um truísmo quando observados princípios elementares do Direito. Se a Constituição é a norma fundamental do sistema jurídico, base de validade de todas as demais normas, é evidente que não pode admitir a existência de qualquer Direito altaneiro, anterior ou superior a ela mesma, sob pena de perder a condição de norma inicial e fundante do sistema jurídico nacional. A legislação infraconstitucional permanece válida apenas se não confronta com o estatuto constitucional (princípio da recepção). Se a legislação conflita, prevalece a Constituição, norma hierárquica superior do sistema jurídico (princípio da supremacia). Por isso a eficácia da Constituição é imediata, e se presume tal, salvo disposição expressa em contrário constante da própria Constituição (princípio da eficácia imediata da Constituição).

Essas noções não nos devem conduzir, porém, a confundir a garantia do direito adquirido com o princípio da irretroatividade da lei. Retroagir (*retro agere*) é incidir sobre o passado, é atribuir nova valoração jurídica a fatos resolvidos no tempo, regredindo ao pretérito. É verdade que no Brasil a Constituição não proíbe de forma absoluta e genérica a retroeficácia da lei. A Constituição brasileira proíbe a retroatividade da lei penal incriminadora (art. 5º, XL) e prescreve que a lei não poderá retroagir para ferir o direito adquirido, o ato jurídico perfeito ou a coisa julgada (art. 5º, XXXVI). Não impede a retroação feita para beneficiar, mas, ao contrário, a admite expressamente ("a lei penal não retroagirá, salvo para *beneficiar* o réu" – art. 5º, XL) e implicitamente ("Sem prejuízo de outras garantias asseguradas ao contribuinte, é vedado à União, aos Estados, ao Distrito Federal e aos Municípios: ... III – cobrar tributos: a) em relação a fatos geradores ocorridos antes do início da vigência da lei que os instituiu ou *aumentou*; b) no mesmo exercício financeiro em que haja sido publicada a lei que os instituiu ou *aumentou* – art. 150, III, "a" e "b"). Tampouco repele a retroação de lei quando não estiver em causa *dano* a direito adquirido, ato jurídico perfeito ou coisa julgada. Ressalte-se, ainda, que a Constituição abre autorização expressa à retroação quando se tratar de inovação jurídica promovida por medida provisória não convertida em lei, pois neste caso a alteração promovida com força de lei perde a eficácia, desde a edição da medida provisória, devendo o Congresso Nacional *disciplinar as relações jurídicas delas decorrentes* (art. 62, parágrafo único). E, ademais, para algumas questões permitiu a retroação inclusive para prejudicar o beneficiário de direito (art. 51 do ADCT: "Serão revistos pelo Congresso Nacional, através de Comissão mista, nos três anos a contar da data da promulgação da Constituição, todas as doações, vendas e concessões de terras públicas com área superior a 3.000 hectares, *realizadas no período de 1º de janeiro de 1962 a 31 de dezembro de 1987*").

Em contraste, há apenas uma única hipótese em que a Constituição Federal expressamente afasta a aplicação da garantia do direito adquirido contra si e contra a lei ordinária. Esta disposição encontra-se no art. 17 do ADCT, nos seguintes termos: "Os vencimentos, a remuneração, as vantagens e os adicionais, bem como os proventos de aposentadoria que estejam sendo percebidos em desacordo com a Constituição serão imediatamente reduzidos *aos limites dela decorrentes*, não se admitindo, neste caso, *invocação de direito adquirido* ou percepção de excesso a qualquer título". Ora, consoante o inciso XI do art. 37 da CF, "a lei fixará o limite máximo e a relação de valores entre a maior e a menor remuneração dos servidores públicos". Certo, a lei referida não é absolutamente livre, pois deve observar também "limites máximos" definidos no âmbito dos respectivos Poderes desde logo pela Constituição: "os valores percebidos como remuneração, em espécie, a qualquer título, por membros do Congresso Nacional, Ministros de Estado e Ministros do Supremo Tribunal Federal e seus correspondentes nos Estados, no Distrito Federal e nos Territórios, e, nos Municípios, os valores percebidos como remuneração, em espécie, pelo Prefeito". Porém, é evidente que a lei prevista não é obrigada a reproduzir os limites máximos já constantes da Constituição. Se assim fosse, a previsão da lei no dispositivo constitucional seria ociosa e contraditória. Tem-se, por isso, que o preceito do art. 37, XI, da CF encerra a previsão de dois limites de remuneração: um limite a ser fixado pela lei e um limite fixado para a lei. Quando a lei ordinária fixa o limite máximo de remuneração em valor abaixo do máximo admitido pela Constituição diz-se que estabeleceu um *redutor* ou *subteto*.

Na jurisprudência do STF e do STJ, embora não se isolem com clareza os dois tipos de limites de remuneração, aplica-se a ambos o comando do art. 17 do ADCT. Neste sentido, confira-se no STF o RE 167.844-SP (rel. Min. Ilmar Galvão, j. 22.11.94, *DJU* 4.8.95, p. 22.518), e no STJ o MS 2.306-5-DF (rel. Min. Jesus Costa Lima, j. 2.9.93, *RSTJ* a.6, (56), 1994, p. 69); RMS 1.679-PR (rel. Min. Mílton Luiz Pereira, *DJU* 13.12.93, p. 37.403); MS 2.450-DF (rel. Min. Adhemar Maciel, j. 8.5.96, *DJu* 2.6.97, p. 23.750); REsp 113.698-SC (rel. Min. Vicente Leal, j. 24.6.97, *DJU* 1.9.97, p. 40.897).

Esta dualidade na aplicação ou a dupla eficácia do art. 17 do ADCT explica por que a Constituição de 1988 apenas neste artigo expressamente recusou a invocação e tutela dos direitos adquiridos. Neste caso – apenas neste caso –, além da própria Constituição, também a lei ordinária ficou autorizada a desconsiderar "direitos adquiridos". Nos demais casos, quando a própria norma constitucional tratou diretamente de alterar ou suprimir vantagem, a Constituição dispensou a advertência e a cautela enunciada no art. 17 do ADCT, adotando como princípio implícito o princípio da supremacia e o da eficácia imediata das disposições constitucionais.

O que vem de ser dito evidencia o equívoco de confundir o tema dos direitos adquiridos, que não diz respeito ao passado, mas a *efeitos presentes de fatos passados*, com a questão da irretroatividade da lei, que diz respeito à *alteração no passado de efeitos realizados ou consumados*. As duas questões colocam problemas diferentes e recebem soluções técnicas distintas: (a) a *aplicação direta e imediata de norma constitucional* sobre relações jurídicas nascidas no regime anterior e que permanecem sob a vigência da nova Constituição ou disposição constitucional e (b) a *aplicação de nova disposição constitucional a fatos e relações jurídicas resolvidas antes da vigência da nova norma*. Na primeira questão trata-se de indagar sobre a manutenção no novo regime constitucional de direitos adquiridos no regime anterior. Na segunda interroga-se pela aplicação retroativa da norma constitucional. As soluções técnicas não coincidem. Para a primeira indagação basta apurar a *compatibilidade* da regra precedente infraconstitucional com a nova regra constitucional. Havendo compatibilidade, o Direito precedente é recepcionado pela nova ordem constitucional. Havendo contrariedade lógica, prevalece a norma constitucional, pois trata-se de norma que ocupa posição hierárquica superior e, ademais, inaugural do sistema jurídico. A revogação, a supressão do direito precedente, nesse caso, independe de declaração expressa da norma constitucional. A revogação pode ser implícita, por simples constatação do conflito lógico das referidas normas na regulação do mesmo instituto. Na segunda questão, de revés, a solução depende de existir ou inexistir *declaração expressa* na norma constitucional autorizando a retroeficácia do preceito constitucional. Havendo a autorização, a retroação é possível; não havendo, deve ser recusada, pois não se presume e é medida excepcional.

As considerações anteriores não são puramente acadêmicas. São inúmeros os acórdãos do STF que afirmam expressamente ser inadmissível opor direito adquirido a normas da Constituição Federal, resultem ou não de emendas constitucionais. Podem ser referidos alguns, anteriores e posteriores à Constituição de 1988.

Decisões *anteriores* à Constituição de 1988:

"Magistrado – Incidência imediata da proibição contida no art. 114, I, da Constituição Federal, na redação dada pela Emenda Constitucional n. 7/77. *Não há direito adquirido contra texto constitucional, resulte ele do Poder Constituinte originário, ou do Poder Constituinte derivado. Precedentes do STF. Recurso extraordinário conhecido e provido*" (RE 94.414-SP, rel. Min. Moreira Alves, j. 13.2.85, *RTJ* 114/237, *RDA* 160/144).

"A norma da Emenda Constitucional n. 8/77, que estabeleceu o prazo máximo de quatro anos para validade de concursos, tem aplicação imediata. *Não há como invocar, contra essa norma, as garantias do direito adquirido, que se dirigem à lei ordinária e não à Constituição*" (RE 95.175, rel. Min. Soares Muñoz, j. 20.4.82, *RDA* 123).

"(...) O direito adquirido, garantido no § 3º do art. 153 da Constituição Federal, somente é oponível à lei. Contra a própria Constituição não há direito adquirido. (...)" (Pleno, Repr. 895, rel. Min. Djaci Falcão, *RTJ* 67/327).

"(...) Contra preceito constitucional não é invocável o direito adquirido" (2ª T., RE 14.360, rel. Min. Edgar Costa, *RF* abril/51, p. 423).

"Não há direito adquirido à acumulação remunerada, porque não há direito adquirido depois da Constituição" (rel. Min. Cândido Motta Filho, j. 17.3.67, *RTJ* 42/345).

"Não há direito adquirido contra preceito expresso da Constituição. A correlação de matérias, para efeito de acumulação remunerada, é exigida quando ambos os cargos são do magistério" (RE 35.491-SP, rel. Min. Luiz Gallotti, j. 30.10.58, *RDA* 54/215).

"(...) *A Emenda Constitucional n. 8/77 ficou em quatro anos o prazo de validade dos concursos (art. 97, § 3º, da Constituição Federal). Trata-se de regra imperativa, que incide imediatamente por força de sua natureza constitucional. Inocorrência de direito adquirido contra a Constituição.* Precedente: MS 20.157, Pleno, *RTJ* 95/51. Recurso extraordinário não conhecido" (RE 93.290-RJ, rel. Min. Cordeiro Guerra, j. 28.8.81, *RTJ* 99/869).

"(...) Quando sucede alteração constitucional que modifique a estrutura de um instituto jurídico, não se tem como admitir a persistência das leis ordinárias que se encontrem a contraditar a nova estrutura, pois, no pormenor, é a vontade inovadora do constituinte que prevalece. Recurso extraordinário provido" (RE 84.797-SP, rel. Min. Antônio Neder, j. 10.8.76, *RTJ* 80/944).

"(...) Inexistência de direito adquirido a regime jurídico do servidor público cuja modificação decorre de texto constitucional" (RE 100.144-SP, rel. Min. Moreira Alves, j. 7.7.83, *RTJ* 109/1175).

"(...) O § 3º do art. 153 da CF impede que a lei prejudique o direito adquirido, mas não que a própria Constituição regule, como lhe parecer, a eficácia temporal de concursos futuros ou já realizados, inclusive mediante emenda, como aconteceu, no caso, a de n. 8, de 1977, ao acrescentar o § 3º do art. 97" (AR 1.212, rel. Min. Sydney Sanches, j. 3.9.87, *RDA* 174/183).

Decisões do STF *posteriores* à Constituição de 1988:

"(...) A supremacia jurídica das normas inscritas na Carta Federal não permite, ressalvadas as eventuais exceções proclamadas no próprio texto constitucional, que contra elas seja invocado o direito adquirido. Doutrina e jurisprudência" (Pleno, ADIn 248-RJ, rel. Min. Celso de Mello, j. 18.11.92, *RTJ* 152/341).

"Transformação de cargo de datilógrafo em técnico de planejamento, por desvio de função – Alegação de direito adquirido contra a Constituição (....). *Não há direito adquirido contra a Constituição.* Recurso extraordinário conhecido e provido" (1ª T., RE 157.538-RJ, rel. Min. Moreira Alves, j. 22.7.93, *RTJ* 151/992).

"(...) *O constituinte, ao estabelecer a inviolabilidade do direito adquirido, do ato jurídico perfeito e da coisa julgada, diante da lei (art. 5º, XXXVI), obviamente, excluiu-se dessa limitação, razão pela qual nada o impedia de excluir, dessa garantia, a situação jurídica em foco.* Assim é que, além de vedar, no art. 37, XIV, a concessão de vantagens funcionais 'em cascata', determinou a imediata supressão de excessos da espécie, sem consideração a 'direito adquirido', expressão que há de ser entendida como compreendendo não apenas o direito adquirido propriamente dito, mas também o decorrente de ato jurídico perfeito e da coisa julgada. (...). Inconstitucionalidade não configurada. Recurso não conhecido" (RE 140.894, rel. Min. Ilmar Galvão, j. 10.5.94, *DJU* 9.8.96, p. 27.102).

"(...) *O disposto no art. 5º, XXXVI, da Constituição Federal se aplica a toda e qualquer lei infraconstitucional, sem qualquer distinção entre lei de direito publico e lei de direito privado, ou entre lei de ordem publica e lei dispositiva.* Precedente do STF (...)" (Tribunal Pleno, ADIn 493-DF, rel. Min. Moreira Alves, j. 25.6.92, *RTJ* 143-03/724).

"Pensões especiais vinculadas a salário mínimo – Aplicação imediata a elas da vedação da parte final do inciso IV do art. 7º da Constituição de 1988. *Já se firmou a jurisprudência desta Corte no sentido de que os dispositivos constitucionais têm vigência imediata, alcançando os efeitos futuros de fatos passados (retroatividade mínima). Salvo disposição expressa em contrário – e a Constituição pode fazê-lo –, eles não alcançam os fatos consumados no passado, nem as prestações anteriormente vencidas e não pagas (retroatividades máxima e media).* Recurso extraordinário conhecido e provido" (1ª T., RE 140.499-GO, rel. Min. Moreira Alves, j. 12.4.94, *DJU* 9.9.94, p. 23.444).

"(...) *Não há dúvida de que a Constituição se aplica de imediato, alcançando os efeitos futuros de fatos passados (retroatividade mínima)*, como sucede com a alteração da competência, mas, a menos que o declare expressamente, não desconstitui os fatos consumados no passado (retroatividade máxima), como é o caso da preclusão já ocorrida anteriormente. (...)" (1ª T., RE 136.926-DF, rel. Min. Moreira Alves, j. 16.11.93, *DJU* 15.4.94, p. 8.062).

"(...) A vedação da vinculação do salário mínimo, constante do inciso IV do art. 7º da Carta Federal, que visa impedir a utilização do referido parâmetro como fator de indexação para obrigações, *aplica-se imediatamente sobre as pensões que anteriormente foram estipuladas, não havendo que se falar em direito adquirido*. Recurso extraordinário conhecido e provido" (RE 143.812-6-GO, j. 27.8.96, rel. Min. Ilmar Galvão).

Decisões *posteriores* a 1988 no STJ:

"Mandado de segurança – Servidor público – Acumulação de cargos – Constituição Federal de 1988 – Direito adquirido – Inexistência. *Inexiste direito adquirido contra o texto constitucional, em especial no que se refere a regime jurídico de servidores públicos. Precedentes do STF*. Impossibilidade de se entender estável o servidor que incida em acumulação de cargos, vedada constitucionalmente" (MS 7-DF, rel. Min. Miguel Ferrante, j. 12.12.89, *RSTJ* 2(7)/173, 1990).

"(...) Não se há de invocar direito adquirido contra o que posto induvidosamente na nova ordem constitucional, em modificação não apenas do texto mas do próprio sistema, até porque *as garantias do direito adquirido se dirigem à lei ordinária e não à Constituição* (...)" (REsp 506-RJ, rel. Min. Sálvio de Figueiredo, j. 25.9.89, *RSTJ* 2(6)/360, 1990, Brasília).

"(...) *Não há como invocar direito adquirido contra a Constituição* e, se o problema da remuneração dos militares – como da maioria dos brasileiros assalariados – reclama soluções, não cabe ao Poder Judiciário, que não tem função legislativa, aumentar vencimentos" (MS 834-DF, rel. Min. Hélio Mosimann, *RSTJ* a.4(29)/191 e 192).

Na doutrina jurídica nacional, por igual, é amplamente majoritário o tratamento da garantia dos direitos adquiridos como norma dirigida exclusivamente ao legislador infraconstitucional, aos administradores e aos magistrados. Neste sentido, confiram-se, entre as publicações mais recentes: Pinto Ferreira, *Comentários à Constituição Brasileira*, v. 1, São Paulo, Saraiva, 1989, pp. 148 e 149; Celso Ribeiro Bastos, *Comentários à Constituição do Brasil*, v. 2, São Paulo, Saraiva, 1989, p. 191; José Eduardo Martins Cardozo, *Da Retroatividade da Lei*, São Paulo, Ed. RT, 1995, pp. 313 e 314; Cármen Lúcia Antunes Rocha, "O princípio do direito adquirido no direito constitucional", separata da *Revista de Informação Legislativa* a.26, n. 103, jul.-set./89, p. 156; Hugo de Brito Machado, "Direito adquirido e coisa julgada como garantias constitucionais", *RT* 714/21 e 22, a.84 abril/95; Paulo Roberto Mendonça Silvério, "O instituto jurídico dos direitos adquiridos e a 'cláusula pétrea' dos direitos e garantias individuais", *Revista de Informação Legislativa* 128/77, a.32, out.-dez./95; e, entre os clássicos: Carlos Maximiliano, *Direito Intertemporal ou Teoria da Retroatividade das Leis*, Rio de Janeiro, p. 325, item 280; Bento de Faria, *Aplicação e Retroatividade da Lei*, Rio de Janeiro, 1934, n. 8, pp. 25 e ss.; Pontes de Miranda, *Comentários à Constituição de 1967 com a Emenda n. 1 de 1969*, 3ª ed., Rio de Janeiro, Forense, 1967, pp. 392 e 394; Wilson de Souza Campos Batalha, *Direito Intertemporal*, Rio de Janeiro, Forense, 1980, p. 438.

A menção a esses autores e julgados patenteia o equívoco de se tentar impor ao poder de reforma constitucional, por via interpretativa, limite que não lhe foi colocado pelo poder constituinte originário e que destoa da eminência e da função própria do poder de reforma constitucional. Na verdade, ampliar o grau de rigidez da Constituição pela via de construir uma interpretação ampliativa das cláusulas pétreas, ao contrário de servir para preservar a Constituição e acautelar ao limite máximo o princípio da segurança jurídica, significa estimular aventuras constitucionais mais abrangentes, completas, incondicionadas, pela via de convocação de novas constituintes ou novas assembléias revisoras mediante consulta direta ao titular da soberania. São propostas hermenêuticas que desprestigiam a representação popular e as vias democráticas normais de deliberação e alteração do Estatuto Fundamental, colocando em risco a própria adaptação do texto constitucional a novas exigências coletivas.

4. *Direito adquirido e alteração abstrata do regime jurídico dos servidores públicos*

É pacífica a jurisprudência dos Tribunais superiores quanto à inexistência de direito adquirido a regime jurídico por parte dos servidores públicos ocupantes de cargo público. Diz-se, nestes casos, que a relação jurídica que o servidor mantém com o Estado é legal ou estatutária, ou seja, objetiva, impessoal e unilateralmente alterável pelo Poder Público. A disciplina geral da função pública é considerada inapropriável pelo servidor público, e, portanto, tida como sujeita a modificação com eficácia imediata tanto no plano constitucional quanto infraconstitucional.

O tema é complexo e obriga a recordar noções fundamentais sobre a função pública. Na doutrina, por todos, confira-se a lição sintética e precisa de Celso Antônio Bandeira de Mello sobre o tema:

"Em tempos, pretendeu-se que o vínculo jurídico entre o Estado e o funcionário fosse de natureza contratual. De início, entendido como contrato de direito público, afinal, prevaleceu o entendimento correto, que nega caráter contratual à relação e afirma-lhe natureza institucional.

"Isto significa que o funcionário se encontra debaixo de uma situação legal, estatutária, que não é produzida mediante um acordo de vontades, mas imposta unilateralmente pelo Estado e, por isso mesmo, suscetível de ser, a qualquer tempo, alterada por ele sem que o funcionário possa se opor à mudança das condições de prestação de serviço, de sistema de retribuição, de direitos e vantagens, de deveres e limitações – em uma palavra, de regime jurídico" (*Regime Constitucional dos Servidores da Administração Direta e Indireta*, 2ª ed., revista e atualizada, São Paulo, Ed. RT, 1991, p. 19).

Na jurisprudência do STF é abundante a coleção de acórdãos que adotam a mesma orientação de recusar a existência de direito adquirido a regime jurídico pelos servidores públicos estatutários. Podem ser referidas alguns julgados:

"Constitucional – Funcionário público – Regime de tempo integral. *Pela natureza estatutária das relações do funcionário público com a Administração, pode tal regime ser modificado por lei, sem que isto ofenda o princípio constitucional da garantia ao direito adquirido*" (RE 99.592, rel. Min. Décio Miranda, j. 7.10.83, *RTJ* 108/382).

"*A garantia constitucional do direito adquirido não faz intangível o regime jurídico de um servidor do Estado*, sujeito ao estatuto especial ante a edição da lei complementar que o modifica" (RE 99.594, rel. Min. Francisco Rezek, *RTJ* 108/785).

"Funcionalismo – Proventos de aposentadoria. Se a lei extingue vantagem ou gratificação que serviu de base ao cálculo de proventos do funcionário aposentado, sem redução dos mesmo, não há ofensa a direito adquirido, uma vez que *a garantia constitucional não abrange o regime jurídico*" (RE 99.955, rel. Min. Carlos Madeira, *RTJ* 116/1.065).

"Lei nova, ao criar direito novo para o servidor público, pode estabelecer, para o cômputo do tempo de serviço, critério diferente daquele determinado no regime jurídico anterior. *Não há direito adquirido a regime jurídico*" (RE 99.522, rel. Min. Moreira Alves, j. 1.3.83, *RDA* 153/110-113).

"O funcionário tem direito adquirido a, quando se aposentar, ter seus proventos calculados em conformidade com a lei vigente ao tempo em que preencheu os requisitos para a aposentadoria. *Não possui, contudo, direito adquirido ao regime jurídico relativo ao cargo, o qual pode ser modificado por lei posterior* (...)" (RE 92.638, rel. Min. Moreira Alves, j. 6.6.80, *RDA* 145/56-61).

"Vencimentos: reajuste – Direito adquirido – Inexistência. *Segundo a jurisprudência do STF, que reduz a questão à inexistência de direito adquirido a regime jurídico, as leis – ainda quando posteriores à norma constitucional de sua irredutibilidade – que modificam sistemática de reajuste de vencimentos ou proventos são aplicáveis desde o início de sua vigência*. Ressalva do entendimento do Relator, expresso no julgamento do MS 21.216 (Gallotti, *RTJ* 134/1.112)" (RE 185.966-1, rel. Min. Sepúlveda Pertence, *DJU* 22.9.95, Seção I, p. 30.632).

"Decreto-lei n. 2.335/87 – Plano Verão – Reajuste de 26,05% – Direito adquirido – Inconstitucionalidade. 1. O Plenário da Corte reiterou o entendimento de que não há direito adquirido a vencimentos de funcionários públicos, nem *direito adquirido a regime jurídico instituído por lei*. Em se tratando de norma de aplicação imediata, esta não alcança vencimentos já pagos, ou devidos *pro labore facto* (...)" (RE 199.753-MG, rel. Min. Maurício Correia, j. 30.4.96, *DJU* 7.6.96, p. 19.843).

No STJ, de outra parte, orientação idêntica é adotada nos seguintes acórdãos:

"(...) O regime público estatutário, que disciplina o vínculo entre o servidor público e a Administração, não tem natureza contratual, em razão do quê *inexiste direito a inalterabilidade do regime remuneratório*, sendo passível de modificação quando em desacordo com a ordem constitucional (...)" (6ª T., ROMS 6.756-PB, rel. Min. Vicente Leal, j. 15.10.96, *DJU* 18.11.96, p. 44.928).

"(...) O regime jurídico estatutário, que disciplina o vínculo entre o servidor público, ativo e inativo, e a Administração, não tem natureza contratual, em razão do quê *inexiste direito a inalterabilidade do regime remuneratório, sendo passível de modificação quando em desacordo com o teto-limite constitucional*. Esta colenda Corte consagrou o entendimento de que a pensão especial submete-se a *incidência da legislação que determina novos critérios de fixação de seu percentual, não se encontrando imune à incidência do redutor*, que deve ser calculado tomando-se como valor-limite a remuneração-referência do Poder a que está vinculado o benefício. Recurso especial conhecido e provido" (6ª T., REsp 113.698-SC, rel. Min. Vicente Leal, j. 24.6.97, *DJU* 1.9.97).

"(...) Militares da reserva – Pretensão de serem promovidos ao posto imediatamente superior – Tese sustentada no fato de terem ingressado no serviço público quando vigia norma que assim permitia, embora outra, existente por ocasião da passagem da inatividade, vedasse tal benefício – Inexistência de direito adquirido. (....) *Militar que entra em serviço ativo, dentro de determinada norma, não tem direito adquirido ao mesmo regime jurídico se outra passa a vigorar no decorrer de sua atividade* (....)" (3ª S., RMS 4.261-DF, rel. Min. Anselmo Santiago, j. 13.8.97, *DJU* 8.9.97).

Essa orientação doutrinária e jurisprudencial, específica quanto ao tema da revisão do regime jurídico do servidor público, não impede a consolidação de vantagens ou a formação de direitos adquiridos frente a inovação legislativa na relação do servidor com o Estado.

Além das vantagens consumadas, isto é, aquelas que produziram no patrimônio individual todos os efeitos de que eram suscetíveis no tempo (exemplo: férias gozadas), dos *facta praeterita*, como as gratificações devidas *pro labore facto*, a exemplo da gratificação por substituição em cargo em comissão, anteriormente vencida mas eventualmente ainda não paga, é reconhecida a possibilidade de constituição de direitos adquiridos em face da lei quando na situação jurídica individual o fato aquisitivo já tenha decorrido por inteiro sem que tenham se exaurido os seus efeitos, a exemplo do direito à qualificação de certo tempo como tempo de serviço público (STF, RE 82.881, rel. Min. Eloy da Rocha, j. 5.5.76) e do direito ao cálculo dos proventos em conformidade com a lei vigente ao tempo em que o servidor preencheu os requisitos para a aposentadoria (STF, RE 92.638, rel. Min. Moreira Alves, j. 6.7.80, *RDA* 145/56).

Não se admite, porém, direito adquirido à mera sobrevivência no tempo do regime jurídico regulador da função pública, em benefício de indivíduos determinados, pois foi vencida no plano das idéias e na história a *concepção patrimonial da função pública* (quando os cargos públicos eram bens negociados, comprados ou doados, e integravam o patrimônio pessoal do seu titular). Atualmente, os cargos adotam o *regime legal da função pública*, estando à disposição do legislador, nos limites da Constituição, repelindo-se a idéia de que o regime jurídico regulador do exercício da função, em si mesmo considerado, possa ser incorporado ao patrimônio jurídico do servidores ou da Administração.

5. *Sentido lógico e jurídico das emendas sobre direito adquirido na reforma administrativa*

No curso de tramitação da reforma administrativa diversas emendas foram apresentadas visando a declarar, mediante enunciado expresso, a idéia da validade de direitos adquiridos em face das novas alterações constitucionais.

Nenhuma das propostas foi admitida. Na verdade, importavam uma contradição lógica e uma contradição jurídica.

Contradição lógica, em primeiro lugar, pois as emendas enunciavam expressamente, geralmente para uma ou duas matérias, o que se admitia como regra geral. De um lado, se as emendas eram consideradas necessárias para garantia do direito adquirido, obviamente nenhuma garantia prévia era considerada suficiente, bastante por si para a tutela destes direitos, com o quê indiretamente se negava a eficácia do art. 5º, XXXVI, da CF em face do poder de reforma constitucional. De outro, ao enunciarem a garantia para uma ou duas matérias, *a contrario sensu*, as emendas terminavam por excluir da garantia que enunciavam diversas outras matérias também objeto de alteração específica. Nenhum desses efeitos parece congruente com as intenções dos autores das emendas ou com a justificativa que apresentavam, segundo a qual "existe direito adquirido contra a reforma da Constituição".

Contradição jurídica, porque as emendas enunciavam a inaplicabilidade a todos os atuais servidores das alterações operadas no regime jurídico de institutos jurídicos inteiros, como a estabilidade, quando se sabe que direito adquirido atina com situações jurídicas individuais e vantagens incorporadas no patrimônio individual. Parece evidente que a persistência no tempo do sistema de desligamento existente no regime jurídico anterior à reforma não conforma autêntica vantagem individual incorporável ao patrimônio jurídico de servidores públicos. É estranha ao conceito jurídico de direito adquirido a idéia de imunidade a alterações normativas abstratas, pois essa garantia *não impede a modificação abstrata de institutos jurídicos*, não visa a bloquear a reforma legislativa. De frisar, por fim, que o regime da estabilidade, antes como depois da reforma, não constitui disciplina imutável ou absoluta, mas deixa margem à inovação do próprio legislador infraconstitucional em matéria de definição de novas faltas graves como hipóteses de perda de cargo.

As emendas dos parlamentares sobre o tema dos direitos adquiridos, no entanto, inegavelmente tiveram o mérito de abrir na sociedade o debate sobre os limites ou o alcance da garantia dos direitos adquiridos. De certo modo, alargaram o próprio debate parlamentar, tornando mais conhecido um problema técnico árduo, considerado por todos um dos problemas mais complexos da ciência do Direito.

A questão dos direitos adquiridos, no entanto, sempre aberta a novas abordagens e concretizações, parece encontrar solução adequada apenas quando é considerada caso a caso pelo magistrado, a quem cabe em última instância precisar os limites de aplicação de todo Direito novo.

Brasília, 2 de fevereiro de 1998

ESTUDOS & COMENTÁRIOS

A ADMINISTRAÇÃO MUNICIPAL E A IMPOSIÇÃO CONSTITUCIONAL DE EXPEDIR CERTIDÕES

ANA RITA TAVARES TEIXEIRA

Advogada – Auditora Jurídica do Tribunal de Contas do Estado da Bahia – Pós-graduada em Direito Administrativo

1. *Introdução*

O requerimento da expedição de *certidões* formulado ao Poder Público é uma rotina hoje verificada na atividade das suas repartições.[1]

Seja para declarar quitada uma obrigação tributária ao contribuinte (IPTU, ISS, por exemplo); seja para informar sobre a tramitação de processos liquidatários, ou, ainda, para atestar uma situação de regularidade colhida no prontuário do servidor, freqüentemente, nessas e noutras situações, está a Administração sendo provocada a expedir *certidões*.

Não raro, todavia, surgem conflitos entre os requerentes e a repartição pública solicitada.

A origem desses conflitos encontra-se em diversos pontos, que vão desde o desconhecimento do servidor público acerca da obrigatoriedade de sua expedição, passando sobre a temática da prioridade da sua emissão na pauta do serviço, até os limites do conteúdo desse ato administrativo.

Essas questões acabam por gerar sérios conflitos, que concorrem para a manifesta e justificada reação do requerente, desnecessária (há de se convir) se houvesse um conhecimento maior do servidor no trato da matéria. Tal reação traduz-se na busca da prestação jurisdicional para haver o documento denegado, através da impetração de mandados de segurança ou ações cautelares que ensejam freqüentemente a concessão de liminares.

Resultado: estabelece-se uma situação em nada proveitosa para os figurantes dessa relação!

Com efeito. Não interessa ao cidadão, ao administrado, ao munícipe – enfim, ao requerente da certidão –, ver negado seu pedido. Quanto à Administração, por se constituir dever seu fornecer esse documento, não haverá de querer fazer recair sobre si o manto da ilegalidade, com repercussões das mais variadas espécies, a exemplo de:

1. Expressão utilizada pelo legislador constitucional federal – art. 5º, XXXIV, "b". Em sede doutrinária, encontra-se definida por Hely Lopes Meirelles como sendo "qualquer das entidades estatais, autárquicas, fundacionais ou paraestatais integrantes da Administração direta ou indireta do Estado, em acepção ampla" (*Direito Administrativo Brasileiro*, 18ª ed., atualizada, São Paulo, Malheiros Editores, 1993, p. 176).

a) correção do ato pelo *controle jurisdicional* (art. 5º, XXXV, da CF); ou pelo *controle legislativo*, que se faz através dos *Tribunais de Contas* (§ 2º do art. 74 da CF), das *Comissões das Câmaras de Vereadores, das Assembléias Legislativas* e do *Congresso Nacional* (art. 58, § 2º, IV, da CF e dispositivos correspondentes nas Constituições Estaduais e Lei Orgânicas dos Municípios);

b) adoção de medidas outras, estranhas à esfera judicial ou administrativa, comumente na atualidade utilizadas pelo cidadão constrangido no livre exercício das suas prerrogativas constitucionais, como é a via da imprensa, verdadeiro canal de reclamo ao cumprimento da legalidade em favor do administrado.

Daí apresentar-se o tema de todo oportuno para, nos limites deste trabalho, com o enfrentamento que impõe a sua análise, chegar aos seus destinatários como uma colaboração, sem maiores pretensões, a não ser a de indicar caminhos que solucionem os impasses do dia-a-dia verificados no serviço público, conforme antes dito.

2. *Certidão: tratativa doutrinária e normativa*

Doutrinariamente, sob a ótica incontestе do saudoso Hely Lopes Meirelles, a certidão é um ato declaratório "que visa a preservar direitos, reconhecer situações preexistentes ou, mesmo, possibilitar seu exercício".[2]

Indicando-a como espécie de ato administrativo, o mestre Hely conclui por dizer, *in verbis*, que: "*Certidões administrativas* são cópias ou fotocópias fiéis e autenticadas de atos ou fatos constantes de processo, livro ou documento que se encontre nas repartições públicas. Podem ser de inteiro teor, ou resumidas, desde que expressem fielmente o que se contém no original de onde foram extraídas. Em tais atos o Poder Público não manifesta sua vontade, limitando-se a trasladar para o documento a ser fornecido ao interessado o que consta de seus arquivos. As certidões administrativas, desde que autenticadas, têm o mesmo valor probante do original, como documentos públicos que são (CC, art. 136, III; CPC, arts. 364 e 365, III)".[3]

Lucia Valle Figueiredo (in *Curso de Direito Administrativo*, São Paulo, Malheiros Editores, 1994, p. 113) ensina que: "Atos declaratórios são aqueles que apenas se limitam a certificar a existência de alguma situação ou relação jurídica. Nada acrescentam, apenas dão testemunho da existência de algo já existente", exemplificando a certidão, com a oportuna ênfase de que "sequer pode ser denegada".

Na esfera constitucional acha-se imposta a obrigatoriedade da expedição de certidões pelo Poder Público, estando situada a previsão impositiva no título "Dos Direitos e Garantias Fundamentais" e no Capítulo I, onde estão elencados os "Direitos e Deveres Individuais e Coletivos".

Assim, o art. 5º, XXXIV, "b", da Carta Magna Federal dispõe, *ipsis litteris*, que: "são a todos assegurados, independentemente do pagamento de taxas: (...) b) a obtenção de certidões em repartições públicas, para a defesa de direitos e esclarecimento de situações de interesse pessoal".

Há também legislação esparsa que disciplina a matéria, a exemplo da Lei 8.159, de 8.1.91 ("dispõe sobre a política nacional de arquivos públicos e privados e dá outras providências"). O art. 4º prescreve que: "Todos têm direito a receber dos órgãos públicos informações de seu interesse particular ou de interesse coletivo ou geral, *contidas em documentos de arquivos, que serão prestadas no prazo da lei, sob pena de responsabilidade*, ressalvadas aquelas cujo sigilo seja imprescindível à segurança

2. Ob. cit., p. 155.

3. Ob. cit., p. 175.

da sociedade e do Estado, bem como à inviolabilidade da intimidade, da vida privada, da honra e da imagem das pessoas".

Como um dado a mais, regulamentando a Lei 5.433, de 8.5.68, que "regula a microfilmagem de documentos oficiais, e dá outras providências", vem o Decreto 1.799, de 30.1.96, aludindo à certidão. É o que contém o seu art. 2º, ao determinar que "a emissão de cópias, traslados e *certidões* extraídas de microfilmes, bem assim a autenticação desses documentos, para que possam produzir efeitos legais, em juízo ou fora dele, é regulada por este Decreto". E no art. 14 condiciona a expedição da certidão delineada no art. 2º à autenticação pela autoridade competente detentora do filme original.

3. *Da obrigatoriedade da expedição*

O primeiro aspecto a comentar é sobre a *obrigatoriedade* de ser expedida a certidão, assim requerida, por força do preceito constitucional transcrito. Trata-se de direito assegurado a todos.

A Administração não pode se furtar à observância dessa disposição, acertadamente inserida no texto da atual Carta Magna, por estar atrelada a outro regramento constitucional que impõe ao Município, tanto quanto à União e aos Estados, o dever de observar sempre o princípio da *legalidade* (art. 37, *caput*), consubstanciado no salutar império da lei sobre os atos praticados pelo administrador público, dispondo que: "A Administração pública direta, indireta ou fundacional, de qualquer dos poderes da União, dos Estados, do Distrito Federal e dos Municípios obedecerá aos princípios da *legalidade*, impessoalidade, moralidade, publicidade e. também ao seguinte: (...)".

Noutras palavras: o administrador público não pode agir da forma que bem lhe aprouver, mas sim da forma determinada pela lei. Não é permitido ao administrador recusar cumprimento ao comando da norma, porque se assim o fizer estará exposto às sanções que o sistema normativo prevê para os casos de sua inobservância.

A recusa do fornecimento de certidões, freqüentemente, abriga interesses estranhos à Administração Pública para o desempenho da atividade estatal, que, nessas circunstâncias, pode ser afetada pela pecha da ilegalidade. Não se deve, aí, deixar entremear interesses divorciados daqueles que objetivam a realização do bem comum, do cumprimento da lei e das finalidades insculpidas no ato administrativo a ser emitido.

Outras vezes a recusa externada visa a dificultar a efetivação de providências que têm o alcance de corrigir atos ilegais praticados no exercício da atividade administrativa pública (casos em que certidões são solicitadas para instruir ações judiciais).

A criação desses percalços, todavia, deve ser abolida da prática do serviço público. Sim, porque o administrado, consciente das suas prerrogativas, certamente buscará outros caminhos para inibir uma eventual conduta contrária ao regramento legal praticada em detrimento do seu interesse legalmente protegido.

Estamos vivenciando o Estado de Direito, que exige dos governantes uma postura de respeito aos princípios erigidos na Constituição. Devem, por isso, o prefeito, o presidente da Câmara e todos os dirigentes administrativos e políticos fazer preservar o direito do cidadão de obter certidão, propugnando, junto às suas repartições, o dever observarem o mandamento constitucional que lhe assegura esse direito. E, quem sabe, até, em íntima harmonia com os vetores de estímulo ao exercício da cidadania, deflagrar campanhas para esclarecer aos munícipes esse seu sagrado direito, conclamando-os a denunciar os seus infratores.

4. *Quem pode requerer a certidão*

Conforme se vê da redação do inciso XXXIV, "b", do art. 5º da CF, o direito à obtenção de certidão é assegurado *a todos*.

Isso significa dizer que, fazendo-se uma interpretação sistemática da Constituição (de forma global, e não de um só dispositivo isoladamente), o *caput* do art. 5º (do qual se originou o inciso XXXIV, "b") confere o direito à obtenção de certidões aos brasileiros e estrangeiros residentes no país.

Prescreve o *caput* do art. 5º da CF que "todos são iguais perante a lei, sem distinção de qualquer natureza, garantindo-se aos *brasileiros* e aos *estrangeiros residentes no país* a inviolabilidade do direito à vida, à liberdade, à igualdade, à segurança e à propriedade, nos termos seguintes (..)".

Há, contudo, que se ponderar sobre a situação de estrangeiros não residentes no país e que, embora assim se encontrem, tenham interesses (por óbvio, lícitos) fincados no Brasil. Seria a hipótese de estrangeiros que adotaram crianças brasileiras, ou aqueles que adquiriram alguma propriedade no território brasileiro, ou, ainda, os que estejam realizando negócios aqui, ou mesmo para elucidar a situação de nacionais lá fora. Há de se entender ilógico não poderem essas pessoas obter certidões em órgãos públicos nacionais.

Outra hipótese surge também a reclamar reflexão. Como ficam os estrangeiros que fazem pesquisas científicas (nas áreas de saúde, educação, justiça etc.)? Podem ou não obter certidões junto a órgãos e entidades públicas? A rigor, pela letra fria da norma constitucional, não poderiam, já que o texto reserva-a apenas "para defesa de direitos e esclarecimento de situações de interesse pessoal". *Data maxima venia*, reconhecida e louvada a nobre iniciativa do legislador constitucional para fazer inserir em favor dos administrados regra democrática de tal ordem, há que se enfrentar esse aspecto sob uma perspectiva mais abrangente, alcançando-se-lhe a finalidade de proteção ao interesse público na sua acepção mais ampla, o que deveria estar presente na elaboração desse dispositivo. É o caso dos brasileiros, e até estrangeiros, incumbidos da pesquisa (na área da saúde, educação, justiça etc.) que precisem dispor de dados para esse trabalho notoriamente revestido de fundamental interesse público.

Indaga-se, então, à luz do princípio da razoabilidade: como denegar, nesse caso específico, por exemplo, o pedido de certidão, demonstrada a necessidade de obtê-la com fins de interesse público? Seria como denegar o próprio fundamento que levou o legislador a erigir a exigência de expedi-la ao *status* de regramento constitucional.

5. *Da gratuidade da certidão*

Conclui-se, sem dificuldade, pela clareza do dispositivo em alusão, que o fornecimento da certidão é gratuito – independe do pagamento de taxas.

Configura, pois, ilegalidade flagrante a cobrança de qualquer valor para a sua emissão.

E não poderia ser diferente, sob pena de sacrificar o direito de quem pretendesse havê-la.

A propósito – e a despeito do cristalino sentido encerrado pela norma constitucional quanto à proibição de cobrança de taxa para passar a certidão –, o que se vê, aqui e ali, é a imposição de valores que acabam por cercear a possibilidade de quem a pleiteia.

De fato. Pessoas pobres ficam impedidas de exercer direitos condicionados à apresentação de uma certidão. Não tendo condição financeira para custear tal gasto, deixam de requerê-la e, por conseqüência, ficam prejudicados, o que é inaceitável.

Há que se criar a consciência profícua dentro do serviço público sobre a excelência do direito outorgado aos cidadãos, no particular.

6. *Da prioridade do fornecimento da certidão*

A realidade tem revelado a nefasta e habitual prática de se prorrogar para um segundo momento o atendimento ao pleito dos que buscam obter certidões junto às repartições públicas.

Sabe-se que esse pedido pode ser formulado verbalmente. Porém, há servidores que exigem a protocolização de petição para admiti-lo. Ao protocolizar, no mais das vezes, o requerente terá ainda que esperar o despacho do chefe da repartição para, a partir daí, providenciar-se a expedição do ato. Muito mais isso ocorre quando o requerente integra facção política divergente da do mandatário em exercício.

Há também outras práticas equivocadas que ferem o direito constitucional do cidadão, *in casu*.

É que, para declarar uma simples situação existente nos arquivos da repartição, servidores se propõem a consultar esse ou aquele setor para buscar os limites do conteúdo da certidão. Isso, com todas as vênias possíveis, é rematado absurdo, pois a certidão há de ser fornecida com o conteúdo real do que já se encontra registrado nos arquivos da repartição.

Bem exemplifica essa prática o depoimento de alguém que solicitou a determinada entidade pública uma certidão que declarasse a inexistência de publicação do julgamento de uma concorrência. Em resposta, foi obrigado a esperar a manifestação do departamento jurídico que determinaria o conteúdo da declaração. Ora, uma simples declaração, sobre se foi ou não publicado o julgamento de uma concorrência, poderia ser prestada sem maiores complicações! Afinal, esperou por quase uma semana... É evidente, entretanto, que, seja o departamento jurídico, o contábil, ou qualquer outro, jamais teriam competência para determinar o conteúdo da certidão, pois este deve e tem que espelhar a real situação registrada nos arquivos do órgão ou entidade.

Afinal, para excluir argumentos contrários à morosidade com que normalmente se manifestam os setores encarregados de expedir certidões há que se ponderar sobre as facilidades hoje proporcionadas pela Informática. Sim, estas municiam o serviço público de todos os recursos técnicos para atender com agilidade aos que a ele se dirigem.

7. *Conseqüências da negativa à obtenção da certidão*

Pode-se elencar conseqüências de diversas espécies para as condutas que possam configurar burla à previsão do mandamento constitucional sob análise.

7.1 *Da conseqüência penal*

O Código Penal brasileiro, tipificando o crime de falsidade ideológica, praticado pelo servidor público, dispõe, no seu art. 301, que:

"Atestar ou *certificar* falsamente, em razão de função pública, fato ou circunstância que habilite alguém a obter cargo público, isenção de ônus ou de serviço de caráter público, ou qualquer outra vantagem:

"Pena – detenção, de 2 (dois) meses a 1 (um) ano."

No § 1º do mesmo artigo refere-se à falsidade material da certidão, prescrevendo a pena de detenção, de três meses a dois anos: "Falsificar, no todo ou em parte, atestado ou *certidão*, ou alterar o teor de *certidão* ou atestado verdadeiro, para prova de fato ou circunstância que habilite alguém a obter cargo público, isenção de ônus ou de serviço de caráter público, ou qualquer outra vantagem: (...)".

O § 2º prevê agravante para fins de fixação da pena – "Se o crime é praticado com o fim de lucro (...)" –, aplicando-se, além da pena privativa de liberdade, a de multa.

Afinal, à luz do art. 304 do mesmo diploma legal, configura crime "fazer uso de qualquer dos papéis falsificados ou alterados, a que se referem os arts. 297 a 302", reportando-se à *certidão*.

7.2 Da conseqüência no plano funcional administrativo

Extrai-se da previsão do art. 5º, XXIV, "b", o dever do servidor público de fornecer a certidão a quem a requeira.

A matéria relativa aos deveres e responsabilidades do servidor, obviamente, está disciplinada no plano infraconstitucional (estatutos e CLT).

Orientando, todavia, essa legislação ordinária estão os princípios maiores residentes na Carta Magna, que "sujeitam naturalmente a ação individual de cada servidor, no desempenho de seu posto".[4]

E, assim sendo, responderá o servidor, nessa condição, perante a Administração empregadora a quem serve, mediante provocação do próprio interessado (denúncia), de terceiros ou *ex officio* do seu superior hierárquico conhecedor do ato lesivo ao direito do requerente, através da instauração de processo disciplinar. Constatada a infração disciplinar, restará a aplicação da pena prevista no estatuto para a hipótese caracterizada como tal, ou na Consolidação das Leis do Trabalho.

Há de se entender cabível a instauração de processo disciplinar administrativo quando o Tribunal de Contas for convocado a analisar a ilegalidade e dela resultar positivado o ato irregular do servidor, com a ciência ao órgão ou entidade competente para proceder à punição. É o que se infere do § 2º do art. 74 da CF ao legitimar "qualquer cidadão, partido político, associação ou sindicato" para, na forma da lei, denunciar irregularidades ou ilegalidades perante o TCU.

Da mesma forma, se houver denúncia por parte de alguma das Comissões (permanentes ou temporárias) de uma das casas do Congresso Nacional (art. 58, § 2º, IV) ou das Assembléias Legislativas, ou, ainda, das Câmaras de Vereadores, deverá ser instaurado o processo disciplinar administrativo pelo órgão ou entidade a que pertença o responsável pela ilegalidade.

Poder-se-á, também, avançar no sentido de se admitir e até recomendar que as autoridades responsáveis pela boa ordem no serviço público (zelando e preservando os princípios basilares traçados no *caput* do art. 37, dentre outros encontrados na Constituição, inclusive pela plena possibilidade do exercício da cidadania) instaurem processo disciplinar *ex officio* mediante o conhecimento que se lhes dê o noticiário da imprensa (o que é comum ocorrer quando o cidadão se vê lesado e não atendido nos seus reclamos). Isso, é claro, ao abrigo da consistência do que for veiculado e com a prévia realização de sindicância para apurar os fatos.

7.3 Da reparação do dano. Responsabilidade civil do Estado (União, Estados e Municípios)

Se, porém, da denegação do requerimento da certidão ocorrer prejuízo aferível para o preterido, poderá o Poder Público, seja ele federal, estadual ou municipal, responder pelas perdas e danos sofridos, a teor do art. 37, § 6º, da CF, *in verbis*: "As pessoas jurídicas de direito público e as de direito privado prestadoras de serviços públicos responderão pelos danos que seus agentes, nessa qualidade, causarem a terceiros, assegurado o direito de regresso contra o responsável nos casos de dolo ou culpa".

7.4 Da conseqüência judicial

Deixar de emitir a certidão quando solicitada é, em verdade, infração à Lei Maior que, como já dito, poderá ensejar a inter-

4. Referência de Ivan Barbosa Rigolin, in *O Servidor Público na Constituição de 1988*, São Paulo, Saraiva, 1989, p. 183.

ferência do Poder Judiciário, por provocação do prejudicado via impetração de mandado de segurança.

Ao lado do *mandamus* figuram as ações cautelares e ordinárias, que, a depender do caso concreto, encontram cabimento para corrigir a ilegalidade.

8. *Conclusão*

Essas são as preliminares considerações de um breve estudo sobre o tema, de reconhecida relevância para o exercício da cidadania, inserida no texto da Magna Carta de 1988 como princípio fundamental do Estado Democrático de Direito, onde repousa a República Federativa do Brasil, formada pela união indissolúvel dos Estados e Municípios e do Distrito Federal.[5]

Sim – repita-se –, de reconhecida relevância para o exercício da cidadania. Como direito fundamental do Estado Democrático de Direito que é, esse excelso direito reclama para o seu cumprimento uma ação administrativa escorreita, séria, equilibrada e afinada com a legalidade, para que, afinal, possam exsurgir concretizados os objetivos fundamentais da República Federativa do Brasil descritos no art. 3º da Lei *Mater*: a construção de uma sociedade livre, justa e solidária; a garantia do desenvolvimento nacional; a promoção do bem de todos, sem preconceitos de origem, raça, sexo, cor, idade e quaisquer outras formas de discriminação!

5. Art. 1º da CF.

A CONSTITUIÇÃO E A PRISÃO PENAL CAUTELAR

FERNANDO LUIZ XIMENES ROCHA
Desembargador do TJCE – Professor de Direito Constitucional da Universidade Federal do Ceará

1. Noções gerais

O instituto da prisão no sistema jurídico brasileiro merece um reexame, à luz da nova ordem constitucional, pois a Carta Política de 1988 trouxe inúmeras regras e princípios concernentes ao processo penal e à prisão. Desta forma, o Código de Processo Penal, editado em pleno período do chamado "Estado Novo", está a exigir uma releitura de muitas de suas disposições, de modo a adaptá-las à Lei Fundamental vigente, que consagra, dentre seus princípios fundamentais, a instituição do Estado Democrático de Direito.

Em nosso ordenamento jurídico a prisão apresenta naturezas diversas: pode ser pena, civil, administrativa, disciplinar e processual penal.

A prisão como pena é aquela decorrente de sentença penal condenatória com trânsito em julgado, consoante previsão do Código Repressivo. Essa espécie de prisão assume caráter retributivo e advém da violação ou ameaça de violação de um bem jurídico penalmente tutelado.

A prisão civil constitui medida coercitiva, objetivando compelir alguém a cumprir uma obrigação de natureza cível. A Constituição Federal, em princípio, não admite esse tipo de prisão, abrindo exceção tão-somente para os casos de responsável pelo inadimplemento voluntário e inescusável de obrigação alimentícia e do depositário infiel, a teor do disposto em seu art. 5º, LXVII.

A prisão administrativa é medida de coação, visando a obrigar determinada pessoa a cumprir um dever de direito público. Esse tipo de prisão, sob o pálio da nova Constituição, só é admitido nos casos previstos em lei em que é decretada pelo juiz, como ocorre com o falido para apresentação dos livros e do depositário judicial. O que não mais se admite é a prisão decretada por autoridade administrativa, como as estabelecidas pelo Estatuto do Estrangeirs e por alguns estatutos de funcionários públicos, por força justamente do que dispõe o art. 5º, LXI, da Carta vigente, segundo o qual a prisão por ordem escrita só pode ser decretada por *autoridade judiciária competente*.

A prisão disciplinar é admitida pela própria Lei Fundamental, parte final do seu já citado art. 5º, LXI, para as transgressões militares e crimes propriamente militares. Cumpre destacar, por oportuno, o não cabimento de *habeas corpus* em relação a punições disciplinares militares, consoante preceitua o art. 142, § 2º, do texto constitucional.

Por fim, temos a prisão processual penal, que é aquela decretada ou mantida pela autoridade judicial no curso do processo, devendo atender aos pressupostos de medida cautelar, quais sejam: o *fumus boni iuris* e o *periculum in mora*.

As hipóteses de prisão processual penal são o que nos interessa no presente trabalho, compreendo-se como tais a prisão em flagrante, a prisão temporária, a prisão preventiva, a prisão decorrente de pronúncia e a prisão resultante de sentença penal condenatória recorrível.

O saudoso professor José Frederico Marques preferia denominar essas prisões de providências cautelares, e não prisões processuais, pois, conforme suas lições, prisão processual é toda aquela "decretada pelo juiz no exercício dos poderes contidos na jurisdição que exerce".[1] Nessa hipótese, estariam abrangidas no conceito de prisão processual a prisão do depositário infiel, do falido para apresentação dos livros e toda prisão emanada de autoridade judiciária.

Ensinava, ainda, o festejado processualista que "toda prisão que não for penal tem a natureza de prisão civil. Por outra parte, é prisão penal aquela decretada na Justiça Penal. A prisão penal, segunda clássica distinção, pode ser *ad poenam* e *ad custodiam*: no primeiro caso, temos a *prisão penal propriamente dita*, isto é, a prisão como pena ou sanção específica decorrente da violação ou ameaça de um bem jurídico penalmente tutelado; no segundo caso, temos a *prisão penal cautelar*, que pode ser processual quando emana do juiz (prisão preventiva, prisão por pronúncia ou prisão provisória, como a denomina o art. 34 do Código Penal) – *após a Reforma de 1984, art. 42* –, ou prisão administrativa, quando emana de outra autoridade (prisão em flagrante)".[2]

1. In *Elementos de Direito Processual Penal*, v. IV, Campinas, Bookseller, 1997, p. 40, atualizado por Víctor Hugo Machado da Silveira.

2. Idem, ibidem, p. 41.

As pessoas presas *ad custodiam* deverão ficar, sempre que possível, separadas daquelas que estiverem condenadas definitivamente.

O art. 295 do CPP estabelece que certas pessoas, em razão de prerrogativas, na condição de preso cautelar, sejam recolhidas a quartéis ou a prisão especial. No rol do mencionado dispositivo constam as seguintes: I – os ministros de Estado; II – os governadores ou interventores de Estados ou Territórios, o prefeito do Distrito Federal,[3] seus respectivos secretários, os prefeitos municipais, os vereadores e os chefes de Polícia;[4] III – os membros do Parlamento Nacional, do Conselho de Economia Nacional e das Assembléias Legislativas dos Estados; IV – os cidadãos inscritos no "Livro de Mérito";[5] V – os oficiais das Forças Armadas e do Corpo de Bombeiros; VI – os magistrados; VII – os diplomados por qualquer das Faculdades superiores da República; VIII – os ministros de confissão religiosa; IX – os ministros do Tribunal de Contas; X – os cidadãos que já tiverem exercido efetivamente a função de jurado, salvo quando excluídos da lista por motivo de incapacidade para o exercício daquela função; XI – os delegados de polícia e os guardas-civis dos Estados e Territórios, ativos e inativos.

Impende ressaltar que o recolhimento em quartel ou em estabelecimento especial somente ocorrerá em caso de custódia provisória. As pessoas acima enumeradas, uma vez condenadas e transitada em julgado a sentença, cumprirão a pena restritiva de liberdade em prisão comum.

3. Atualmente o Distrito Federal não possui mais prefeito, e sim governador, nos termos do art. 32, § 2º, da CF.

4. Na atual estrutura administrativa policial não existe mais a figura do "chefe de polícia", devendo aplicar-se a hipótese à autoridade a que a lei atribua qualidade análoga.

5. Impossível, atualmente, apontar-se a situação que seria a correspondente.

Cabe enfatizar, ainda, que a prisão cautelar não é incompatível com o princípio da presunção de inocência, consagrado de maneira expressa na vigente CF, que estabelece em seu art. 5º, LVII: "ninguém será considerado culpado até o trânsito em julgado de sentença penal condenatória".

É que a prisão provisória não revela culpabilidade, não é pena, não possui caráter retributivo. Sua natureza é processual e tem como pressupostos a garantia da ordem pública, a conveniência da instrução criminal e o asseguramento da aplicação da lei penal.

De feito, não há conflito entre o princípio da presunção de inocência e a prisão cautelar, pois essa encontra guarida no próprio texto constitucional. O mesmo art. 5º, em seu inciso LXI, dispõe: "ninguém será preso senão em flagrante delito ou por ordem escrita e fundamentada de autoridade judiciária competente, salvo nos casos de transgressão militar ou de crime propriamente militar, definidos em lei". No inciso seguinte (LXII) prescreve que "a prisão de qualquer pessoa e o local onde se encontre serão comunicados imediatamente ao juiz competente e à família do preso ou à pessoa por ele indicada".

Enfim, em resguardo do direito fundamental do *status libertatis*, momentaneamente agredido pelo instituto excepcional da custódia cautelar, sublinha o inciso LXVI do art. 5º da Lei Máxima que "ninguém será levado à prisão ou nela mantido quando a lei admitir a liberdade provisória, com ou sem fiança".

Destarte – insistimos –, não existe confronto entre o princípio da presunção de inocência e o instituto processual da prisão cautelar, desde que essa seja decretada, em caráter de exceção, devidamente fundada nas hipóteses legais previstas, não se admitindo a sua decretação automática e sem que haja sido demonstrada a sua necessidade.

A propósito, fazemos nossas as palavras sempre lúcidas de Alberto Silva Franco, quando diz: "O princípio da presunção de inocência não entra, portanto, em rota de colisão com a prisão cautelar desde que esta tenha o caráter de excepcionalidade e não perca sua qualidade instrumental. A verificação dessas duas características básicas importa no reconhecimento de que a privação da liberdade não pode decorrer de um automatismo legal (prisão cautelar obrigatória), uma vez que o exercício do poder cautelar deverá estar sempre subordinado à comprovação, real, efetiva, concreta, do *periculum libertatis*, nem pode ter desvirtuado o seu feitio instrumental, que tem alicerces fundados numa palavra-chave: a necessidade. O exercício do poder cautelar, no processo penal, para preservar o princípio constitucional da presunção de inocência, não poderá ser, em resumo, nem automático, nem desnecessário".[6]

De fato, num Estado Democrático de Direito, que adota como um de seus fundamentos o respeito pela dignidade da pessoa humana e proclama no capítulo dos direitos fundamentais a garantia das liberdades individuais, a segregação antes de uma condenação definitiva há de ser decretada como medida extrema e de caráter excepcional. Desse modo, tal providência só se justifica quando devidamente comprovada a sua necessidade, quando plenamente demonstrado que o resguardo do bem comum está a exigir o sacrifício da liberdade do acusado. Como acentua Magalhães Noronha, "a custódia antes do julgamento só se pode inspirar numa razão de *necessidade*, pois priva o cidadão da liberdade, faz pesar sobre ele a presunção do crime e causa a ele e à sua família despesas, perdas e sacrifícios".[7]

Feitas essas considerações preliminares, começaremos a examinar de per si cada uma das modalidades de prisão penal

6. In *Crimes Hediondos*, 3ª ed., São Paulo, Ed. RT, 1995, pp. 250 e 251.

7. In *Curso de Direito Processual Penal*, 9ª ed., São Paulo, Saraiva, 1976, p. 144.

cautelar contempladas no direito positivo brasileiro.

2. *Prisão em flagrante*

Como é sabido, a palavra flagrante vem do latim *flagrans, flagrantis*, que significa ardente, brilhante, resplandecente, que está a queimar. Flagrante delito vem a ser, portanto, o crime que está sendo cometido, evidente, irrefutável etc.

Segundo o professor Júlio Fabbrini Mirabete, "em sentido jurídico, flagrante é uma qualidade do delito, é o delito que está sendo cometido, praticado, é o ilícito patente, irrecusável, insofismável, que permite a prisão do autor, sem mandado, por ser considerado a 'certeza visual do crime'".[8]

A prisão em flagrante é exceção à regra de que ninguém pode ser preso senão por ordem escrita e fundamentada de autoridade judiciária competente. Essa exceção é contemplada pelo próprio texto constitucional e se justifica não só como uma reação da sociedade no sentido de garantir, de logo, um ulterior cumprimento da lei penal, como também assegura, de imediato, a colheita da prova e os elementos de convicção da prática do delito.

O CPP, em seu art. 302, reconhece quatro situações de flagrância, a saber: I – quando o agente se encontra cometendo a infração; II – quando acaba de cometê-la; III – quando é perseguido, logo após, pela autoridade, pelo ofendido ou por qualquer pessoa, em situação que faça presumir ser o autor do delito; IV – quando é encontrado, logo depois, com instrumentos, armas, objetos ou papéis que façam presumir ser ele o autor da infração.

Nas duas primeiras hipóteses tem-se o que se chama de flagrante real ou próprio, porque existe, no caso, a visibilidade imediata da prática do delito. Nas duas últimas tem-se o denominado quase-flagrante, flagrante impróprio ou presumido. Nessa modalidade o agente não é surpreendido praticando a infração, porém é preso em decorrência de uma perseguição ou do fato de haver sido apanhado em situação que faça presumir ser ele autor da infração.

No caso de perseguição, exige-se que ela se inicie imediatamente após a prática do fato delituoso e continue até a efetivação da prisão. Esse lapso temporal deve corresponder a horas, e não a dias. Deverá, ainda, haver uma continuidade, de modo a não permitir que o autor do delito tenha condições de decidir seu paradeiro. Cumpre ressaltar, também, que na substituição dos perseguidores, desde que não exista interrupção da perseguição, não há que se falar em quebra dessa continuidade.

Na hipótese de o agente ser encontrado com instrumentos, armas, objetos ou papéis que façam presumir haver sido ele o autor da infração penal também se exige a existência de uma relação temporal entre a prática do crime e a prisão, já que a lei usou a expressão "logo depois".

Para que se verifique o flagrante é necessário que haja crime possível, isto é, que o fato delituoso se tenha iniciado e possa, pelo menos em tese, vir a ser consumado. É o que preconiza a Súmula 145 do STF, ao proclamar: "Não há crime quando a preparação do flagrante pela polícia torna impossível a sua consumação". Nesse caso temos o flagrante preparado, que não deve ser confundido com o flagrante esperado.

Na primeira situação não se pode falar, na verdade, em existência de flagrante, porquanto não há crime, já que sua prática é impossível. No flagrante esperado a situação apresenta-se diferente, pois aqui sabe-se que o delito vai ser cometido, então se aguarda que o agente inicie sua prática para surpreendê-lo no ato e efetivar a sua prisão.

A prisão em flagrante tanto pode ocorrer nos crimes de ação pública como nos

8. In *Código de Processo Penal Interpretado*, 2ª ed., São Paulo, Atlas, 1994, p. 350.

de ação privada. No primeiro caso, desde que observados os requisitos do flagrante, a prisão pode ser feita por qualquer pessoa e é dever da autoridade policial fazê-la. No segundo a prisão só pode se efetuar se o ofendido ou seu representante, presentes ao ato, solicitarem a efetivação da segregação (ou a realizarem eles próprios). Do contrário não há como efetivá-la. Nessa hipótese a polícia "deve limitar-se a atos tendentes a evitar a consumação do crime ou a impedir que a presença do delinqüente no local venha a conturbar a ordem, bem como causar escândalo ou repulsa popular. Desse modo, cumpre à autoridade policial, na função de mantenedora da ordem, pôr fim à prática delituosa, afastando, se necessário, com detenção provisória, do lugar em que se desenrolava o *iter criminis* os protagonistas da infração penal".[9]

Nos casos de ação pública condicionada a representação, a vítima ou seu representante legal poderão apresentá-la no próprio auto de prisão em flagrante.

Pode ocorrer que haja dúvidas quanto à qualificação do fato delituoso. Nessa hipótese, concretizada a prisão, a autoridade policial a relaxará caso verifique não se tratar de crime de ação pública incondicionada. Entretanto, tem-se admitido que a representação do ofendido ou seu requerimento objetivando a abertura do competente inquérito, na conformidade do preceituado no § 5º do art. 5º do CPP, poderá convalidar o ato coativo.

Nos crimes permanentes a prisão em flagrante pode ocorrer a qualquer momento, desde que a conduta ilícita do agente não haja cessado, pois, perdurando essa ao longo tempo, haverá sempre uma atualidade delituosa configurando o estado de flagrância. É o que prescreve o art. 303 do diploma adjetivo penal, *verbis*: "Nas infrações permanentes, entende-se o agente em flagrante delito enquanto não cessar a permanência".

Semelhante situação não ocorre com os chamados crimes habituais, uma vez que estes só se caracterizam com a reiteração dos atos em que se assenta a conduta delituosa. A ação isolada, enquanto não reiterada, não traduz o comportamento criminoso. Isso não significa, contudo, que seja impossível efetuar a prisão em flagrante do agente de um crime habitual; o que se requer é que, ao se surpreender o autor do delito na prática do ato, recolham-se provas insofismáveis da habitualidade. Como, por exemplo, quando um charlatão, que exerce ilegalmente a Medicina, é preso atendendo a várias pessoas, retendo em seu poder as fichas dos pacientes.

A prisão em flagrante, nos termos do art. 301 do CPP, pode ser efetuada por qualquer pessoa, tendo a autoridade policial o dever de fazê-la. Trata-se, pois, de prisão inicialmente administrativa, tornando-se, em seguida, processual.

A esse respeito asseveram José Liberato Póvoa e Marco Anthony Steveson que "a prisão em flagrante, apesar de seu caráter administrativo, quando da sua realização, transforma-se em medida processual quando informada ao juiz competente e homologado o respectivo auto de prisão em flagrante, vindo a se transformar em medida cautelar somente quando inaugurada a ação penal. Nessa hipótese, o preso passa da custódia administrativa da autoridade policial que preside o inquérito para a custódia processual imposta pelo magistrado, que não viu irregularidades formais ou materiais no auto de prisão em flagrante, nem tampouco, *a posteriori*, a existência de motivos que levassem à concessão de uma contracautela".[10]

Em verdade, o executor da prisão em flagrante, em obediência ao disposto no art. 5º, LXII, da CF, deverá imediatamente comunicar ao juiz competente a ocorrência, cabendo a este relaxá-la caso se verifi-

9. José Frederico Marques, ob. cit., p. 88.

10. In *Prisão Temporária*, São Paulo, Acadêmica, 1994, p. 21.

quem irregularidades formais ou materiais. Por outro lado, observando insubsistirem os requisitos para a decretação da custódia preventiva, poderá, depois de ouvir o Ministério Público, conceder ao preso a liberdade provisória, a teor do parágrafo único acrescentado ao art. 310 do CPP pela Lei 6.416, de 24.5.77.

A esse respeito assevera Fernando de Almeida Pedroso que, "dada a conotação casual ou acidental do flagrante, andou bem o legislador em determinar, com a reforma operada pela Lei 6.416/77, que a segregação dele resultante só seja mantida quando também ocorrentes motivos permissivos de decretação da prisão preventiva (parágrafo único, art. 310, CPP). Efetivamente: tão apenas por ter sido surpreendido no cometer o delito, poderia o réu permanecer preso, por mera casualidade, enquanto seus cúmplices ou o autor de outro crime, quiçá portadores de periculosidade maior, aguardariam soltos o pronunciamento da Justiça, por não terem sido flagrados".[11]

Trilhando caminho idêntico, afirma Paulo Lúcio Nogueira: "A *prisão em flagrante* só deve subsistir e se justifica se se equiparar aos casos de *prisão preventiva*, podendo inclusive o juiz relaxá-la se houver alguma irregularidade e no mesmo despacho decretar a preventiva do acusado. Fora dessa hipótese, entendemos que a prisão em flagrante em face das leis existentes passou a ser insustentável sendo o réu primário e de bons antecedentes, trata-se de verdadeira iniqüidade manter o acusado preso durante a instrução e mesmo depois da condenação, quando pode apelar em liberdade, somente porque teve a má sorte de ser pilhado em flagrante, quando a lei permite que se lhe aplique o regime aberto de cumprimento de pena".[12]

11. In *Processo Penal. O Direito de Defesa: Repercussão Amplitude e Limites*, 2ª ed., São Paulo, Ed. RT, 1994, p. 88.

12. In *Questões Processuais Penais Controvertidas*, 4ª ed., São Paulo, LEUD, 1995, pp. 222 e 223.

De fato, procedeu bem o legislador quando introduziu a mencionada modificação na nossa legislação processual, permitindo a concessão da liberdade provisória para o réu preso em flagrante caso o juiz observe, pelo auto de prisão, a inocorrência de quaisquer das hipóteses autorizadoras da segregação preventiva. Afinal, toda prisão processual, como medida cautelar que é, só se justifica se devidamente demonstrada a sua necessidade.

3. *Prisão temporária*

A prisão temporária, inobstante a existência de institutos semelhantes no direito comparado,[13] sempre ensejou muita resistência entre os juristas pátrios no que tange à sua adoção entre nós. A polêmica arrastou-se por mais de 15 anos, quando só então foi essa modalidade de custódia instituída no nosso sistema jurídico pela MP 111, de 24.11.89, transformada na Lei 7.960, de 21 de dezembro do mesmo ano.

A edição do citado diploma legal, contudo, não teve o condão de pôr fim à controvérsia sobre o assunto. É que muito se tem discutido a respeito de sua constitucionalidade, a começar pelo fato de a prisão temporária haver sido introduzida no Brasil por meio de medida provisória, em frontal desrespeito ao princípio da reserva legal absoluta que deve nortear a criação desses mecanismos de restrição da liberdade individual do cidadão. Assim, não obstante transformada em lei pelo Congresso Nacional, seu vício de origem a contagia de forma insanável.[14]

De fato, embora a reserva de lei não coincida, nos dias de hoje, com a de competência legislativa do Parlamento, tem-se entendido que no campo dos direitos, liberdades e garantias fundamentais essa coin-

13. Cf. Hélio Tornaghi, *Curso de Processo Penal*, 9ª ed., v. 2, São Paulo, Saraiva, 1995, pp. 80 e 81.

14. Cf. Alberto Silva Franco, ob. cit., pp. 241-243.

cidência é indispensável, mormente num Estado que se pretenda Democrático de Direito. "A lei, que é garantia da liberdade, assenta na representação política."[15] Essa função reconhecida ao Legislativo, porém, há de ser exercida vinculada aos ditames da Constituição, não podendo o legislador, a pretexto do exercício de semelhante mister, "afectar ou modificar o *conteúdo* do direito fundamental, sob pena de se inverter a ordem constitucional das coisas".[16]

Por outro lado, tem-se aduzido que a autorização da custódia temporária sob o fundamento de ser a medida imprescindível para as investigações do inquérito policial farpeia de maneira inegável os princípios constitucionais da presunção de inocência e do devido processo legal. A esse respeito, afirmam José Liberato Póvoa e Marco Anthony Steveson que "não há como sustentar a constitucionalidade do art. 1º, inciso I, da Lei n. 7.960, de 21.12.89, no que se refere à prisão do indivíduo que nem sequer foi investigado ou indiciado, pois se não existem pelo menos indícios de ter sido ele o autor, co-autor ou partícipe do delito, não pode estar sujeito à limitação de seus direitos e garantias constitucionais, pois essa limitação deve obedecer a regramentos rígidos para que não se transforme em meio de cometimento de arbitrariedades e violências contra cidadãos, não se olvidando que a simples detenção do indivíduo, ainda que por poucos dias, pode aniquilá-lo e desmoralizá-lo perante a comunidade em que vive". E arrematam: "A polícia deve primeiramente investigar e procurar elementos convincentes, para depois pedir a prisão do indiciado, e nunca prender para depois investigar. A presunção da inocência não só é válida para os termos do processo, como também para os trâmites do inquérito policial, pois se não há qualquer indício de autoria do delito pelo indivíduo não há como fundamentar-se juridicamente um decreto de sua prisão, a não ser que o texto constitucional seja relegado a terceiro plano em nome do arbítrio".[17]

Deixando de lado os questionamentos referentes à constitucionalidade do instrumento que a criou, é mister observar que a prisão temporária deve ser compreendida e interpretada na conformidade dos princípios constitucionais e legais que regem as hipóteses de prisão penal cautelar. Dai ser imperiosa a demonstração concreta da sua necessidade.

As situações de cabimento da prisão temporária estão elencadas no art. 1º da lei supramencionada, e são as seguintes:

I – quando imprescindível para as investigações do inquérito policial;

II – quando o indiciado não tiver residência fixa ou não fornecer elementos necessários ao esclarecimento de sua identidade;

III – quando houver fundadas razões, de acordo com qualquer prova admitida na legislação penal, de autoria ou participação do indiciado nos seguintes crimes: homicídio doloso, seqüestro ou cárcere privado, roubo, extorsão, extorsão mediante seqüestro, estupro, atentado violento ao pudor, rapto violento, epidemia com resultado morte, quadrilha ou bando, genocídio, em qualquer de suas formas típicas, tráfico de drogas e crimes contra o sistema financeiro.

Essas hipóteses, aparentemente puras e destituídas de outro e qualquer requisito, não devem ser assim interpretadas, pois, embora possam presumir a necessidade da prisão, combinar-se-ão entre si, levando sempre em conta o fato de que toda prisão antecipada tem natureza cautelar, não podendo ser ordenada de maneira automática

15. Cf. Jorge Miranda, *Manual de Direito Constitucional*, 2ª ed., t. IV, Coimbra, Coimbra Editora, 1993, p. 291.

16. Cf. José Carlos Vieira de Andrade, Os *Direitos Fundamentais na Constituição Portuguesa de 1976*, Coimbra, Almedina, 1987, p. 229.

17. Ob. cit., p. 36.

ou desnecessária. Desse modo, por ocasião de sua decretação há de ser evidenciado de maneira real e concreta o *periculum libertatis*. Como ensina Vicente Greco Filho: "Pode-se dizer que a prisão temporária é uma antecipação da prisão preventiva; tem requisitos menos rigorosos que ela, mas não será decretada se manifestamente não se decretaria aquela".[18]

Com efeito, compete ao juiz, ao ensejo do exame da representação da autoridade policial ou do requerimento do Ministério Público, proceder à sua exegese, combinando os diversos incisos do art. 1º da Lei 7.960/89, de modo a demonstrar, no caso concreto, a presença dos requisitos do *fumus boni iuris* e do *periculum in mora*. Realmente, necessária sc faz a demonstração da existência dc fundadas razões de que o suspeito haja praticado quaisquer dos crimes elencados no inciso III, bem como que a segregação é imprescindível à investigação criminal e que o indiciado não tem residência fixa nem forneceu os elementos necessários ao esclarecimento de sua identidade, manifestando a possibilidade de sua fuga ou de seu desaparecimento, dificultando, assim, a apuração dos fatos delituosos.

É claro que à prisão temporária, pela sua própria razão de ser, objetivando obter, num breve espaço de tempo, elementos de prova ainda na fase investigatória, quando os indícios são poucos para a formação de um convencimento, não se pode exigir, sob pena de essa perder sua finalidade, o mesmo rigor cabível para a decretação da custódia preventiva. Ela, porém, só deve ser decretada se houver utilidade para as investigações ou interesse de ordem pública, demonstrando-se o *periculum libertatis*, pois somente assim se poderá enquadrar a prisão temporária no campo da prisão cautelar, permitida pela Lei Suprema.

Igualmente, o recolhimento temporário proceder-se-á entre a ocorrência do crime até o recebimento da denúncia, já que, ultrapassada essa fase, deve o juiz examinar a possibilidade de decretação ou não da custódia preventiva, consoante os seus pressupostos.

Cumpre, por fim, ressaltar que o prazo para a manutenção da prisão temporária, inicialmente de 5 dias, salvo caso de prorrogação deferida, foi ampliado pela Lei 8.072/90 para 30 dias, prorrogáveis por mais 30, tratando-se de crimes hediondos.

Esse aumento de prazo da custódia temporária nos parece de todo despropositado, porquanto os crimes considerados hediondos já se encontravam no rol dos delitos graves enumerados na Lei 7.960/89, não havendo razão plausível para semelhante elastério.

Ademais, o mencionado aumento do prazo da prisão temporária se contrapõe à regra do art. 10 do CPP, que estabelece o lapso temporal de 10 dias para a conclusão do inquérito policial, adicionado de mais 5 para o oferecimento da denúncia (art. 46 do CPP) no caso de o indiciado se encontrar preso, caracterizando-se essa medida como uma das conseqüências mais importantes do devido processo legal. De feito, a providência adotada pelo legislador apresenta-se absolutamente desarrazoada.

4. *Prisão preventiva*

A prisão preventiva é a espécie de prisão processual decretada para garantir a ordem pública, por necessidade da instrução criminal e para assegurar a aplicação da lei penal. Acrescentem-se a esses pressupostos objetivos a prova da existência do crime e os indícios suficientes da autoria.

Examinando de per si esses elementos intrínsecos da decretação da segregação preventiva, observamos que a garantia da ordem pública apresenta sentido bastante amplo. Pode significar a necessidade da proteção de um bem de interesse da coletividade imprescindível à convivência so-

18. Cf. *Manual de Processo Penal*, 3ª ed., São Paulo, Saraiva, 1995, p. 241.

cial – como a proteção contra o réu de alta periculosidade, cuja liberdade represente perigo para a sociedade, ante a evidência de que voltará a delinqüir –, como também a proteção da vítima ou de seus familiares, assim como das testemunhas, diante de ameaças concretas por parte do acusado.

No que diz respeito à decretação da custódia por conveniência da instrução criminal, esta encontra embasamento nas situações em que o réu se evade do distrito da culpa, procurando dificultar a *persecutio criminis*, ou exterioriza atos visando à intimidação das testemunhas ou à destruição ou subtração de provas, vulnerando a apuração da verdade material.

Não se deve confundir, entretanto, a destruição ou subtração de provas com a sonegação por parte do acusado de elementos probatórios que lhe sejam desfavoráveis, pois ninguém pode ser compelido a fornecer meios de provas contrários à sua defesa. Afinal, compete à acusação obtê-los, com o auxílio da polícia judiciária. Constranger o indiciado a isso é afrontar o seu sagrado direito de ampla defesa, assegurado constitucionalmente.

Nesse sentido tem sido o entendimento jurisprudencial, como se observa do seguinte aresto, *verbis*: "Ninguém está obrigado a fornecer à acusação elementos de prova contrários à sua defesa, ainda que saiba onde eles se encontram. A lei apenas não permite que o acusado dificulte a ação da Justiça, procurando fazer desaparecer as provas de seu crime, o que é bem diferente".[19]

Por conseguinte, não se justifica a decretação do enclausuramento preventivo do indiciado sob o argumento de que se recusa a prover a acusação de elementos de prova em seu desfavor.

No que concerne à segurança da aplicação da lei penal, deve ser demonstrada a necessidade da prisão como meio de tornar eficaz a punição advinda de sentença condenatória, pois a impunidade agride a ordem pública.

De feito, a preventiva, por esse motivo, somente deve ser decretada se houver prognóstico de que o réu, uma vez condenado, vá efetivamente cumprir pena privativa de liberdade.

Quanto aos requisitos da existência de prova do crime e de indícios suficientes da autoria, cumpre destacar que, enquanto para a imputação da autoria se exijam apenas indícios capazes de gerar fundada ou razoável suspeita, no que tange à existência do crime indispensável se faz a presença de elementos probatórios que afastem qualquer possibilidade de sua inexistência.

Por igual, mister se faz salientar que, considerada a prisão preventiva medida extrema e excepcional, só deve essa ser decretada nas estritas hipóteses legais e em despacho devidamente fundamentado, dando a conhecer explicitamente os motivos ensejadores da segregação, de modo a que o detido possa contestar, assim entendendo, sua necessidade pelos meios de defesa colocados à sua disposição.

Não se deve, também, confundir despacho lacônico ou mal-fundamentado com despacho desprovido de fundamentação.

O decreto de custódia não precisa ser longo e apurado; o que se quer é que traga, em sua essência, a exposição sumária das razões em que se assenta a decisão do enclausuramento. Deixando clara a sua necessidade, atendida estará a exigência legal. O que não se admite é a simples repetição das palavras da lei, sem a demonstração expressa da sua conveniência; nem tampouco se concebe a sua sustentação apenas nas suspeitas subjetivas do magistrado de que o acusado venha a atentar contra a ordem pública, dificultar a instrução penal ou se furtar à aplicação da lei. É preciso comprovar, objetivamente, a existência dos fatos caracterizadores da necessidade de se recorrer à medida extrema.

19. *RF* 154/398.

A propósito, leciona Hélio Tornaghi que "não é fundamentação, frauda a finalidade da lei e ilude as garantias da liberdade, o fato do juiz dizer apenas: 'considerando que a prisão é necessária para a garantia da ordem pública (...)'. Ou então: 'a prova dos autos revela que a prisão é conveniente para a instrução criminal (...)'. Fórmulas como essas são a mais rematada expressão da prepotência, do arbítrio e da opressão. Revelam displicência, tirania ou ignorância, pois além de tudo envolvem petição de princípio: com elas o juiz toma por base exatamente aquilo que deveria demonstrar".[20]

Outro ponto que merece ser destacado, ainda, com relação ao fundamento do decreto de prisão preventiva, é que, se o despacho se fizer carecedor de fundamentação, esta não pode ser suprida ou sanada por força de informações prestadas em eventual pedido de *habeas corpus*. Nesse caso, os fundamentos da segregação estariam em peça apartada dos autos da ação penal e posterior à impetração do *writ*, não possibilitando que o acusado dispusesse desses dados, para efeito de impugná-los, quando do exercício do seu direito de defesa, através do remédio heróico.

Já não se verifica o mesmo quando o magistrado, antes da impetração do *mandamus* constitucional, em despacho suplementar posterior, supre a ausência de fundamentação anterior, como muitas vezes ocorre no ensejo da decisão que denega o pedido de revogação da custódia provisória.

A prisão preventiva pode ser decretada, de acordo com o art. 311 do CPP, não só no limiar da ação penal ou durante sua tramitação, mas também em qualquer face da investigação policial. O decreto de custódia pode resultar de provocação do Ministério Público, do querelante, na caso de ação penal privada, ou da autoridade policial no correr da *informatio delicti*, bem como ex *officio* pelo juiz do feito.

20. Ob. cit., pp. 91 e 92.

Consoante estabelece o art. 316 do CPP, o juiz pode revogar a prisão preventiva se verificar, no correr do processo, que não mais subsistem os motivos de sua decretação, bem como poderá decretá-la novamente caso sobrevenham razões que a justifiquem.

É necessário observar, porém, que o novo decreto de enclausuramento só pode ocorrer se surgirem fatos novos diversos daqueles que justificaram a decretação anterior.

Como bem alerta Luiz Flávio Borges D'Urso: "Tendo sido a revogação por excesso de prazo ou por qualquer outro motivo, a nova decretação somente pode acontecer se, após a libertação do réu, surgirem novos fatos que autorizem a prisão preventiva. Não se pode decretar a prisão preventiva pela segunda vez num processo, levando-se em consideração os fatos que determinaram a primeira decretacão".[21]

Cumpre destacar, por fim, que a prisão preventiva, consoante se depreende do art. 313 do CPP, somente pode ser decretada nos casos de crimes dolosos. Donde se conclui não ser possível nos crimes culposos e nas contravenções.

Os crimes dolosos, como se sabe, serão punidos com reclusão ou detenção. Os apenados com reclusão, por sua vez, podem ser afiançáveis ou não.

A regra geral é que a custódia preventiva seja decretada apenas nos crimes punidos com reclusão, não importando se classificados como afiançáveis ou inafiançáveis. Todavia, a lei a admite, como exceção, no crimes apenados com detenção quando se apurar que o indiciado é vadio ou, havendo dúvida sobre a sua identidade, esse não fornecer ou não indicar os elementos que possam esclarecê-la.

O conceito de vadio é dado pelo art. 59 da Lei das Contravenções Penais, ou seja:

21. Cf. *A Prisão Cautelar e o Devido Processo Legal*, Brasília, Consulex, 1994, p. 32.

é a pessoa que vive habitualmente na ociosidade, sendo válida para o trabalho, e, não possuindo renda que lhe assegure a subsistência, se recusa a fazê-lo, ou obtém rendimentos por meio de ocupação ilícita.

Como se vê, de acordo com o conceito legal, não é vadia a pessoa que não trabalha porque é inválida fisicamente ou por se encontrar ocasionalmente desempregada, bem como aquele que, embora viva habitualmente na ociosidade, possua renda suficiente para arcar com a sua mantença.

No conceito de vadiagem fornecido pelo legislador verifica-se uma discriminação odiosa entre o pobre e o rico que vivem habitualmente na ociosidade, pois, não obstante a conduta de ambos revele o mesmo móvel, isto é, embora válidos, não querem trabalhar, a do pobre constitui contravenção e autoriza a preventiva, enquanto à do rico não se aplica nem uma coisa, nem outra.[22]

5. *Prisão decorrente de pronúncia*

O CPP, em seu art. 408, § 1º, com a redação dada pela Lei 5.941, de 22.11.73, estabelece como conseqüência da sentença de pronúncia a recomendação do acusado na prisão em que se achar ou a expedição das ordens necessárias à sua captura. Nos §§ 2º e 3º do mesmo dispositivo abrem-se duas exceções a essa regra, permitindo que o réu aguarde em liberdade o julgamento pelo Tribunal Popular do Júri. A primeira na hipótese de o acusado ser primário e de bons antecedentes, e a segunda no caso de se tratar de crime afiançável.

Como se observa, à luz das disposições acima invocadas, cuidando-se de reincidente ou de pronunciado não portador de bons antecedentes, a prisão decorrente da sentença de pronúncia se efetivaria de forma automática, o que não se coaduna com o princípio da não culpabilidade inscrito na nossa Lei Magna.

Destarte, tem-se admitido como única interpretação capaz de salvar o preceptivo do art. 408, § 1º, do estatuto processual penal conceber a prisão por pronúncia como uma das hipóteses de encarceramento cautelar.[23] Nesse caso, não se permite o enclausuramento automático do pronunciado, seja ou não ele reincidente, possua ou não bons antecedentes. Daí o juiz, ao manter ou decretar a prisão do réu por ocasião da sentença de pronúncia, haverá de indicar, de maneira concreta, os motivos ensejadores da segregação provisória.

Sobre o assunto, Grinover, Magalhães e Scarance pontificam, *in verbis*: "O rigor do sistema do Código foi, todavia, sensivelmente atenuado com a introdução, pela Lei n. 5.941, de 23 de novembro de 1973, de dispositivo segundo o qual, 'se o réu for primário e de bons antecedentes, poderá o juiz deixar de decretar-lhe a prisão ou revogá-la, caso já se encontre preso' (art. 408, § 2º); (...). De qualquer modo, pensamos que a prisão nessa hipótese não dispensa a verificação concreta do *periculum libertatis*, sem o quê não estará justificada a cautela, segundo o contexto das garantias constitucionais". E arrematam: "Diante disso, cremos que também a prisão decorrente da pronúncia não dispensa a fundamentação sobre sua necessidade, sem o quê ocorrerá nulidade da decisão que a adotar, em face do disposto pelos arts. 5º, LXI, e 93, IX, da Constituição Federal".[24]

No mesmo sentido, ensina o professor Vicente Greco Filho, in *litteris*: "Especialmente após a Constituição de 1988, que consagrou a presunção de inocência, é preciso entender que a apreciação dos bons antecedentes não pode ficar em termos for-

22. A esse respeito, v. Olavo Oliveira Neto, *Comentários à Lei das Contravenções Penais*, São Paulo, Ed. RT, 1994, p. 206.

23. Cf. Luiz Flávio Gomes, *Direito de Apelar em Liberdade*, São Paulo, Ed. RT, 1994, p. 91.

24. In *As Nulidades no Processo Penal*, 4ª ed., São Paulo, Malheiros Editores, 1995, pp. 244 e 245.

mais. Isto é, não é somente porque tenha tido o acusado outro inquérito ou outro processo penal que deles resulta exclusão da liberdade para recorrer ou aguardar o julgamento. Esses fatos podem ser levados em consideração como elementos de convicção para se negar a liberdade, porque podem ser indícios da necessidade da prisão como garantia da ordem pública (motivo de prisão processual), mas não como presunção de culpa. Isto porque, como já se disse acima, aqueles requisitos, primariedade e bons antecedentes, não são os únicos, devendo, também, inexistir motivo de preventiva. Os bons antecedentes, portanto, devem ser analisados em seu conteúdo, pela relação que podem ter com a ordem pública, e não como simples registros de inquérito ou ações penais. Daí decorre a necessidade de que o juiz, ao conceder, ou não, a liberdade provisória após pronúncia ou sentença condenatória, fundamente a decisão não apenas nos antecedentes, mas no que esses antecedentes significam em termos de convicção de que a liberdade colocaria em risco a ordem pública".[25]

Reforçando esse entendimento, trazemos a lume acórdão da lavra do Min. Luiz Vicente Cernicchiaro, cuja ementa é a seguinte: "Recurso de *habeas corpus* – Processual penal – Prisão para recorrer. A prisão para recorrer, como a penal, reclama necessidade e interesse público. Se o paciente respondeu ao processo em liberdade, a restrição somente pode ser imposta havendo fato posterior. Ademais, inquérito policial e ação penal em curso representam hipóteses de trabalho. Não registram ainda definição da situação jurídica. Impossível, só por isso, configurarem maus antecedentes".[26]

Em verdade, com o advento da Constituição de 1988, que elegeu de maneira expressa o princípio da presunção de inocência, declarando em seu art. 5º, LVII, que "ninguém será considerado culpado até o trânsito em julgado de sentença penal condenatória", a única exegese possível para o dispositivo processual em questão leva-nos, inapelavelmente, à conclusão de que, sendo presumidamente inocente até o trânsito em julgado de sentença penal condenatória, o réu somente poderá ser antecipadamente preso se o juiz, fundamentadamente, em sua sentença de pronúncia, demonstrar estarem presentes os pressupostos autorizadores da prisão preventiva. Inexistentes os pressupostos do provimento cautelar constritivo do direito à liberdade, não há como recolher ao cárcere aquele que não detém ainda o *status* de condenado.

Nesse sentido tem caminhado a nossa jurisprudência, como se vê do aresto da 6ª Turma do STJ da lavra do Min. Vicente Leal nos autos do pedido de HC 3.856-SC, cujo teor da ementa está assim versado: "Evidenciado que a sentença de pronúncia não explicitou os fatos concretos indicativos da persistência dos requisitos autorizadores da prisão preventiva, impõe-se a concessão da liberdade provisória. Ordem concedida".

Do voto do insigne Relator colhemos o seguinte trecho: "É certo que os institutos da prisão preventiva e da prisão por pronúncia subsistem no atual sistema constitucional, consoante o cânon inscrito no inciso LXI do art. 5º da Carta Magna, e fundam-se em razões de interesse social. Impõe-se sempre a sua decretação quando, provada a existência de crime e constatados indícios suficientes da autoria, ocorrer a presença dos pressupostos inscritos no art. 312 do CPP, quais sejam: garantia da ordem pública, conveniência da instrução criminal, segurança na aplicação da lei penal".[27]

Realmente, não é possível no curso do processo qualquer providência restritiva de liberdade com conotação de antecipação

25. Ob. cit., pp. 250 e 251.

26. Cf. *Revista Brasileira de Ciências Criminais* 15/400, ano 4, abr.-jun./96, Ed. RT.

27. V. *Revista Brasileira de Ciências Criminais* 15/395 e 396, ano 4, jul.-set./96, Ed. RT.

de pena. Só se admite como aceitável tal restrição se tiver caráter acautelatório e for efetivamente necessária, o que há de ser fundamentadamente demonstrado na decisão prolatada pela autoridade judiciária competente, pois somente assim a medida se ajustará à sistemática dos preceitos consubstanciados no inciso LXI do art. 5º, combinado com o art. 93, IX, da Carta Política em vigor.

Nesse sentido, ensinam Grinover, Magalhães e Scarance "não ser possível, durante a marcha do processo, inclusive na fase de tramitação de qualquer recurso, impor ao réu medida privativa de liberdade que represente antecipação de pena, só sendo aceitável restrição decorrente de prisão de natureza cautelar".[28]

Por derradeiro, é de se concluir, ainda, que o art. 585 do CPP, que dispõe não ser possível o réu recorrer da pronúncia senão depois de preso, salvo se prestar fiança, nos casos em que a lei admitir, não foi recepcionado pela atual ordem constitucional, por não se harmonizar com os seus postulados. Tal preceito não só afronta o princípio da não culpabilidade, como o de que toda e qualquer prisão (exceto o flagrante) deve ser fundamentada, ao mesmo tempo em que limita, indevidamente, o contraditório e a ampla defesa e impede o exercício da garantia do duplo grau de jurisdição.

6. *A prisão decorrente de sentença penal condenatória recorrível*

Com o advento da Lei 5.941, de 22.11.73, o art. 594 do CPP passou a ter a seguinte redação: "O réu não poderá apelar sem recolher-se à prisão, ou prestar fiança, salvo se for primário e de bons antecedentes, assim reconhecido na sentença condenatória, ou condenado por crime de que se livre solto".

Diante do já mencionado princípio constitucional da presunção de inocência, cumpre verificar se o art. 594 do CPP foi ou não acolhido pela nova Carta Política da República.

O STF bem como o STJ têm aclamado o entendimento de que o citado dispositivo foi recepcionado pela Lei Maior, não existindo conflito entre esse e o princípio da presunção de inocência. Essa posição é expressamente assumida na Súmula 9 do STJ, *verbis*: "A exigência da prisão provisória, para apelar, não ofende a garantia constitucional da presunção de inocência".

Todavia, o verbete indicado precisa ser bem compreendido. Como enfatiza o professor e magistrado Luiz Flávio Gomes, esse é merecedor de dois reparos: "em primeiro lugar, cabe salientar que a exigência da prisão cautelar (prevista no art. 594 do CPP) para apelar só não ofende a presunção de inocência quando *fundamentada* especificamente a necessidade da prisão. Havendo fundamentação suficiente, justifica-se a medida cautelar restritiva da liberdade, razão pela qual não pode ser censurada. Não havendo nenhuma fundamentação específica quanto à necessidade da prisão (hipótese em que esta derivaria tão-só e exclusivamente da 'lei', por ser prisão automática ou obrigatória ou execução antecipada ou condição recursal ou conseqüência de uma presunção), neste caso, o confronto com o princípio da presunção de inocência é patente e indiscutível".[29]

A respeito do tema, o Min. Marco Aurélio, em voto que proferiu nos autos do HC 72.517-1/30-SP, assim se pronunciou: "É possível ter-se como recepcionado pela Carta atual o art. 594 do Código de Processo Penal, assim como norma desse mesmo diploma reveladora da conseqüência da sentença, que seria o imediato recolhimento do condenado, ainda que sujeito o decreto condenatório a revisão, a impugnação

28. In *Recursos no Processo Penal*, São Paulo, Ed. RT, 1996, p. 137.

29. Ob. cit., p. 35.

na via recursal? Penso que não, porque não vivemos o clima de 1941; a Carta Federal em vigor não foi editada quando atravessávamos o chamado 'Estado Novo'. E o teor desses dois artigos, lançados ao mundo jurídico mediante decreto-lei oriundo da pena do então Presidente da República, Getúlio Vargas, não se coaduna com o texto da Lei Maior de 1988, no que entra em choque – e aí concordo inteiramente com o ilustre processualista professor Cláudio Fonteles – com o princípio da não culpabilidade preconizado no inciso LVII do rol das garantias individuais: 'ninguém será considerado culpado até o trânsito em julgado de sentença penal condenatória'. Mais: não se harmoniza com a regra no sentido de que 'ninguém será preso senão em flagrante delito ou por ordem escrita e fundamentada de autoridade judiciária competente'".

Prosseguindo em seu voto, assevera aquele ilustre Membro da mais alta Corte de Justiça do país, *verbis*: "Sr. Presidente, nem mesmo no campo cível admite-se execução que chegue à prática de atos que impliquem impossibilidade de retroação, de retorno ao *statu quo* primitivo. É de se frisar que, pelo Código de Processo Civil, se a sentença condenatória ainda depende de revisão, os atos de constrição esbarram na penhora, não se levando o bem à expropriação. Como então direcionar-se para uma execução que tem foro definitivo e resultará na perda de algo que não mais poderá ser restabelecido, qual seja, a liberdade do paciente? Como exigir-se que o acusado 'espontaneamente' se recolha para execução de um título em relação ao qual demonstra inconformismo? Continuo, a cada dia que passa, mais certo de que o art. 594 não foi recepcionado pelo Diploma Maior vigente, (...)".[30]

Em verdade, a exigência do recolhimento automático do réu ao cárcere para apelar não se harmoniza com os postulados da atual Constituição Federal, por afrontar, dentre outros, o princípio da não culpabilidade, insculpido no inciso LVII do elenco das garantias individuais.[31]

Assim, é de se concluir que o mencionado art. 594 do CPP só pode ser considerado vigente, à luz da nova ordem constitucional, caso se infira que a prisão decorrente de sentença condenatória recorrível é de natureza cautelar, e, como tal, deve ser devidamente fundamentada.

Como se disse, para se admitir a vigência do art. 594 do CPP é preciso conferir-lhe interpretação adequada, de forma a compatibilizá-lo com a Lei Fundamental da República.

A propósito, aduz o professor Luiz Flávio Gomes, em monografia sobre o tema, o seguinte: "(...) tendo-se presente o princípio da presunção de inocência – que proíbe a utilização da pena de prisão como castigo antecipado – bem como a exigência constitucional de motivação explícita de toda prisão (ressalvado o flagrante), é evidente que só existe uma interpretação possível para tentar salvar (preservar) o art. 594 do CPP: consiste em encarar a prisão decorrente da sentença recorrível como de natureza *cautelar*. Mas assim considerando-a, torna-se absolutamente indispensável a exigência de sua *motivação* explícita, não servindo para tanto nem a exigência (exclusiva) da condenação (que só reconhece o *fumus boni iuris*) nem 'presunções legais'. Pouco importa se se trata de condenado primário ou reincidente, com bons ou maus antecedentes, crime hediondo ou não: desde que o juiz 'motive adequadamente' a medida cautelar, demonstrando sua *necessidade real* (não presumida), justificada resulta a medida coercitiva. Do contrário, não. Essa é, repita-se, a única

30. *Lex* 210/342, jun./96.

31. Cf. Fernando Luiz Ximenes Rocha, "O art. 594 do CPP e o princípio da presunção de inocência", *RTJE* 158/29-37, mai.-jun./97; *Boletim IBCCrim* 55/10-12, ano 5, jun./ 97.

interpretação que salva o art. 594 frente ao princípio da presunção de inocência".[32]

Por conseguinte, não é possível determinar o recolhimento do acusado a fim de que possa apelar da sentença condenatória com fundamento apenas nos seus maus antecedentes ou na sua não-primariedade. Afinal, o legislador constituinte, ao consagrar o princípio da inocência presumida, inspirado no ideal de liberdade, objetivou favorecer o imputado. Daí – leciona Rogério Lauria Tucci –, "não fez inserir no respectivo texto nenhuma ressalva, nem qualquer referência a primariedade e a bons antecedentes corno requisito de sua incidência. Só mesmo, enfim, se outro fosse o enunciado do texto constitucional (por exemplo: 'ninguém será considerado culpado até o trânsito em julgado de sentença penal condenatória, *desde que primário e de bens antecedentes*') é que se poderia imaginar a odiosa restrição da liberdade do imputado precedentemente à provisória (e, conseqüentemente, mutável) condenação".[33]

Em verdade, "não há como admitir, por absurdo, que se considere em execução de apenamento corporal o condenado que não tenha contra si sentença penal condenatória trânsita em julgado. Poderá ele, enquanto não esgotadas todas as instâncias, ser absolvido, ou, mesmo que o não seja, ter a execução de sua pena corporal suspensa ou, ainda, cumpri-la em regime distinto daquele imposto pela sentença condenatória. Tal posicionamento não se manifesta consentâneo com um processo penal democrático, pois implicaria em ter por antecipadamente condenado aquele que ainda não o foi".[34]

Com efeito, o fato de possuir o acusado maus antecedentes ou não ser primário, por si só, não autoriza a determinação automática de sua custódia, porquanto, com a nova ordem constitucional e os princípios nela proclamados, não se pode admitir a realização de uma verdadeira *execução provisória* da sentença.

Como se pode observar, é imperiosa a necessidade de fundamentar a decisão que determina o recolhimento do réu, levando em consideração os elementos autorizadores da medida cautelar e admitindo-se os maus antecedentes ou a não primariedade não como justificativa pura e simples da prisão, mas como fator determinante que exige a prevenção para garantia da ordem pública.

Reforçando esse posicionamento, vários têm sido os julgados de nossos Tribunais que, embora reconhecendo os maus antecedentes do acusado, determinaram sua liberação por compreender não ser medida exigida para garantia da ordem pública, consoante se observa, *in litteris*: "Se durante a instrução criminal o réu manteve a liberdade, porque a custódia era desnecessária, impossível a prisão durante o recurso baseada simplesmente em maus antecedentes reconhecidos na sentença" (TACrimSP, *RT* 658/297); "Segundo revelam os autos, o paciente, embora não tenha bons antecedentes, permaneceu em liberdade durante toda a instrução. Não foi preso em flagrante e não se entendeu necessária sua prisão preventiva. E, em liberdade, não deu causa a qualquer embaraço quanto ao processamento da ação penal. De justiça, portanto, deferir-se a ele, pelo menos, o direito de continuar em liberdade até o julgamento definitivo da ação penal" (TACrimSP, HC 198.476-7); "Se o acusado é tecnicamente primário, se teve assegurado o direito de permanecer solto durante todo o processo, numa clara indicação de que seu encarceramento não era reclamado pela garantia da ordem pública, pela conveniência da instrução ou pela necessidade de se assegurar a aplicação da lei penal, à míngua de fatos posteriores que modificas-

32. Ob. cit., p. 40.

33. In *Direitos e Garantias Individuais no Processo Penal Brasileiro*, São Paulo, Saraiva, 1993, p. 412.

34. Luiz Antônio Câmara, *Prisão e Liberdade Provisória*, Curitiba, Juruá, 1997, pp. 128 e 129.

sem o quadro autorizador da liberdade antes preservada, deve esta, ainda, persistir (TJSP, HC 94.619-3)".[35]

De fato, não pode a autoridade judicante, que prolata sentença condenatória recorrível, determinar a prisão do acusado sem apontar qual o fato concreto que está a exigir o seu encarceramento cautelar, mormente se ele permaneceu em liberdade em todo o decorrer do processo. Tal proceder não só fere o princípio da presunção de inocência, como também o da motivação das decisões judiciais, gravado no art. 93, IX, da CF. "A falta de efetiva apreciação da necessidade da cautela importará, também quanto à prisão decorrente da sentença condenatória recorrível, vício de fundamentação, capaz de fazer incidir a sanção de nulidade por desatendimento aos preceitos constitucionais já indicados."[36]

Corroborando esse pensamento, o colendo STJ, em decisão na qual atuou como Relator o eminente Min. Vicente Cernicchiaro, pontificou: "O despacho que determina ao réu recolher-se para apelar deve ser fundamentado. Como tal, cumpre especificar o fato concreto que traduz o juízo de necessidade. Insuficientes a natureza da infração penal e o *quantum* da pena. Notadamente considerando-se que estivera solto durante a instrução criminal".[37]

7. Conclusão

À guisa de conclusão, urge reafirmar que, diante do princípio da presunção de inocência, erigido ao patamar de garantia constitucional, toda e qualquer prisão decretada antes de uma condenação com trânsito em julgado tem natureza cautelar, devendo, portanto, amoldar-se aos pressupostos do *fumus boni iuris* e do *periculum libertatis*. Daí não se admitir a custódia automática, decorrente de imposição legal, nem tampouco o encarceramento desnecessário.

De feito, só caberia deduzir agasalhados pela Constituição em vigor os arts. 408, § 1º, e 594 do CPP caso atribuíssemos às mencionadas normas interpretação de conformidade com a Constituição, observando o método especial de hermenêutica florescido na Alemanha, segundo o qual "nenhuma lei será declarada inconstitucional quando comportar uma interpretação 'em harmonia com a Constituição' e, ao ser assim interpretada, conservar o seu sentido ou significado".[38]

A respeito da chamada interpretação conforme à Constituição, ensina Jorge Miranda que esse método de hermenêutica "não consiste tanto em escolher, entre vários sentidos possíveis e normais de qualquer preceito, o que seja mais conforme à Constituição quanto em discernir *no limite* – na fronteira da inconstitucionalidade – um sentido que, conquanto não aparente ou não decorrente de outros elementos de interpretação, é o sentido *necessário* e o que se torna *possível* por virtude da força conformadora da Lei Fundamental".[39]

Impende observar, entretanto, não ser admissível, a pretexto de preservar uma norma legal, interpretá-la desfigurando-lhe o sentido. Como observa Canotilho, "o aplicador de uma norma não pode contrariar a letra e o sentido dessa norma através de uma interpretação conforme à Constituição, mesmo que através desta interpretação consiga uma concordância entre a norma infraconstitucional e as normas constitucionais".[40]

35. *Apud* Grinover, Magalhães e Scarance, ob. cit., p. 246.
36. Idem, ibidem, p. 246.
37. RHC 2.852-1-RR, *DJU* 7.2.94, p. 1.201.
38. Paulo Bonavides, *Curso de Direito Constitucional,* 6ª ed., São Paulo, Malheiros Editores, 1996, p 474.
39. Jorge Miranda, *Manual de Direito Constitucional*, 2ª ed., t. II, Coimbra, Coimbra Editora, 1988, p. 233.
40. J. J. Gomes Canotilho, *Direito Constitucional*, 5ª ed., Coimbra, Almedina, 1992, pp. 235 e 236.

No que diz respeito ao art. 594, Grinover, Magalhães e Scarance chegam a formular um entendimento que poderia salvá-lo ante os postulados constitucionais vigentes, o qual "consistiria em admitir que a falta ao condenado dos predicados da primariedade e dos bons antecedentes denunciaria risco de fuga e, por conseqüência, perigo para aplicação da lei penal". Mas os próprios autores concluem que "tal exegese é de difícil conciliação com o texto da Carta Magna, pois importaria em presunção contrária à da Constituição, no sentido genérico de que o réu não primário, ou com maus antecedentes, fugiria à aplicação da lei penal, devendo, por isso, ficar preso após a sentença condenatória. Estaria a prisão cautelar nessa hipótese assentada em dados meramente objetivos, deixando-se de levar em conta a necessidade da custódia no caso concreto".[41]

Em verdade, admitir-se semelhante exegese seria consagrar o automatismo legal da prisão cautelar, descaracterizando seu caráter de excepcionalidade e sua instrumentalidade. Daí a necessidade de cautela ao utilizar-se do método interpretativo surgido na Alemanha, para somente salvar uma lei no caso de dúvida quanto à sua constitucionalidade, e não quando o vício de inconstitucionalidade se apresenta manifesto, correndo-se o risco de transformar a interpretação da lei *conforme à Constituição* numa interpretação da *Constituição conforme à lei* – o que é inaceitável.

Por tudo isso, preferimos filiar-nos à corrente não preservacionista, para concluirmos que os prefalados arts. 408, § 1º, 585 e 594 do CPP não foram albergados pelo atual texto constitucional. Isto não impede, porém, que o magistrado, ao prolatar uma sentença de pronúncia ou condenatória, possa decretar a prisão cautelar do acusado, desde que presentes, de maneira concreta, os requisitos legais. Assim procedendo, estará agindo fulcrado na Lei Fundamental.

41. Ob. cit., p. 137.

A EMENDA CONSTITUCIONAL 19/98 E O DIREITO DO SERVIDOR PÚBLICO ESTÁVEL À DISPONIBILIDADE REMUNERADA

LUCIANO DE ARAÚJO FERRAZ
Advogado – Assessor Jurídico do TCMG
– Professor do Curso de Pós-Graduação do TCMG

1. *Introdução*

Com a promulgação da EC 19, de 4.6.98, polêmicas em torno das alterações por ela propiciadas começam a mobilizar os estudiosos do Direito, especialmente do direito constitucional e do direito administrativo, no sentido de fixar, com coerência e logicidade, os contornos e o alcance da nova redação do texto constitucional.

Não é sequer necessário leitura acurada da novel disciplina para perceber que as maiores implicações da "Reforma Administrativa" aconteceram no que se costuma denominar regime constitucional dos servidores públicos, posto que a quase-totalidade dos dispositivos que o consubstanciam foi objeto de alteração – *v.g.*, quebra do regime jurídico único; fixação do teto remuneratório; criação do subsídio para os membros de Poder; extensão da proibição de acumulação de cargos, empregos e funções públicas aos empregados das subsidiárias das estatais; disciplina do direito de greve a ser regulamentado mediante lei específica (ordinária); definição da proporcionalidade da remuneração na hipótese de disponibilidade; dilação e condições para a aquisição e flexibilidade das regras atinentes à estabilidade etc.

Diante de tantas modificações, um cabedal de polêmicas relativas ao regime constitucional dos servidores públicos em vigor certamente se instaurará na doutrina e na jurisprudência. Como singela contribuição a esse árido debate, houvemos por bem enfrentar, ainda que ligeiramente, algumas questões relativas à nova disciplina constitucional dos institutos da estabilidade e da disponibilidade remunerada.

2. *Desenvolvimento*

2.1 *A estabilidade e a disponibilidade como direito subjetivo do servidor estável*

O alicerce da disciplina do direito administrativo, consentâneo à própria idéia de Estado de Direito, arraiga-se no binômio prerrogativas/sujeições, que consubstancia o denominado regime jurídico administrativo.[1]

1. Cf., por todos, Maria Sylvia Zanella Di Pietro, *Direito Administrativo*, 5ª ed., São Paulo, Atlas,

Se, por um lado, as prerrogativas do Estado-Administração dotam-no de poderes especiais para o condicionamento do exercício de direitos próprios dos administrados, as sujeições, de outro, o submetem a determinados regramentos que o impelem a respeitar, inclusive coativamente, os ditames legais (em sentido lato), notadamente os denominados direitos subjetivos e interesses legítimos.[2]

Nesse núcleo de interesses direta ou indiretamente tutelados pela ordem jurídica, é da tradição mesma do direito positivo brasileiro, tal como adverte Dallari,[3] o reconhecimento de verdadeiros direitos subjetivos às pessoas físicas que corporificam a *potestas* estatal, mormente os denominados funcionários públicos.[4]

Dentre esses direitos subjetivos que o próprio Estado reconhece aos funcionários públicos encontra-se o direito à estabilidade, bem como o conexo direito à disponibilidade remunerada.

2.2 *A estabilidade e a disponibilidade na redação original da Constituição de 1998*

A estabilidade pode ser entendida como o direito de permanência no serviço público que adquire o funcionário efetivo[5] logo após a implementação de determinadas condições expressas em lei e que lhe confere a prerrogativa de somente ser desligado do serviço nos casos legalmente previstos.

Nessa linha, o constituinte originário de 1988, condicionando toda a legislação infraconstitucional subseqüente, previu, em seu art. 41, § 1º:

"Art. 41. São estáveis, após 2 (dois) anos de efetivo exercício, os servidores públicos nomeados em virtude de concurso público.

"§ 1º. O servidor público estável só perderá o cargo em virtude de sentença judicial transitada em julgado ou mediante processo administrativo em que lhe seja assegurada ampla defesa."

Como se vê, a estabilidade era adquirida pelo funcionário público (concursado) com o efetivo exercício do cargo por dois anos e conferia-lhe a prerrogativa de somente perdê-lo em virtude de sentença judicial ou processo administrativo, assegurada ampla defesa.

Não obstante o direito à estabilidade atribuído ao funcionário efetivo, o constituinte, também trilhando o caminho da tradição do direito positivo brasileiro, contemplou, no art. 41, § 3º, o instituto da disponibilidade remunerada, prevendo a possibilidade de extinção ou da declaração de desnecessidade do cargo por ele ocupado e, via de conseqüência, seu direito à permanência no serviço público até o seu

1995, p. 57 e ss., e Celso Antônio Bandeira de Mello, *Curso de Direito Administrativo*, 7ª ed., São Paulo, Malheiros Editores, 1995, pp. 23 e ss.

2. A distinção entre direitos subjetivos e interesses legítimos é sintetizada por Zanobini: "La característica del derecho subjetivo, al menos la que lo distingue del interés sólo ocasionalmente protegido, debe buscarse en la relación particular que se manifiesta entre la norma y el interés que forma el contenido. Pude ésta llamarse relación inmediata. La norma tiene como fin proteger el interés por sí mismo, de manera directa e inmediata. Esto sólo sucede cuando la ley reconoce que el interés de que se trata es exclusivamente propio de un sujeto determinado, que con la tutela deviene sujeto activo de relación jurídica. (...). Conforme a estas observaciones, sostenemos en la definición del derecho subjetivo la fórmula del 'interés jurídicamente protegido', considerando también que el elemento diferencial debe buscarse únicamente en el sentido de la norma del derecho objectivo, de cual deriva la protección respectiva" (Guido Zanobini, *Curso de Derecho Administrativo*, trad.de Héctor Masnata, Buenos Aires, Arayú, 1954, pp. 235-237).

3. Cf. Dallari, *Regime Constitucional dos Servidores Públicos*, 2ª ed., São Paulo, Ed. RT, 1990, pp. 80 e ss.

4. A respeito, cf. Bandeira de Mello, *Regime Constitucional dos Servidores da Administração Direta e Indireta*, 2ª ed., São Paulo, Ed. RT, 1991, pp. 12 e 13.

5. Não há se confundir *estabilidade* com *efetividade*. A *efetividade* é característica do cargo a ser provido pelo funcionário, ao passo que a *estabilidade* é condição própria da pessoa física que titulariza esse cargo.

aproveitamento em outro cargo. Complementando a disciplina estavam o § 2º do art. 41, que trazia outra hipótese de disponibilidade, e o art. 40, § 3º, que determinava a contagem de tempo de serviço público em qualquer esfera da Federação, para fins de disponibilidade.[6]

Diante dessas disposições, nitidamente se percebe que a Constituição de 1988 conferiu aos servidores o direito subjetivo à estabilidade e também à disponibilidade remunerada.

2.3 *A estabilidade com o advento da EC 19/98*

A "Reforma Administrativa" (EC 19/98) alterou em vários aspectos a disciplina do regime jurídico dos servidores públicos em geral, e fê-lo também em relação à estabilidade e à disponibilidade.

De acordo com a nova redação do art. 41, *caput*, da CF, o servidor público (funcionário efetivo[7]) apenas adquirirá a estabilidade após três (e não mais dois) anos de efetivo exercício do cargo e mediante avaliação de desemprenho por comissão especialmente designada para o mister (art. 41, § 4º). Alteram-se, outrossim, as hipóteses de perda do cargo por parte do servidor estável, que poderá ocorrer mediante:

a) sentença judicial transitada em julgado (art. 41, § 1º, I);

b) processo administrativo em que lhe seja assegurada ampla defesa (art. 41, § 1º, II);

c) procedimento de avaliação periódica de desempenho, na forma de lei complementar, assegurada ampla defesa (art. 41, § 1º, III);

d) adequação da despesa com pessoal prevista na lei complementar que regulamenta o art. 169, *caput*, da CF[8] caso esta adequação não seja obtida com:

I – a redução em pelo menos 20% das despesas com cargos em comissão e funções de confiança;

II – exoneração dos servidores não-estáveis (art. 169, § 4º, c/c o art. 33, da EC 19/98).

Duas novas hipóteses de perda do cargo por parte do funcionário público estável foram inseridas no bojo da Constituição, especificamente as constantes das letras "c" e "d" acima; as demais já haviam sido contempladas pelo constituinte de 1988.

2.3.1 Avaliação periódica de desempenho, na forma de lei complementar, assegurada ampla defesa

A inserção dessa hipótese de desligamento do funcionário estável coaduna-se com a inclusão no art. 37, *caput*, também por intermédio da EC 19/98, do princípio da eficiência, que corrobora com a tendência do Governo de rotular o serviço público como ineficiente e, via de conseqüência, dotar a Administração de instrumentos para a suposta transformação dessa realidade.

Por se tratar de dispositivo de eficácia reduzida ou limitada, no estrito entendimento de Crisafulli, dependerá de lei com-

6. Em torno da interpretação do dispositivo constitucional acerca da remuneração do servidor público enquanto permanecesse em disponibilidade, se integral ou proporcional ao tempo de serviço, polêmicas se acenderam. Para uns – como Di Pietro, Celso Antônio e Dallari – a remuneração (ou provento) era proporcional; para outros – como Gasparini –, integral (cf. Lucia Valle Figueiredo, *Curso de Direito Administrativo*, 2ª ed., São Paulo, Malheiros Editores, 1995, p. 400).

7. Ainda antes da entrada em vigor da EC 19/98 manifestamo-nos no sentido de que os servidores públicos que vierem a ser contratados pelo regime da Consolidação das Leis do Trabalho após a quebra da unicidade, além de se submeterem à regra do concurso público, não adquirem estabilidade (cf. nosso "Contratação irregular de mão-de-obra no serviço público: burla ao princípio da livre acessibilidade", *Boletim ADCOAS* 1, Doutrina 1998; *Revista Jurídica – Administração Municipal*, abr./98).

8. A Lei Complementar 82/95 fixa esse percentual em 60% das receitas correntes do respectivo ente federativo.

plementar para ter eficácia, a qual deverá estabelecer critérios objetivos para a mensuração da eficiência de cada servidor, bem como a periodicidade em que se dará a avaliação. Os funcionários que porventura sejam cotados ao desligamento terão a possibilidade de apresentar defesa administrativa e, em caso de nulidade, poderão pleitear a reintegração judicial.

2.3.2 Adequação às despesas com pessoal

A presente hipótese de desligamento do funcionário estável não diz respeito a qualquer falta funcional a ele atribuível. Relaciona-se com o percentual da receita de cada ente federativo comprometido com as despesas de pessoal – e, portanto, não se trata de penalidade, como nas demais hipóteses.

Atualmente, a Lei Complementar 82/95 dispõe ser esse percentual de 60% das receitas correntes, o qual deverá ser integralmente respeitado pelos entes federativos a partir do exercício de 1999. Não sendo possível o atendimento ao comando da norma, adotar-se-ão as seguintes providências:

a) Redução em pelo menos 20% das despesas com cargos em comissão e funções de confiança. Note-se bem que o comando constitucional não determina a extinção de cargos e funções de confiança, mas apenas a redução das despesas respectivas em um percentual de no mínimo 20%. Se com a adoção dessa medida os gastos com pessoal adequarem-se ao percentual de 60% previsto na referida Lei Complementar 82/95, cessa a necessidade de qualquer outra.

b) Exoneração dos servidores não-estáveis. Os servidores não-estáveis referidos nesse artigo devem ser compreendidos, de acordo com o art. 33 da EC 19/98, como aqueles que trabalhavam no serviço público antes do advento da Constituição e que não foram alcançados pela norma do art. 19 da ADCT.[9]

Após a exoneração desses servidores, caso não seja atingido o patamar de 60% das receitas correntes com despesas de pessoal, defendemos a possibilidade de exoneração de servidores em cumprimento de estágio probatório e que, em virtude disso, ainda não tenham adquirido a estabilidade.

c) De acordo com o que dispõe o novo § 4º do art. 169 da CF, o passo seguinte a ser adotado pelos entes federativos seria o desligamento de servidores estáveis, mediante ato normativo motivado de cada um dos Poderes em que se especifique a atividade funcional e o órgão ou unidade administrativa objeto da redução de pessoal. O funcionário que perder o cargo dessa forma faz jus a uma indenização correspondente a um mês de remuneração por ano de serviço, e, uma vez desligado o servidor, extinguir-se-á o seu cargo. Como conseqüência, a criação de outro cargo, emprego ou função com atribuições iguais ou semelhantes fica vedada num período de quatro anos.

Ainda, lei federal disporá sobre normas gerais a serem obedecidas na efetivação do dispositivo em comento.[10]

Nossa opinião, todavia, destoa do que a interpretação literal do disposto no art. 169 da CF parece determinar. Como bem coloca Ferrara, "o direito objectivo, de facto, não é um aglomerado caótico de disposições, mas um organismo jurídico, um sis-

9. Em nossa opinião, a manutenção desses servidores após o advento da Constituição de 1988 é flagrantemente inconstitucional (a respeito, cf. nosso "Contratação ...", cit.) O art. 33 da Emenda Constitucional, não obstante, parece convalidar a situação irregular desses servidores. Contudo, seguindo a corrente que crê na existência de limites formais e materiais ao poder constituinte derivado, acreditamos na inconstitucionalidade do referido artigo da EC 19/98.

10. Isso significa que Estados e Municípios poderão, de acordo com os arts. 24, § 2º, e 30, II, da CF, expedir normas específicas a respeito da efetivação dos novos comandos constitucionais.

tema de preceitos coordenados ou subordinados, em que cada um tem o seu posto próprio".[11]

A interpretação sistemática, a despeito de não ser o único método de hermenêutica constitucional,[12] complementada, *in casu*, pela literalidade de outros dispositivos da própria Constituição, pela teologia do instituto da disponibilidade remunerada, conforme veremos a seguir, e pela prevalência das disciplinas concebidas pelo poder constituinte originário sobre aquelas produzidas pelo poder constituinte derivado, consoante leciona Bobbio,[13] leva-nos a assumir posição no sentido da existência de outras providências a serem adotadas pelos entes federativos antes da demissão de servidores estáveis lastreada na exorbitância dos gastos com despesa de pessoal.

2.4 A disponibilidade com o advento da EC 19/98 e seu necessário entrelaçamento com as novas hipóteses de perda do cargo por parte do servidor estável

A atual disciplina (após o advento da EC 19/98) pertinente ao instituto da disponibilidade remunerada não sofreu grandes alterações com relação à dicção originária da Constituição. As hipóteses em que o funcionário terá direito a ser colocado em disponibilidade continuam as mesmas aludidos no item 2.2, retro.

A novidade fica a cargo da definição de que a remuneração do funcionário colocado em disponibilidade passa a ser proporcional ao tempo de efetivo exercício no serviço público, colocando fim à celeuma doutrinária existente depois da promulgação da Constituição em 5 de outubro de 1988.

Entretanto, consoante o que mencionamos nos tópicos anteriores, a disponibilidade remunerada não é mero interesse do funcionário estável. *Simile modo* à prerrogativa que lhe é conferida de somente perder o cargo nas hipóteses elencadas na Constituição, uma vez verificados os pressupostos para a disponibilidade remunerada tem o Estado o dever jurídico de reconhecê-la, posto tratar-se de verdadeiro direito subjetivo titularizado pelo servidor estável.[14]

Destarte, entendemos ser necessário o entrelaçamento da disponibilidade remunerada com a nova possibilidade de perda do cargo por parte do funcionário estável, prevista no art. 169, § 4º, da CF, considerando:

a) a conexão existente entre os institutos da estabilidade e da disponibilidade, sendo aquele pressuposto deste;

b) a excepcionalidade da nova regra de perda da estabilidade, que tem por objetivo único a adequação dos cofres públicos aos limites previstos na Lei Complementar 82/95;

c) a faculdade de redução dos gastos com pessoal por intermédio da colocação de funcionários estáveis em disponibilidade, que agora perceberão remuneração proporcional e não mais integral, possibilitando a adequação aos limites percentuais de gastos com pessoal;

d) a necessária extinção do cargo antes ocupado pelo funcionário estável e a proi-

11. Francesco Ferrara, *Interpretação e Aplicação das Leis*, 4ª ed., Coimbra, Arménio Amado, 1987, p. 143.

12. A respeito, cf. Uadi Lammêgo Bulos, *Manual de Interpretação Constitucional*, São Paulo, Saraiva, 1997.

13. "Em cada ordenamento o ponto de referência último de todas as normas é o poder originário, quer dizer, o poder além do qual não existe outro pelo qual se possa justificar o ordenamento jurídico" (Norberto Bobbio, *Teoria do Ordenamento Jurídico*, 5ª ed., trad. de Maria Celeste Cordeiro Leite dos Santos, Brasília, UnB, 1994, p. 41).

14. Nesse sentido a definição de Kelsen do direito subjetivo, expressão daquilo que é devido por alguém em virtude de uma regra de Direito; ou, nas suas palavras: "Esta situação designada como 'direito' ou 'pretensão, de um indivíduo, não é, porém, outra coisa senão o dever de outro ou de outros" (Hans Kelsen, *Teoria Pura do Direito*, 5ª ed., trad. de João Batista Machado, São Paulo, Martins Fontes, 1995, p. 140).

bição de instalação de outro cargo, emprego ou função por um período de quatro anos, conforme o art. 169, § 6º, da CF, que guarda similitude incontroversa com o pressuposto para a utilização da disponibilidade;

e) a prevalência da vontade do constituinte originário, que já previra o instituto da disponibilidade remunerada, sobre a vontade do constituinte derivado, que contempla a nova hipótese de desligamento;

f) a característica de a disponibilidade afigurar-se verdadeiro direito subjetivo do funcionário estável.

Tudo isso, aliado aos métodos sistemáticos e teleológicos de interpretação, levanos a concluir que depois de efetivadas as medidas previstas nos incisos I e II do § 3º do art. 169 da CF – respectivamente a redução em pelo menos 20% dos gastos com cargos em comissão e funções de confiança e exoneração de servidores não-estáveis, assim considerados aqueles previstos no art. 33 da EC 19/98 – é imperativa, antes da perda do cargo por parte do funcionário estável, na forma prevista no § 4º do citado art. 169, na impossibilidade de se alcançar o patamar previsto na Lei Complementar 82/95, a adoção de outras duas medidas, a saber:

a) exoneração de funcionários em estágio probatório;

b) colocação em disponibilidade, com remuneração proporcional e conseqüente redução da folha de pagamento, dos que já tenham adquirido a estabilidade (art. 41, § 3º, da CF/88).

Somente após a implementação de tais medidas, caso não haja a adequação dos gastos com pessoal ao patamar da Lei Complementar 82/95, tornar-se-á possível, a nosso juizo, a perda do cargo do funcionário estável com esse fundamento, aplicando-se-lhe as regras dos §§ 4º, 5º e 6º do art. 169 da CF.

Não obstante, caso o funcionário estável expressamente opte pelo desligamento, ao invés de ser colocado em disponibilidade remunerada, admitimos a efetivação da nova medida, aplicando-se-lhe também as regras dos parágrafos acima aludidos.

O aproveitamento dos servidores em disponibilidade ocorrerá na mesma proporção da vacância dos cargos que continuarão providos, motivada por aposentadorias, falecimentos, exonerações ou demissões.

3. *Conclusão*

A Constituição é um todo harmônico, um sistema de princípios e normas intimamente conectados, regra de observância por parte de todos os entes federativos; a par de dotá-los de prerrogativas especiais, submete-os a determinados regramentos que necessitam ser observados.

Os direitos conferidos aos funcionários públicos – tais como estabilidade e disponibilidade – são oponíveis ao próprio Estado, se necessário em sede jurisdicional.

Antes da adoção da medida prevista no art. 169, § 4º, da CF (reformada pela EC 19/98) deve-se preferir uma série de outras medidas que atendem à finalidade de redução de gasto com pessoal, a saber:

a) redução da despesa com cargos em comissão e funções de confiança em, no mínimo, 20% (art. 169, § 3º, I);

b) exoneração de servidores não-estáveis, assim considerados na forma do art. 33 da EC 19/98;

c) exoneração de funcionários em estágio probatório;

d) colocação em disponibilidade de funcionários estáveis com remuneração proporcional, salvo se houver expressa opção pelo desligamento e conseqüente indenização, na forma do § 5º do art. 169. O aproveitamento desses funcionários ocorrerá nos termos do § 3º do art. 41 da CF de 1988.

O desrespeito a essa ordem poderá, em nossa opinião, dar ensejo à propositura das pertinentes ações judiciais (mandado de segurança, ação ordinária) com o objetivo de compelir o Poder Público ao respeito aos direitos subjetivos dos funcionários públicos.

4. *Referências bibliográficas*

BANDEIRA DE MELLO, Celso Antônio. *Curso de Direito Administrativo*. 7ª ed. São Paulo, Malheiros Editores, 1995.

_______ . *Regime Constitucional dos Servidores da Administração Direta e Indireta*. 2ª ed. São Paulo, Ed. RT, 1991.

BOBBIO, Norberto. *Teoria do Ordenamento Jurídico*. 5ª ed., trad. de Maria Celeste Cordeiro Leite dos Santos. Brasília, UnB, 1994.

BULOS, Uadi Lammêgo. *Manual de Interpretação Constitucional*. São Paulo, Saraiva, 1997.

DALLARI. *Regime Constitucional dos Servidores Públicos*. São Paulo, Ed. RT, 1990.

DI PIETRO, Maria Sylvia Zanella. *Direito Administrativo*. 5ª ed. São Paulo, Atlas, 1995.

FERRARA, Francesco. *Interpretação e Aplicação das Leis*. 4ª ed. Coimbra, Arménio Amado, 1987 (p. 143).

FERRAZ, Luciano de Araújo. "Contratação irregular de mão-de-obra no serviço público: burla ao princípio da libre acessibilidade". *Boletim Adcoas* 1. Doutrina 1998; *Revista Jurídica – Administração Municipal*. Abril/98.

FIGUEIREDO, Lucia Valle. *Curso de Direito Administrativo*. 2ª ed. São Paulo, Malheiros Editores, 1995 (p. 400).

KELSEN, Hans. *Teoria Pura do Direito*. 5ª ed., trad. de João Batista Machado. São Paulo, Martins Fontes, 1995 (p. 140).

ZANOBINI, Guido. *Curso de Derecho Administrativo*. Trad. de Héctor Masnata. Buenos Aires, Arayú, 1954.

O ATO ADMINISTRATIVO E SEUS REQUISITOS PROCEDIMENTAIS

MÔNICA MARTINS TOSCANO
Mestranda em Direito Administrativo na PUC/SP – Professora de Direito Administrativo na Universidade da Amazônia

1. *Introdução*

O tema do procedimento administrativo ocupa papel de grande relevância no direito administrativo. Não é à toa que, a seu respeito, vem o direito comparado desenvolvendo, em ritmo crescente, inúmeros estudos, por meio dos quais resta induvidosa a sua importância.

Esta tendência, entretanto, parece não ter sido inteiramente absorvida pela doutrina pátria, ainda que se reconheça o avanço substancial consagrado no atual texto constitucional. A atenção dispensada ao procedimento administrativo no Brasil ainda demonstra absoluta incompatibilidade com a importância conferida ao tema em outros sistemas jurídicos.

O Poder Executivo, tal qual os demais Poderes do Estado, exerce *função*, ou seja, desenvolve sua atividade no dever de satisfazer interesses que não lhe são próprios, mas sim da coletividade. Com isso, tendo em vista que as prerrogativas da Administração estão subordinadas, em primeiro plano, ao dever de satisfazer os fins sociais, torna-se imperioso frisar, desde já, que a emissão dos atos administrativos – por meio dos quais adquire concretude a atuação administrativa – há de cingir-se a um "processo de produção".

Os atos administrativos não surgem, pois, do nada. Exige-se, para a sua válida produção, a observância de uma série de atos e fatos jurídicos dispostos em sucessão ordenada. Na esfera do direito público não se pode, de forma alguma, desprezar o *iter* percorrido pelo agente até a edição do ato administrativo. E nem poderia deixar de ser assim, já que o procedimento administrativo constitui instrumento de preservação dos direitos dos cidadãos ante as prerrogativas públicas, que, expondo às claras o processo de formação da "vontade" estatal, possibilita ao Poder Judiciário exercer um efetivo controle dos atos administrativos.

Assim sendo, cumpre, em capítulo inicial, fornecer um panorama geral sobre o procedimento administrativo, notadamente o seu conceito e princípios informadores – com enfoque especial à Constituição Federal de 1988 –, bem como tecer algumas considerações sobre suas diferenças em relação aos atos complexos e, ainda, sobre o aspecto terminológico.

Feito isto, é de ser traçada a relação existente entre procedimento administrativo e função administrativa, bem ainda entre procedimento administrativo e ato administrativo, atentando ao real e verdadeiro sentido dos chamados *requisitos procedimentais*.

Em verdade, importa ter em mente que o estudo do procedimento administrativo é exigência própria da evolução do direito administrativo, a tal ponto de se poder afirmar, sem maiores temores, que o ato administrativo vem perdendo para o procedimento administrativo seu posto de "conceito fundamental do direito administrativo".

O que se pretende, em suma, por meio deste estudo, é abrir margem à redefinição do papel do procedimento administrativo no Estado de Direito, como instrumento que se presta à proteção de duas ordens de interesses: públicos e particulares.[1]

Em palavras de Eduardo García de Enterría, apresentando obra de Allan Brewer-Carías,[2] o procedimento administrativo constitui "capítulo essencial do direito público contemporâneo".

2. *Panorama geral sobre procedimento administrativo*

2.1 *Conceito*

O ponto de partida do presente estudo reside na fixação do exato significado de procedimento administrativo.

Para tanto, faz-se necessário, de início, considerar a relação jurídico-administrativa, esclarecendo que em muitas ocasiões os interesses da Administração e dos administrados não coincidem. Aliás, não apenas não coincidem, como caminham em direções completamente opostas, quando, por exemplo, os interesses pessoais dos administrados não coincidem com os fins da coletividade perseguidos pela Administração ou, por outro ângulo, a Administração busca satisfazer interesses secundários que não se coadunam com os interesses primários.[3]

De um lado, tem-se a Administração, munida de suas prerrogativas próprias, enquanto que, de outro, tem-se o administrado, detentor de direitos. O elemento que harmoniza a relação travada entre a Administração e os administrados é o procedimento administrativo, através do qual a Administração exercita seu poder e o administrado persegue a defesa de seus direitos. Roberto Dromi,[4] debruçado sobre a questão, oportunamente salienta que o procedimento administrativo constitui instrumento jurídico regulador da relação jurídico-administrativa, articulando a relação poder-direitos.

A Administração, como se sabe, realiza sua atividade mediante a produção de atos e fatos jurídicos. A emissão de atos administrativos, portanto, não se dá de forma automática.[5] Muito pelo contrário: o ato administrativo final, por meio do qual se satisfaz o interesse público, somente se produz de forma válida se devidamente observada a exigência – dentre outras – de prévia realização do chamado procedimento administrativo.

Nesta perspectiva, entende-se por procedimento administrativo o *conjunto de atos e fatos jurídicos que, observando uma*

1. A respeito, afirmam Enterría e Fernández que "o procedimento administrativo, se bem constitua uma garantia dos direitos dos administrados, não esgota nisto sua função, que é, também, e muito principalmente, a de assegurar a pronta e eficaz satisfação do interesse geral mediante a adoção das medidas e decisões necessárias pelos órgãos da Administração, intérpretes desse interesse e, ao mesmo tempo, parte do procedimento e árbitro do mesmo" (*Curso de Derecho Administrativo II*, 4ª ed., Madri, Editorial Civitas, 1993, p. 433).

2. *Principios del Procedimiento Administrativo*, 1ª ed., Madri, Editorial Civitas, 1990, p. 13.

3. Acerca da distinção entre interesses públicos primários e secundários v. Renato Alessi, *Sistema Istituzionale di Diritto Amministrativo*, Milão, Dott. A. Giuffrè Editore, 1960, p. 197.

4. *El Procedimiento Administrativo*, Buenos Aires, Ediciones Ciudad Argentina, 1996, p. 24.

5. São precisas, a propósito, as palavras de Carlos Ari Sundfeld: "A vontade da Administração é a vontade da lei concretizada. Mas ocorre que entre a lei e o ato administrativo existe um longo percurso. Aquela não se transforma automaticamente neste: um trâmite longo e real se interpõe. É justamente este concretizar-se que precisamos conhecer, regular e controlar" ("A importância do procedimento administrativo", *RDP* 84/65).

sucessão ordenada e conservando sua individualidade, encaminham-se à produção de determinado ato administrativo, com vistas sempre à satisfação do interesse público. Sua importância está em que não basta o atingimento do fim legal: é mister observar-se as vias até ele percorridas.

Como se vê, são vários os elementos da definição. Convém melhor explicitá-los:

– Conjunto de atos e fatos jurídicos: o procedimento diz respeito a uma série de atos e fatos jurídicos que antecedem a produção do ato final. Quer-se com isso dizer que não apenas declarações de conteúdo prescritivo sobre uma determinada coisa ou situação (atos jurídicos) figuram no procedimento, mas também os meros eventos do mundo físico, aos quais o Direito empresta efeitos jurídicos (fatos jurídicos).[6] Este entendimento respalda-se em significativa lição de Carlos Ari Sundfeld, para quem "processo é o encadeamento necessário e ordenado de atos e fatos destinado à formação ou execução de atos jurídicos cujos fins são juridicamente regulados".[7] Note-se, desde já, que, consoante será melhor abordado a breve trecho, o procedimento não se perfaz com um único ato ou fato jurídicos.

– Observância de uma sucessão ordenada: os atos e fatos jurídicos que compõem o procedimento administrativo devem observar um encadeamento lógico, ou seja, uma seqüência ordenada no tempo,[8] de tal forma que a regularidade do antecedente é condição necessária de validade do conseqüente.

– Individualidade dos atos e fatos jurídicos: cada um dos atos e fatos jurídicos conserva sua identidade funcional própria, sendo suscetível de impugnação.

– Visam à produção de determinado ato administrativo que satisfaça o interesse público: o procedimento administrativo, realizado no exercício da função administrativa, volta-se à produção do ato administrativo final, por meio do qual será satisfeito o interesse público.

Segue-se a tudo isto que o procedimento administrativo possui caráter meramente instrumental,[9] na medida em que é destinado à produção do ato administrativo final – este, sim, realizador direto e imediato do interesse público. Constitui, portanto, meio para o alcance de determinado fim público.[10]

É bem de ver que o esforço da Administração será tanto maior quanto mais complexo o procedimento administrativo. Assim, por exemplo, o *licenciamento ambiental* envolve um grau de complexidade muito maior do que a *licença para exercício de atividade profissional*, já que naquele terá a Administração o dever de percorrer sucessivas etapas – a) formação do EIA/

6. A título de exemplificação, tenha-se em mente o procedimento licitatório: o ato que decide pela inabilitação de determinado licitante constitui certamente um ato jurídico, vez que constitui uma declaração do Estado, de conteúdo prescritivo, no sentido de que o licitante não possui qualificação indispensável para que possa a sua proposta ser analisada. Por outro lado, o decurso do tempo sem que ingresse o interessado com o recurso administrativo cabível caracteriza um fato jurídico, na medida em que constitui um evento ao qual o Direito atribui efeitos jurídicos, que refletem diretamente no procedimento.

7. *Fundamentos de Direito Público*, 3ª ed., São Paulo, Malheiros Editores, 1997, p. 91.

8. Alberto Xavier endossa esta posição, afirmando, com invejável clareza, que "o processo administrativo não é, pois, logicamente concebível como um ato só, mas como uma verdadeira sucessão – uma sucessão de atos e fatos. A sucessão é precisamente a característica própria da conexão processual: os atos e fatos que se integram no processo são 'atos de seqüência', por contraposição aos 'atos de massa', no sentido de serem condições da prática de futuros e conseqüência dos anteriores, de tal modo que fora da série processual não têm significado jurídico" (*Do Procedimento Administrativo*, São Paulo, Bushatsky, 1976, p. 101).

9. Juan Peluffo, em seu *Procedimiento Administrativo en el Decreto 500/991* (Montevidéu, Ediciones Idea, 1992, p. 56), chama de *ato administrativo de procedimento* "o ato jurídico ditado por um órgão estatal no exercício da função administrativa, instrumentalmente destinado ao ditado ou execução de outro ato final ou principal".

10. Roberto Dromi, ob. cit., pp. 33-36.

RIMA; b) formação ou não da audiência pública; c) concessão da licença ambiental –, enquanto que neste, uma vez preenchidos os requisitos legais pertinentes, a Administração expede o competente alvará, tudo através de um procedimento bem mais simplificado.[11]

O procedimento realiza-se em dois momentos distintos: na *preparação* e na *impugnação* do ato administrativo final, se, é óbvio, for o caso. Assim, constitui instrumento que tanto permite ao administrado zelar pela observância de suas regras e princípios na fase de elaboração do ato administrativo – ou seja, no seu ciclo de formação – quanto questionar a decisão administrativa, impugnando-a. A propósito, acode à mente a lúcida advertência de Juan Carlos Cassagne[12] no sentido de que tanto o procedimento administrativo de formação quanto o de natureza recursal constituem garantias formais a favor do administrado.

Sobremais, encarece enfatizar que tanto na *fase preparatória* quanto na *fase recursal*, para que se alcance o ato administrativo derradeiro, mostra-se indispensável a observância de um procedimento administrativo. Nenhum ato administrativo se produz sem que antes tenha a Administração percorrido um caminho, mais ou menos complexo, dependendo do caso. Na seara do direito administrativo o *iter* percorrido pelo agente público até a produção do ato é de importância ímpar, exatamente para que se possa auferir a compatibilidade entre a conduta do agente e o interesse público a ser satisfeito. A finalidade primária do procedimento administrativo, a propósito, consiste em garantir a participação dos administrados no *iter* da "vontade" do Estado.

Bem se vê que, garantindo a participação dos administrados na formação da "vontade" do Estado, o procedimento oferece maiores garantias aos direitos dos administrados, considerados individualizadamente, bem ainda à satisfação dos interesses da coletividade.

Por fim, vale, desde já – embora a questão seja aprofundada mais adiante –, atentar à definição de Celso Antônio Bandeira de Mello[13] em valiosíssimo estudo acerca do procedimento administrativo: *é uma sucessão itinerária e encadeada de atos administrativos que tendem, todos, a um resultado final e conclusivo*. Assim, segundo seu entendimento, perfaz-se o procedimento através de uma cadeia de *atos administrativos*. Diga-se, contudo, que, ao que parece, o procedimento a isto não se resume. Vai muito além, englobando igualmente os atos praticados por particulares e, como já dito, os fatos jurídicos.

Tanto o procedimento não é apenas uma sucessão de *atos administrativos* que um de seus principais objetivos é exatamente possibilitar ao administrado que se manifeste anteriormente à decisão administrativa que, de alguma forma, possa vir a afetá-lo. Assim, por exemplo, o ato de um particular que apresenta defesa em procedimento administrativo instaurado para averiguar a regularidade de sua *licença para exercício de atividade profissional* constitui, tal qual o ato administrativo que inaugura o procedimento, etapa do mesmo.

Em face do quanto foi dito, pode-se, então, assinalar e enfatizar que o procedi-

11. Celso Antônio Pacheco Fiorillo e Marcelo Abelha Rodrigues, buscando traçar, em seu *Manual de Direito Ambiental e Legislação Aplicável* (São Paulo, Max Limonad, 1997, p. 209), a distinção entre a *licença tradicional* e o *licenciamento ambiental*, afirmam que, diferentemente do que se dá com aquela, não se trata, no procedimento para outorga de licença ambiental, de ato vinculado, à medida que permite que a Administração possua subsídios para não outorgar a licença requerida mesmo que o empreendedor preencha os requisitos legais, motivando a sua decisão em critérios de potencial impactação do meio ambiente previstos no EIA/RIMA.

12. *Derecho Administrativo*, t. II, Buenos Aires, Abeledo-Perrot, 1985, p. 375.

13. *Curso de Direito Administrativo*, 8ª ed., São Paulo, Malheiros Editores, 1996, p. 291.

mento administrativo constitui sucessão itinerária de *atos* – praticados quer pela Administração, quer por particulares – e *fatos jurídicos*. Esta realidade impõe-se principalmente em função de um de seus objetivos primordiais, qual seja: assegurar a efetiva participação dos administrados no processo de formação da "vontade" estatal.

2.2 *Procedimento administrativo e ato complexo*

Posto o conceito de procedimento administrativo, convém, agora, distingui-lo dos chamados atos complexos, já que não raras vezes se estabelece uma certa contusão.

Os atos complexos, como sabido, compõem-se de atos emanados de distintos órgãos que, conjugados ao ato principal, formam uma única realidade. Não há que se falar em autonomia funcional, pois os atos jurídicos que compõem o chamado ato complexo não possuem existência própria. Adquirem sentido apenas se fundidos ao ato principal.

Por outro lado, os atos que formam o procedimento administrativo conservam individualidade própria, na medida em que não se fundem ao ato administrativo final. Trata-se de realidades distintas: atos jurídicos instrumentais e ato administrativo final não se confundem. É certo que a legitimidade deste depende da efetiva produção daqueles, mas nem por isso constituem uma única realidade.

2.3 *Opção terminológica*

A linguagem exerce papel de suma importância na compreensão da ciência jurídica, podendo-se mesmo afirmar que o Direito é necessariamente um produto de linguagem. A linguagem do cientista do Direito, tal qual toda linguagem cientifica, deve pautar-se pela observância de princípios lógicos, primando pelo rigor. Daí a necessidade premente de se efetuar, neste estudo, a opção terminológica mais adequada ao presente objeto de análise.

Alberto Xavier,[14] em trabalho monográfico dedicado ao procedimento administrativo, assevera que "o fenômeno processual se releva nos vários setores da Ordem Jurídica". E diz, mais adiante:

"Todavia, é sem dúvida no direito público que o fenômeno processual se apresenta com maior pujança e nitidez, já porque os interesses que regula – interesses públicos – carecem de uma mais séria ponderação, já porque são prosseguidos, na sua quase-totalidade, por pessoas jurídicas em que a atividade processual é de regra.

"Ora, a cada uma das funções do Estado corresponde um tipo de processo através do qual ela se desenvolve."

No plano exclusivo da função administrativa discutem os autores acerca da melhor opção terminológica para designar o ciclo de formação da "vontade" estatal: *processo* ou *procedimento administrativo*? A questão adquire relevância a partir do momento em que chamar unicamente de *processo* realidades que se mostram marcadamente distintas em inúmeros aspectos poderia comprometer a indispensável precisão da linguagem cientifica e, mais ainda, conduzir o intérprete a indesejados equívocos. Vejamos.

Não há negar que tanto *processo* quanto *procedimento* exprimem a idéia de uma sucessão de atos e fatos encaminhada a um único fim – donde poder-se-ia questionar: por que, então, chamar a sucessão de atos e fatos praticados pela Administração para a emissão do ato administrativo final de *procedimento administrativo* ao invés *de processo administrativo*?

No âmbito dos Poderes Judiciário e Legislativo utiliza-se correntemente o termo *processo* para caracterizar o caminho percorrido até seus produtos finais, quais sejam: a sentença e a lei.

14. Ob. cit., pp. 23 e ss.

A seu turno, a atividade administrativa – é de se reconhecer – enseja a aplicação de inúmeros princípios típicos do *processo judicial*. Disto não há melhor exemplo que a exigência pelo atual texto constitucional, em seu art. 5º, LV, de contraditório e ampla defesa também na esfera administrativa, aspecto que será melhor abordado a breve trecho.

Todavia, se é verdade que podem ser identificadas algumas semelhanças entre o *processo judicial* e o *procedimento administrativo*, tanto mais que há grandes diferenças, o que justifica plenamente o uso de terminologias distintas.

Neste contexto, questão que distancia enormemente o *processo judicial* do *procedimento administrativo* diz respeito à coisa julgada. É que, sendo a coisa julgada instituto típico do *processo judicial*, chamar de *processo administrativo* o *procedimento administrativo* poderia gerar a falsa e perigosa impressão de que, esgotadas as vias recursais na Administração, estariam as decisões administrativas imunes de controle judicial, o que não se admite.

Outro ponto a reforçar o uso de terminologias distintas refere-se a que falar em *processo* implica imediatamente a idéia de partes em litígio. Ora, no âmbito da Administração esta idéia perde consistência, porquanto em inúmeras ocasiões não há qualquer conflito de interesses entre a Administração e os administrados, mas simplesmente uma relação jurídica marcada pela concordância de interesses, jamais descurando do cumprimento do fim público. É incisiva, quanto a este último aspecto, a lição de Bartolomé Fiorini,[15] para quem "a nota acentuada do interesse público, com sua presença permanente e imponente, sustenta a *ratio legis* de todas as normas de procedimento administrativo". E diz, mais, o autor: "Todos os seus princípios são instituídos pela ciência do processo, mas a especificidade que o distingue como disciplina distinta se encontra no sistema e no conteúdo de todo o direito administrativo".

Nesta esteira, o termo *processo administrativo* pode, por outro lado, conduzir equivocadamente ao entendimento de que se está a falar de uma jurisdição administrativa, que, entretanto, não foi acolhida pelo sistema jurídico pátrio.

Merece ainda rápido registro a opinião de Héctor Jorge Escola. Em seu *Compendio*,[16] utilizando-se da expressão *processo administrativo*, reconhece o autor argentino que sua semelhança com o processo judicial é desvirtuada pela finalidade própria do *processo administrativo*, qual seja, a satisfação de forma direta e imediata do interesse público, à qual acrescenta a inexistência de uma verdadeira relação jurídica litigiosa, substituída por uma atividade de formação e de controle da ação administrativa. O *procedimento administrativo*, segundo Escola, constitui o conjunto de formas juridicamente reguladas que integram o processo administrativo, em busca da satisfação de suas finalidades próprias. Note-se, portanto, que, embora o autor reconheça a existência de diferenças entre *o processo administrativo* e o *processo judicial*, adota esta expressão, tomando o *procedimento administrativo* por sua parte integrante.

Em todo caso, deve-se abrir um parêntese para dizer que no Brasil tem-se tradicionalmente preferido a expressão *processo administrativo*, mormente nos casos em que se consubstancia a idéia de conflito de interesses entre a Administração e os administrados, como, por exemplo, nos chamados *processos administrativos disciplinar e tributário*.

Em síntese: não obstante o *procedimento administrativo* refira, tanto quanto os *processos judicial e legislativo*, uma suces-

15. *Procedimiento Administrativo y Recurso Jerárquico*, Buenos Aires, Abeledo-Perrot, 1970, p. 29.

16. V. II, Buenos Aires, Ediciones Depalma, 1990, p. 1.173.

são encadeada de atos e fatos que objetivam uma dada finalidade, aconselha-se o uso de terminologias diversas em virtude das peculiaridades que permeiam a esfera administrativa.

2.4 *Princípios informadores e a Constituição Federal de 1988*

Diferentemente do que se dá em países como Argentina, Estados Unidos, Espanha e Itália, o ordenamento jurídico pátrio ainda não possui uma Lei Geral sobre Procedimento Administrativo. Não obstante, o procedimento administrativo experimentou grande avanço com a Constituição Federal de 1988, que consagrou, quer expressa, quer implicitamente, inúmeros princípios que lhe conferem feição própria. Até então nossos textos constitucionais apenas continham normas relativas ao procedimento administrativo disciplinar.

Veja-se que o procedimento administrativo, embora obviamente informado por uma série de princípios gerais do direito administrativo, é igualmente influenciado por princípios que lhe são específicos. Tal especificidade principiológica, aliás, serve de grande reforço ao uso de terminologias distintas, na medida em que evidencia ainda mais as suas peculiaridades.

O que se busca, neste momento, não é a análise exaustiva dos princípios do procedimento administrativo – o que ensejaria a realização de um estudo com este exclusivo intuito –, mas, sim, referir noções gerais acerca de alguns princípios – quer genéricos, quer específicos – responsáveis pela essência do procedimento administrativo no Estado de Direito, com atenção especial ao seu tratamento constitucional.

Note-se, de passagem, que a devida observância dos princípios do procedimento aproveita tanto aos administrados quanto à própria Administração, na medida em que, com isso, tanto se protege o particular contra a Administração quanto a Administração contra seus funcionários, propiciando, destarte, o funcionamento mais eficiente da máquina administrativa.

O início da abordagem dar-se-á pelos princípios gerais de direito administrativo aplicáveis ao procedimento. Vejamos.

Princípio da legalidade – O princípio da legalidade confere a tônica do Estado de Direito, impondo limites e barreiras a possíveis arbitrariedades do Poder Público. Sua aplicação no âmbito administrativo confere ao agente público o dever de atuar dentro do círculo de previsão legal. Nesta medida, não seria exagero afirmar que o procedimento administrativo, regulando a formação da "vontade" estatal, tem exatamente por função primordial constituir uma garantia de legalidade administrativa, na medida em que nenhum dos atos administrativos praticados no seu curso pode ignorar os parâmetros de legalidade.

Veja-se que se a Administração, buscando satisfazer os interesses públicos postos sob sua guarda, desborda dos limites da lei – realizando procedimentos sem a devida observância da legalidade –, desvirtua a sua atividade, gerando atos administrativos passíveis de invalidação.

Como muito bem salienta Albrecht Weber,[17] o princípio que submete a ação administrativa à lei e ao Direito constitui um supraprincípio, do qual emanam os demais. Portanto, atestar se a Administração agiu ou não conforme os ditames da lei – ou seja, se realizou procedimentos legais – implica verificar se observou uma série de outros princípios gerais oriundos da legalidade.

Seus fundamentos constitucionais residem expressamente no art. 5º, II – figurando dentre o rol de direitos e garantias fundamentais –, bem ainda no *caput* do art. 37 – que inaugura o capítulo da Administração Pública.

17. *El Procedimiento Administrativo en el Derecho Comparado*, Madri, Editorial Civitas, 1993, p. 77.

Princípio do devido processo legal – No âmbito administrativo o princípio do devido processo legal tem em mira a efetiva garantia do *procedimento*, consagrando a tese de que não é possível afetar a esfera de liberdade ou de bens dos administrados fora dos imperativos da ordem jurídica.

São de Carlos Ari Sundfeld[18] as seguintes palavras: "O devido processo é garantia dos particulares frente ao Estado. Garantia ao mesmo tempo *passiva*, isto é, dirigida à pessoa enquanto *sofre* o poder estatal, e *ativa*, destinada a propiciar o acionamento da máquina estatal pelos membros da sociedade e à obtenção de decisões".

Atento a esta realidade, o texto constitucional brasileiro, em seu art. 5º, LIV, assim dispõe: "ninguém será privado da liberdade ou de seus bens sem o devido processo legal".

Ao contrário do que se possa, à primeira vista, imaginar, o princípio do devido processo legal não se manifesta apenas nos chamados procedimentos *restritivos sancionatórios*, através dos quais dá-se a aplicação de sanções administrativas. Nestes casos, o devido processo legal se realiza mediante outro princípio, qual seja, do contraditório e ampla defesa, enfeixando os direitos de ser notificado, de acesso aos autos, de ser ouvido, de produzir provas e, ainda, de recorrer. Seu conteúdo, entretanto, é bem mais amplo, gerando, por conseguinte, variadas manifestações, que nem sempre tomam por base a existência de um conflito de interesses entre Administração e administrados, a ensejar o contraditório. Sirva de exemplo o art. 5º, XXXIV, "a", que assegura o *direito de petição aos Poderes Públicos em defesa de direitos ou contra ilegalidade ou abuso de poder*. Uma vez exercitado este direito, nasce para a Administração o dever de instaurar o *procedimento* adequado, emitindo, ao final, o ato que a seu respeito se pronuncie.

Em resumo: o princípio do devido processo deve-se exatamente a que na esfera do direito público importa conhecer o *iter* de formação da "vontade" estatal. Somente assim poderá o Poder Judiciário conferir a sua adequação aos termos da lei.

Princípio do contraditório e ampla defesa – Allan Brewer-Carías[19] noticia, com muita propriedade, que as Constituições contemporâneas consagram o direito à defesa como um direito constitucional e, mesmo que assim não seja, tem-se tradicionalmente garantido tal direito tanto na via jurisprudencial como perante a Administração.

Nessa linha seguiu o diploma constitucional pátrio, que, em seu art. 5º, LV, determina: "aos litigantes, em processo judicial ou administrativo, e aos acusados em geral são assegurados o contraditório e ampla defesa, com os meios e recursos a ela inerentes". Sob a ótica do direito administrativo este dispositivo, reforçado pelo teor do princípio do devido processo legal, caminha no sentido de que não pode a autoridade pública emitir atos administrativos sem a observância do devido *procedimento*, do qual devem participar todos os interessados, na defesa de seus direitos.[20] Note-se, inclusive, que tamanha foi a importância atribuída pelo legislador constituinte ao procedimento administrativo que está o mesmo inserido no Título II – "Dos Direitos e Garantias Fundamentais".

Convém, de inicio, abrir um parêntese para acentuar que o constituinte, ao longo

18. *Fundamentos de Direito Público*, p. 161.

19. Ob. cit., p. 172.

20. Na lição de Odete Medauar a respeito da exigência de processo administrativo, extraída do teor do inciso LV do art. 5º da Carta Magna, "trata-se de garantia, porque se destina a tutelar direitos, porque representa meio para que sejam preservados, reconhecidos ou cumpridos direitos dos indivíduos na atuação administrativa. Significa, nesse aspecto, instrumento a serviço de um direito. Sob o ângulo do cidadão, trata-se de direito instrumental" (*A Processualidade no Direito Administrativo*, São Paulo, Ed. RT, 1993, pp. 76 e 77).

do texto constitucional, elegeu para designar o conjunto de atos e fatos jurídicos tendentes a um ato final a expressão *processo administrativo*, consoante se depreende, por exemplo, dos arts. 5º, LV e LXXII, "b" e, ainda, 41, § 1º. Todavia, em face das razões já invocadas no item 2.3, a melhor opção aponta, sem dúvida, para o termo *procedimento administrativo*, o que evitaria interpretações por vezes equivocadas, em face das peculiaridades da esfera administrativa ante as demais.

Como já dito, nem sempre coincidem os interesses da Administração e dos administrados, ou mesmo dos administrados entre si. Se é assegurada a efetiva participação dos administrados nos procedimentos em que, embora sem conflito de interesses, a decisão administrativa possa vir a afetá-los, tanto maior deve ser esta garantia nos casos em que há evidente conflito de interesses, a fim de que possam os cidadãos buscar a firme proteção dos seus direitos.[21]

Acentue-se, desde logo, que a incidência do princípio do contraditório e ampla defesa ocorre nos casos em que Administração e administrados ocupam a posição de partes da relação jurídico-administrativa que os une,[22] máxime nos casos dos chamados *procedimentos restritivos sancionatórios*.

Por intermédio do princípio do contraditório e ampla defesa concede-se ao administrado não apenas o direito de expor sua versão acerca do fato sobre o qual versa o procedimento, como também exigir da Administração que esgote todas as fases do procedimento até a produção do ato administrativo final. Nos procedimentos destinados à apuração de faltas disciplinares praticadas por funcionários públicos, por exemplo, é assegurada ao funcionário supostamente faltoso a participação em todas as fases do procedimento, constituindo dever do administrador ouvi-lo e conceder-lhe todas as oportunidades de defesa previstas em lei. A ausência do contraditório e ampla defesa fere de morte o procedimento administrativo, ensejando a sua ilegitimidade.

A importância ímpar do princípio do contraditório e ampla defesa para o presente estudo está em que, em matéria de procedimento administrativo, nele reside o avanço substancial do Estatuto Supremo de 1988. Note-se que o princípio do contraditório e ampla defesa concede ao administrado não apenas o direito de ser ouvido pela Administração. Vai muito além disto, englobando igualmente os direitos de ser notificado, de obter acesso aos autos, de produzir provas e, ainda, de recorrer. São vários, pois, os seus desdobramentos, que, além de buscarem fundamento no próprio art. 5º, LV, respaldam-se, por vezes, em outros dispositivos constitucionais. Vejamo-los:

Direito de ser notificado: em primeiro lugar, como requisito *sine qua non* da fiel observância do contraditório e ampla defesa está o *direito do administrado de ser notificado*. Pode-se inferir o direito à notificação do princípio constitucional da publicidade – consubstanciado expressamente no art. 37, *caput* –, segundo o qual, via de regra, a Administração deve dar inteiro conhecimento aos administrados de todos os atos que pratica. Com efeito, o primeiro passo para dar cumprimento ao contraditório e ampla defesa nos procedimentos administrativos consiste em dar ciência ao interessado dos atos que, praticados pela Administração, possam vir causar-lhe prejuízo.

Note-se, a propósito, que, em virtude do princípio da verdade material – melhor

21. A respeito, bem observam Enterría e Fernández: "Em qualquer caso, é da essência de todo procedimento seu caráter contraditório, é dizer, a possibilidade de que se façam valer os distintos interesses em jogo e de que esses interesses sejam adequadamente confrontados na presença de seus respectivos titulares antes de adotar uma decisão definitiva" (ob. cit., p. 452).

22 Acerca da noção de parte no procedimento administrativo v. Allan Brewer-Carías, ob. cit., p. 152.

abordado adiante –, não só pode como deve a Administração, no curso do procedimento, valer-se de elementos que, embora não suscitados pelos administrados, são necessários para que se chegue a uma decisão compatível com a realidade empírica. Entretanto, os fatos não invocados pelos interessados só podem ser considerados na decisão após a competente notificação para que a seu respeito se pronunciem.

Direito de acesso aos autos: uma vez notificado o interessado, para que possa ele exercitar devidamente o direito de defesa, deve, de pronto, ter acesso aos autos e, por conseguinte, o conhecimento dos exatos termos do atuar administrativo. O *direito de acesso aos autos* encontra ainda maior reforço no texto constitucional, notadamente nos arts. 5º, XXXIII e XXXIV, "b". Isto sem falar no já referido princípio da publicidade, a impor o acesso dos administrados aos autos.

Direito de ser ouvido: outro desdobramento do princípio do contraditório e ampla defesa reside no *direito de ser ouvido*. Cuida-se do aspecto que melhor exprime o direito de defesa em matéria de procedimento administrativo, conferindo ao administrado a oportunidade de relatar sua versão acerca dos fatos. Na lição de Brewer-Carías[23] constitui a manifestação mais importante do direito de defesa, em virtude da qual a Administração deve, antes de decidir um assunto que possa afetar direitos ou interesses de um administrado, dar-lhe audiência.

Direito de produzir provas: de igual modo, o princípio do contraditório e ampla defesa transparece por meio do *direito de produzir provas*, ou seja, concede-se ao interessado o direito de produzir as provas que entenda úteis à defesa de seus direitos.

Direito de recorrer: por fim, ainda, o contraditório e ampla defesa manifesta-se por meio do *direito de recorrer*. Assim, sentindo-se prejudicado com a decisão administrativa, poderá o administrado impugná-la, pleiteando à autoridade legalmente competente a revisão do ato administrativo. Respalda-se ainda o direito de recorrer no art. 5º, XXXIV, "a".

É certo que tais direitos eclodem com mais força ao ensejo do princípio do contraditório e ampla defesa. Todavia, é imprescindível aclarar que eles não são privativos dos procedimentos *restritivos de direito*, mas, ao revés, podem ser invocados em qualquer espécie de procedimento, até mesmo nos chamados procedimentos *ampliativos*,[24] dos quais constitui exemplo o procedimento licitatório. Isto porque, como já dito, constituem desdobramentos do devido processo legal, cuja observância é, em todo e qualquer caso, obrigatória.

Em síntese: o princípio do contraditório e ampla defesa assegura a ampla e ativa participação dos administrados nos chamados *procedimentos restritivos sancionatórios*, e, nesta medida, viabiliza a preservação dos direitos dos cidadãos ante as prerrogativas do Poder Público.

Princípio da motivação – A razão de ser da exigência de motivação das decisões emanadas da Administração não é outra senão assegurar os princípios do contraditório e ampla defesa, bem como do controle judicial dos atos administrativos.

A motivação deve constar, obrigatoriamente, de todas as fases do procedimento. Isto porque, de um lado, apenas ciente dos verdadeiros motivos que ensejaram o ato editado ao final da fase preparatória poderá o administrado, querendo, questioná-lo na fase de impugnação. De outro, o controle judicial do ato administrativo, seja ele emitido ao final da fase preparatória ou da

23. Ob. cit., p. 177.

24. Allan Brewer-Carías, adotando a tipologia de Giannini, refere os chamados procedimentos *concessórios*, os quais têm por objeto atos administrativos que ampliam a esfera jurídica subjetiva dos administrados (ob. cit., p. 146).

fase recursal, somente se viabiliza mediante motivação adequada. Sem ela, vê-se a autoridade judicial sem qualquer parâmetro para julgar a legitimidade da atuação administrativa.

O princípio sob análise transparece em diversas disposições constitucionais, principalmente no art. 5º, XXXV, que consagra o direito à apreciação judicial de lesão ou ameaça a direito, e no art. 37, *caput*, no tocante à publicidade dos atos administrativos.

Princípio da publicidade – Impõe-se no Estado de Direito o desenvolvimento límpido e transparente da atividade administrativa. Quer isto dizer que, de regra, não se admite segredo em torno dos atos administrativos, pois, uma vez que não podem fugir aos limites da lei, deve-se-lhes conferir ampla publicidade.

Cuidando do tema, Bartolomé Fiorini[25] argutamente sustenta que o princípio da publicidade se justifica em matéria de procedimento administrativo seja em virtude do regime democrático e republicano, seja em virtude do interesse ou direito que pode ter o administrado em um procedimento que o afete, como pode ocorrer com uma licitação ou concurso. Refere, ainda, o direito de obter vista dos autos na fase de impugnação, uma vez proferida decisão administrativa em face da qual o administrado se julgue prejudicado.

A CF de 1988 consagra o princípio da publicidade no *caput* do art. 37. Também os incisos XXXIII, XXXIV, "b", e LXXII do art. 5º evidenciam a importância que o constituinte conferiu ao princípio em tela.

Princípio da impessoalidade – Ainda na esteira dos princípios gerais de direito administrativo aplicáveis ao procedimento, quadra examinar o princípio da impessoalidade.

Em linhas passadas restou dito que o procedimento administrativo caracteriza-se pela constante busca do interesse público. Todavia, impossível alcançá-lo sem a exigência de tratamento impessoal e isonômico a todos os administrados. Os procedimentos marcados por comportamentos parciais da Administração, que prejudiquem ou beneficiem uma parte em face da outra, devem ser extirpados do mundo jurídico, já que eivados de vício.

Allan Brewer-Carías[26] noticia tendência da legislação em matéria de procedimento administrativo que, visando a garantir a imparcialidade da Administração, tem estabelecido para os funcionários o dever de abster-se de intervir no procedimento, além de, em certos casos, o direito dos interessados de recusar a participação de determinados funcionários supostamente parciais.

A legislação constitucional pátria adotou-o expressamente no art. 37, *caput*.

Princípio da oficialidade – Não somente princípios gerais de direito administrativo formam o perfil do procedimento administrativo. Resta, pois, ingressar na seara dos princípios que lhe são específicos, iniciando pelo princípio da oficialidade.

Como se disse acima, os princípios do devido processo legal e do contraditório e ampla defesa asseguram ao administrado a participação em todas as fases do procedimento. Não obstante, uma vez iniciado o procedimento, a Administração tem o dever de dar cumprimento aos interesses públicos que gere, independentemente da inação do administrado.

A regra em matéria de procedimento administrativo é a *impulsão de ofício*, exatamente para que se possa alcançar, por meio do ato administrativo final, a satisfação do interesse público. Veja-se, contudo, como oportunamente salienta Celso Antônio Bandeira de Mello,[27] que nos procedi-

25. Ob. cit., pp. 49 e ss.

26. Ob. cit., pp. 156 e 157.

27. Ob. cit., p. 307.

mentos de *exclusivo interesse do administrado* a *impulsão de ofício* não prevalece ante a inércia do interessado.

Debruçado sobre o tema, Allan Brewer-Carías[28] afirma que "o procedimento, antes de tudo, é um assunto da Administração (...)". Daí que sua impulsão e instrução devem se dar *de ofício*, sem prejuízo da participação dos administrados.

O fundamento constitucional do princípio da oficialidade consiste no princípio basilar do regime jurídico-administrativo, qual seja: da supremacia do interesse público.

Princípio da verdade material – A decisão proferida ao final do procedimento administrativo deve ser consonante com a verdade material, ou seja, com os fatos. Assim, ainda que os fatos não tenham sido alegados e provados pelo administrado, a Administração não pode deixar de considerá-los caso constate a sua efetiva ocorrência. Os fatos de conhecimento público e notório, por exemplo, devem obrigatoriamente concorrer – tenham ou não sido invocados pelo particular – para a decisão administrativa.

É bem de ver que o princípio em tela também constitui peculiaridade do procedimento administrativo, vez que o processo judicial, contrariamente, rege-se pelo princípio da verdade formal, devendo o juiz proferir a sentença com base nas provas produzidas nos autos.

Importa acentuar, ainda, que mesmo nos casos de desistência do recurso – na fase de impugnação, portanto – a Administração deve prosseguir em suas investigações, numa incessante busca da verdade material.

Em palavras de Bartolomé Fiorini,[29] o princípio da verdade material faz do procedimento administrativo "o melhor antídoto contra o abuso, a arbitrariedade e o discricionarismo".

Princípio do informalismo – Margarita Beladiez Rojo,[30] analisando o valor da forma no direito administrativo, assevera, com propriedade, que "a garantia formal não é, como ocorria nos primeiros momentos do contencioso, uma garantia única e exclusivamente estabelecida em favor dos particulares, senão que constitui uma garantia para a consecução dos distintos interesses implicados, sejam estes públicos ou privados". A isto se segue, entretanto, que, muito embora a forma tenha extraordinário valor tanto para o direito público quanto para o privado, seu tratamento é diferenciado nestas duas esferas.

O procedimento administrativo, ao contrário do processo judicial, não está, em regra, circunscrito à rígida observância de formalidades. Prevalece o entendimento de que, no seu curso, as exigências formais devem ser atenuadas, restando claro, todavia, que o grau de informalismo não pode assumir proporções que ponham em risco a segurança processual. Exceção ao princípio em tela constituem os chamados *procedimentos concorrenciais*, nos quais o informalismo poderia comprometer a necessária igualdade dos concorrentes. Nos procedimentos licitatórios, por exemplo, não se admite a atenuação das formalidades legais, a fim de que, ao diante, não se conclua pelo prejuízo de qualquer das partes envolvidas.

Note-se, a propósito, que, via de regra, o informalismo há de ser invocado em prol do administrado. Apenas em caráter excepcional, se assim o exigir o interesse público, dele poderá valer-se a Administração, cuja atuação, vale lembrar, resta estritamente vinculada às exigências legais, em decorrência do princípio da legalidade.

28. Ob. cit., p. 150.
29. Ob. cit., p. 62.
30. *Validez y Eficacia de los Actos Administrativos*, Madri, Marcial Pons Ediciones Jurídicas, 1994, p. 107.

Com efeito, o procedimento administrativo, na medida em que visa a satisfazer interesses dos administrados – protegendo-os contra possíveis arbitrariedades do Poder Público – e da Administração, não deve apegar-se excessivamente a formalidades cuja observância não represente senão a imposição de barreiras desnecessárias ao cumprimento dos interesses públicos.

Importa, ainda, registrar que o princípio do informalismo torna mais célere o procedimento administrativo comparativamente ao processo judicial, crivado de exigências formais que, no mais das vezes, são responsáveis por enormes entraves ao andamento processual.

Princípio da gratuidade – O princípio da gratuidade tem por escopo impedir que a carência financeira do administrado prejudique ou, até mesmo, impossibilite sua efetiva participação no procedimento administrativo, não havendo que se falar em pagamento de custas, como se dá no processo judicial. Diga-se, contudo, que sua observância mostra-se obrigatória apenas nos chamados procedimentos *restritivos de direito*, nos quais se verifica restrição na esfera jurídica dos administrados, seja ou não em virtude da aplicação de uma sanção.

Veja-se que a ele se reporta a CF em seu art. 5º, XXXIV. Assim, consagra-se, *independentemente do pagamento de taxas*, o direito de petição aos Poderes Públicos e à obtenção de certidões em repartições públicas.

3. *Procedimento administrativo e função administrativa*

Esboçadas as linhas mestras do procedimento administrativo, é chegada a hora de analisar o papel que ele desempenha no exercício da função administrativa. Muito embora a cada uma das funções do Estado corresponda um tipo de processo através do qual ela se desenvolve, consoante bem elucida Alberto Xavier[31] em sua monografia *Do Procedimento Administrativo*, não vem ao ponto desenvolver um estudo acerca do fenômeno processual no quadro das funções do Estado – o que exigiria esforço concentrado –, mas sim polarizar exclusivamente a função administrativa, atentando à sua íntima relação com o procedimento administrativo.

Convém lembrar, de início, que já se optou, no presente estudo, pelo uso do termo *procedimento* para designar a sucessão de atos e fatos praticados pela Administração visando à emissão de ato administrativo final. Isto em virtude das apontadas peculiaridades que o distinguem do *processo*, terminologia preferentemente utilizada no âmbito dos Poderes Legislativo e Judiciário.

Desta feita, considerando que o desempenho da função administrativa tem em mira a satisfação dos fins públicos – e, nessa medida, o Poder Público emite atos unilaterais que atingem a esfera jurídica dos administrados –, não seria de se admitir pudesse ela se realizar sem a observância de determinadas etapas de produção. Não fosse a existência de um procedimento administrativo a regular o desenvolvimento da função administrativa, ficariam os administrados à mercê da eventual prática de arbitrariedades pelos agentes públicos, o que comprometeria o espirito próprio do Estado de Direito.

A relação entre o procedimento administrativo e a função administrativa é tomada diferentemente pelos mais renomados administrativistas. Nessa esteira, uma primeira questão consiste em saber se os conceitos de procedimento e função administrativa são coincidentes, como pretende Agustín Gordillo.[32] Entendendo por *procedimento administrativo* a série ou seqüên-

31. Ob. cit., pp. 23 e ss.

32. *Teoría General del Derecho Administrativo*, Madri, Instituto de Estudios de Administración Local, 1984, p. 646.

cia de atos através dos quais se desenvolve a atividade principalmente de organismos administrativos, conclui o jurista argentino que, se a atividade administrativa se manifesta através do procedimento administrativo, pode-se então dizer que há uma coincidência entre os conceitos de função administrativa e de procedimento administrativo. Vejamos.

Relativamente ao conceito de procedimento administrativo, restou fixado (item 2.1) ser este o conjunto de atos e fatos jurídicos que, observando uma sucessão ordenada e conservando sua individualidade, encaminham-se à produção do ato administrativo final, que, por sua vez, tem por objetivo a satisfação do interesse público.

Por outro lado, para que se chegue ao conceito de função administrativa faz-se conveniente observar o que a seu respeito dizem alguns ilustres administrativistas. Vale realçar, de início, que a tônica da noção de função, no quadro das funções do Estado, reside no atendimento dos interesses públicos, previamente definidos em lei. Sem isto não há que se falar em função.

Oswaldo Aranha Bandeira de Mello,[33] empreendendo uma análise finalística das funções do Estado, entende, de forma muito peculiar, que as funções do Estado são apenas duas – administrativa e jurisdicional –, inserindo a função legislativa na administrativa. A função administrativa tem por objeto – diz o autor – a utilidade pública e "se expressa através do poder político normativo de estabelecimento da regra jurídica objetiva e do poder político executivo de sua efetivação".

Agustín Gordillo,[34] por sua vez, entende por função administrativa toda a atividade que realizam os órgãos administrativos e a atividade que realizam os órgãos legislativos e jurisdicionais, excluídos, respectivamente, os fatos e atos materialmente legislativos e jurisdicionais (critério residual). Como se vê, Gordillo afasta-se, em certa medida, da teoria de Montesquieu, visto entender que cada órgão não se limita unicamente à função que lhe corresponde.

De outro lado, Renato Alessi,[35] a propósito do tema, define a função administrativa com base em critério formal, afirmando-a como a emanação de atos de produção jurídica complementares, em aplicação concreta do ato de produção jurídica primário e abstrato contido na norma legislativa. Diz, mais, o autor italiano: "Temos dito 'como competência normal e característica' e não 'como competência absoluta'; com efeito, a divisão de Poderes não pode ser aplicada na prática senão de uma maneira imperfeita e incompleta, já que as distintas funções estatais estão em íntima conexão, enlaçando-se e integrando-se uma com a outra, de tal forma que não é possível dividir a atividade do Estado em compartimentos estanques, como pretendia a formulação originária da teoria".

Pode-se, enfim, entender por função administrativa, no foco do Estado de Direito, a atividade estatal que, aplicando concretamente os comandos legais, volta-se à satisfação do interesse público, sendo desenvolvida normalmente pelos órgãos administrativos, e em caráter excepcional pelos demais órgãos (legislativos e jurisdicionais), e inteiramente passível de controle pelo Poder Judiciário. Como se vê, a definição adotada no presente trabalho é largamente influenciada pelo mestre italiano.

Não se discute que as referidas noções de procedimento administrativo e função administrativa sejam inter-relacionadas e indissociáveis, na medida em que o legítimo exercício desta se realiza por meio daquele. Muito embora pareça ser exatamente este o entendimento de Gordillo, não é

33. *Princípios Gerais de Direito Administrativo*, v. I, Rio de Janeiro, Forense, 1979, p. 27.

34. *Tratado de Derecho Administrativo – Parte General*, t. I, Buenos Aires, Ediciones Macchi, pp. VII-54.

35. Ob. cit., pp. 8 e 11.

muito precisa e adequada sua afirmação de que "existe uma *coincidência* entre os conceitos de função administrativa e de procedimento administrativo" (o grifo não pertence ao original). Reconhecer que a observância do devido procedimento é condição *sine qua non* para o legítimo exercício da função administrativa não exprime, em absoluto, a identidade dos conceitos. A função administrativa é a atividade administrativa em si própria; já o procedimento, o pressuposto de validade do atuar da Administração.

Roberto Dromi,[36] a seu turno, confere ao procedimento administrativo a condição de instrumento da função administrativa de controle (autocontrole) e de controle da função administrativa.

A respeito, convém recordar que no Estado de Direito – cujo corolário reside no princípio da legalidade – é fartamente sabido que a Administração somente pode desenvolver suas atividades e perseguir os interesses públicos nos moldes da lei. Impondo-se-lhe a observância de um procedimento para a produção de seus atos, torna-se mais fácil constatar se a Administração desbordou ou não do princípio da legalidade. A par disto, deve-se reconhecer que, de fato, o procedimento é de grande utilidade tanto para a Administração quanto para os administrados: àquela porque facilita a fiscalização do bom desempenho da função administrativa por parte de seus agentes, para fins de punição disciplinar; a estes porque possibilita não apenas a fiscalização do atuar administrativo e sua adequação aos fins públicos, como a defesa de seus direitos ante as prerrogativas do Poder Público. Não se pode, pois, deixar de reconhecer – com Dromi – que o procedimento administrativo constitui eficaz instrumento de autocontrole e, ao mesmo tempo, de controle da função administrativa.

Por outro ângulo, Cassagne[37] insiste em que o procedimento administrativo constitui a forma ou a via formal da função administrativa, em sentido material, fazendo-se presente, por conseguinte, no âmbito das três funções do Estado (executiva, legislativa e judicial), sempre que realizarem funções "materialmente" administrativas.

De fato, como já referido, não apenas o Poder Executivo realiza função administrativa. Também os demais Poderes estatais realizam-na, observando o *procedimento* pertinente. Vale realçar que o termo *processo* é corrente no âmbito dos Poderes Legislativo e Judiciário apenas para referir a sucessão de atos e fatos ordenados no desempenho de sua função típica – ou seja, respectivamente: função legislativa e função jurisdicional. Sempre que tais Poderes desempenham, em caráter excepcional, função administrativa, fazem-no por meio do devido *procedimento*.

Bem se vê, portanto, que procedimento administrativo e função administrativa estão profundamente relacionados, a ponto de Carlos Ari Sundfeld,[38] em trabalho que contribuiu extraordinariamente para o avanço do tema no direito administrativo pátrio, tomar o procedimento como conseqüência direta da idéia de função administrativa.

O exercício da função administrativa, para que atinja a sua finalidade precípua – qual seja, o interesse público previamente estabelecido em lei –, requer necessariamente a obediência ao procedimento pertinente, na medida em que, manejando interesse da coletividade, deve o administrador percorrer sucessivas cadeias de atos e fatos jurídicos que autorizam a válida emissão de atos administrativos.

O procedimento administrativo, regulando a relação jurídico-administrativa que se instaura entre o Poder Público e os administrados, garante a efetiva participação destes no processo de elaboração das deci-

36. Ob. cit., p. 25.
37. Ob. cit., p. 378.
38. "A importância do procedi mento administrativo", *RDP* 84/67.

sões estatais – com o quê possibilita aos administrados a garantia de seus direitos – e possibilita, em larga escala, o controle da função administrativa, seja judicial, seja pela própria Administração.

Convém registrar, ainda, que a realização do procedimento é exigência primordial para o bom desempenho da função administrativa. Diante dessa realidade, têm sido travadas intensas discussões doutrinárias acerca da necessidade de codificação do procedimento administrativo, convindo salientar, a respeito, que há uma forte tendência no direito comparado à codificação.[39]

Não constitui exagero afirmar que a codificação do procedimento administrativo constitui exigência própria do Estado de Direito. E nem poderia ser diferente, pois, se não inviabiliza, ao menos dificulta o desempenho discricionário e arbitrário da função administrativa, na medida em que resta ainda mais vinculada a atuação administrativa. Em nosso país, tendo em vista que não raras vezes o Poder Público ignora as prescrições legais, agindo ao seu livre arbítrio, seria de todo conveniente a promulgação de uma Lei Geral de Procedimento Administrativo, o que permitiria aos administrados um maior conhecimento da atuação administrativa e, via de conseqüência, um combate mais eficaz de eventual lesão aos seus direitos.[40] Isto sem falar nos benefícios que a codificação traria aos próprios servidores públicos, atordoados, muitas vezes, pela enorme carência de normas que regulem a sua atuação. Pode-se ainda concluir, com Roberto Dromi,[41] que "a regulação legislativa do procedimento administrativo é uma necessidade reclamada por razões de segurança, certeza e celeridade política e jurídica".

Ao cabo de contas, encarece enfatizar em que medida as características da função administrativa conduzem a atividade administrativa a se procedimentalizar.

A resposta à indagação reside, em primeiro plano, na própria noção corrente de função: dever de buscar o interesse alheio. No caso específico da função administrativa, os agentes estatais nela são investidos não para que satisfaçam interesses próprios, porém com o dever de satisfazer os fins da coletividade. O meio de que deve se valer o agente estatal na busca do interesse público consiste exatamente no procedimento administrativo, por intermédio do qual possibilitará ao administrado participar do *iter* de formação das decisões administrativas, bem ainda a defesa da própria legalidade.

Alberto Xavier,[42] referindo-se à tese de Feliciano Benvenuti acerca da relação entre os conceitos de ato, função e procedimento, encarece: "Como a função se desenvolve no tempo, ela implica uma série de atos e fatos sucessivos que representam, na expressão do autor, 'a estrada através da qual passa o poder para concretizar-se num ato', e que é precisamente o processo. Desempenha este, relativamente à função, o papel de forma externa, no sentido de sua manifestação sensível. Processo e função são, pois, duas realidades inseparáveis, correspondendo respectivamente ao aspecto formal e substancial de um fenômeno único – o exercício no tempo de um poder".

Demais disso, o controle judicial – ao qual está, como já se disse, inteiramente

39. Javier Barnes Vazquez (coord.), *El Procedimiento Administrativo en el Derecho Comparado*, Madri, Editorial Civitas, 1993.

40. Odete Medauar, abordando a questão da codificação do processo administrativo, atenta para que "no Brasil existe base constitucional, mais nítida que em outros ordenamentos, da processualidade administrativa. Daí a importância de uma lei explicitadora geral. Não que seja impossível a incidência direta dos respectivos preceitos, com os desdobramentos assinalados na doutrina e na jurisprudência. Contudo, mais claros se revelam tais desdobramentos, para os cidadãos, para os servidores que vão operacionalizar os processos, para autoridades superiores, se uma lei geral explicitá-los" (ob. cit., p. 157).

41. Ob. cit., p. 47.

42. Ob. cit., pp. 27 e 28.

submetida a função administrativa – solidifica-se ante uma atuação administrativa procedimentalizada. É que apenas ciente das todas as vias percorridas pelo Poder Público até a emissão do ato final poderá o Judiciário efetivamente se pronunciar acerca da validade do ato administrativo.

4. Procedimento administrativo e ato administrativo. Requisitos procedimentais

Idéia corrente entre os estudiosos do direito administrativo é a de que o ato administrativo constitui o conceito fundamental deste ramo da ciência jurídica, tendo em vista ser o instrumento de concretização da atuação administrativa. Entretanto, não condiz com a verdadeira atitude científica o aceite silencioso de afirmações desse jaez. É necessário, antes de tudo, assumir uma postura crítica e repensar as teses, que, embora largamente difundidas, estão sempre sujeitas a uma nova análise, que, influenciada por tendências modernas, culmine na sua reestruturação ou, até mesmo, ampla modificação.

Assim, fornecido o panorama geral do procedimento administrativo, bem ainda sua relação com a função administrativa, convém, a partir de então, adentrar o exame do papel do procedimento em relação ao ato administrativo, conferindo especial relevo aos chamados *requisitos procedimentais*.[43]

É sabido que antes de impulsionar sua atividade, através da emissão de atos administrativos, o Poder Público se vale de uma série de atos e fatos jurídicos, que, ordenados e com individualidade própria, constituem o chamado *procedimento administrativo*. Diante desta realidade, cumpre, afinal, indagar: qual é o exato papel do procedimento para a produção do ato administrativo?

43. Celso Antônio Bandeira de Mello, ob. cit., p. 230.

A conclusão mais acertada aponta para que o ato administrativo apresenta-se como mero produto do procedimento administrativo, o qual, repita-se, enfeixando uma série de atos e fatos jurídicos em sucessão ordenada e voltados à satisfação do interesse público, tem por objetivo final exatamente a produção de um ato administrativo.[44]

Pode-se, portanto, assinalar e enfatizar que falar em ato administrativo sem procedimento seria o mesmo que reconhecer o produto ignorando seu processo de produção. Com efeito, se o estudo do ato administrativo é imprescindível para o avanço do direito administrativo, tanto mais necessário se faz atentar ao seu ciclo de formação, pois somente assim poder-se-á concluir, analisadas todas as suas fases, pela perfeição e validade do ato. Daí o relevo que se tem emprestado ao tema.

Celso Antônio Bandeira de Mello,[45] em sua sofisticada sistematização dos *pressupostos* do ato administrativo, subdivide-os em *pressupostos de existência* e *pressupostos de validade*. Nesta última categoria o autor refere – ao lado do sujeito, motivo, finalidade, causa e formalização – o que chama de *requisitos procedimentais*, esclarecendo que "são os atos que devem, por imposição normativa, preceder a um determinado ato". E vai adiante: "Consistem em outros *atos jurídicos*, produzidos pela própria Administração ou por um particular, sem os quais um certo ato não pode ser praticado".

A seu turno, Renato Alessi,[46] igualmente procedendo ao exame dos requisitos de validade do ato administrativo, atenta para a existência de duas categorias: *requisitos de legalidade de caráter formal* e *requisi-*

44. Gordillo, em sua *Teoría General del Derecho Administrativo*, afirma que o exercício de funções administrativas se desenvolve através de procedimentos administrativos, terminando na emissão de atos administrativos (v. p. 648).

45. Ob. cit., pp. 218-230.

46. Ob. cit., pp. 269-276.

tos de legalidade de caráter material. Dentre os primeiros o jurista italiano elenca os *requisitos inerentes ao procedimento* estabelecido para a emanação do ato e as *formalidades prescritas*, alertando para o fato de que "a omissão de uma fase do procedimento ou de uma das formalidades estabelecidas implica precisamente a omissão de um dos requisitos formais do ato, com as conseqüências que teremos ocasião de examinar a seu momento".

Vale ainda mencionar, a respeito, o magistério credenciado de Enterría e Fernández.[47] Sustentam os autores que o procedimento constitui elemento formal do ato administrativo, ressaltando que o "ato administrativo não pode ser produzido de qualquer maneira, de acordo com a vontade do titular do órgão a quem compete tal produção, senão que há de seguir para chegar ao mesmo um procedimento determinado". E, adiante, concluem: o "procedimento é, pois, uma via necessária para a produção de atos administrativos, elevando-se assim a condição de validade destes".

É, pois, forçoso reconhecer que as teses acima colacionadas, ainda que, sob o aspecto terminológico, reportem-se diferentemente ao procedimento administrativo – ora como pressuposto, ora como requisito, ora, ainda, como elemento –, convergem substancialmente para um mesmo ponto: o *procedimento* constitui um dos fatores determinantes da validade do ato.

Todavia, faz-se necessário esclarecer algumas questões que podem suscitar dúvidas na mente do leitor relativamente ao real e verdadeiro sentido dos chamados *requisitos procedimentais*.

A primeira delas diz respeito à abrangência do conceito. Para Celso Antônio Bandeira de Mello, como já dito, os *requisitos procedimentais*, constituindo pressuposto objetivo de validade do ato administrativo, "consistem em outros *atos jurídicos*, produzidos pela própria Administração ou por um particular, sem os quais um certo ato não pode ser praticado". Entretanto, ao que parece, em que pese à habitual precisão com que o Mestre elabora suas lições, sempre muito oportunas, uma definição ainda mais precisa exigiria considerar igualmente os fatos jurídicos. Vale dizer: a definição do autor é de inteira procedência, porquanto não se discute que os *requisitos procedimentais* do ato administrativo traduzem-se em outros atos jurídicos, que tanto podem ser produzidos pela própria Administração quanto por um particular. Mas não é só. Os chamados *requisitos procedimentais* podem igualmente traduzir-se em fatos jurídicos, consoante certificam os casos em que o decurso de certos prazos constitui *requisito procedimental* do ato administrativo final.[48] Diga-se, aliás, que isto é muito comum.

É bem verdade que o autor, em sua utilíssima sistematização dos pressupostos de validade do ato administrativo, de forma

47. Ob. cit., t. I, pp. 526-544. Convém esclarecer que para os referidos autores o ato administrativo compõe-se de elementos subjetivos, objetivos e formais, enquadrando-se nesta última espécie o procedimento administrativo.

48. Neste sentido, v. o que prescreve o art. 9º do Decreto-lei 25, de 30.11.1937, que organiza a proteção do patrimônio histórico e artístico nacional:

"Art. 9º. O tombamento compulsório se fará de acordo com o seguinte processo:

"I – O Serviço do Patrimônio Histórico e Artístico Nacional, por seu órgão competente, notificará o proprietário para anuir ao tombamento, dentro do prazo de 15 (quinze) dias, a contar do recebimento da notificação, ou para, se o quiser impugnar, oferecer dentro do mesmo prazo as razões de sua impugnação.

"II – No caso de não haver impugnação dentro do prazo assinado, que é fatal, o diretor do Serviço do Patrimônio Histórico e Artístico Nacional mandará por simples despacho que se proceda à inscrição da coisa no competente Livro do Tombo."

Cuida-se, portanto, de exemplo em que determinado fato jurídico – passagem do prazo legal de 15 dias – constitui requisito procedimental do ato que determina a inscrição da coisa no competente Livro do Tombo, integrando, portanto, a cadeia de atos e fatos que culminará no ato final – qual seja, o tombamento do bem.

alguma ignora a influência dos fatos jurídicos na sua produção. A respeito, diz ele: "Tanto o motivo como os requisitos procedimentais são condições para a prática de um certo ato. Mas diferem porque o motivo é um 'fato jurídico', ao passo que o pressuposto procedimental é um *ato jurídico*".[49]

Seguindo o fio do raciocínio, o *motivo*, como muito bem observa o ilustre Professor,[50] "é o pressuposto de fato que autoriza ou exige a prática do ato". O administrador, em verdade, para que produza um ato válido sob o ponto de vista do *motivo* (pressuposto objetivo), terá que verificar a compatibilidade entre a situação de fato e a norma jurídica pertinente. Uma vez ocorrido o fato, torna-se válida a emissão do ato administrativo.

O que importa encarecer é que uma coisa são os *fatos jurídicos* que autorizam ou exigem a prática do ato administrativo, servindo-lhe de *motivo*; coisa bem diferente são os *fatos jurídicos* que constituem seus *requisitos procedimentais*. Tomando por base o exemplo há pouco referido (nota 48), o motivo que reveste o ato administrativo que determina o tombamento do bem consiste no interesse público em sua conservação, nos termos do art. 1º do Decreto-lei 25/1937.[51] De outro lado, este mesmo ato, para que seja válido, requer a observância de inúmeros *requisitos procedimentais*, que se consubstanciam em atos e fatos jurídicos, dentre os quais figura, por exemplo, o prazo legal do art. 9º, supratranscrito.

Requisitos procedimentais são, pois, *atos* e *fatos jurídicos* – praticados pela Administração ou por particulares – sem os quais um determinado ato administrativo não pode ser legitimamente praticado.

Demais disso, para que se possa bem compreender os *requisitos procedimentais* é necessário que se tenha em mente que eles apontam para duas realidades distintas.

Assim, situações há em que o ato administrativo final é precedido de um único *requisito procedimental* que se mostra, por si só, bastante ao pronunciamento do Poder Público. Tome-se como exemplo o ato que concede *licença-prêmio* ao funcionário público. Muitas vezes basta para a sua concessão um mero requerimento do agente público à autoridade competente, já devidamente acompanhado dos documentos que comprovem a existência do direito. Nestes casos, o ato administrativo que concede o benefício é precedido de um único ato jurídico.

A par disto, em outras ocasiões a emissão do ato administrativo final só é possível após a realização de uma série de atos e fatos ordenados em sucessão, ou seja, após uma série de *requisitos procedimentais*. Tal é o caso, por exemplo, do ato que expede a *licença ambiental*. Para que possa ser regularmente emitida a referida licença impõe-se ao Poder Público observar previamente todas as sucessivas etapas do chamado licenciamento ambiental. Isto sem falar nos chamados *procedimentos sancionatórios*, que, direcionados à aplicação de uma sanção, apresentam largo campo para o contraditório, e, também, nos *procedimentos licitatórios*.

Pois bem. Cuida-se, como se pode claramente perceber, de situações que se distinguem em face da complexidade da relação jurídico-administrativa em que se consubstanciam.

No primeiro caso prevalece a exigência de um único requisito procedimental para a emissão do ato final. Não há que se falar, portanto, em procedimento; já na segunda

49. Ob. cit., p. 230.

50. Ob. cit., p. 224.

51. "Art. 1º. Constitui o patrimônio histórico e artístico nacional o conjunto dos bens móveis e imóveis existentes no país e cuja conservação seja de interesse público, quer pela sua vinculação a fatos memoráveis da história do Brasil, quer por seu excepcional valor arqueológico ou etnográfico, bibliográfico ou artístico".

hipótese, está-se diante de um autêntico procedimento, na medida em que realizada uma série de atos e fatos jurídicos tendentes ao ato final.

Em conclusão: a complexidade dos requisitos procedimentais varia caso a caso, ora esgotando-se num único ato ou fato jurídicos, ora ainda perfazendo-se numa série deles.

A noção de *requisito procedimental* do ato parece, portanto, mais ampla que a noção de *procedimento administrativo*. Isto porque, como dito, o *requisito procedimental* tanto pode consistir num único ato ou fato jurídicos quanto numa série de atos e fatos jurídicos, hipótese última em que se configura o *procedimento administrativo*. Este, por sua vez, implica necessariamente uma série de atos e fatos jurídicos ordenados de forma sucessiva, em razão do quê não há falar em procedimento de um ato ou fato jurídicos só, porquanto restaria inteiramente prejudicado um de seus mais marcantes aspectos – qual seja, a sucessão ordenada de atos. Em outras palavras: nos casos em que a emissão do ato final exigir a produção prévia de um único ato, seja por parte do particular ou da Administração, não há que se falar em *procedimento*, mas simplesmente em *requisito procedimental* do ato. Se, de um lado, nem todos os atos praticados no exercício da função administrativa necessitam de *procedimento*, de outro, não há como vislumbrar ato administrativo sem *requisito procedimental*, único que seja.

Veja-se, ainda, que a utilidade de se atentar a essas duas realidades distintas está em que:

a) independentemente de consistir o *requisito procedimental* do ato administrativo num único ato ou fato jurídicos (licença-prêmio, por exemplo) ou numa cadeia de atos e fatos jurídicos (*procedimentos sancionatórios*, por exemplo), as situações apresentam um ponto comum, qual seja: o de que a regularidade do ato ou fato jurídicos antecedente é condição necessária da validade do conseqüente;

b) de outro lado, as situações diferenciam-se no tocante à convalidação. É que, ao menos em princípio, parece mais fácil convalidar o ato viciado em virtude da irregularidade de seu requisito procedimental único. Já nos casos em que o ato viciado é precedido de inúmeros *requisitos procedimentais* – perfazendo-se um autêntico procedimento –, a convalidação, se não for impossível, certamente apresentará maiores entraves, notadamente se o vício se verifica no início da cadeia procedimental, ensejando a irregularidade de todos os atos e fatos subsequentes.

Para finalizar, poder-se-ia imaginar que os *requisitos procedimentais* são típicos de determinadas espécies de atos administrativos. O equívoco, entretanto, não pode ir adiante.

De fato, os *requisitos procedimentais* revelam-se com maior clareza em alguns atos do que em outros. No Brasil, por exemplo, os *procedimentos administrativos* historicamente mais importantes são, sem sombra de dúvida, *o procedimento disciplinar* – para o qual aponta, inclusive, a maior parte da jurisprudência em direito administrativo –, o *procedimento tributário* e o *procedimento licitatório*. No entanto, muito embora os requisitos procedimentais desnudem-se maiormente na realização destes *procedimentos*, eles constituem pressuposto indispensável do processo de formação de todo e qualquer ato administrativo.

Nesta perspectiva, é de se concluir que ato administrativo emitido sem a observância do *requisito procedimental* pertinente não pode encontrar guarida na ordem jurídica, visto que nem sequer esgotou devidamente seu ciclo de formação.

Destarte, para reforçar o entendimento acima esboçado, impõe-se lembrar que os *requisitos procedimentais* fazem-se presentes tanto na *fase preparatória* quanto na *fase de impugnação* do ato. Sirva de exemplo o *procedimento disciplinar*. Como se sabe, uma vez instaurado o competente *inquérito administrativo disciplinar*, deve necessariamente a Administração realizar uma série de atos e fatos jurídicos que culminarão, se for o caso, na punição disciplinar do servidor público. Essa decisão administrativa que estabelece a punição disciplinar – indo de mera advertência até demissão – somente se perfaz validamente se observados os *requisitos procedimentais* postos pela lei para a produção do ato. Tem-se, até aqui, o que se poderia chamar de *fase propriamente preparatória* do ato administrativo, ao final da qual a Administração emite seu primeiro pronunciamento acerca da questão. Sentindo-se prejudicado com a decisão administrativa, pode o servidor ingressar com pedido de revisão. Fazendo-o, inicia-se a chamada fase *de impugnação* do ato administrativo, durante a qual exige-se, tanto quanto na *fase propriamente preparatória*, a observância de *requisitos procedimentais* – claro que de natureza diversa dos anteriores – que se prestam à válida produção da decisão administrativa acerca do pedido de revisão.[52]

Em síntese: seja na *fase propriamente preparatória*, seja na *fase de impugnação* do ato administrativo, deve ser observado, para a válida produção do ato administrativo, o *requisito procedimental* pertinente.

5. *Conclusões*

5.1 Os atos administrativos, por meio dos quais adquire concretude a atuação administrativa, não surgem do nada. É mister tomar em conta o *iter* de formação da "vontade" estatal, canalizado por meio do procedimento administrativo competente.

52. Por esta razão, aliás, que se reconhecer que a chamada *fase de impugnação* também não deixa de ter um caráter preparatório, já que, ao seu final, a Administração emitirá um ato administrativo, que versará acerca do pedido de revisão.

5.2 Procedimento administrativo é o conjunto de atos e fatos jurídicos que, observando uma sucessão ordenada e conservando sua individualidade, encaminham-se à produção de determinado ato administrativo, com vistas sempre à satisfação do interesse público.

5.3 O procedimento administrativo distingue-se dos atos complexos na medida em que estes compõem-se de atos emanados de distintos órgãos que, conjugados ao ato principal, formam uma única realidade; não possuem, portanto, autonomia funcional.

5.4 Muito embora o *procedimento administrativo* refira, tanto quanto os *processos judicial e legislativo*, uma sucessão encadeada de atos e fatos que objetivam uma dada finalidade, aconselha-se o uso de terminologias distintas, em vista das peculiaridades que caracterizam a esfera administrativa.

5.5 Diferentemente do que se verifica no direito comparado, o Brasil não possui uma Lei Geral de Procedimento Administrativo. Entretanto, é possível identificar uma série de princípios – quer gerais, quer específicos – que lhe conferem fisionomia própria. Neste passo, a Constituição Federal de 1988 trouxe grandes avanços em matéria de procedimento administrativo, notadamente em face das repercussões dos princípios do devido processo legal e do contraditório e ampla defesa (art. 5º, LIV e LV) na esfera administrativa, tais como: direito à notificação, direito de acesso aos autos, direito de ser ouvido, direito de produzir provas e, ainda, direito de recorrer.

5.6 Procedimento administrativo e função administrativa são noções inter-relacionadas e indissociáveis, pois o meio de que se devem valer os agentes estatais para a satisfação dos fins públicos consiste exatamente no procedimento administrativo, através do qual se possibilita ao administrado participar do *iter* de formação das decisões administrativas. Demais disso, o procedimento administrativo constitui eficaz instrumento de controle da função administrativa.

5.7 O ato administrativo apresenta-se como mero produto do procedimento administrativo, o qual, enfeixando uma série de atos e fatos jurídicos em sucessão ordenada e voltados à satisfação do interesse público, tem por objetivo final a produção de um ato administrativo. Falar em ato administrativo sem procedimento seria o mesmo que reconhecer o produto ignorando seu processo de produção.

5.8 Os *requisitos procedimentais* do ato administrativo, enquanto fatores determinantes de sua validade, abrangem atos e fatos jurídicos, produzidos pela própria Administração ou por particulares, sem os quais um certo ato administrativo não pode ser praticado. Apontam para duas realidades distintas: a) casos em que o requisito procedimental se esgota num único ato ou fato jurídicos (por exemplo: licença-prêmio); b) de outro lado, casos em que o requisito procedimental consiste num autêntico *procedimento*, na medida em que consubstancia a realização de uma série de atos e fatos jurídicos tendentes ao ato final. A noção de *requisito procedimental do ato* parece, portanto, mais ampla que a noção de *procedimento*. Ademais, a percepção dessas duas realidades mostra-se sobremodo útil, já que ambas possuem ponto comum – qual seja, o de que a regularidade do ato ou fato jurídicos antecedente é condição necessária da validade do conseqüente – bem como diferenciam-se no tocante à *convalidação* – pois, ao menos em princípio, parece mais fácil convalidar o ato viciado em virtude da irregularidade de seu requisito procedimental único. Já nos casos em que o ato viciado é precedido de inúmeros *requisitos procedimentais* – perfazendo-se um autêntico procedimento –, a convalidação, se não for impossível, certamente apresentará maiores entraves, principalmente se o vício se verifica no início da cadeia procedimental, ensejando a irregularidade de todos os atos e fatos subseqüentes.

6. Referências bibliográficas

ALESSI, Renato. Instituciones de Derecho Administrativo. t. I. Barcelona, Bosch Casa Editorial, 1970 (título da edição original: Sistema Istituzionale di Diritto Amministrativo. Milão, Dott. A. Giuffrè Editore, 1960).

BANDEIRA DE MELLO, Celso Antônio. *Curso de Direito Administrativo*. 8ª ed. São Paulo, Malheiros Editores, 1996.

BANDEIRA DE MELLO, Oswaldo Aranha. *Princípios Gerais de Direito Administrativo*. v. I. Rio de Janeiro, Forense, 1979.

BREWER-CARÍAS, Allan R. *Principios del Procedimiento Administrativo*. 1ª ed. Madri, Editorial Civitas, 1990.

CASSAGNE, Juan Carlos. *Derecho Administrativo*. t. II. Buenos Aires, Abeledo-Perrot, 1985.

DROW, Roberto. *El Procedimiento Administrativo*. Buenos Aires, Ediciones Ciudad Argentina, 1996.

ENTERRÍA, Eduardo García de, e FERNÁNDEZ, Tomás-Ramon. *Curso de Derecho Administrativo*. 4ª ed., vs. I e II. Madri, Editorial Civitas, 1993.

ESCOLA, Héctor Jorge. *Compendio de Derecho Administrativo*. v. II. Buenos Aires, Ediciones Depalma, 1990.

FIORINI, Bartolomé. *Procedimiento Administrativo y Recurso Jerárquico*. Buenos Aires, Abeledo-Perrot, 1970.

GORDILLO, Agustín. *Teoría General del Derecho Administrativo*. Madri, Instituto de Estudios de Administración Local, 1984.

________. *Tratado de Derecho Administrativo*. t. I. Buenos Aires, Ediciones Macchi, 1995.

MEDAUAR, Odete. *A Processualidade no Direito Administrativo*. São Paulo, Ed. RT, 1993.

MERKL, Adolf. *Teoría General del Derecho Administrativo*. Madri, Editorial Revista de Derecho Privado, 1927.

PELUFFO, Juan P. Cajarville. *Procedimiento Administrativo en el Decreto 500/991*. Montevidéu, Ediciones Idea, 1992.

ROJO, Margarita Beladiez. *Validez y Eficacia de los Actos Administrativos*. Madri, Ediciones Jurídicas Marcial Pons, 1994.

SUNDFELD, Carlos Ari. "A importância do procedimento administrativo". RDP 84/64-74.

________. *Fundamentos de Direito Público*. 3ª ed. São Paulo, Malheiros Editores, 1997.

________. "Princípio da publicidade administrativa (direito de certidão, vista e intimação)". *Boletim de Licitações e Contratos*, outubro/96, pp. 472-481.

VAZQUEZ, Javier Barnes (coord). *El Procedimiento Administrativo en el Derecho Comparado*. Madri, Editorial Civitas, 1993.

XAVIER, Alberto Pinheiro. *Do Procedimento Administrativo*. São Paulo, Bushatsky, 1976.

ESTUDOS & COMENTÁRIOS

PROBIDADE E RAZOABILIDADE COMO LIMITAÇÕES À DISCRICIONARIEDADE ADMINISTRATIVA

DANIEL FERREIRA

Advogado – Professor de Direito Constitucional na Faculdade de Direito de Curitiba – Mestrando em Direito Administrativo junto à PUC/SP

A "razoabilidade – que, aliás, postula a "proporcionalidade" –, a "lealdade" e a "boa-fé", tanto como o respeito ao "princípio da isonomia", são princípios gerais do Direito que também concorrem para conter a discricionariedade dentro de seus reais limites, assujeitando os atos administrativos a parâmetros de obediência inadversável. (Celso Antônio Bandeira de Mello)

1. *Considerações iniciais*

Antes de tratarmos de nosso assunto propriamente dito, mister analisarmos alguns aspectos da evolução do Estado e – conseqüentemente – da atividade administrativa desse para compreensão da importância e alcance da probidade e da razoabilidade como limitações à discricionariedade administrativa.

Nesse sentido, Queiró[1] já há muito informou que no Estado-Polícia três seriam os aspectos marcantes: *a atividade estatal não se encontraria vinculada a qualquer regra jurídica; inexistiriam direitos subjetivos públicos dos particulares oponíveis a tal atividade e os fins colimados pelo Estado (e, pois, pelo detentor do poder: o Principie) não se subordinariam a qualquer limite.*

Em contrapartida, no Estado moderno, dito Estado de Direito, outras nuanças far-se-iam notar: a atuação estatal, em face dos particulares, limitar-se-ia à forma prescrita pelo Direito; existiriam garantias efetivas dos cidadãos a serem observadas pela Administração Pública e os únicos fins a serem alcançados haveriam de ser os anteriormente exigidos e legitimados pelo sistema jurídico.

Deste modo, a Administração Pública e seu atuar típico – como aspecto dinâmico do Estado na realização de suas finalidades – encontraram similar evolução, partindo da total liberdade para uma cogente conformação com o Direito, ainda quando dito discricionário.

Assim sendo, tanto na atividade vinculada – *quando descabe qualquer apreciação subjetiva por parte da Administração, dada a prévia e objetiva tipificação legal do único comportamento aceitável* – como na discricionária – *onde subsiste certa*

1. Ob. cit., p. 42.

margem de liberdade de avaliação ou decisão para o agente, segundo critérios de conveniência e oportunidade[2] – a subordinação aos fins consagrados no sistema jurídico é imperiosa, sob pena de invalidação do ato praticado.

Para reforçar essa tese basta relembrar que a autoridade pública somente age no uso de suas prerrogativas quando no exercício de função (isto é, de um "dever-poder"), em nome e no interesse de outrem, donde – então – os objetivos a serem perseguidos somente poderão ser aqueles previamente reconhecidos pelo Direito, ou, melhor, aqueles nele inseridos pelo legislador – enquanto mandatário da vontade popular.

Contudo, como o controle dos atos vinculados não causa grandes dificuldades, quer para a própria Administração, quer para o Poder Judiciário, pela singeleza procedimental de se comparar a atividade material efetivada como expressa e previamente autorizado por lei[3] (princípio da legalidade), resta como problema maior o crivo de legitimidade da atuação administrativa discricionária.

Nessa esteira, pois, este singelo trabalho, cujo escopo é o de alinhavar os limites dessa atividade tendo por marco norteador o respeito aos limites impostos pela probidade e pela razoabilidade administrativas, em quaisquer de seus aspectos.

2. *A identificação dos rótulos*

Como não poderia deixar de ser, e atinando para a lição de Hospers,[4] segundo o qual *as palavras são meros rótulos, que normalmente não guardam nenhuma relação com as coisas que pretendem designar*, os termos *probidade* e *razoabilidade* administrativa não são utilizados de forma unívoca pela doutrina.

Enquanto que para alguns juristas esses "institutos" seriam princípios propriamente ditos, ou – ao menos – uma faceta de outros dois (ditos princípios da moralidade administrativa e da proporcionalidade), para outros seriam aspectos a serem observados para a realização válida de um ato administrativo.

Assim sendo, e na tentativa de abarcar as maiores considerações possíveis acerca de tais "institutos", não daremos maior relevância à sua indicação como princípios ou não, ou à própria confusão terminológica existente, de modo que as diversas posições doutrinárias apontadas terão ressalvados, apenas, os aspectos delimitadores da atuação administrativa discricionária decorrentes da sua escorreita observação.

Por conseguinte, o critério de validade por nós proposto para aferição da classificação[5] feita será a existência ou não de um referencial constritor da atividade administrativa referido a tais "institutos".

3. *Probidade (moralidade) administrativa*

José Afonso da Silva,[6] bem como outros autores,[7] defende a tese de que a pro-

2. Cf. Celso Antônio Bandeira de Mello, *Curso de Direito Administrativo*, pp. 249- 251.

3. Assevere-se que neste ensaio, como alguns autores, conceberemos as modalidades de desvio de poder não como formas de ilegalidade com relação ao fim, mas apenas como atuações ilegítimas, por isso passíveis de nulificação. E isso para ressaltar o aspecto da probidade/moralidade do ato administrativo, que não encontra na doutrina pátria abordagem uniforme.

4. *Introducción al Análisis Filosófico*, p. 22.

5. "Classificação", aqui, no sentido de identificação do objeto a ser analisado.

6. *Curso de Direito Constitucional Positivo*, p. 571. Para esse autor, ressalte-se, a qualificação subsistiria na existência de dano ao erário e correspondente vantagem a ímprobo ou outrem.

7. Nessa esteira: Odete Medauar, *Direito Administrativo Moderno*, p. 143; Marcelo Figueiredo, *Probidade Administrativa*, p. 21; e Maurício Antônio Ribeiro Lopes, *Ética e Administração Pública*, pp. 57 e 58. Para este último *a probidade é, inclusive, corolário do princípio da moralidade administrativa*.

bidade administrativa é uma forma de moralidade administrativa, devidamente qualificada. Ou seja: enquanto a moralidade seria gênero, a probidade seria espécie.

Para esse autor a probidade administrativa consistiria no "dever de o 'funcionário servir à Administração com honestidade, procedendo no exercício de suas funções sem aproveitar os poderes ou facilidades delas decorrentes em proveito pessoal ou de outrem a quem queira favorecer'",[8] de modo que o marco delimitador da atividade material do agente encontrar-se-ia no agir com honestidade, sem causar dano ao erário e utilizar o exercício da função para atingimento de benefícios que não os coletivos.

Com outro entendimento, mas não muito diferenciado, Hely Lopes Meirelles alude à probidade como um dever de o administrador *agir sem causar lesão aos bens e interesses públicos*[9] – donde, então, a não lesão a tais valores seria o limite para a atuação discricionária.

Esses posicionamentos parecem-nos, portanto, mais ligados às noções decorrentes da intelecção de certos comandos normativos constantes da Carta Magna e da própria Lei de Probidade Administrativa,[10] de modo que a atuação material da Administração a tais aspectos ficaria adstrita.

Em outro sentido, contudo, é o magistério de Maria Sylvia Zanella Di Pietro,[11] que de modo muito mais amplo invoca o princípio da moralidade como forma de contenção para atos que, *embora em consonância com a lei, ofenderiam a moral, os bons costumes, as regras de boa administração, os princípios da justiça e de eqüidade e a idéia comum de honestidade.*

Ampliando, também, o sentido inicial de moralidade administrativa, Cármen Lúcia Antunes Rocha assevera que:

"Por isso, neste final de século, a moralidade administrativa não se restringe á verificação da obtenção de utilidade para a garantia de um determinado interesse público tido como meta da ação do agente. Mais que isto, *a moralidade administrativa que se pretende ver acatada adentra o reino da finalidade de garantia da realização dos valores expressos na idéia do bem e da honestidade, que se pretendem ver realizados segundo o direito legitimo.*

"(...)

"Foi a partir do recurso por desvio de poder, formulado jurisprudencialmente pelo Conselho de Estado francês, que surgiram as primeiras observações sobre o princípio da moralidade administrativa e a possibilidade de seu controle.

"*Em sede de desvio de poder é que mais viceja o controle da moralidade administrativa*, pois nele se tem a questão da validade interna do comportamento administrativo"[12] (grifamos).

Celso Antônio Bandeira de Mello,[13] em outra esteira, faz alusão à moralidade administrativa como forma de contenção de atitudes não conformes com os princípios éticos, destacando que em seu bojo ainda estariam acobertados os princípios da lealdade e da boa-fé, segundo os quais *o administrador deveria agir com sinceridade*

Cármen Lúcia Antunes Rocha (*Princípios Constitucionais da Administração Pública*, pp. 226 e 227), em nota de rodapé, também faz aludida distinção, contudo reportando-se à qualificação da probidade como espécie do gênero moralidade, através do caráter pessoal daquela, ou seja, atinente à conduta individual.

8. Ob. cit., p. 571.

9. *Direito Administrativo Brasileiro*, p. 92.

10. Da Carta Magna (art. 37, § 4º): "Os atos de improbidade administrativa importarão a suspensão dos direitos políticos, a perda da função pública, a indisponibilidade dos bens e o ressarcimento ao erário, na forma e gradação previstas em lei, sem prejuízo da ação penal cabível".

Da Lei 8.429/92 (art. 9º): "Constitui ato de improbidade administrativa, importando enriquecimento ilícito: (...)".

11. In *Direito Administrativo*, p. 71.

12. Ob. cit., pp. 193 e 211.

13. In *Curso de Direito Administrativo*, p. 69.

e lhaneza, sendo-lhe interdito qualquer comportamento astucioso, eivado de malícia, produzido de maneira a confundir, dificultar ou minimizar o exercício de direitos pelos cidadãos.

Contudo, desde há muito Manoel de Oliveira Franco Sobrinho, pioneiro no realçar a necessidade de respeito à moralidade administrativa, destacava que o seu alcance seria ainda muito maior, atingindo o controle dos atos administrativos sobre quase todos os aspectos, inclusive o da vontade.[14] Daí que, ao tratar da vontade *da* e *na* Administração, disse expressamente o professor:

"Os dados são importantes, pois é da vontade que nasce o ato. Na primeira hipótese, vontade 'da' Administração, há muito de liberdade, arbítrio, discrição, discricionariedade, impulsão além do Direito. Na segunda, vontade 'na' Administração, as limitações são as da lógica formal da lei, isto é, do direito de cada um, de um interesse que nasce de uma soma de atitudes volitivas.

"(...)

"*O que faltava juridicamente, no sentido da vontade administrativa, é uma definição explicita de 'moralidade' que indique os pontos de sua convergência na atividade estatal. O que se espera é o estabelecimento de um equilíbrio entre conceitos que na aparência colidem. 'A moral que faz a lei possível', sem dúvida, é o grande problema a equacionar*"[15] (grifamos).

E foi esse mesmo notável jurista um dos primeiros a destacar a importância de tal controle ainda mais nos casos de discricionariedade, posto que sempre aí caberia "um juízo de valor imanente de ordem jurídica. Um juízo de função social e moral no seu melhor sentido normativo".[16]

Com idêntico cuidado, mais recentemente, Celso Antônio Bandeira de Mello e Maria Sylvia Zanella Di Pietro destacaram, em monografias, a importância do controle da moralidade nas situações de discricionariedade administrativa, indicando expressa e respectivamente que:

"Ao seu turno, os princípios da lealdade e da boa-fé são condições do convívio jurídico. Não se compreenderia que a própria ordenação normativa abonasse ou fosse complacente com a má-fé. *Menos, ainda, se compreenderia que os administradores, exatamente quando a lei lhes outorgasse discrição, isto é, esfera de certa liberdade para melhor atender o ordenamento, pudessem expedir atos desleais ou que burlassem a boa-fé,* salvo abraçando-se a tese absurda de que a Administração não tem compromissos com os valores que a lei consagra"[17] (grifos nossos).

"*É principalmente no âmbito dos atos discricionários que se encontra campo mais fértil para a prática de atos imorais, pois é neles que a Administração Pública tem liberdade de opção entre várias alternativas, todas elas válidas perante o Direito.* Ora, pode perfeitamente ocorrer que a solução escolhida pela autoridade, embora permitida pela 'lei' em sentido formal, *contrarie valores éticos* não protegidos diretamente pela regra jurídica, mas passíveis de proteção por estarem subjacentes em determinada coletividade"[18] (gritamos).

Não bastassem as lições até aqui expendidas – cristalinos marcos de que a moralidade administrativa alcançou fronteiras significativamente maiores que as inicialmente concebidas –, prudente trazer à colação um artigo de lei, singelo, quase que desconhecido, da Lei 8.429/92, mas que bem robora todo o já exposto e que categoricamente prescreve: "Art. 11. Constitui

14. Donde, então, ter dado expressivo enfoque ao controle do desvio de poder.

15. In *O Controla da Moralidade Administrativa*, pp. 52 e 53.

16. Idem, p. 161.

17. In *Discricionariedade e Controle Jurisdicional*, p. 98.

18. In *Discricionariedade Administrativa na Constituição de 1988*, p. 116.

ato de improbidade administrativa que atenta contra os princípios da Administração Pública qualquer ação ou omissão que viole os deveres de honestidade, imparcialidade, legalidade, e lealdade às instituições, (...)".

Dito dispositivo, cremos, ainda haverá de ser interpretado para sua escorreita aplicação, sob pena de cometimento de excessos, mas serve sobremaneira para indicar imediatamente a preocupação do legislador em garantir o cumprimento dos princípios constitucionais da Administração Pública e mediatamente a validade inexorável de todos os argumentos doutrinários apontados.

Mas um problema ainda permanece: *qual será o parâmetro para controle da moralidade administrativa? A razoabilidade.*

4. *Razoabilidade (proporcionalidade) administrativa*

Como muito bem assinalado por Lucia Valle Figueiredo, "a razoabilidade, a relação de congruência lógica entre os motivos (pressupostos fáticos) e o ato emanado, tendo em vista a finalidade pública a cumprir, será o crivo adequado para o exercício do controle da moralidade"[19]

No mesmo sentido, porém de modo implícito, informou Manoel de Oliveira Franco Sobrinho, indicando que, "desde que o exercício do poder discricionário depende de 'circunstâncias', aplicado fora dos condicionamentos limitativos 'afeta' a moralidade administrativa".[20]

Mas, quanto à distinção entre proporcionalidade e razoabilidade, vale o exposto por Odete Medauar, assim fielmente traduzido:

"Alguns autores pátrios separam proporcionalidade e razoabilidade. A esta atribuem o sentido de coerência lógica nas decisões e medidas administrativas, o sentido de adequação entre meios e fins. À proporcionalidade associam um sentido de amplitude ou intensidade nas medidas adotadas, sobretudo nas restritivas e sancionadoras. (...)

"*Parece melhor englobar no princípio da proporcionalidade o sentido de razoabilidade.* O principio da proporcionalidade consiste, principalmente, no dever de não serem impostas, aos indivíduos em geral, obrigações, restrições ou sanções em medida superior àquela estritamente necessária ao atendimento do interesse público, segundo critério de razoável adequação dos meios aos fins" (grifamos).

Contudo, como dantes, o que nos importa é atinar para os limites pela proporcionalidade/razoabilidade impostos ao agente público, notadamente quando presentes condições para avaliação subjetiva.

Nesse sentido, aponta Maria Sylvia Zanella Di Pietro[21] os seguintes limites para a atuação do administrador como sendo de cogente observação: *proporcionalidade de correlação e de adequação entre os meios e os fins,*[22] *diante dos fatos (motivos) ensejadores da decisão administrativa; respeito ao senso comum do que seja certo, justo, adequado e consentâneo com o interesse público;*[23] *e cogente motivação do ato praticado.*[24]

19. *Curso de Direito Administrativo*, p. 50. Tal entendimento, cremos, não parece ser estranho para o Poder Judiciário, posto inclusive já ter sido o princípio da proporcionalidade objeto de excelente estudo pela Magistratura federal paranaense, publicado na revista *AJUFE* 49, mar.-abr./96.

20. In *O Controle da Moralidade Administrativa*, p. 163.

21. In *Discricionariedade Administrativa na Constituição de 1988*, pp. 146-152.

22. Agustín Gordillo (*Teoría General del Derecho Administrativo*, p. 458) indica, inclusive, a previsão legal expressa de tal princípio no art. 7º do Decreto-lei argentino 19.549/72.

23. Neste ponto, alude a autora à possibilidade de prática de ato irrazoável pela má interpretação dos chamados *conceitos legais indeterminados*. Nessa linha, o ato aparentemente discricionário, após a avaliação técnica cabível (sendo esse o caso), poderia deixar de sê-lo, ou – ao menos – a discricionariedade acabaria por reduzir-se (pp. 148 e 149).

24. Canotilho (*Direito Constitucional*, pp. 382 e 383) também reconhece tais limitações, denominan-

De modo similar, no discorrer de Celso Antônio Bandeira de Mello[25] acerca do desvio de poder vêm a lume idênticos e precisos contornos para a atuação do administrador:

"Concorram para identificar o desvio de poder fatores como a *irrazoablidade da medida*, sua discrepância com a conduta habitual da Administração em casos iguais, *a desproporcionalidade entre o conteúdo do ato e os fatos em que se embasou, a incoerência entre as premissas lógicas ou jurídicas firmadas na justificativa e a conclusão que delas foi sacada*, assim como antecedentes do ato reveladores de animosidade, indisposição política ou, pelo contrário, de intuitos de favoritismo. (...)

"Em suma, *a motivação deve ensejar que se confira, nos casos em que o agente disponha de alguma discrição* (seja sobre o aspecto que for), *se a decisão foi adequada, proporcional ao demandado para cumprir a finalidade pública específica que deveria atender ante o escopo legal*" (grifos nossos).

Em razão do quê cremos estar demonstrada a necessidade de razoabilidade nas atuações discricionárias da Administração Pública, como forma de controle da própria moralidade do ato e, pois, de sua validade.

5. Conclusões

Com base em todo o exposto, então, apontamos como *limites para a atuação discricionária do agente público os seguintes*:

Impostos pela probidade administrativa:

I – *não ofender a moral, os bons costumes, as regras de boa administração, os princípios de justiça e de eqüidade e a idéia comum de honestidade*;

II – *não fazer do exercício de função uma forma de obtenção de vantagens, para si ou para outrem*;

III – *não causar lesão aos bens e interesses públicos*;

IV – *agir com ética, lealdade e boa-fé para com os administrados*;

V – *cumprir a lei, não atentando, por ato omissivo ou comissivo, contra os princípios da Administração Pública, através da violação dos deveres de honestidade, imparcialidade, legalidade e lealdade.*

Impostos pela razoabilidade administrativa:

I – *garantir a proporção de correlação e adequação entre meios e fins, diante dos motivos determinantes da atuação administrativa*;

II – *respeitar o senso comum do que seja certo, justo, adequado e consentâneo com o interesse público na interpretação dos* ***conceitos legais indeterminados***;

III – *motivar o ato praticado.*

Enfim, bastaria ao agente bem exercer sua função pública. Nada mais!

do-as de "princípio de conformidade ou de adequação de meios; princípio da exigibilidade ou da necessidade e princípio da proporcionalidade em sentido estrito".

25. In *Discricionariedade Administrativa e Controle Jurisdicional*, p. 80.

6. Bibliografia

BANDEIRA DE MELLO, Celso Antônio. *Curso de Direito Administrativo*. 8ª ed. São Paulo, Malheiros Editores, 1996.

______. *Discricionariedade e Controle Jurisdicional*. São Paulo, Malheiros Editores, 1992.

CANOTILHO, J. J. Gomes. *Direito Constitucional*. 6ª ed. Coimbra, Almedina, 1993.

DI PIETRO, Maria Sylvia Zanella. *Direito Administrativo*. 5ª ed. São Paulo, Atlas, 1995.

______. *Discricionariedade Administrativa na Constituição de 1988*. São Paulo, Atlas, 1991.

FIGUEIREDO, Lucia Valle. *Curso de Direito Administrativo*. 2ª ed. São Paulo, Malheiros Editores, 1995.

FIGUEIREDO, Marcelo. *Probidade Administrativa*. São Paulo, Malheiros Editores, 1995.

FRANCO SOBRINHO, Manoel de Oliveira. *O Controle da Moralidade Administrativa*. São Paulo, Saraiva, 1974.

_______. *O Princípio Constitucional da Moralidade Administrativa*. Curitiba, Gênesis, 1993.

GASPARINI, Diógenes. *Direito Administrativo*. 2ª ed. São Paulo, Saraiva, 1992.

GORDILLO, Agustín A. *Teoría General del Derecho Administrativo*. Madri, Instituto de Estudios de Administración Local, 1984.

HOSPERS, John. *Introducción al Análisis Filosófico*. Buenos Aires, Astrea, 1965.

LOPES, Maurício Antônio Ribeiro. *Ética e Administração Pública*. São Paulo, Ed. RT, 1993.

MEDAUAR, Odete. *Direito Administrativo Moderno*. São Paulo, Ed. RT, 1996.

MEIRELLES, Hely Lopes. *Direito Administrativo Brasileiro*. 17ª ed. São Paulo, Malheiros Editores, 1992.

ROCHA, Cármen Lúcia Antunes. *Princípios Constitucionais da Administração Pública*. Belo Horizonte, Del Rey, 1994.

SILVA, José Afonso da. *Curso de Direito Constitucional Positivo*. 8ª ed. São Paulo, Malheiros Editores, 1992.

ZANCANER, Weida. *Da Convalidação e da Invalidação dos Atos Administrativos*. 2ª ed. São Paulo, Malheiros Editores, 1993.

JURISPRUDÊNCIA

SUPREMO TRIBUNAL FEDERAL

Recurso em habeas corpus n. 73.210-PA (2ª turma)

Relator: o Sr. Ministro Maurício Corrêa

Recorrente: Wagner Oliveira Fontes

Recorrido: Superior Tribunal de Justiça

Ementa: Recurso de "habeas corpus". Crimes praticados por prefeito: art. 1º, I e II, do Decreto-lei n. 201/67. Crime de responsabilidade. Crimes comuns ou funcionais. Competência do Tribunal de Justiça (art. 29, X, da Constituição, com a redação da EC n. 1/92).

1. O art. 1º do Decreto-lei n. 201/67 tipifica crimes comuns ou funcionais praticados por Prefeitos Municipais, ainda que impropriamente nomeados como "crimes de responsabilidades", e são julgados pelo Poder Judiciário. Revisão da jurisprudência do Supremo Tribunal Federal a partir do julgamento do HC n. 70.671-1-PI.

2. O art. 4º do mesmo Decreto-lei refere-se ao que denomina expressamente de "infrações político-administrativas", também chamadas de "crimes de responsabilidade" ou "crimes políticos", e são julgadas pela Câmara dos Vereadores: nada mais é do que o "impeachment".

3. O art. 29, X, da Constituição (redação da EC n. 1/92) determina o "julgamento do Prefeito perante o Tribunal de Justiça"; ao assim dizer, está se referindo, apenas, aos crimes comuns e derroga, em parte, o art. 2º do Decreto-lei n. 201/67, que atribuía esta competência ao juiz singular.

4. Recurso em "habeas corpus" não provido.

ACÓRDÃO

Vistos, relatados e discutidos estes autos, acordam os Ministros componentes da Segunda Turma do Supremo Tribunal Federal, na conformidade da ata do julgamento e das notas taquigráficas, por unanimidade de votos, negar provimento ao recurso.

Brasília, 31 de outubro de 1995. Néri da Silveira, Presidente. Maurício Corrêa, Relator.

RELATÓRIO

O Sr. Ministro Maurício Corrêa: Trago a julgamento recurso em *habeas corpus* interposto contra decisão do Superior Tribunal de Justiça. O recorrente, Prefeito Municipal de Redenção, impetrou *habeas corpus* contra ato do Presidente do Tribunal de Justiça do Estado do Pará em face de denúncia oferecida pela Procuradoria-Geral de Justiça e distribuída às Câmaras Criminais Reunidas, imputando-lhe a prática dos crimes previstos no art. 1º, I e II, do Decreto-lei n. 201/67, pretendendo "anular o processo, *ab initio*, por incompetência do Juízo e ilegitimidade do *Parquet*", por entender que em se tratando de crime de responsabilidade só poderia ser julgado pela Câmara Municipal, a teor do que dispõe o art. 65 da Constituição Estadual, *in verbis:*

> "Art. 65. Nos crimes de responsabilidade, o Prefeito será julgado e processado pela Câmara Municipal."

2. A decisão recorrida está assim ementada (fl. 65):

> "HC n. – Prefeito Municipal – Crime de responsabilidade – DL n. 201/67 – o processo criminal, nos termos do DL n. 201/67, visa a apurar a responsabilidade penal dos Prefeitos Municipais. Três são as sanções expressamente cominadas: penal (reclusão e detenção); política (perda do cargo e a inabilitação para o exercício do cargo ou função pública, eletivo ou de nomeação) e civil (reparação do dano causado ao patrimônio público ou particular). A sanção penal é pressuposto da sanção política. O julgamento é criminal com reflexo político. Não se confunde com o *impeachment*, afastamento do titular do cargo eletivo por deliberação política. Em conseqüência, a ação penal pode ser proposta ainda que encerrado o mandado de Prefeito Municipal."

3. Alega o recorrente que o Decreto-lei n. 201/67 tem por objetivo exclusivo punir prefeitos e vereadores por crimes de responsabilidade e que a denúncia não lhe imputa a prática de crime comum. Cita jurisprudência desta Corte no sentido de que o citado Decreto-lei trata do crime de responsabilidade. Pede a concessão da ordem, como formulada na inicial (fls. 67/70).

4. Em contra-razões, o Ministério Público Federal requer seja negado provimento ao recurso porque o recorrente foi denunciado por crime comum previsto no Decreto-lei n. 201, apesar de denominado de crime de responsabilidade, de acordo com recentes precedentes desta Corte, que reviu sua jurisprudência: HC n. 70/671-1-PI, rel. Min. Carlos Velloso, e HC n. 71.991-MG, rel. Min. Sydney Sanches (fls. 67/70).

5. Manifesta-se o Ministério Público Federal opinando pelo não provimento do recurso em parecer assim ementado, *in verbis* (fls. 83/86):

> "Prefeito Municipal. Denúncia por crime previsto no art. 1º e seus incisos do DL n. 201/67.
>
> Alegação de competir à Câmara Municipal o seu processamento e julgamento por constituírem crimes de responsabilidade.
>
> São comuns os crimes elencados no art. 1º do DL n. 201/67. Precedente do STF (HC n. 70.671-PI).
>
> Parecer pelo não provimento do recurso."

É o relatório.

VOTO

O Sr. Ministro Maurício Corrêa (Relator): Senhor Presidente, os crimes previstos no art. 1º, I e II, do Decreto-lei n. 201, de 27.2.67, embora expressamente denominados de "crimes de responsabilidade", têm a natureza de crimes comuns, ou mais especificamente, crimes funcionais, e estão sujeitos ao julgamento do Poder Judiciário, como se verifica da sua dicção, *in verbis*:

> "Art. 1º. São crimes de responsabilidade dos Prefeitos Municipais, sujeitos ao julgamento do Poder Judiciário, independentemente do pronunciamento da Câmara de Vereadores:
>
> I – apropriar-se de bens ou rendas públicas, ou desviá-los em proveito próprio alheio;
>
> II – utilizar-se, indevidamente, em proveito próprio ou alheio, de bens, rendas ou serviços públicos",

seguindo-se mais 13 (treze) incisos; o art. 2º estabelece as regras processuais, estabelecendo que "o processo dos crimes definidos no artigo anterior é o comum do juízo singular, estabelecido pelo Código de Processo Penal", e acrescenta algumas modificações.

2. Por outro lado, o art. 4º do mesmo Decreto-lei refere-se o que denomina expressamente de "infrações político-administrativas", sujeitas ao julgamento da Câmara dos Vereadores e sancionadas com a cassação do mandato. Nada mais é do que o *impeachment*.

Estas "infrações político-administrativas" são referidas por expressiva corrente doutrinária e pela Constituição como "crimes de responsabilidade", *v.g.*, art. 50, § 2º, art. 52, I e II, art. 85, art. 86, § 1º, II, art. 96, III, art. 102, I, *c*, art. 105, I, *a*, art. 108, I, *a*, art. 167, § 1º, ou "crime político", *v.g.*, art. 5º, LII, art. 102, II, *b*, art. 109, IV, cabendo notar que, na redação da Constituição, os crimes são divididos em "comuns" e "de responsabilidade" ou "políticos".

3. Faço este necessário acerto terminológico, com respaldo no acórdão prolatado no HC n. 70.671-1-PI, relatado pelo Min. Carlos Velloso na Sessão Plenária de 13.4.94, *in DJU* de 19.5.95, onde esta Corte reviu sua jurisprudência e que está assim ementado, *in verbis*:

"Ementa: Penal. Processual Penal. Prefeito: Crime de responsabilidade. DL n. 201, de 1967, art. 1º. Crimes comuns.

I – Os crimes denominados de responsabilidade, tipificados no art. 1º do DL n. 201, de 1967, são crimes comuns, que deverão ser julgados pelo Poder Judiciário, independentemente do pronunciamento da Câmara de Vereadores (art. 1º), são de ação pública e punidos com pena de reclusão e de detenção (art. 1º, § 1º) e o processo é o comum, do CPP, com pequenas modificações (art. 2º). No art. 4º, o DL n. 201, de 1967, cuida das infrações político-administrativas dos prefeitos, sujeitos ao julgamento pela Câmara dos Vereadores e sancionadas com a cassação do mandato. Essas infrações é que podem, na tradição do direito brasileiro, ser denominadas de crimes de responsabilidade.

II – A ação penal contra prefeito municipal, por crime tipificado no art. 1º do DL n. 201, de 1967, pode ser instaurada mesmo após a extinção do mandato.

III – Revisão da jurisprudência do Supremo Tribunal Federal.

IV – HC indeferido."

4. O art. 29, X, da Constituição (redação da EC n. 1/92) determina o "julgamento do Prefeito perante o Tribunal de Justiça"; ao assim dizer, está se referindo apenas, aos crimes comuns e derroga, em parte, o art. 2º do Decreto-lei n. 201, que atribuía esta competência ao juiz singular.

Por estas razões não vejo a indigitada nulidade argüida nas razões do recurso: o paciente-recorrente, ocupando o cargo de Prefeito Municipal de Redenção e denunciado pelos crimes comuns – crimes funcionais – previstos no art. 1º, I e II, do Decreto-lei n. 201/67, deve ser processado perante o Tribunal de Justiça do Estado do Pará.

5. Isto posto e acolhendo o parecer do Ministério Público Federal conheço do recurso, mas lhe nego provimento.

EXTRATO DA ATA

RHC n. 73.210-PA

Rel.: Min. Maurício Corrêa

Recte.: Wagner Oliveira Fontes (Adv.: Wener Pereira Lopes).

Recdo.: Superior Tribunal de Justiça

Decisão: por unanimidade, a Turma negou provimento ao recurso. Ausente, ocasionalmente, o Sr. Ministro Francisco Rezek.

Presidência do Senhor Ministro Néri da Silveira. Presentes à Sessão os Senhores Ministros Carlos Velloso, Marco Aurélio, Francisco Rezek e Maurício Corrêa. Subprocurador-Geral da República, o Dr. Mardem Costa Pinto.

Brasília, 31 de outubro de 1995. Wagner Amorim Madoz, Secretário.

JURISPRUDÊNCIA

SUPREMO TRIBUNAL FEDERAL

Recurso extraordinário n. 158.543-RS (2ª Turma)

Relator: o Sr. Ministro Marco Aurélio

Recorrentes: Ubirajara de Sá Gomes e outros

Recorridos: Estado do Rio Grande do Sul

Ato administrativo – Repercussões – Presunção de legitimidade – Situação constituída – Interesses contrapostos – Anulação – Contraditório. Tratando-se de anulação de ato administrativo cuja formalização haja repercutido no campo de interesses individuais, a anulação não prescinde da observância do contraditório, ou seja, da instauração de processo administrativo que enseje a audição daqueles que terão modificada situação já alcançada. Presunção de legitimidade do ato administrativo praticado, que não pode ser afastada unilateralmente, porque é comum à administração e ao particular.

ACÓRDÃO

Vistos, relatados e discutidos estes autos, acordam os Ministros do Supremo Tribunal Federal, em Segunda Turma, na conformidade da ata do julgamento e das notas taquigráficas, por maioria de votos, em conhecer do recurso e lhe dar provimento, para deferir, em parte, o mandado de segurança, nos termos do voto do Relator.

Brasília, 30 de agosto de 1994. Néri da Silveira, Presidente. Marco Aurélio, Relator.

RELATÓRIO

O Sr. Ministro Marco Aurélio: Este recurso extraordinário sobe à Corte em face do provimento do agravo em apenso, no qual assim sintetizei a espécie:

> A egrégia Segunda Turma do Superior Tribunal de Justiça concluiu, por maioria de votos, já que vencidos os Ministros Peçanha Martins e Américo Luz, que a regra do inciso LV do rol das garantias constitucionais é aplicável, no âmbito administrativo, às hipóteses de natureza disciplinar e que, a teor do verbete 473 que integra a Súmula da jurisprudência predominante deste Tribunal, os atos administrativos são passíveis de apreciação na esfera judicial. Colocou em plano secundário a argumentação dos Agravantes relativamente ao contraditório e à ampla defesa, placitando procedimento da Administração que resultou na modificação sumária dos proventos da aposentadoria dos Agravantes. Em passo seguinte, assentou que a matéria de fundo estaria a demandar dilação probatória e, a partir de ambas as premissas, desacolheu o pedido formulado em recurso ordinário alusivo à denegação da segurança pelo Tribunal de Justiça do Rio Grande do Sul (folhas 40 a 53).

No extraordinário de folhas 159 a 169, argúi-se a ofensa ao inciso LV do rol das garantias constitucionais. Discorre-se sobre o tema, salientando-se que se desconheceu que as garantias constitucionais concernentes à ampla defesa e ao contraditório guardam pertinência com o processo administrativo. Consoante o sustentado, a forma dos atos administrativos é essencial à validade.

Aos autos vieram as contra-razões de folhas 171 a 175, ressaltando-se que a controvérsia gira em torno de integração de parcelas de proventos na base não de cem por cento, anteriormente observada, mas de setenta e nove. Argumenta-se que, na espécie, não se pode cogitar da existência de direito adquirido.

A Procuradoria-Geral da República emitiu o parecer de folhas 186 a 189, no sentido do desprovimento do recurso. Afirma-se inexistente a vulneração ao inciso LV do art. 5º da Carta, porquanto a anulação do ato administrativo ocorrera no campo da unilateralidade, não se podendo, assim, cogitar da audição de possíveis interessados. Recebi estes autos para exame em 26 de maio de 1994, liberando-os para julgamento em 12 de agosto (folha 193).

À folha 195 assim despachei:

> A permanência deste processo em meu Gabinete e com extravasamento do prazo regimental decorreu da atuação conjunta, sem o afastamento da distribuição, nesta Corte e no Tribunal Superior Eleitoral, com realizações de Sessões diárias, inclusive aos sábados e domingos, nos períodos eleitorais – anterior e posterior.

É o relatório.

VOTO

O Sr. Ministro Marco Aurélio (Relator): Os pressupostos gerais de recorribilidade estão atendidos, conforme depreende-se do que se contém às folhas 16, 17, 56 e 159 destes autos, valendo salientar que, em face do provimento do agravo, não há de se cogitar do preparo – Resolução 84. Resta examinar o enquadramento do extraordinário em um dos permissivos do inciso III do art. 102 da Carta. Já ao determinar o processamento do extraordinário, assim deixei consignado:

> Quanto à matéria de fundo, há de se ter presente a ênfase dada pela Constituição de 1988 aos direitos dos cidadãos, especialmente quando em questão a atuação do Estado. É flagrante a diferença de garantias constitucionais, considerados os preceitos da Constituição anterior aplicáveis à hipótese – § 15 do art. 153 da Carta de 1969 e da atual, inciso LV do art. 5º. No primeiro, a abrangência da norma ficou restrita aos acusados. Já no segundo, fez-se referência aos litigantes e, em passo seguinte, foram mencionados também os acusados. Como não se pode atribuir ao legislador, especialmente ao constitucional, a inserção, em texto de lei, de vocábulos inúteis, sem o significado vernacular que lhe é próprio, exsurge, ao menos ao primeiro exame, que a garantia do contraditório e da ampla defesa não mais está limitada, nos processos administrativos e judiciais, aos acusados, alcançando nos três campos – administrativo, civil e penal – os litigantes em geral.
>
> A matéria há de merecer a reflexão dos integrantes de Colegiado do Supremo Tribunal Federal em face à modificação ocorrida. A esta altura, verifica-se, até mesmo, um certo paradoxo: aos agravantes não foi proporcionada, na fase administrativa, a ampla defesa, e, impetrado o mandado de segurança, opuseram-lhes, como circunstância a obstaculizar a via eleita, a necessidade de comprovação de fatos. Tivesse sido observado o contraditório e a ampla defesa quando do processo administrativo – e custo a crer na existência de tal processo quando tudo se faz de forma unilateral – certamente nos autos do mandado de segurança estariam as provas dos fatos atinentes à controvérsia, porque é de se presumir que os Impetrantes ou a autoridade apontada como coatora providenciariam a juntada do processo administrativo que as contivesse.

Voltando ao quadro fático constante do acórdão prolatado pela Corte de origem, vê-se que a Administração Pública praticou ato cogitando dos parâmetros da integração de certa parcela aos proventos da aposentadoria dos Recorrentes. A seguir, tornou insubsistentes tais atos, reportando-se a determinados processos. Tomou-se o ato anterior como ilegal. Cumpre, então, perquirir se, na espécie, fez-se indispensável, ou não, a observância do princípio insculpido no inciso LV do rol das garantias constitucionais. Nele alude-se aos litigantes e aos processos judicial e administrativo, mencionando-se, após o direito ao contraditório, a ampla defesa com os meios e recursos a esta inerentes. O vocábulo “litigante” há de ser compreendido em sentido lato, ou seja, a envolver interesses contrapostos. Destarte, não tem o sentido processual de parte, a pressupor uma demanda. Este enfoque decorre de circunstância de estar ligado também aos processos administrativos. No caso dos autos, os Recorrentes lograram a integração de certa parcela aos proventos da aposentadoria, observado certo índice.

Relativamente a este ato, ocorreu a presunção de legitimidade que é própria aos praticados pela administração, ou seja, deve-se presumir a formalização nos moldes preconizados pela ordem jurídica, cobrando-se dos agentes públicos a atuação responsável. A presunção de legitimidade dos atos administrativos milita não só em favor da pessoa jurídica de direito público, como também do cidadão que se mostre, de alguma forma por ele alcançado. Logo, o desfazimento, ainda que sob o ângulo da anulação, deveria ter ocorrido em cumprimento irrestrito ao que se entende como devido processo legal (*lato sensu*) a que o inciso LV do art. 5º objetiva preservar. O que não transparece razoável é entender-se que o segundo ato praticado por também contar com a presunção de legitimidade, estaria a revelar como impróprio o contraditório, dispensada, assim, a participação, no processo administrativo, dos interessados. O contraditório e a ampla defesa assegurados constitucionalmente não estão restritos apenas àqueles processos de natureza administrativa que se mostrem próprios ao campo disciplinar. O dispositivo constitucional não contempla a especificidade assentada pela Corte de origem. Conforme fiz ver anteriormente, o prejuízo saltou aos olhos quando a Corte de origem, após tomar como dispensável o contraditório na fase administrativa, assentou que os Recorrentes não lograram fazer de plano, no mandado de segurança, a prova necessária à conclusão sobre a existência de direito líquido e certo.

Por tais razões, conheço o recurso interposto pela transgressão ao inciso LV do art. 5º da Constituição Federal e o provejo para, reformando o acórdão proferido, fulminar o ato administrativo praticado, ficando ressalvada ao Estado a renovação do procedimento com observância ao mandamento constitucional. Este provimento implica, portanto, a concessão da segurança.

É o meu voto.

VOTO

O Sr. Ministro Carlos Velloso: Sr. Presidente, ainda sob o pálio da Constituição de 1967, tive oportunidade, em votos que proferi no antigo Tribunal Federal de Recursos, de sustentar a aplicabilidade de cláusula *due process of law* nos procedimentos administrativos. Por mais de uma vez assim votei, com o apoio dos meus pares de então. Fundei-me, sobretudo, nas lições de José Frederico Marques e Geraldo Ataliba. Menciono, por exemplo, no TFR, a AMS 78.673-RN, na *RTFR* 56/218.

A Constituição de 1988 veio esclarecer de vez a questão, estabelecendo, no inciso LV do art. 5º, a aplicabilidade da cláusula ou do princípio nos procedimentos administrativos. *Due process of law*, sabemos todos, pode ser conceituado em termos processuais – e aqui estamos a tratar da cláusula em tais termos – e em termos substantivos. É o que ressai dos incisos LIV e LV do art. 5º da Constituição, No voto que proferi na ADIn 1.105-DF, discuti a questão.

Tenho, portanto, Sr. Presidente, que sob o pálio da Constituição de 1988 é indiscutível, é incontestável que o devido processo legal aplica-se a qualquer procedimento administrativo em que o patrimônio do administrado possa vir a ser, de qualquer modo, atingido, possa vir a ser, de qualquer modo, desfalcado.

Nos casos que tenho apreciado em que o tema é ventilado, procuro verificar se o ato administrativo praticado é puramente jurídico ou se envolve ele questões de fato, em que se exige o fazimento de prova.

Porque, se o ato é puramente jurídico, envolvendo, simplesmente, a aplicação de normas objetivas, mesmo não tendo sido assegurado o direito de defesa na área administrativa, pode a questão ser examinada, em toda a sua extensão, no Judiciário, na medida judicial contra o ato apresentada. Neste caso, portanto, não há falar em prejuízo para o administrado, ou não resulta, do fato de não lhe ter sido assegurada a defesa, na área administrativa, qualquer prejuízo, dado que a questão, repito, pode ser examinada e discutida, em toda a sua extensão, judicialmente. É que o processo tem caráter instrumental, é tão-só instrumento de realização da justiça. Nessa linha, quando o administrado vem a Juízo, diretamente, pleitear algo contra a administração pública, sem que nada tivesse requerido administrativamente, tenho como atendido o requisito do interesse de agir, se a administração contesta, em Juízo, o mérito da pretensão. Neste caso, não teria sentido dar pela inexistência do interesse de agir, se é possível ao Judiciário examinar as razões e as contra-razões de um e de outro. Neste caso tem-se uma pretensão contestada. Isto se faz, evidentemente, tendo em vista o caráter instrumental do processo.

Volto ao tema sob exame. Aqui, Sr. Presidente, esclarece o eminente Ministro Marco Aurélio que o exame da questão, na área administrativa, demandava certas providências em termos de prova, referentemente ao paradigma, que deveria ter sido indicado. E tanto isto é verdade que, no acórdão do STJ, informa o Sr. Ministro Relator, está afirmado que o ora recorrente deveria ter feito essa prova, vale dizer, a prova referentemente ao paradigma.

Sendo assim, impunha-se, na via administrativa, assegurar ao interessado o devido processo legal, o direito de defesa com as implicações a ele inerentes.

Com essas breves considerações, acompanho o voto do Sr. Ministro Relator: conheço do recurso e dou-lhe provimento.

VOTO (PRELIMINAR)

O Sr. Ministro Paulo Brossard: Senhor Presidente, lamento divergir da douta maioria. Entendo que a cláusula do inciso LV é muito precisa em seu alcance e em sua finalidade. Não se trata aqui de um litígio, nem judicial nem administrativo; não se trata de nenhum acusado que tenha direito ao contraditório e à ampla defesa, com os meios e recursos a ela inerentes.

Senhor Presidente, estou a lembrar-me do que ocorre, especialmente em períodos finais de governo, quando são praticados atos, às vezes em número considerável, que criam dificuldades à Administração nascente, a qual se vê obrigada a tomar urgentes, inadiáveis e saneadoras providências, fundada no princípio de que a Administração pode rever os seus atos, sem embargo de, caso a caso, a parte que entender ter sido lesada em seus direitos recorrer ao Poder Judiciário, ou por via do mandado de segurança ou por via de ação ordinária. Eu temo que a Administração se veja praticamente impedida de tomar medidas normais e necessárias particularmente em determinados momentos.

Entendo que o caso é de não conhecimento do recurso extraordinário, e neste sentido é o meu voto, com a vênia dos eminentes Ministros, nesta altura já em maioria.

VOTO (PRELIMINAR)

O Sr. Ministro Néri da Silveira (Presidente): A matéria é da maior importância. Havia, até a Constituição de 1988, sem dúvida nenhuma, entendimento assente, pacífico; inclusive esta Corte tem uma antiga Súmula, a de número 473, que diz:

> "A administração pode anular seus próprios atos quando eivados de vícios que os tornam ilegais, porque deles não se originam direitos, ou revogá-los, por motivo de conveniência ou oportunidade, respeitados os direitos adquiridos e ressalvada, em todos os casos, a apreciação judicial."

Com a Constituição de 1988 houve, então, maior extensão à garantia do contraditório e da ampla defesa, que antes se limitava aos processos de natureza penal, fazendo-se referência aos acusados e agora a Constituição alude a litigantes, *verbis*:

> "Art. 5º. (...)
>
> LV – aos litigantes, em processo judicial ou administrativo, e aos acusados em geral são assegurados o contraditório e ampla defesa, com os meios e recursos a ela inerentes."

Já tive oportunidade de adotar posição que, de certa maneira, guarda correspondência com o entendimento do eminente Ministro Relator. Em 1966, quando Consultor-Geral do Estado do Rio Grande do Sul, examinei situação realmente muito interessante e conhecida pelo eminente Ministro Paulo Brossard. Tratava-se de vantagens devidas à jornalista Gilda Marinho, dependente de Procurador do Estado junto ao Tribunal de Contas do Rio Grande do Sul, que percebia pensão com base no Código de Organização Judiciária do Estado. Havia muitos anos que a Administração estadual mantinha entendimento segundo o qual, em face da equiparação dos antigos Ministros dos Tribunais de Contas (hoje Conselheiros) aos Desembargadores, o regime assegurado pelo Código de Organização Judiciária estadual, quanto à Magistratura, deveria entender-se aplicável aos membros do Tribunal de Contas, também no que concerne à pensão de seus dependentes.

Em certo momento, depois da prática desse sistema de aplicação de antiga legislação, quando se cuidou da situação da citada pensionista, suscitou-se controvérsia, com substanciosos elementos jurídicos, sustentando-se que o regime não poderia ser o do COJ, não cabendo, portanto, persistir esse entendimento, devendo, porém, tornar-se insubsistente a concessão de pensão.

Examinei o assunto, no Parecer n. 6, da CGE-RS, e tive, então, de enfrentar a hipótese da Súmula 473, mas, basicamente, a partir de uma realidade: tratava-se de situação jurídica consolidada ao longo de muitos anos em que a Administração, iterativamente, vinha mantendo aquele entendimento em diversos governos.

Pergunta-se: de uma hora para outra seria lícito à Administração, de ofício, tornar insubsistente aquele ato tão antigo e que já produzira tantos efeitos? É um problema que diz com os limites da revisão do ato administrativo, pela própria Administração.

Cheguei, naquela oportunidade, à conclusão de que a Administração poderia fazê-lo, não entretanto pela via da revisão administrativa, mas somente por intermédio da via judicial, em ação adequada a anular aquela situação, quando seria, então, assegurado o amplo direito de defesa à parte.

Compreendo que essa é a solução para desfazer situações jurídicas, onde a mera revisão administrativa encontra dificuldade em face do princípio básico, que é o da segurança da ordem jurídica. Não cabe entender que, depois de dez ou doze anos em que a Administração vem procedendo de uma certa maneira, com presunção de legalidade, de validade, a parte interessada seja surpreendida com o desfazimento do ato.

No caso concreto, entretanto, fazia apenas alguns meses que a Administração acabara de transferir para a reserva os oficiais militares e lhes concedera a incorporação dessa gratificação ao regime da inatividade. Pergunta-se: nesse caso, também seria necessário que a Administração promovesse uma ação para anular aquela situação constituída? Penso que, num caso como esse, não cabe exigir tal procedimento da Administração, sob pena de tornar inteiramente limitada sua possibilidade de rever os próprios atos.

Imaginemos, na espécie, que a Administração houvesse negado a incorporação da vantagem. Pergunta-se: os interessados teriam condições de obtê-la? A resposta é afirmativa. Deveriam ir a juízo postular essa vantagem. No caso, a administração deferiu a vantagem, no primeiro momento, mas concluiu depois, por órgãos técnicos, que ela seria contrária à lei. Então tornou insubsistente o ato. E a parte interessada que já vinha percebendo? Ela tem a via judicial, se pretender manter aquela vantagem. Penso que, em situações especiais pode-se assim proceder, quando se tratar de situação muito antiga, porque, aí, vem em favor do ato a segurança das relações jurídicas. Entendo que o dispositivo da Constituição não possui tão larga abrangência a ponto de impedir à Administração de, tendo praticado um ato, anulá-lo sem criar um contencioso administrativo, chamando a parte a vir se defender perante a Administração e demonstrar as suas razões. No caso concreto, trata-se de concessão de uma gratificação.

Vou também pedir licença aos eminentes Ministros Relator, Francisco Rezek e Carlos Velloso, para não conhecer do recurso extraordinário, entendendo que a decisão do colendo STJ, no caso concreto, não ofendeu o disposto no inciso LV do art. 5º da Constituição.

Como se trata de mandado de segurança, nada impede que, nas vias ordinárias, os interessados entrem com ação para ver afirmado esse direito, que sustentam resultante do primitivo ato agora anulado.

EXTRATO DA ATA

RE 158.543-RS

Rel.: Min.: Marco Aurélio

Rectes.: Ubirajara de Sá Gomes e outros (advs.: Luis Renato Ferreira da Silva e outro)

Recdo.: Estado do Rio Grande do Sul (advs.: Vera Lucia Zanete e outro).

Decisão: por maioria de votos, a Turma conheceu do recurso e lhe deu provimento, para deferir, em parte, o mandado de segurança, nos termos do voto do Relator. Vencidos os Ministros Paulo Brossard e Néri da Silveira, Presidente. Falaram, pelos recorrentes, o Dr. Luis Renato Ferreira da Silva e, pelo recorrido, o Dr. Ricardo Antonio Lucas Camargo.

Presidência do Senhor Ministro Néri da Silveira. Presentes à Sessão os Senhores Ministro Paulo Brossard, Carlos Velloso, Marco Aurélio e Francisco Rezek. Subprocurador-Geral da República, o Dr. Mardem Costa Pinto.

Brasília, 30 de agosto de 1994. José Wilson Aragão, Secretário.

JURISPRUDÊNCIA

SUPREMO TRIBUNAL FEDERAL

Mandado de Segurança n. 21.269-DF (Tribunal Pleno)
Relator: o Sr. Ministro Francisco Rezek
Impetrante: Abelardo Flores
Impetrados: Tribunal Regional do Trabalho da 3ª Região e Presidente da República
Litisconsortes passivos: Antonio Miranda de Mendonça e Alice Monteiro de Barros

Mandado se segurança. TRT. Recusa do juiz mais antigo. Aposentação do impetrante.

Mandado de segurança contra nomeação para vaga em TRT com preterição do candidato mais antigo. Perda do objeto, frente à aposentação do impetrante.

Mandado de segurança prejudicado.

ACÓRDÃO

Vistos, relatados e discutidos estes autos, acordam os Ministros do Supremo Tribunal Federal, em Sessão Plenária, na conformidade da ata do julgamento e das notas taquigráficas, por maioria de votos, em julgar prejudicado o pedido de mandado de segurança.

Brasília. 3 de setembro de 1992. Sydney Sanches, Presidente. Francisco Rezek, Relator.

RELATÓRIO

Sr. Ministro Francisco Rezek: Este mandado de segurança, cuja inicial é de dezembro de 1990, apontou como autoridades coatoras o Presidente da República e o Presidente do Tribunal Regional do Trabalho da Terceira Região. O impetrante, então juiz do Trabalho em Minas Gerais, encabeçava a ordem de antigüidade dos juízes presidentes de juntas sob a jurisdição daquele TRT, e, tendo-se habilitado a preencher vaga neste último, foi preterido por seu plenário, por quinze votos a quatro, em favor do segundo colocado no rol.

Justificou a inicial ser o Supremo competente para a demanda, à base do argumento de estar em debate ato complexo que reclama a participação do Presidente da República, apontando, no mérito, tripla inconstitucionalidade no procedimento administrativo em que se deu a recusa: falta do devido processo legal, com direito à ampla defesa; ausência de motivação e fundamentação; e aplicação inadequada da regra da recusa do juiz mais antigo, em se tratando de acesso aos tribunais – respectivamente, art. 5º-LV e 93-IX, X e III da Constituição atual.

Sustenta o impetrante que o art. 5º-LV assegura a ampla defesa, nos litígios judiciais e administrativos, "aos acusados em geral", não permitindo restrição. O art. 93, IX e X foi evocado para lembrar a necessidade de fundamento para toda decisão do Poder Judiciário, seja administrativa ou judicial a questão fluente. Seria, finalmente, impraticável, à luz da sistemática consagrada no texto de 1988, a recusa do juiz mais antigo no caso de acesso aos tribunais: isto só poderia ocorrer nas hipóteses de promoção de entrância para entrância – e não na ascensão da primeira para a segunda instância – este sendo o seu caso.

O impetrante pediu a suspensão liminar da nomeação do juiz afinal indicado, a notificação das autoridades impetradas para as informações, bem como a do juiz escolhido para figurar como litisconsorte e, afinal, o reconhecimento do seu direito líquido e certo ao acesso por antigüidade, com efeitos desde a preterição, e vantagens patrimoniais corrigidas.

Recebendo o feito no dia 7.1.1991 na qualidade de Presidente por substituição regimental, o Ministro Pertence indeferia a liminar já no dia seguinte, em despacho que afastava a perspectiva de prejuízo ao impetrante que a suspensão cautelar pudesse prevenir. Pediu, na ocasião, as informações habituais e ordenou a citação do litisconsorte passivo.

Novo pedido de liminar foi articulado – agora, ante o Ministro Célio Borja, a quem tocou o feito por distribuição – para sustar no mesmo TRT o preenchimento de vaga pelo critério do merecimento, porque o juiz prestigiado pelo fator antigüidade, caso procedente o mandado de segurança ver-se-ia prejudicado por não figurar no rol concernente à segunda vaga. Indeferiu-o o Ministro Relator.

O Presidente da República informou, pela Consultoria-Geral, não haver ilegalidade no ato executivo de nomeação, vinculada que está a decisão presidencial à proposta que o tribunal formula. O Tribunal do Trabalho da Terceira Região, por seu turno, valeu-se de jurisprudência do Supremo, anterior à Constituição atual, para estimar idônea a recusa desmotivada.

Nesse entretempo, ocorreu a nomeação do juiz escolhido na origem, tendo sido publicado o decreto próprio em 22 de janeiro do ano passado.

Respondeu o juiz-listisconsorte passivo que, preliminarmente, lhe parecia necessário o chamamento da juíza nomeada para a segunda vaga, na idêntica condição de litisconsorte; e, no mérito, que a natureza mandamental da via eleita tornava juridicamente impossível o pedido de *acesso* que o autor entendeu ser de seu direito: não poderia ele pretender mais que a anulação do procedimento adotado na origem. A par disto, defendeu o litisconsorte a validade do ato de recusa.

Determinou o Ministro Célio Borja fosse citada a juíza-litisconsorte, que, no essencial, veio nos autos para, preliminarmente, argüir a incompetência do Supremo para ação – visto inexistir ilegalidade por parte do Presidente da República –, propondo fosse a questão enviada ao tribunal de origem. Estimou, ainda, inepta a inicial, por incoerência lógica entre fundamentos e pedido, já que não podia o impetrante requerer, com base na argumentação expendida, o direito ao acesso, mas somente a nulidade do procedimento administrativo. Daí resultariam o descabimento da segurança e conseqüências de ordem vária.

A Procuradoria-Geral da República opina pela denegação da ordem, com base em jurisprudência desta Corte anterior à Constituição de 1988.

Estando o processo assim instruído, coube-me a relatoria por sucessão. Em seguida a juíza-litisconsorte informou que a impetrante se aposentara no cargo de juiz presidente de junta em Belo Horizonte, retirando objeto ao mandado de segurança.

Determinei fosse ouvido o autor sobre a informação recém-chegada. Ao entender improcedente o alvitre da litisconsorte, assim falou o impetrante:

> "Induvidosamente, permanece íntegro o direito de acesso postulado pelo impetrante, que não estava obrigado a aguardar em atividade o desfecho da segurança, dado que esse direito foi adquirido *antes* da sua aposentadoria, tendo o seu reconhecimento, em qualquer época, o efeito de alterar as condições da mesma aposentadoria e de seus respectivos proventos.

> Isso, tanto mais porque o pedido envolve, expressamente, o direito à retroação do acesso à data da preterição do impetrante e efeitos patrimoniais a partir da impetração, nada disso sendo atingido nem resultando prejudicado com a aposentadoria em questão.
>
> Daí permanecer íntegro o interesse na demanda" (fls. 32/324).

É o relatório.

VOTO

O Sr. Ministro Francisco Rezek (Relator): Quanto à questão da competência: aquilo que se pretende desconstituir é ato que envolve a autoridade do Presidente da República na sua finalização. Em tais circunstâncias, a jurisprudência do Supremo indica que à Casa incumbe decidir.

Não tem razão o impetrante quando diz que faltou, no procedimento administrativo ante o TRT, atenção às garantias constitucionais da ampla defesa e do contraditório. A inicial invoca o inciso LV do art. 5º, que diz que "aos litigantes, em processo judicial ou administrativo, e aos acusados em geral são assegurados o contraditório e ampla defesa, com os meios e recursos a ela inerentes".

O impetrante não se caracterizou, no caso concreto, como litigante em qualquer processo, e não foi também, em momento algum, um acusado. Se admitíssemos o argumento de que o impetrante o foi (acusado de não merecer, ainda que por antigüidade, o acesso ao TRT), estaríamos a um passo de também qualificar como acusado aquele a quem se pretere numa promoção por merecimento, o militar, o diplomata ou lá quem seja – que se auto qualificaria como "acusado" de ser menos talentoso, de ostentar menos mérito do que outrem. A invocação do inciso LV do art. 5º parece-me despropositada.

O segundo argumento é o de que a regra que faculta, na Carta, a preterição do juiz mais antigo pelo voto qualificado de dois terços do colégio onde se cuida de admitir alguém, não se aplicaria ao acesso, mas somente às promoções de entrância para entrância na judicatura de primeiro grau. Também aí não procede o pedido, visto que embora o inciso II do art. 93 da Carta discipline, com suas alíneas, a promoção de entrância para entrância, e o acesso aos tribunais seja versado no inciso III, este último remete expressamente ao anterior quando diz que:

> "o acesso aos tribunais de segundo grau far-se-á por antigüidade e merecimento, alternadamente, apurados na última entrância ou, onde houver, no Tribunal de Alçada, quando se tratar de promoção para o Tribunal de Justiça, *de acordo com o inciso II* e a classe de origem."

A remissão ao inciso II e, portanto, aos critérios determinados por suas alíneas, faz ver que a regra que permite – em determinadas circunstâncias e observado determinado ritual – preterir-se o juiz mais antigo vale também para essa hipótese.

O impetrante está certo quando denuncia a *falta de motivação* como algo que vicia a decisão do Tribunal Regional do Trabalho em Minas Gerais. O inciso IX do mesmo art. 93 da Carta diz que todos os julgamentos dos órgãos do Poder Judiciário serão públicos, e fundamentadas todas as decisões. Não é disto que se cuida; não há aqui uma decisão resultante de *julgamento*; ademais, se assim fosse, teria sido também inobservado o dever de realizar sessão pública. Estamos aqui no domínio do inciso X, que diz:

> "as decisões administrativas dos tribunais serão motivadas, sendo as disciplinares tomadas pelo voto da maioria absoluta de seus membros;"

O segundo componente da frase previne qualquer visão restricionista (no sentido de que decisões administrativas são aquelas que dizem respeito à economia burocrática do tribunal, não tendo a ver, entretanto, com temas relacionados à carreira), já que a frase, no seu conjunto, indica que para o constituinte as decisões disciplinares são uma espécie do gênero das decisões administrativas.

No Tribunal Regional do Trabalho, quando se deu a sessão aqui discutida – cuja ata veio aos autos e nele se encontra – um dos juízes, o professor Antônio Álvares da Silva, contestou a possibilidade de tomar-se a decisão por voto secreto, porque tanto resultaria numa decisão *imotivada*. Entendeu ele que a motivação era necessária à luz da Carta. A maioria há de haver pensado de modo diverso. Assim a decisão se tomou, em escrutínio secreto, por quinze vozes contra quatro, e não há o que a explique ao interessado. A ata revela que foi indagado se havia, na Corregedoria, algo fluindo contra aquele que encabeçava a lista de antigüidade, havendo-se respondido que não.

Quanto aos motivos que poderiam levar o Tribunal a recursar por dois terços o juiz mais antigo, e que deveriam ser depois acessíveis ao próprio preterido, longe de mim a idéia de que eles devessem ter a estatura de uma acusação criminal ou de uma sentença condenatória. Veja-se bem: estamos falando de juízes de carreira, em pleno exercício da judicatura, contra os quais não pode pesar nada que já os devesse ter excluído da magistratura. Não é isso que se reclama. A motivação que o impetrante entende que não houve, e que a meu ver faltou efetivamente à decisão administrativa, não precisa referir-se a algo de monta bastante para produzir conseqüências mais graves que a preterição, mas há de ter defensabilidade à luz dos princípios que orientam nossa ordem constitucional. Motivação que parecesse, segundo tais princípios, de algum modo indefensável, poderia fazer desautorizar a decisão administrativa. Figuremos o caso de um tribunal que recusasse o juiz mais antigo dizendo que, em se tratando de mulher, ou de integrante de minoria étnica, a autoridade que se espera reconhecida pelos jurisdicionados, naquele quadro social e naquele nível de judicatura, resultaria comprometida. Todos neste Plenário conhecem nossas instituições judiciárias o bastante para saber que essa hipótese não se situa no patamar do surrealismo. Coisas muito próximas disso já foram ditas ou praticadas por casas judiciárias no território da República.

A motivação, necessária à luz do inciso 10 do art. 93 da Carta, tem por efeito útil permitir que o preterido saiba se não se cuida de um argumento contra o qual ele possa insurgir-se à luz dos princípios maiores da própria Constituição. É uma perspectiva remota na prática, mas não é algo a ser descartado.

Isto não significa, porém, que o impetrante tenha direito ao pretendido acesso. Nem existe aí nulidade *absoluta*, ditada pelo interesse público, mas lesão ao interesse subjetivo (do juiz) de não se ver preterir sem que o colégio responsável pelo gesto se digne explicá-lo.

Houvesse o impetrante permanecido na atividade judicante, não tenho dúvida de que lhe concederia a segurança – no mínimo para exigir motivação, ainda que tardia, da decisão preteritória; e mais provavelmente (sem embargo dos transtornos daí decorrentes) para anular a decisão e seus efeitos, de modo que outra se proferisse segundo a liturgia da Carta.

Julgo importante que isso fique claro. Do ponto de vista profilático, encarando no futuro outras tantas reuniões de tribunais para esse mesmo propósito, penso que teremos alcançado um nível de maior segurança se na consciência dos juízes chamados à decisão luzir a idéia de que a recusa do candidato mais antigo há de explicar-se, não necessariamente com a identificação dos votantes, mas com a discussão entre eles daquilo que motiva cada um, para que eventualmente se lavre um texto que exprima o juízo da maioria qualificada.

O impetrante, no entanto, deixou o serviço ativo. Aposentou-se voluntariamente. Não há mais falar na possibilidade de que, renovando-se a assentada, seja ele indicado à promoção, ou de novo preterido, desta vez motivadamente.

De outro lado, porque inexiste um direito subjetivo ao acesso, não haveria como conceder-lhe aquilo que, noutras circunstâncias, mesmo inativo lhe aproveitaria: a promoção retrooperante em seus efeitos retributivos e honoríficos.

Sendo assim, não há mais em quê o reconhecimento do vício da imotivação na decisão do TRT possa aproveitar ao impetrante. Falece-lhe agora o interesse de agir no domínio da única, dentre suas teses, em que devemos reconhecer procedência. Tenho como prejudicado o pedido de segurança.

VOTO (S/PRELIMINAR DE PREJUDICIALIDADE)

O Sr. Ministro Carlos Velloso: Sr. Presidente, o que sustento a respeito do tema – controle do ato administrativo pelo Judiciário – é que, submetido o ato ao controle do Poder Judiciário, se este entender que o ato contém vício, que o ato é contrário à lei ou à Constituição, deverá declarar a sua nulidade, não lhe cabendo, em tal caso, devolver o ato à autoridade administrativa – como que ensinando a autoridade administrativa como proceder – para que o ato seja refeito.

No caso, reconhece-se que o ato administrativo contém vício grave, não está motivado, foi praticado ao arrepio da Constituição, art. 93, X. Nada mais poderá fazer o Judiciário em tal caso, senão anular o ato.

Estou de acordo com o Sr. Ministro Relator no que toca à primeira parte do pedido. Na verdade, não há falar haja o ato sido praticado com violação do art. 5º, inc. LV, da Constituição Federal, dado que o ato administrativo objeto da causa tem conotação especial, está referido, expressamente, no art. 93, II, *d*, da Lei Maior.

Todavia, Senhor Presidente, disto não há fugir: o ato administrativo objeto da causa foi praticado com ofensa ao inc. X do mesmo art. 93, da Constituição: trata-se de decisão administrativa que deveria ser motivada. Desmotivada, como está, é nula, devendo o Supremo Tribunal declarar essa nulidade. Declarada a nulidade do ato, segue-se a sua conseqüência: a recusa do juiz mais antigo ocorreu mediante decisão nula. Nulo o ato da recusa, porque contrário à Constituição, segue-se, repito, a sua conseqüência: que o juiz mais antigo, recusado mediante ato declarado nulo, deverá ser promovido.

O mandado de segurança, ao contrário do que afirma o eminente Relator, não está, *data venia*, prejudicado, em razão de ter o impetrante requerido a sua aposentadoria enquanto a segurança tinha andamento. É que, reconhecida a nulidade do ato da recusa, segue-se a sua promoção, fazendo-se a conversão da aposentadoria de juiz de 1º grau para juiz de 2º grau. É o que deverá ocorrer. Ao que me parece.

Reitero, finalmente, a afirmativa no sentido de que, anulado o ato, por não estar motivado, não há como retorná-lo à autoridade, para que o ato seja refeito, para que os motivos sejam dados. Ouçamos a lição de Celso Antônio Bandeira de Mello: "Deveras, é perceptível de imediato que nenhuma aferição de legitimidade, nenhuma certeza sobre a correção do ato administrativo serão prestantes se este for expedido sem motivação, quando, uma vez impugnado exista para quem o expediu – Legislativo, Executivo ou Judiciário – a possibilidade de aduzir *ad hoc* serodiamente, motivos, razões e justificativas que jamais se poderá saber se efetivamente existiram ou foram tomados em conta no momento de sua prática". É que, continua o festejado administrativista, jamais será possível aferir "se ditos motivos (e correlatamente razões e justificativas) estiveram ou não embasando o ato questionado, à época em que foi produzido" (Celso Antônio Bandeira de Mello, *Discricionariedade e Controle Jurisdicional*, Malheiros Editores, 1992, p. 104).

Senhor Presidente, com essas breves considerações, peço vênia ao eminente Ministro Relator, cujas opiniões tenho o costume de acolher e respeitar, para divergir, no caso, de S. Exa. Meu voto é no sentido de que o mandado de segurança não está prejudicado.

VOTO (S/PRELIMINAR DE PREJUDICIALIDADE)

O Sr. Ministro Sepúlveda Pertence: Sr. Presidente, quero declarar, de logo, que desde o primeiro contato com este processo, que despachei como substituto eventual da Presidência, a minha impressão coincide inteiramente com o voto do eminente Relator, Ministro Francisco Rezek. Só não deferi a liminar porque, desde o início, me pareceu que não poderia chegar, nem na decisão definitiva, muito menos na decisão liminar, ao deferimento do pedido como formulado; o de assegurar o acesso do impetrante ao Tribunal. E não podendo assegurar-lhe isto, sequer provisoriamente, nenhum provimento útil lhe poderia assegurar liminarmente, e a posse do litisconsorte, salvo engano, já então, realizada, nenhum prejuízo irreparável lhe traria.

O eminente Ministro Carlos Velloso diverge da conclusão do Ministro Relator, não só para anular o ato mas, ao que entendi, para determinar a promoção na inatividade, com os efeitos possíveis.

Senhor Presidente, estou em que o problema a indagar é se subsiste o interesse de agir. É óbvio que o pedido, tal como formulado, se tornou de atendimento impossível. Mas ao responder ao questionamento, salvo engano, pelo segundo litisconsorte, de que o pedido estava prejudicado, afirmou o impetrante, a meu ver corretamente, que subsistem pretensões materiais que decorreriam da sua promoção. Isto me basta para não poder, com todas as vênias, afirmar prejudicado o pedido.

Mas também não posso chegar à conclusão do Ministro Velloso.

Concedo a segurança para anular a decisão do Tribunal, que saberá como proceder, em conseqüência, de modo a atender à pretensão reparatória de preterição indevida do impetrante, mediante a indicação do seu nome à promoção na inatividade ou declarar motivadamente porque lhe nega a indicação reparadora.

VOTO (S/PRELIMINAR DE PREJUDICIALIDADE)

O Sr. Ministro Octavio Gallotii: Sr. Presidente, a causa de pedir da impetração é a alegada nulidade de um ato administrativo, por vício de forma.

Por isso, a conseqüência natural do atendimento da pretensão do impetrante seria a anulação desse ato, para que o Tribunal Regional do Trabalho outro proferisse, de acordo com a lei e a Constituição.

Essa conseqüência tornou-se impossível, com a superveniente aposentadoria do Impetrante.

Acompanho o voto do eminente Relator, com a devida vênia dos que dele divergem, e julgo prejudicado o pedido.

VOTO (S/PRELIMINAR DE PREJUDICIALIDADE)

O Sr. Ministro Néri da Silveira: Sr. Presidente. Na realidade anulado o ato por falta de fundamentação, ao Tribunal incumbiria praticar esse ato motivadamente. Assim, o Tribunal teria que decidir se manteria a recusa, enunciando os motivos correspondentes, ou então, se entendesse que as causas não seriam suficientes, haveria de encaminhar o ato de promoção, por antigüidade, do Juiz.

Dá-se que, a esta altura, por um fato superveniente, não será mais possível tal procedimento: o magistrado já se aposentou, o que vale dizer, ele como que desistiu da promoção por antigüidade que, antes, pretendia. Desse modo, em face do fato novo da aposentadoria, não será cabível deferir o mandado de segurança para cassar o ato e determinar que o Tribunal profira outro, fundamentadamente, inclusive para manter a recusa ou encaminhar a promoção.

Assim sendo, o mandado de segurança, a meu ver, está realmente prejudicado, em razão de fato novo proveniente da vontade do impetrante.

VOTO (S/PRELIMINAR DE PREJUDICIALIDADE)

O Sr. Ministro Sydney Sanches (Presidente): Também peço vênia aos Ministros Carlos Velloso e Sepúlveda Pertence para acolher a preliminar de prejudicialidade.

Se o ato é nulo, deve ser praticado de novo, validamente. Então, se ele há de se renovar validamente, o procedimento da promoção deveria ser reaberto e, nesse procedimento, se o impetrante estivesse em atividade, poderia até ocorrer a rejeição motivada. Sucede que, com sua aposentadoria, esse procedimento não pode envolvê-lo de forma alguma e, não podendo, está evidenciado que o fato superveniente fez com que desaparecesse seu interesse de agir.

A rigor, esta questão precede a da prejudicialidade: desapareceu o interesse de agir. Eu a colocaria antes, se fosse importante para o desfecho, mas vejo que não é porque a maioria já se formou em torno da prejudicialidade.

Com a ressalva apenas de fundamento, julgo prejudicado o mandado de segurança.

EXTRATO DA ATA

MS 21.269-DF

Rel. Min. Francisco Rezek

Impte.: Abelardo Flores. Advs.: Edgard Moreira da Silva e outros

Impdo.: Tribunal Regional do Trabalho da 3ª Região e Presidente da República

Lit. Pass.: Antonio Miranda de Mendonça e Alice Monteiro de Barros. Advs.: Eduardo Antonio Vieira Ayer e outro. João Bosco Leopoldino da Fonseca e Luiz Rafael Mayer.

Decisão: por maioria de votos, o Tribunal julgou prejudicado o pedido de mandado de segurança, vencidos os Ministros Carlos Velloso e Sepúlveda Pertence, que rejeitavam a preliminar. Votou o Presidente.

Presidência do Senhor Ministro Sydney Sanches, Presidente. Presentes à Sessão os Senhores Ministros Néri da Silveira, Octavio Gallotti, Paulo Brossard, Sepúlveda Pertence, Celso de Mello, Carlos Velloso, Marco Aurélio, Ilmar Galvão e Francisco Rezek. Ausente, justificadamente, o Senhor Ministro Moreira Alves. Procurador-Geral da República, Dr. Antonio Fernando Barros e Silva de Souza, substituto.

Brasília, 3 de setembro de 1992. Luiz Tomimatsu, Secretário.

SUPREMO TRIBUNAL FEDERAL

Mandado de Segurança n. 21.517-SP (Tribunal Pleno)

Relator: o Sr. Ministro Francisco Rezek

Impetrante: Antônio Vital Ramos de Vasconcelos

Impetrados: Presidente da República e Presidente do Tribunal Regional Federal da 3ª Região

Litisconsorte passivo: Sinval Antunes de Souza

Mandado de segurança. TRF. Recusa do juiz mais antigo. Aposentação do impetrante.

Mandado de segurança contra nomeação para vaga do TRF da 3ª Região com preterição do candidato mais antigo. Perda do objeto, frente à aposentadoria do impetrante.

Mandado de segurança prejudicado.

ACÓRDÃO

Vistos, relatados e discutidos estes autos, acordam os Ministros do Supremo Tribunal Federal, em sessão plenária, na conformidade da ata do julgamento e das notas taquigráficas, por maioria de votos, em julgar prejudicado o pedido de mandado de segurança.

Brasília, 16 de junho de 1993. Octavio Gallotti, Presidente. Francisco Rezek, Relator.

RELATÓRIO

O Sr. Ministro Francisco Rezek: Este mandado de segurança foi impetrado por juiz federal, apontando como autoridades coatoras o Presidente da República e o do Tribunal Regional Federal da 3ª Região. Liminarmente buscava obter a suspensão da nomeação do outro juiz para vaga daquela Corte, mediante promoção; no mérito, postulava o impetrante o "direito do acesso" àquele tribunal, pelo critério da antigüidade.

Antes mesmo da entrada da inicial no protocolo do Supremo, o juiz-litisconsorte passivo já tinha sido nomeado. Torna o impetrante, em petição avulsa, a requerer a suspensão do decreto de nomeação, recebendo do Relator despacho indeferitório, visto inexistir risco de dano irreversível até a deliberação definitiva por esta Corte – como de resto está a proclamar nossa própria jurisprudência.

O feito teve a instrução conveniente ao mandado de segurança. Depois de ouvir o Ministério Público Federal, despachei no seguinte sentido:

> "Despacho: – Para mais completa instrução dos autos dos MM. SS. 21.517-8 e 21.522-4, peça-se ao meritíssimo Juiz Presidente do TRF de São Paulo que informe a esta Corte:
>
> 1) Se na data da decisão com que o TRF, deliberando sobre acesso por antigüidade, recusou os nomes dos Juízes Federais Antônio Vital Ramos Vasconcelos e João Carlos da Rocha Mattos, tinha, cada um deles, conhecimento integral dos registros e

dos expedientes em andamento, a dizer-lhe respeito, na competente corregedoria, e ora constantes das informações prestadas ao Supremo.

2) Se alguma comunicação posterior à decisão de 15 de maio deu conta, a cada um dos magistrados impetrantes, dos dados sobre sua vida funcional encaminhados aos membros do TRF antes da sessão daquela data, na conformidade da ata respectiva" (fl. 513).

Veio a resposta do Presidente do TRF-3ª Região, que dou a saber ao Plenário:

"Senhor Ministro,

Atendendo ao contido no ofício 1.390/R, de 18 do corrente, encaminho a Vossa Excelência as anexas informações que foram prestadas pelo Senhor Juiz Corregedor-Geral da Justiça Federal da 3ª Região, destinadas a instruir os autos do Mandado de Segurança n. 21.517-8, no qual figura como impetrante Antônio Vital Ramos Vasconcelos.

Verifica-se das mesmas que o impetrante tinha, antes da sessão plenária que lhe recusou a promoção por antigüidade, realizada em 15 de maio último, conhecimento integral dos registros e expedientes em andamento, a dizer-lhe respeito, na Corregedoria e constantes das informações prestadas ao Colendo Supremo Tribunal Federal.

O impetrante acompanhou pessoalmente, prestando informações na Correição Parcial 11/91-CG, apresentando defesa prévia quando a mesma foi transformada em Sindicância, produzindo e acompanhando a produção de provas.

Esclareço, outrossim, que após 15 de maio do ano em curso não lhe foi feita qualquer comunicação dos dados sobre sua vida funcional encaminhados aos membros do Tribunal antes da referida sessão, nem houve qualquer solicitação em tal sentido.

Valho-me da oportunidade para renovar a Vossa Excelência protestos de elevada estima e consideração.

Juiz Homar Cais, Presidente" (fls. 518/519).

No dia 19 de maio último, recebi ofício do Juiz Américo Lacombe, atual Presidente da Corte impetrada:

"Senhor Ministro,

Pelo presente, comunico a Vossa Excelência que o MM. Juiz Federal da 14ª Vara da Seção Judiciária do Estado de São Paulo, Doutor Antônio Vital Ramos Vasconcelos, impetrante do MS n. 21.517-8/160, aposentou-se nesta data, conforme Ato 671, de 18.5.1993 (documentos anexados).

Julgo ainda oportuno, com relação ao Senhor Juiz Federal João Carlos da Rocha Mattos, impetrante do MS 21.511-4/180, informá-lo que o mesmo foi afastado de suas funções através do Ato 581, de 30.11.1992, até final decisão nos autos do Processo Disciplinar 92.03.77999-0, cuja origem é a Sindicância n. 92/91/CG, mandada instaurar com o fim de apurar os fatos noticiados na Representação 71/91-CG.

Ao ensejo, renovo protesto de estima e consideração" (fl. 524).

Tais as circunstâncias, pedi dia para julgamento.

É o relatório.

VOTO

O Sr. Ministro Francisco Rezek (Relator): Lerei dois dispositivos que estão no art. 93 da Carta, entre os princípios que hão de orientar o Estatuto da Magistratura, e que se impõe desde logo:

O inciso IX é aquele que diz que:

"todos os julgamentos dos órgãos do Poder Judiciário serão públicos e fundamentadas todas as decisões, sob pena de nulidade (...)"

O inciso X prescreve que:

"as decisões administrativas dos tribunais serão motivadas, sendo as disciplinares tomadas pelo voto da maioria absoluta de seus membros;"

Pondero que o parecer da Procuradoria Geral da República, lavrado pela Dra. Odília Ferreira da Luz Oliveira, concluiu que a segurança deve ser concedida em parte. Depois de repudiar uma série de argumentos da impetração relacionados com a processualística, a Subprocuradoria-Geral estimou, não obstante, que a regra que reclama motivação foi preterida; assim, por falta de motivação, haver-se-ia de invalidar a rejeição do juiz mais antigo, para que de novo o Tribunal Regional deliberasse, desta vez motivadamente.

Há uma compreensível ambigüidade no desfecho do parecer (visto que o juiz também se coloca essa questão como tormentosa): qual seria o exato efeito da concessão da segurança, ainda que em parte? Nulificar o ato de rejeição com todas as suas consqüências? Desvestir da toga o juiz nomeado, e em pleno exercício da judicatura? Ou estaria nas mãos da casa a possibilidade de uma solução pragmática, presumindo-se que a rejeição por larga maioria é algo em torno de quê o Tribunal não voltará atrás? Com efeito, não se há de presumir que o TRF agiu com leviandade ou movido por sentimentos subalternos, e só preteriu o juiz mais antigo porque estimava desnecessário motivar seu gesto, e que agora, instado pelo Supremo a fazê-lo, tende a modificá-la para, desta vez, acolher quem originalmente rejeitou. Não. A presunção haveria de ser outra, a de que o Tribunal, coerente com o que já disse, voltaria a dizê-lo; só que, na primeira ocasião, sentindo-se exonerado de motivar a recusa; e, na segunda, sentindo-se obrigado a fazê-lo.

Sendo esse o enfoque correto, vem à superfície a questão de saber se uma eventual concessão da segurança, no caso, impõe que se nulifique a rejeição e todas as suas conseqüências, a começar pela investidura do juiz que foi votado e se investiu por antigüidade, ou se essa concessão produziria como efeito apenas o reclamar-se do Tribunal que fizesse aquilo que faltou fazer: que motivasse, ainda que tardiamente, a rejeição, de tal modo que não ficasse sem réplica o desejo, constitucionalmente fundado, do juiz que se viu preterir, de conhecer de modo formal as razões da Corte.

Mas, como o final do relatório trouxe ao conhecimento da Casa, um fato novo se produziu na origem. Por conta desse fato novo – a aposentadoria do impetrante – permito-me dar a leitura ao voto que proferi no Mandado de Segurança n. 21.269, que guarda substancial semelhança com este. É o caso do Juiz Abelardo Flores, do Tribunal Regional do Trabalho de Minas Gerais.

Meu voto, na ocasião, foi o seguinte:

"O Sr. Ministro Francisco Rezek (Relator): Quanto à questão da competência: aquilo que se pretende desconstituir é ato que envolve a autoridade do Presidente da República na sua finalização. Em tais circunstâncias, a jurisprudência do Supremo indica que à Casa incumbe decidir.

Não tem razão o impetrante quando diz que faltou, no procedimento administrativo ante o TRT, atenção às garantias constitucionais da ampla defesa e do contraditório. A inicial invoca o inciso LV do art. 5º, que diz que "aos litigantes, em processo judicial ou administrativo, e aos acusados em geral são assegurados o contraditório e ampla defesa, com os meios e recursos a ela inerentes".

O impetrante não se caracterizou, no caso concreto, como litigante em qualquer processo, e não foi também, em momento algum, um acusado. Se admitíssemos o argumento de que o impetrante o foi (acusado de não merecer, ainda que por antigüidade, o acesso ao TRT), estaríamos a um passo de também qualificar como acusado aquele a quem se pretere numa promoção por merecimento, o militar, o diplomata ou lá quem seja – que se autoqualificaria como "acusado" de ser menos talentoso, de ostentar menos mérito do que outrem. A invocação do inciso LV do art. 5º parece-me despropositada.

O segundo argumento é o de que a regra que faculta, na Carta, a preterição do juiz mais antigo pelo voto qualificado de dois terços do colégio onde se cuida de admitir alguém, não se aplicaria ao acesso, mas somente às promoções de entrância para entrância na judicatura de primeiro grau. Também aí não procede o pedido, visto que embora o inciso II do art. 93 da Carta discipline, com suas alíneas, a promoção de entrância para entrância, e o acesso aos tribunais seja versado no inciso III, este último remete expressamente ao anterior quando diz que:

> "o acesso aos tribunais de segundo grau far-se-á por antigüidade e merecimento, alternadamente, apurados na última entrância ou, onde houver, no Tribunal de Alçada, quando se tratar de promoção para o Tribunal de Justiça, *de acordo com o inciso II* e a classe de origem."

A remissão ao inciso II e, portanto, aos critérios determinados por suas alíneas, faz ver que a regra que permite – em determinadas circunstâncias e observado determinado ritual – preterir-se o juiz mais antigo vale também para essa hipótese.

O impetrante está certo quando denuncia a *falta de motivação* como algo que vicia a decisão do Tribunal Regional do Trabalho em Minas Gerais. O inciso IX do mesmo art. 93 da Carta diz que todos os julgamentos dos órgãos do Poder Judiciário serão públicos, e fundamentadas todas as decisões. Não é disto que se cuida; não há aqui uma decisão resultante de *julgamento*; ademais, se assim fosse, teria sido também inobservado o dever de realizar sessão pública. Estamos aqui no domínio do inciso X, que diz:

> "as decisões administrativas dos tribunais serão motivadas, sendo as disciplinares tomadas pelo voto da maioria absoluta de seus membros;"

O segundo componente da frase previne qualquer visão restricionista (no sentido de que decisões administrativas são aquelas que dizem respeito à economia burocrática do tribunal, não tendo a ver, entretanto, com temas relacionados à carreira), já que a frase, no seu conjunto, indica que para o constituinte as decisões disciplinares são uma espécie do gênero das decisões administrativas.

No Tribunal Regional do Trabalho, quando se deu a sessão aqui discutida – cuja ata veio aos autos e neles se encontra – um dos juízes, o Professor Antônio Álvares da Silva, contestou a possibilidade de tomar-se a decisão por voto secreto, porque tanto resultaria numa decisão *imotivada*. Entendeu ele que a motivação era necessária à luz da Carta. A maioria há de haver pensado de modo diverso. Assim a decisão se tomou, em escrutínio secreto, por quinze vozes contra quatro, e não há o que a explique ao interessado. A ata revela que foi indagado se havia, na Corregedoria, algo fluindo contra aquele que encabeçava a lista de antigüidade, havendo-se respondido que não."

Quanto aos motivos que poderiam levar o Tribunal a recusar por dois terços o juiz mais antigo, e que deveriam ser depois acessíveis ao próprio preterido, longe de mim a idéia de que eles devessem ter a estatura de uma acusação criminal ou de uma sentença condenatória. Veja-se bem: estamos falando de juízes de carreira, em pleno exercício da judicatura, contra os quais não pode pesar nada que já os devesse ter excluído da magistratura. Não é isso que se reclama. A motivação que o impetrante entende que não houve, e que a meu ver faltou efetivamente à decisão administrativa, não precisa referir-se a algo de monta bastante para produzir conseqüências mais graves que a preterição, mas há de ter defensabilidade à luz dos princípios que orientam nossa ordem constitucional. Motivação que parecesse, segundo tais princípios, de algum modo indefensável, poderia fazer desautorizar a decisão administrativa. Figuremos o caso de um tribunal que recusasse o juiz mais antigo dizendo que, em se tratando de mulher, ou de integrante de minoria étnica, a autoridade que se espera reconhecida pelos jurisdicionados, naquele quadro social e naquele nível de judicatura, resultaria comprometida. Todos neste Plenário conhecem nossas instituições judiciárias o bastante para saber que essa hipótese não se situa no patamar do surrealismo. Coisas muito próximas disso já foram ditas ou praticadas por casas judiciárias no território da República.

> "A motivação, necessária à luz do inciso 10 do art. 93 da Carta, tem por efeito útil permitir que o preterido saiba se não se cuida de um argumento contra o qual ele possa insurgir-se à luz dos princípios maiores da própria Constituição. É uma perspectiva

remota na prática, mas não é algo a ser descartado.

Isto não significa, porém, que o impetrante tenha direito ao pretendido acesso. Nem existe aí nulidade *absoluta*, ditada pelo interesse público, mas lesão ao interesse subjetivo (do juiz) de não se ver preterir sem que o colégio responsável pelo gesto se digne explicá-lo.

Houvesse o impetrante permanecido na atividade judicante, não tenho dúvida de que lhe concederia a segurança – no mínimo para exigir motivação, ainda que tardia, da decisão preteritória; e mais provavelmente (sem embargo dos transtornos daí decorrentes) para anular a decisão e seus efeitos, de modo que outra se proferisse segundo a liturgia da Carta.

Julgo importante que isso fique claro. Do ponto de vista profilático, encarando no futuro outras tantas reuniões de tribunais para esse mesmo propósito, penso que teremos alcançado um nível de maior segurança se na consciência dos juízes chamados à decisão luzir a idéia de que a recusa do candidato mais antigo há de explicar-se, não necessariamente com a identificação dos votantes, mas com a discussão entre eles daquilo que motiva cada um, para que eventualmente se lavre um texto que exprima o juízo da maioria qualificada. O impetrante, no entanto, deixou o serviço ativo. Aposentou-se voluntariamente. Não há mais falar na possibilidade de que, renovando-se a assentada, seja ele indicado à promoção, ou de novo proterido, desta vez motivadamente.

De outro lado, porque inexistente um direito subjetivo ao acesso, não haveria como conceder-lhe aquilo que, noutras circunstâncias, mesmo inativo lhe aproveitaria: a promoção retrooperante em seus efeitos retributivos e honoríficos.

Sendo assim, não há mais em quê o reconhecimento do vício da imotivação na decisão do TRT possa aproveitar ao impetrante. Falece-lhe agora o interesse de agir no domínio da única, dentre suas teses, em que devemos reconhecer procedência. Tenho como prejudicado o pedido de segurança."

Prejudicado o pedido em razão de, pela aposentadoria voluntária, o impetrante haver-se excluído da clientela natural do acesso, resultava impossível que, de algum modo, lhe aproveitasse a nulificação de algo que só não foi escorreito e completo por se haver faltado a um dever, cuja contrapartida não é um interesse público, absolutamente, mas um direito subjetivo do juiz. Tanto assim que, em circunstâncias especiais, se o Tribunal não o faz, e o juiz, por saber quais são as razões da recusa, decide não protestar, não haveria nenhum fundamento para que um terceiro ou o Ministério Público o fizesse.

Mas o que acontece no caso do Juiz Antônio Vital Ramos Vasconcelos, que se encontra hoje aposentado, é o mesmo que sucedeu no caso do juiz Abelardo Flores. Achei, entretanto, como esse tema é sempre atual, oportuno recapitular algumas análises feitas na ocasião. O desfecho é o que realmente importa.

Temos aqui um juiz excluído, pela aposentadoria que ele próprio requereu e obteve, da clientela habilitada ao acesso ao Tribunal Regional. Não há mais o que lhe aproveite num desfecho concessivo da segurança. Portanto, à luz do precedente específico, tenho o pedido de segurança como prejudicado.

VOTO

O Sr. Ministro Marco Aurélio: Senhor Presidente, recebi um memorial subscrito pelo advogado Alfredo de Almeida, tendo em vista os interesses do impetrante Antônio Vital Ramos Vasconcelos. Nesse memorial está transcrita uma ementa de minha lavra, lançada quando do julgamento do Mandado de Segurança n. 21.357-BA. Evoca-se esse precedente para tentar afastar a pecha de prejudicialidade do mandado de segurança.

Todavia, as hipóteses são distintas. No caso que ora apreciamos, determinado magistrado não logrou ter o nome sufragado para preencher vaga destinada à antigüidade e, impetrando o mandado de segurança com base em várias causas de pedir, antes do julgamento, requereu a aposentadoria. Afastou-se, portanto, da carreira que ensejaria o acesso ao Tribunal Regional Federal. No precedente transcrito no memorial, deu-se situação diversa. Defrontou-se esta Corte com uma hipótese em que o impetrante concorrera à nomeação para o cargo, tendo a qualificação de aposentado, por tempo de serviço, em cargo diverso. Logo, não há a similitude vislumbrada pelo ora impetrante.

No mais, creio que não podemos colocar em plano secundário o prejuízo decorrente da aposentadoria espontânea por parte do impetrante, salientando-se que a reversão admitida pela ordem jurídica está restrita àquela hipótese em que o afastamento haja decorrido de aposentadoria por invalidez, constatando-se, posteriormente, a insubsistência dos motivos que levaram à jubilação. No caso dos autos, o impetrante afastou-se espontaneamente e, com isto, já não se pode ter como existente o interesse de agir, a utilidade e a necessidade de um provimento judicial, porquanto não poderíamos fazê-lo retornar ao *statu quo ante*. Em relação à aposentadoria em si, não se cogita de qualquer defeito.

Senhor Presidente, acompanho o Ministro Relator, declarando prejudicado o mandado de segurança. Registro apenas que não me animo a emprestar à possível nulidade do ato o efeito ressaltado no precedente Mandado de Segurança n. 21.269 pelo Ministro Carlos Velloso, ou seja, o de chegar-se, se procedente o pedido formulado no mandado de segurança, à promoção do impetrante na inatividade. A conseqüência lógica do reconhecimento da nulidade seria o retorno, repito, à posição anterior ao vício.

VOTO

O Sr. Ministro Carlos Velloso: Senhor Presidente, persevero no entendimento que manifestei por ocasião do julgamento do MS n. 21.269-DF, em que as diversas teses jurídicas aqui postas foram lá debatidas.

Assim o voto que proferi:

"Sr. Presidente, o que sustento a respeito do tema – controle do ato administrativo pelo Judiciário – é que, submetido o ato ao controle do Poder Judiciário, se este entender que o ato contém vício, que o ato é contrário à lei ou à Constituição, deverá declarar a sua nulidade, não lhe cabendo, em tal caso, devolver o ato à autoridade administrativa – como que ensinando a autoridade administrativa como proceder – para que o ato seja refeito.

No caso, reconhece-se que o ato administrativo contém vício grave, não está motivado, foi praticado ao arrepio da Constituição, art. 93, X. Nada mais poderá fazer o Judiciário, em tal caso, senão anular o ato.

Estou de acordo com o Sr. Ministro Relator no que toca à primeira parte do pedido. Na verdade, não há falar haja o ato sido praticado com violação do art. 5º, inc. LV, da Constituição Federal, dado que o ato administrativo objeto da causa tem conotação especial, está referido, expressamente, no art. 93, II, *d*, da Lei Maior.

Todavia, Senhor Presidente, disto não há fugir: o ato administrativo objeto da causa foi praticado com ofensa ao inc. X do mesmo art. 93, da Constituição: trata-se de decisão administrativa que deveria ser motivada. Desmotivada, como está, é nula, devendo o Supremo Tribunal declarar essa nulidade. Declarada a nulidade do ato, segue-se a sua conseqüência: a recusa do juiz mais antigo ocorreu mediante decisão nula. Nulo o ato de recusa, porque contrário à Constituição, segue-se, repito, a sua conseqüência: que o juiz mais antigo, recusado mediante ato declarado nulo, deverá ser promovido.

O mandado de segurança, ao contrário do que afirma o eminente Relator, não está, *data venia*, prejudicado, em razão de ter o impetrante requerido a sua aposentadoria enquanto a segurança tinha andamento. É que, reconhecida a nulidade do ato da recusa, segue-se a sua promoção, fazendo-se a conversão da aposentadoria de juiz de 1º grau para juiz de 2º grau. É o que deverá ocorrer, ao que me parece.

Reitero, finalmente, a afirmativa no sentido de que, anulado o ato, por não estar motivado, não há como retorná-lo à autoridade, para que o ato seja referido, para que os motivos sejam dados. Ouçamos a lição de Celso Antônio Bandeira de Mello: "Deveras, é perceptível de imediato que nenhuma aferição de legitimidade, nenhuma certeza sobre a correção do ato administrativo serão prestantes se este for expedido sem motivação, quando, uma vez impugnado, existia para quem o expediu – Legislativo, Executivo ou Judiciário – a possibilidade de aduzir *ad hoc* serodiamente, motivos, razões e justificativas que jamais se poderá saber se efetivamente existiram ou foram tomados em conta no momento de sua prática". É que, continua o festejado administrativista, jamais será possível aferir "se ditos motivos (correlatamente razões e justificativas) estiveram ou não embasando o ato questionado, à época em que foi produzido" (Celso Antônio Bandeira de Mello, *Discricionariedade e Controle Jurisdicional*, Malheiros Editores, 1992, p. 104).

Senhor Presidente, com essas breves considerações, peço vênia ao eminente Ministro Relator, cujas opiniões tenho o costume de acolher e respeitar, para divergir, no caso, de S. Exa. Meu voto é no sentido de que o mandado de segurança não está prejudicado."

Isto posto, Sr. Presidente, examino o caso que está em Mesa.

O Sr. Ministro Rezek, Relator, com o zelo que lhe é peculiar, zelo que foi ressaltado da tribuna pelo eminente advogado Washington Bolívar, reiterou pedido de informação ao Presidente do Tribunal Regional Federal da 3ª Região, para que esclarecesse a respeito dos motivos embasadores da recusa do nome do impetrante e se, existentes os motivos, o impetrante dos mesmos tinha conhecimento.

O Presidente do Tribunal esclareceu, então, que, na Corregedoria de Justiça, correm processos administrativos, processos esses de que o impetrante tem pleno conhecimento, e que dão conta da existência de motivos, que são graves, e que deram causa à recusa.

Sr. Presidente, há um acórdão do Supremo Tribunal Federal, de que foi Relator o saudoso Ministro Aliomar Baleeiro, em que S. Exa. sustentou, com o apoio dos seus pares, que a motivação do ato administrativo "pode constar do processo que precede a decisão, ou de ato e parecer de outros órgãos administrativos" (MS 20.012-DF, *RTJ* 73/732, 738). É o que parece ocorrer, no caso, depois que, em razão do pedido do eminente Ministro Relator, vieram para os autos as informações complementares que dão conta da existência, na Corregedoria, dos processos disciplinares já aludidos, nos quais constam os motivos que deram causa à recusa, motivos do conhecimento do impetrante.

Destarte, indefiro o mandado de segurança.

VOTO

O Sr. Ministro Celso de Mello: A exigência de motivação das *decisões administrativas* dos Tribunais constitui postulado constitucional inafastável, que, sobre traduzir poderoso fator de limitação do próprio poder estatal, configura instrumento essencial de respeito e proteção aos direitos dos interessados, inclusive dos próprios Magistrados, especialmente daqueles que, recusados pelo voto de 2/3 dos membros do Tribunal, sejam impedidos de a este ascenderem.

A norma inscrita no art. 93, X, da Constituição Federal, ao proclamar que "as decisões administrativas dos Tribunais serão motivadas...", estabelece como necessária a fundamentação das decisões judiciais, ainda que tomadas em sede administrativa.

Mais do que expressiva imposição consagrada e positivada pela nova ordem constitucional, a exigência da motivação reflete uma poderosa garantia contra eventuais excessos do Estado. Ao tornar a fundamentação das resoluções judiciais – ainda que se revistam estas de conteúdo materialmente administrativo – um elemento imprescindível e essencial às deliberações tomadas pelo Poder Judiciário, quis o ordenamento jurídico erigi-la como fatos de limitação dos poderes deferidos aos Tribunais, notadamente naquelas situações, revestidas de absoluta excepcionalidade, em que a Corte Judiciária recusa, para efeito de promoção por antigüidade, e pelo voto de 2/3 dos seus membros, o juiz mais antigo (CF, art. 93, II, *d*).

Por isso mesmo, impõe-se registrar, com a doutrina (Manoel Gonçalves Ferreira Filho, *Comentários à Constituição Brasileira de 1988*, v. 2/199, 1992, Saraiva), que "a exigência de fundamentação é um obstáculo ao arbítrio, que repugna ao Estado de Direito, mesmo que exercido por juízes".

As possibilidade e recusa do juiz mais antigo, *porque excepcional*, constitui prerrogativa extraordinária deferida aos Tribunais, que só deverão exercê-la nos moldes fixados pela Constituição.

A Carta Política estabelece, nas hipóteses de recusa do juiz mais antigo – e sempre em favor do magistrado que se vê excluído da progressão vertical na carreira judiciária –, dois fatores de contenção do poder excepcional outorgado aos Tribunais: (a) a exigência do voto de 2/3 dos membros dos Tribunais e (b) a imprescindibilidade da motivação da rejeição administrativa do magistrado mais antigo.

É de ressaltar, neste ponto, que a possibilidade de recusa do juiz mais antigo, para efeito de promoção na carreira judiciária e de acesso aos Tribunais, atenuou o caráter absoluto da antigüidade, ensejando às Cortes judiciárias, desse modo, o exercício de um inquestionável poder de veto.

A consagração do veto judicial às promoções por antigüidade deu-se, no plano de nosso sistema constitucional positivo, com a Lei Fundamental de 1934. Com a só exceção da Carta de 1937, que foi omissa a respeito, os subseqüentes textos constitucionais brasileiros sempre admitiram a possibilidade de recusa do juiz mais antigo.

Ainda que se possa reconhecer alguma carga de discricionariedade no exercício desse veto judicial – como enfatiza Manoel Gonçalves Ferreira Filho (ob. cit., v. 2/194) –, essa circunstância *não pode*, no entanto, exonerar o Tribunal recusante de motivar a sua deliberação, até mesmo para o efeito de viabilizar o controle jurisdicional do seu ato.

A norma inscrita no art. 93, X, da Constituição repudia, por isso mesmo, o *voto de consciência*, na medida em que os motivos da recusa deverão ser revelados ao magistrado que a sofre.

O eminente Ministro Relator, ao proferir voto no MS n. 21.269-DF – que, afinal, resultou prejudicado pela superveniente aposentação do impetrante –, bem ressaltou a *ratio* subjacente à norma inscrita no art. 93, X, da Constituição, *verbis:*

> "A motivação, necessária à luz do inciso 10 do art. 93 da Carta, tem por efeito útil permitir que o preterido saiba se não se cuida de um argumento contra o qual ele possa insurgir-se à luz dos princípios maiores da própria Constituição. É uma perspectiva remota na prática, mas não é algo a ser descartado.
>
> Isto não significa, porém, que o impetrante tenha direito ao pretendido acesso. Nem existe aí nulidade *absoluta*, ditada pelo interesse público, mas lesão ao interesse subjetivo (do juiz) de não se ver preterir sem que o colégio responsável pelo gesto se digne explicá-lo.
>
> (...)
>
> Julgo importante que isso fique claro. Do ponto de vista profilático, encarando no futuro outras tantas reuniões de tribunais para esse mesmo propósito, penso que teremos alcançado um nível de maior segurança se na consciência dos juízes chamados à decisão luzir a idéia de que a recusa do candidato mais antigo há de explicar-se, não necessariamente com a identificação dos

votantes, mas com a discussão entre eles daquilo que motiva cada um, para que eventualmente se lavre um texto que exprima o juízo da maioria qualificada."

Há, pois, naqueles casos em que a recusa se apresenta imotivada, uma situação de *atipicidade constitucional* que, configurada pela inobservância "do modelo, do tipo imposto pela Constituição", gera – consoante adverte Ada Pellegrini Grinover ("A eficácia dos atos processuais à luz da Constituição Federal", in *RPGESP*, v. 37/35) – a invalidade do ato estatal praticado em desconformidade com a cláusula inscrita no art. 93, X, da Lei Fundamental da República.

Ocorre, no entanto – tal como aqui foi ressaltado pelo Ministro Relator –, que, além de efetivamente constarem do processo administrativo a enunciação das razões e a indicação dos fatos que conduziram à recusa do juiz mais antigo, registra-se, no caso, um fato superveniente e processualmente relevante: a aposentadoria *voluntária*, por tempo de serviço, do ora impetrante.

Nesse contexto, e em face do precedente fixado por esta Corte no julgamento do MS n. 21.269-DF, Rel. Min. Francisco Rezek, tenho por prejudicado o presente *writ* constitucional.

É o meu voto.

VOTO

O Sr. Ministro Sepúlveda Pertence: Sr. Presidente, no precedente referido Mandado de Segurança n. 21.269, entendi que a aposentadoria do impetrante não teria prejudicado o mandado de segurança. Devo confessar, no entanto, que os argumentos do eminente Relator e dos que o seguiram, nesta Sessão, convenceram-me do acerto do nosso precedente, ao qual me rendo. Apenas para os "efeitos profiláticos", a que aludiu o Sr. Ministro Celso de Mello, remeto, porém, ao voto que naquele caso proferi, quando também entendi exigível a motivação na recusa à promoção do juiz mais antigo.

Assim, julgo prejudicado o presente mandado de segurança.

VOTO

O Sr. Ministro Paulo Brossard: Senhor Presidente, o caso em exame é de extrema delicadeza; de um lado, envolve um direito individual que não pode ser lesado, ainda que de leve; de outro lado, confina com interesse da maior gravidade, relativo ao bom nome do Poder Judiciário. O poder atribuído aos Tribunais de vetar o acesso a eles do juiz mais antigo, conta entre nós com experiência de meio século e, se não estou enganado, tem sido usado com parcimônia, como, aliás, era natural que o fosse. Só por exceção este poder excepcional pode ser usado, e graças sejam dadas por esse fato. Deplorável seria se os casos fossem numerosos, porque numerosas as situações que justificassem o uso desse poder. O poder que têm os Tribunais é semelhante ao das Câmaras de expulsar o parlamentar que infringir determinados deveres. Alguns desses deveres são perfeitamente definíveis e definidos, podendo alguns deles caracterizar até uma infração de caráter criminal, mas há outros mais fluidos, como o do decoro. Embora todo mundo saiba o que seja decoro parlamentar, é difícil defini-lo, embora algumas situações sejam nitidamente caracterizáveis como tal. Para evitar os abusos sempre possíveis, as Constituições exigem *quorum* mais ou menos elevado para que uma decisão desse caráter possa ser tomada.

Em matéria de decoro, a Constituição de 1988 admitiu que fosse tomado por maioria de votos, quando as Constituições anteriores exigiam dois terços. No que tange ao poder que têm os Tribunais de embargar o acesso do juiz mais antigo, se deu, de certa forma, fenômeno contrário; a

Constituição de 1946 exigia o voto de três quartos dos membros do Tribunal, um *quorum* altíssimo; depois a de 1967 baixou para maioria absoluta, no que foi repetido pela Emenda de 1969, e a Constituição de 1988 elevou-o para dois terços. Não se atinge o *quorum* de dois terços por antipatia, por espírito de emulação, por sentimentos menos confessáveis! Um Tribunal que chega a somar 2/3 dos votos dos seus membros em relação a um juiz considerando inconveniente e desaconselhável o seu acesso ao Tribunal, não o faz por mero capricho. Aliás, esse *quorum* elevado serve para obstar possíveis abusos. Nessa matéria, extremamente delicada, a lei já consignou meio para evitar os excessos possíveis ao exigir o voto de 2/3 dos membros do Tribunal. E se 2/3 do Tribunal deixam levar-se por sentimentos malignos não haverá solução, pois, escreveu Rui Barbosa,

> "não há tribunais que bastem para abrigar o direito quando a noção do dever se ausenta da consciência dos magistrados."

De outro lado, Senhor Presidente, a Constituição determina a motivação das decisões dos Tribunais, mesmo administrativas. Compreende-se a regra constitucional, mas esta regra pode importar em enfrentar situações extremamente delicadas, porque, quando 2/3 de um Tribunal manifesta-se contrário ao acesso de um juiz – e, no caso concreto, creio que houve um caso em que foram 15 votos contrários e um a favor – quando isto ocorre, os motivos não podem louváveis e a revelação desses motivos atinge tanto a pessoa do juiz vetado como o próprio Poder Judiciário.

A cláusula, com a amplitude que está na Constituição, realmente oferece dificuldades sérias, pelos valores, pelos interesses envolvidos; aqui a Constituição prescreve serem invioláveis a intimidade, a vida privada; ali manda declinar os motivos do veto ao juiz a ascender ao Tribunal.

Há necessidade de uma prudente e equilibrada composição dos elementos em jogo. Muitas vezes, Sr. Presidente, os fatos não são suficientes para determinar a exclusão do juiz do serviço judiciário, mas são bastantes para recomendar o seu afastamento do exercício da função. É um território difícil a ser percorrido, e quando um Tribunal, por 2/3, ou mais, dos seus membros, chega a uma conclusão dessa ordem, não se deve presumir que seja sem razão séria e sem motivos relevantes. Também entendo prejudicado o mandado de segurança, mas, se não fosse o caso, o indeferiria por entender suficientemente motivado pela referência ao conteúdo de processos que correm na Corregedoria envolvendo o impetrante.

Senhor Presidente, estou saindo dos meus hábitos de não ir além do estritamente necessário para decidir a questão, mas como espero que esta não se repita, pelo menos enquanto eu estiver aqui, estou adiantando estas idéias. Existem processos na Corregedoria que dizem respeito à atuação de um juiz vetado, impetrante do presente mandado. Às vezes há fatos que, embora sejam mais ou menos notórios, são difíceis de provar. Eu tomaria o caso como devidamente motivado, para os efeitos da lei, se não o considerasse prejudicado, como considero.

É o meu voto.

VOTO

O Sr. Ministro Sydney Sanches: Sr. Presidente, a meu ver, o impetrante tinha interesse de agir no momento em que impetrou mandado de segurança, pois estava em atividade. Se se entendesse que o ato impugnado estava imotivado, poderia, eventualmente, obter o mandado de segurança, para que a rejeição fosse motivada. Apenas para isso. E não para que fosse nomeado. Mas, havendo-se aposentado, eliminou essa possibilidade. Desapareceu, então, seu interesse de agir. E, por isso, julgo prejudicado o pedido.

VOTO

***O Sr. Ministro Néri da Silveira*:** Sr. Presidente, também fico nessa questão preliminar. Entendo que está prejudicado o pedido em razão da superveniente aposentadoria do impetrante. Penso que o precedente invocado pelo eminente Ministro Relator, no Mandado de Segurança 21.269, é de todo aplicável à espécie.

Julgo, assim, prejudicado o mandado de segurança.

VOTO

O Sr. Ministro Moreira Alves: Sr. Presidente, também fico na questão preliminar, e tenho que, no caso, o pedido está prejudicado.

Acompanho o eminente Relator, julgando prejudicado o pedido.

VOTO

O Sr. Ministro Octavio Gallotti (Presidente): Também eu acompanho o eminente Relator, julgando prejudicado o pedido.

EXTRATO DA ATA

MS 21.517 – SP

Rel.: Min. Francisco Rezek

Impte.: Antônio Vital Ramos de Vasconcelos (adv.: Alfredo de Almeida)

Impdos.: Presidente da República e Presidente do Tribunal Regional Federal da 3ª Região

Lit. Pas.: Sinval Antunes de Souza

Decisão: por maioria de votos, o Tribunal, julgou prejudicado o pedido de mandado de segurança, vencido o Ministro Carlos Velloso. Votou o Presidente. Falou pelo litisconsorte passivo, o Dr. Washington Bolívar de Brito.

Presidência do Senhor Ministro Octavio Gallotti. Presentes à Sessão os Senhores Ministros Moreira Alves, Néri da Silveira, Sydney Sanches, Paulo Brossard, Sepúlveda Pertence, Celso de Mello, Carlos Velloso, Marco Aurélio, Ilmar Galvão e Francisco Rezek. Vice-Procurador-Geral da República, Dr. Moacir Antonio Machado da Silva.

Brasília, 16 de junho de 1993. Luiz Tomimatsu, secretário.

JURISPRUDÊNCIA

TRIBUNAL DE JUSTIÇA DO ESTADO DE SÃO PAULO

Apelação cível n. 275.679.1/3-00-Guaratinguetá-SP
TJSP – 7ª Câmara de Direito Público
Rel. Des. Sérgio Pitombo
j. 16.6.97, v. u.

Ação Popular – publicidade dos atos, programas, obras, serviços e campanhas da Administração Pública. Proibição absoluta de a mensagem publicitária prestar-se à promoção pessoal de autoridades e servidores públicos. Necessidade de observância da ética, na Administração Pública. O afastamento temporário da autoridade ou servidor não lhe tira a responsabilidade. Lesividade demonstrada. Remessa necessária e recursos improvidos.

ACÓRDÃO

Vistos, relatados e discutidos estes autos de Apelação cível n. 275.679.1/3-00, da Comarca de Guaringuetá, em que são apelantes a Prefeitura Municipal de G., F.M.O.F., A.G.F.F., C.A.P.A. e M.E.C.C., presente a remessa necessária, sendo apelado P.V.C.C.

Acordam em Sétima Câmara de Direito Público do Tribunal de Justiça do Estado de São Paulo, por votação unânime, negar provimento à remessa necessária e aos recursos.

P.V.C.C. intentou ação popular em face da Prefeitura Municipal de G. – S.A.A.E.G., A.G.F.F., E.S.Q.B., C.A.P.A., M.E.C.C., F.M.O.F. e N.N. Fundamenta a ação nos artigos 5º, inciso LXXIII, e 37, § 1º, da Constituição da República e nos artigos 9º, inciso IV, e 80, da Lei Orgânica do Município de Guaratinguetá. O dispositivo da r. sentença definitiva emergiu o quanto segue: "Ante o exposto, julgo extinto o processo com relação aos réus E., S.A.A., E.G. e N.N. Ainda julgo procedente o pedido, a fim de reconhecer a ilegalidade e lesividade da publicidade personalizada nos documentos de fls. 10, 11, 12, 15 e 19, condenando os réus A.G.F.F., C.A.P.A., M.C.C. e M.O. – excluída a Prefeitura, que estaria repondo aos cofres públicos com recursos públicos – a restituírem aos cofres públicos as quantias dispendidas com a ilegal publicidade a ser apurada em liquidação por artigos. Outrossim, condeno os réus, inclusive a Prefeitura, ao pagamento das despesas processuais" (fls. 272/3).

Apela a Municipalidade de G., alegando a inexistência de ilegalidade ou lesividade. Pondera que os documentos são apenas convites e que vários ocupantes de cargos públicos agiram da mesma maneira, dentre eles a ex-prefeita de São Paulo, L. E. e o ex-governador O.Q. Sustenta ser "aberração" não constar, nos convites, o nome de quem convida. Afirma que: "Os folhetos de fls. 19, faziam-se necessários face ao transcurso do 339º Aniversário de Emancipação Política de G. e foram, como efetivamente ficou demonstrado, patrocinados por pessoa física, Dr. M.O., sem dispêndio de valores municipais, a exemplo do ocorrido nos cartazes às fls. 20, custeados por empresa privada". Assere que "todo o conjunto probatório está a inclinar pela improcedência da presente demanda..." Daí, pretender a reforma do r. *decisum* (fls. 277/83).

Recorrem, também, os demais demandados.

F.M.O.F., que, além das razões expostas pela Municipalidade, assevera ser parte ilegítima, para figurar no pólo passivo, tendo em vista que: "...quando da confecção dos cartazes o apelante encontrava-se descompatibilizado por força da Constituição Federal, devido a sua candidatura à Assembléia Legislativa do Estado de São Paulo" (fls. 284/7).

A.G.F.F., acrescentando ao apelo da Prefeitura Municipal de Guaratinguetá, que não houve "notoriedade ou conhecimento generalizado do fato, dos documentos constantes nos autos" (fls. 289/95).

C.A.P.A. e M.E.C.C., que nada somam, ao recurso da Municipalidade (fls. 296/302).

Admitiram-se-lhes os recursos (fls. 305).

A douta Procuradoria-Geral de Justiça exarou parecer pelo improvimento dos apelos (fls. 311/2).

Ao se adotar o relatório sentencial (fls. 263/5), é o quanto se lhe acrescenta.

A Lei Maior enumerou os princípios e regras orientadoras de toda a administração pública.

Declarou, assim, que ela "direta, indireta ou fundacional, de qualquer dos Poderes da União, dos Estados, do Distrito Federal e dos Municípios obedecerá aos princípios de legalidade, impessoalidade, moralidades e publicidade" (art. 37, *caput*). Depois, cuidando da publicidade governamental, determinou: "A publicidade dos atos, programas, obras, serviços e campanhas dos órgãos públicos deverá ter caráter educativo, informativo ou de orientação social, dela não podendo constar nomes, símbolos ou imagens que caracterizam promoção pessoal de autoridades ou servidores públicos" (art. 37, § 1º).

Ao escoliar-se o preceito, assentou-se: "Visa esta norma a impedir que a publicidade governamental sirva de instrumento promocional para autoridades ou servidores públicos. Ela, assim, não proíbe essa publicidade; na verdade, seria absurdo que o fizesse, pois é ela indispensável à informação que o cidadão tem direito de receber (v. art. 5º, XXXIII). Todavia, essa publicidade poderá ter, além desse caráter informativo, também caráter educativo, ou de orientação social. No desiderato de impedir a personalização, ainda que indireta, dessa publicidade, o texto proíbe o uso de nomes, símbolos ou imagens que vinculem a divulgação a governante ou servidor determinado." (Manoel Gonçalves Ferreira Filho, *Comentários à Constituição Brasileira de 1988*. São Paulo, Saraiva, 1990, v. 1º, pp. 258-9).

Asseriu-se, ao cuidar-se dos mencionados princípios orientadores, da conduta do administrador público, em senso largo, que "*o princípio ou regra da impessoalidade* da Administração Pública significa que os atos e provimentos administrativos são imputáveis não ao funcionário que os pratica mas ao órgão ou entidade administrativa em nome do qual age o funcionário. Este é um mero agente da Administração Pública, de sorte que não é ele o autor institucional do ato. Ele é apenas o órgão que formalmente manifesta a vontade estatal. Por conseguinte, o administrado não se confronta com o funcionário *x* ou *y* que expediu o ato, mas com a entidade cuja vontade foi manifestada por ele. É que a 'primeira regra do estilo administrativo é a objetividade' que está em estreita relação com a impessoalidade. Logo, as realizações administrativo-governamentais não são do funcionário ou autoridade, mas da entidade pública em nome de quem as produzira. A própria Constituição dá uma conseqüência expressa a essa regra, quando no § 1º do art. 37, proíbe que constem *nome, símbo-*

los ou *imagens* que caracterizem promoção pessoal de autoridades ou servidores públicos em publicidade de atos, programas, obras, serviços e campanhas dos órgãos públicos" (José Afonso da Silva, *Curso de Direito Constitucional Positivo*, 12ª ed., São Paulo, Malheiros Editores, 1996, p. 615; os grifos são do autor).

O regramento mencionado ecoou na Constituição do Estado de São Paulo, que exibiu norma semelhante: "A publicidade dos atos, programas, obras, serviços e campanhas da administração pública direta, indireta, fundações e órgãos controlados pelo Poder Público deverá ter caráter educacional, informativo e de orientação social, dela não podendo constar nomes, símbolos e imagens que caracterizem promoção pessoal de autoridades ou servidores públicos" (art. 115, § 1º).

A publicidade consiste em técnica de comunicação, podendo mostrar várias funções, em face da opinião pública: desde a comercialização de bens ou serviços, até a institucional, que atende à educação da coletividade, divulgação de informações relevantes e à orientação social.

O proibido, em absoluto, acha-se na mensagem publicitária, que – de modo oculto ou ostensivo – objetiva induzir a opinião pública a aceitar certa pessoa – autoridade ou servidor público –, seja valorizando-a, seja desvalorizando concorrente ou adversário. Tolhe-se a promoção pessoal.

Em síntese, o escopo do preceito mostra-se em impedir a formação mediante publicidade governamental, de juízo conveniente a autoridade ou a servidores públicos, por algum grupo social. Diz, portanto, com a ética pública, no divulgar atos administrativos, em sentido amplo.

Com efeito: "O administrador público que serve-se da publicidade de ação governamental para obter benefícios pessoais transgride as regras éticas que compreendem a moral administrativa, sem olvidar que o seu comportamento, ilegal, é puro exemplo de desvio de finalidade. Como expoente qualificado a vedação da publicidade personalizada é informada originariamente, e em todo o seu percurso de orientação, pelos princípios da impessoalidade e da moralidade entrelaçados. Numa só penada, pode-se afirmar, sem receio ou heresia que a vedação à publicidade personalizada tem, em si, a necessidade de respeitar a *finalidade moral* da divulgação essencial das ações administrativas, evitando que, por esse pretexto, sirva como benefício pessoal de agentes e administradores públicos, e presta, unicamente, a orientação, divulgação, e a informação social da população, ou como pressuposto de validade de ato administrativo de eficácia externa" (Wallace Paiva Martins Júnior, "Publicidade oficial: moralidade e impessoalidade", *RT* 705/85-6, julho de 1994).

Assim, em meros convites de festa de conclusão, das oitavas séries, de escolas municipais de primeiro grau, desnecessário e incabente a menção ao Prefeito Municipal, da época (fls. 10 e 12). Não se vislumbra o interesse público em estampar, em anúncio de recital de piano, exposição de flores e apresentação de banda, os nomes do Secretário da Cultura, da encarregada da promoção e, ainda, do presidente da Comissão de Eventos (fl. 11). Dia de Ação de Graças, de outra sorte, inadmite folheto, em que conste o nome do Prefeito (fl. 15). Sem esquecer de que o cartaz de anúncio da festa de aniversário da cidade não precisa trazer o nome do Prefeito Municipal e do Presidente da Comissão de Festejos (fl. 19). Tais evidências viram-se analisar, com pontualidade, na r. sentença definitiva (fls. 270/3).

Observe-se que a circunstância de certa autoridade ou servidor achar-se, momentaneamente, afastado para disputa em cargo eletivo não lhe arreda a responsabilidade. O argumento, aliás, corre em seu desfavor.

O uso frouxo que algumas administrações fizeram ou venham a fazer das normas constitucionais não é exemplo a seguir. "La

Administración Pública es, entre otras cosas, una organización compuesta de personas, que gestiona intereses coletivos... La ética aplicada a la función pública tiene su eje central en la idea de servicio. Esto me interesa subrayarlo desde el principio, pues es lo que explica el contenido mismo de los plantes de estudio de ética para funcionarios públicos. Ética, pues, como ciencia de la actuación de los funcionarios orientados al servicio público, al servicio a los ciudadanos. En una palabra, ética de la función pública es la ciencia del servicio público. Quizás por eso no tienen el auténtico talante del servicio público los que consideran el empleo público como la oportunidad para el 'lucimiento personal' y el ejercicio del poder público entendido exclusivamente como una tarea de la que se beneficiará un círculo reducido de personas, anulándose asi la misma idea del interés público" (Jaime Rodriguez Arana Muñoz, *Principios de ética pública,* Madrid, Ed. Montecorvo, 1993, pp. 9-10).

Não há razão para afastar a responsabilidade dos apelantes.

A ilegalidade dos comportamentos leva manifesta lesividade, consoante assentou o r. ato decisório definitivo (fls. 272/3).

Emenda-se pequeno erro material, para que conste chamar-se um dos demandados F.M.O.F. e não M.O., como constou da r. sentença (fls. 263 e fls. 273).

Posto isto, nega-se provimento aos apelos, para manter a r. decisão definitiva atacada, ainda, por seus fundamentos.

Participaram do julgamento os Desembargadores Walter Moraes (Presidente, sem voto), Guerrieri Rezende e Albano Nogueira.

São Paulo, 16 de junho de 1997

Sérgio Pitombo, Relator.

Impressão e acabamento:
GRÁFICA PAYM
Tel. (011) 4392-3344

REVISTA
TRIMESTRAL DE
DIREITO PÚBLICO

DOUTRINA: DESINCOMPATIBILIZAÇÃO E INELEGIBILIDADE DE CHEFES DE EXECUTIVO – *Celso Antônio Bandeira de Mello* • SOBRE O ESTADO BRASILEIRO E AS REFORMAS PROPOSTAS – *Cármen Lúcia Antunes Rocha* • O MERCOSUL E A IMPORTÂNCIA DO DIREITO COMUNITÁRIO EMERGENTE – *Romeu Felipe Bacellar Filho* • DEVIDO PROCESSO LEGAL E O PROCEDIMENTO ADMINISTRATIVO – *Dinorá Adelaide Musetti Grotti* • PRINCÍPIOS RETORES DA DESAPROPRIAÇÃO – *Edilson Pereira Nobre Júnior* • MEDIDA PROVISÓRIA: RELEVÂNCIA E URGÊNCIA COMO SEUS PRESSUPOSTOS – *Carlos David Santos Aarão Reis* • MEDIDA PROVISÓRIA E SEGURANÇA JURÍDICA – *Antônio Souza Prudente* • ***PARECERES:*** LICITAÇÃO: LICITANTE QUE É SOCIEDADE CONTROLADA POR OUTRA LICITANTE. PERSONALIDADE JURÍDICA E PRINCÍPIOS DA COMPETITIVIDADE E DA IGUALDADE – *Eros Roberto Grau* • MODALIDADES DE INTERVENÇÃO DO ESTADO NA ORDEM ECONÔMICA. REGIME JURÍDICO DAS SOCIEDADES DE ECONOMIA MISTA. INOCORRÊNCIA DE ABUSO DE PODER ECONÔMICO – *Luís Roberto Barroso* • LEGALIDADE DE CONTRATO DE OBRA PÚBLICA FIRMADO SEM LICITAÇÃO POR FORÇA DE ACORDO INTERNACIONAL – *Adílson Abreu Dallari* • ***ESTUDOS E COMENTÁRIOS:*** AINDA O EFEITO VINCULANTE – *Sérgio Sérvulo da Cunha* • REFORMA ADMINISTRATIVA E DIREITO ADQUIRIDO – *Paulo Modesto* • A ADMINISTRAÇÃO MUNICIPAL E A IMPOSIÇÃO CONSTITUCIONAL DE EXPEDIR CERTIDÕES – *Ana Rita Tavares Teixeira* • A CONSTITUIÇÃO E A PRISÃO PENAL CAUTELAR – *Fernando Luiz Ximenes Rocha* • A EMENDA CONSTITUCIONAL 19/98 E O DIREITO DO SERVIDOR PÚBLICO ESTÁVEL À DISPONIBILIDADE REMUNERADA – *Luciano de Araújo Ferraz* • O ATO ADMINISTRATIVO E SEUS REQUISITOS PROCEDIMENTAIS – *Mônica Martins Toscano* • PROBIDADE E RAZOABILIDADE COMO LIMITAÇÕES À DISCRICIONARIEDADE ADMINISTRATIVA – *Daniel Ferreira* • ***JURISPRUDÊNCIA***

MALHEIROS
EDITORES

REVISTA TRIMESTRAL DE DIREITO PÚBLICO

9/1995

M